REVISTA
TRIMESTRAL DE
DIREITO PÚBLICO

ISSN 2237-1796

56

MALHEIROS EDITORES

INSTITUTO DE DIREITO ADMINISTRATIVO PAULISTA
IDAP

Revista Trimestral de Direito Público
ISSN 2237-1796
Órgão do

As colaborações devem ser encaminhadas à Comissão Editorial, para o endereço *rtdp@idap.org.br*

RTDP
Publicação trimestral de
MALHEIROS EDITORES LTDA.
Rua Paes de Araújo, 29, cj. 171
CEP 04531-940 – São Paulo, SP – Brasil
Tel.: (011) 3078-7205 – Fax.: (011) 3168-5495
Diretor responsável: Álvaro Malheiros
Diretora: Suzana Fleury Malheiros

Assinaturas e comercialização:
CATAVENTO DISTRIBUIDORA DE LIVROS S.A.
Rua Conselheiro Ramalho, 928
CEP 01325-000 – São Paulo, SP – Brasil
Tel.: (011) 3289-0811 – Fax.: (011) 3251-3756
Supervisão Gráfica: Vânia Lúcia Amato
Editoração Eletrônica: Letra por Letra Studio

SUMÁRIO

DOUTRINA

REFLEXIONES SOBRE EL SERVICIO DE JUSTICIA 5
– Pablo Oscar Gallegos Fedriani

CONSENSOS Y DISENSOS PRODUCTO DE LA DIVERSIDAD SOCIAL 10
– Pablo Angel Gutiérrez Colantuono

SOBRE EL FUTURO DEL PROCEDIMIENTO ADMINISTRATIVO 13
– Guido Santiago Tawil

PARA UMA TEORIA DO ATO ADMINISTRATIVO UNILATERAL 29
– Celso Antônio Bandeira de Mello

O ESTADO LAICO E O PLURALISMO RELIGIOSO 35
– Américo Masset Lacombe

A LIÇÃO IMORTALIZADA 60
– Edilson Pereira Nobre Jr.

ATO ADMINISTRATIVO NULO E DECURSO DO TEMPO: SEU REGIME JURÍDICO-CONSTITUCIONAL 73
– José Sérgio Monte Alegre

REGULAÇÃO E CONCESSÃO 94
Paulo Roberto Ferreira Motta

INVALIDAÇÃO DO ATO ADMINISTRATIVO POR INICIATIVA DO MINISTÉRIO PÚBLICO NO DIREITO BRASILEIRO 98
– Vladimir da Rocha França

PRINCÍPIO DA TITULARIDADE PÚBLICA DAS COISAS DE NINGUÉM 117
– Ricardo Marcondes Martins

CONSTITUCIONALIDADE DO ART. 172 DA LEI 8.112/90 – ASPECTOS DO PROCESSO ADMINISTRATIVO DISCIPLINAR 137
– Carlos Eduardo Thompson Flores Lenz

PARECERES

ACERVO TÉCNICO DE ENGENHARIA DE PESSOA JURÍDICA NÃO SE CONFUNDE COM ACERVO TÉCNICO DE PROFISSIONAL. OBRAS REALIZADAS EM MOMENTO ANTERIOR À LEGISLAÇÃO QUE INSTITUIU O CONFEA, O CREA E A ART. VALIDADE E APTIDÃO DAS ANTIGAS CERTIDÕES PARA COMPROVAR A CAPACIDADE TÉCNICA DA EMPRESA. DIREITO DE A PESSOA JURÍDICA OBTER O REGISTRO DE ACERVO TÉCNICO PARA FINS DE COMPROVAÇÃO DE CAPACITAÇÃO OPERACIONAL 147
– Adilson Abreu Dallari

AÇÃO DIRETA DE DECLARAÇÃO DE INCONSTITUCIONALIDADE. RECLAMAÇÃO. DESCONSTITUIÇÃO DE ATOS DE PROMOÇÃO DE JUÍZES DO TRIBUNAL DE ALÇADA AO TRIBUNAL DE JUSTIÇA. QUINTO CONSTITUCIONAL. DESCABIMENTO 169
– Carlos Thompson Flores

IMPOSSIBILIDADE DE INCIDÊNCIA DE IMPOSTO DE RENDA SOBRE BOLSAS DE ESTUDO OBTIDAS POR MEIO DE CONVENÇÕES COLETIVAS 175
– Georghio Tomelin

ESTUDOS E COMENTÁRIOS

A ISONOMIA E A ECONOMICIDADE NA LICITAÇÃO SUSTENTÁVEL OU NAS COMPRAS GOVERNAMENTAIS ECOLÓGICAS 193
– Eduardo F. Bim

OS EFEITOS DAS SANÇÕES DA LEI DE PREGÃO EM FACE DOS QUE CONTRATAM COM O PODER PÚBLICO SOBRE AS SANÇÕES PREVIAMENTE EXISTENTES NA LEI 8.666/93 212
– Fábio Mauro de Medeiros

CONCESSÃO ESPECIAL PARA FINS DE MORADIA – O CASO DAS FAVELAS 230
– Marcella Querino Mangullo

JURISPRUDÊNCIA COMENTADA

IMPOSSIBILIDADE DE A ADVOCACIA PÚBLICA SER EXERCIDA POR OCUPANTES DE CARGOS DE PROVIMENTO COMISSIONADO: O CASO DOS MUNICÍPIOS. Comentários ao Acórdão do Supremo Tribunal Federal na ADI 4.261 255
– Maurício Zockun

DOUTRINA

REFLEXIONES SOBRE EL SERVICIO DE JUSTICIA

Pablo Oscar Gallegos Fedriani
Professor da Universidade de Buenos Aires

Es necesario que aclare previamente que en mi carácter de miembro del poder judicial desde 1971, habiendo recorrido los cargos desde empleado de mesa de entradas hasta juez de primera instancia en el año 1985 y juez de Cámara desde el año 1994, siempre en el fuero federal de la Capital Federal, resulta evidente que casi 40 años dentro de la justicia me dan una visión sesgada de la realidad; pero trataré en las líneas que siguen de ser lo mas objetivo posible.

Relación abogado-juez

Es sabida la relación muchas veces ríspida entre los jueces y los abogados y viceversa; aunque todos los códigos profesionales digan que se le debe al abogado el mismo respeto que al juez.

Esta afirmación no deja de ser una tautología; en la medida en que nunca se aclara cuál es el respeto que se le debe al juez; de allí que no pueda saberse tampoco cuál es el correspondiente al abogado.

Es evidente que el respeto debido al juez es en cada caso concreto aquel que el juez se ha ganado tanto frente a los abogados como ante sus empleados, sus colegas, los litigantes y ante sí mismo.

Ningún Código ni ley podrá otorgar a un juez o a un abogado el respeto que ellos mismos no han sabido conseguir y quien así lo pretenda no dejará de ser sino un remedo de juez o de abogado; o su respeto no será sino una caricatura de lo que tal palabra implica.

Resulta evidente que tanto el juez como el abogado deben perseguir una misma meta que es la realización de la justicia en el caso concreto, con la utilización de las armas y artes permitidas; respetándose mutuamente y reconociendo en el otro los meritos de su trabajo.

Nunca he ejercido la profesión de abogado pero la considero una de las más dignas en su ejercicio. Quien tiene que recibir a alguien que llega a su despacho con un problema que no sabe ni siquiera describir, a quien tiene que calmar, entenderlo, proponer la solución jurídica y llevarla adelante contra todas las adversidades propias de la vida diaria y del trajín tribunalicio es digno de encomio.

Si ejerce la profesión en la Ciudad de Buenos Aires se encontrara seguramente con calles cortadas, paros sorpresivos, ascensores que no funcionan, empleados que no atienden, jueces que no se encuentran en sus despachos ni funcionarios que puedan contestar en su nombre, edificios vetustos, en fin, complicaciones de todo tipo.

Superar todos esos obstáculos, mantener la fe y llevar a buen puerto el proceso de que se trate son dignos de un arte y de una ciencia que mezclan la paciencia tibetana con la inteligencia y la rapidez de un *broker* de Wall Street.

Y eso es lo que hacen diariamente los abogados en el ejercicio de su profesión. A ellos mi reconocimiento.

Relación juez-empleados y funcionarios

El juez de primera instancia debe entender desde el primer momento que se encuentra solo y que nadie vendrá en su auxilio.

No podrá decir que no sabe ni que no puede ni quiere resolver un litigio porque el artículo 16 del Código Civil le exige juzgar sin posibilidad de ampararse en las lagunas del Derecho o en la no existencia de legislación para el caso concreto.

Se le exige y es su deber que sepa el derecho y al mismo tiempo que sea probo, prohibiéndosele la concurrencia a lugares considerados pecaminosos o inconvenientes para la investidura que la sociedad les ha impuesto.

En verdad lo que el juez de primera instancia encuentra cuando se hace cargo de un juzgado es un grupo de gente de distintas edades, procedencias sociales, niveles educativos e individuales como es cada ser humano.

A partir de allí su deber primordial será que ese grupo humano trabaje de la mejor manera posible para la prestación de un servicio indispensable de toda comunidad organizada; como es el servicio de justicia.

No sólo deberá hacerse cargo del personal sino también de la infraestructura, en la medida en que no tiene ningún administrador que lo acompañe.

De allí que desde el primer día su deber será ocuparse de los caños, de los techos, de los baños, de las cerraduras, del papel, de la fotocopiadora, del ascensor, de las ventanas, de las biromes, de las mesas y de todo otro elemento que sea imprescindible para el funcionamiento del juzgado a su cargo.

Su deber será que los baños no se tapen, que exista luz, que los empleados tengan papel, que haya carátulas para los expedientes, que el ascensor funcione, que los teléfonos respondan y mil detalles más que hacen a la atención al público litigante y al desarrollo interno del juzgado.

Deberá tomar conciencia que si bien ha sido designado por su ciencia deberá desarrollar otras capacidades que nunca se habría imaginado utilizar.

En efecto, un juzgado se parece a una pequeña y mediana industria, con un grupo de personas (empleados y funcionarios) que bajo la dirección de un jefe (juez) se comprometen con determinados insumos (papel, computadoras, libros, jurisprudencia) a realizar un producto final llamado sentencia o decisión judicial que deberá considerar los siguientes principios: producir la mayor cantidad de sentencias, de la mejor calidad, en el menor tiempo posible y con el más bajo costo.

Se que hablar a un juez y compararlo con un administrador de una Pyme puede resultar para algunos insolente y hasta una afrenta, pero quien piense un poco y considere lo que acabo de escribir entenderá que un juzgado que funciona bien será aquel donde en un clima de armonía las cosas que se reclaman salgan bien en un tiempo prudencial y sin que la burocracia haya carcomido a la justicia.

El juez y las sentencias

En la escuela de la magistratura de Francia los futuros jueces tienen cursos de redacción y se entiende que la mejor sentencia es aquella que en términos claros y sencillos y en la menor extensión resuelve casos en forma entendible para las partes.

Como explicaba alguien escribiéndole una carta a su hijo "hijo mío, te escribiré una carta muy larga porque no tengo tiempo para que sea concisa".

Existe, a mi juicio, un error muy arraigado entre quienes desempeñamos la magistratura que es el de demostrar en las sentencias con el uso de arcaísmos, latinazos y uso de frases rebuscadas, una suerte de inteligencia o conocimiento propio de los arcanos de la ciencia jurídica.

La idea es que la sentencia debe ser larga y de dificultosa lectura; solo para entendidos; lo que atenta necesariamente contra nuestro sistema democrático de gobierno que obliga a la publicidad de los actos estatales.

Si una sentencia esta escrita de tal forma que solo pueda ser entendida; con mucha dificultad, solo por quienes sean abogados, se esta afectando un principio básico; cual es el del acceso a toda la población a los actos de gobierno y a la publicidad de los mismos.

Si estas mismas líneas estuvieran llenas de palabras como magüer, cimero tribunal, poder vicarial, así las cosas, *causa petendi, litiscontestatio* u otras, no me queda duda que su lectura y comprensión resultaría mucho mas dificultosa, lo que no agrega nada a lo que se quiere transmitir, dificulta el mensaje y sólo acredita que el emisor sabe un montón de palabras difíciles, porque ha tenido tiempo de buscarlas en algún diccionario por pura diversión o para demostrar una inteligencia de la que semejantes palabras no dan muestra alguna.

Ser conciso y claro es muy difícil pero es también un deber del juez que en su función judicial va formando también una cultura jurídica y actúa a través de los repertorios de jurisprudencia como maestro del derecho.

El juez y su autoestima

Es deber ineludible del juez sentirse un servidor público y no un enviado divino para impartir justicia, como si fuera superior al resto de los mortales.

La justicia es un servicio; por eso se habla de servicio de justicia; y quienes trabajamos en ella somos servidores del público y su máximo exponente no es sino el juez.

Ser juez no es una canonjía ni un privilegio ni los jueces pertenecemos a una casta diferente. Debemos entender como primer deber que estamos al servicio de la comunidad y que formamos parte del gobierno.

Aclaro, no del gobierno partidario, sino del gobierno del estado; aquel que bajo cualquier circunstancia debe ocuparse del bien común.

Resulta evidente que una sentencia que ponga fin a un pleito con equidad y justicia esta consagrando el bien común en un caso particular; evitando la guerra civil, la justicia por mano propia y en definitiva haciendo propia la máxima de dar a cada uno lo suyo.

Si los jueces consideramos que hemos sido nombrados en el cargo para disfrutar de él estamos muy equivocados. Nuestro deber es ejercerlo, con todo lo que ello implica y que he desarrollado en los acápites precedentes. Pero es evidente que ninguno de ellos puede ser ejercido si el juez no tiene en claro que su deber primero es el de servir al pueblo quien a través de sus representantes (el Poder Ejecutivo y la Legislatura) lo ha designado de por vida para una labor que nunca será fácil y donde de ningún modo podrá sentirse plenamente feliz, ya que en la mayoría de los casos dejará a una de las partes descontenta; sabiendo que otra no puede ser la solución.

El juez y sus colegas

Si el juez es titular de un juzgado unipersonal la soledad la sentirá de inmediato y en forma permanente.

Sin embargo, es posible que tenga otros colegas de la misma instancia y del mismo fuero.

Resulta evidente que la competencia será un pan cotidiano entre los distintos jueces que querrán tener el mejor juzgado, el que haga las mejores sentencias, el que esté más al día, el que atienda mejor al publico; lo cual es propio de la naturaleza humana.

Su deber en este caso será llevarse lo mejor posible con cada uno de ellos, intercambiar información, tratar – dentro de lo posible – de unificar criterios, no sólo en lo jurídico, sino también en lo práctico, para que el litigante sepa que existe uniformidad en los usos y costumbres del fuero en cuestión.

Mantener una actitud individualista haciendo valer su criterio por sobre la mayoría de sus colegas, sobre todo en aspectos meramente formales (como puede ser el devolver un oficio porque dice saludo a V.S. Atentamente, y no Dios guarde a V.S.) no hacen sino complicar el trámite de las causas, desorientar al litigante y no trabajar por un fin común, como es el servicio de la justicia para la comunidad.

Esto hace a la seguridad jurídica y trae tranquilidad al litigante que no deberá andar preguntando qué "manía" tiene el juzgado tal o tal otro juzgado por meras disidencias de sus jueces o porque simplemente nunca se han reunido para aunar una actitud común.

Si el juez al que me refiero trabaja en un tribunal colegiado, su deber será mucho más apremiante, en la medida en que deberá compaginar su voluntad con la de sus otros colegas y convivir con ellos en la toma de decisiones comunes.

Allí el deber del juez incluye no sólo los antes enunciados sino también el de la paciencia, comprensión, capacidad de diálogo, admisión de las diferencias; todo ello en miras siempre del mismo fin común que es el servicio de justicia.

Conclusión

Se que quienes lean estas líneas, si es que alguno se atreve a hacerlo, se sentirán quizás defraudados en la medida en que no me he referido a lo que los Códigos y las leyes orgánicas proponen como deber de los jueces.

Y justamente no he escrito sobre ellos porque eso ya está escrito, y lo único que cabe hacer es leer el articulado correspondiente.

Mi función – y así lo entiendo – no es reiterar lo ya sabido o lo ya escrito sino reflexionar como componente del servicio de justicia sobre lo que los jueces deberíamos hacer para que la justicia sea un poder independiente, algo que el pueblo entienda y que cumpla en definitiva con la función para la que ha sido constituida.

CONSENSOS Y DISENSOS PRODUCTO DE LA DIVERSIDAD SOCIAL

Pablo Angel Gutiérrez Colantuono
Professor em Direito Administrativo e Administração Pública. Advogado em Buenos Aires

Nuestra sociedad multicultural refleja en su tramado las influencias recíprocas de los distintos grupos sociales que la componen. Somos, en parte, producto de la realidad inmediata que nos rodea y de todo aquello que sucede *fuera* de nuestro entorno a raíz de la inmediatez de estos *tiempos modernos*. Las fronteras se desvanecen frente al campo de las comunicaciones que nos propone un tráfico de ideas y sucesos de uno y otro lado del mundo con una celeridad tal que el aquí y el allí o el hoy y el mañana parecen confundirse bajo una misma noción de espacio y tiempo. Todo sucede en tiempo real sin tan siquiera tener que mudarnos de lugar alguno para buscar la información que absorbemos a menudo acríticamente.

En tal contexto la persona vive y se desarrolla generándose desde la multiplicidad de intereses de los diversos colectivos sociales el desafío de buscar los puntos de contacto – acuerdos, consensos. Ello a fin de evitar o reducir los espacios de fricciones y tensiones que puedan producirse entre los distintos *grupos* que componen el mosaico cultural. La tarea de conseguir acuerdos básicos es importante pero no menos la es aquella encaminada a sostenerlos generando la costumbre social e institucional del cumplimiento de los mismos.

La idea de la construcción de la regla que encierra el consenso implica necesariamente el deber *a posteriori* de acatarla, de preservarla. De ello se sigue que el procedimiento de formación de consensos debe ser lo más participativo posible:[1] a mayor intervención previa tendremos un nivel superior de cumplimiento de la regla creada.

Dentro de los temas a ser consensuados encontraremos *zonas* en que los acuerdos no serán posibles. Aquí es donde se deben fijar pautas o procedimientos

1. Recomendamos la lectura del *post Lo que está en discusión es el monopolio en el uso de la palabra* del periodista Guillermo Berto en *http://guillermoberto.wordpress.com*. Allí se traza un paralelismo entre la prensa y la justicia desde la perspectiva de la participación ciudadana.

de resolución de los conflictos que se generarán.

Fijar los procedimientos de resolución de los conflictos es fundamental para lograr que la discusión se encarrille dentro del disenso como medio eficaz de la construcción institucional y no de obstrucción. Ello conllevaría a una reducción de la conflictividad en forma gradual. Desde la dinámica de los poderes estatales es trascendental que se adviertan y detecten a tiempo los consensos logrados y se dispongan los mecanismos que permitan resolver los disensos pendientes.

Ahora bien, por fuera de las zonas de acuerdos y desacuerdos quedan al menos dos factores: los derechos humanos y la igualdad como garantía del contenido mínimo esencial de los derechos.

Los primeros en tantos fundantes[2] de todo sistema de derechos no pueden ser en su existencia y vigencia producto de acuerdos de las mayorías ni de disposición por parte del poder. Estos derechos son justamente el resguardo de las minorías permitiéndoles preservar sus identidades, sus costumbres, sus valores, con independencia de la posición fijada por ocasionales mayorías en los órganos de poder – especialmente, los deliberativos. Los derechos humanos protegen y promueven la diversidad social.

Por su parte la igualdad debe ser mirada con especial atención ya que en ella reside el efectivo acceso y disfrute a los derechos de los integrantes de la sociedad. Las dimensiones civiles, políticas, económicas, sociales y culturales de los derechos se integran en un piso mínimo de disfrute que hacen al desarrollo de una vida digna del hombre en su comunidad.

El acceso efectivo a la alimentación, al agua, a la educación, a la salud, son algunos de los aspectos que el Estado debe asegurarle al hombre en las condiciones de efectividad mínima que brinden un trato igualitario a cada ciudadano respecto de los demás. Si un niño, por caso, se encuentra sin acceso a su alimentación básica, no tiene forma de aspirar a los demás aspectos que permiten llevar adelante su vida bajo la premisa de la dignidad. De allí que su situación de vulnerabilidad se convierte en un trato desigual frente a aquellos que sí pueden disfrutar de las condiciones mínimas – y en algunos supuestos, máximas – que hacen al desarrollo de la persona humana.

Por eso ante el planteo judicial del tema la salida no puede ser otra más que instrumentar por los carriles institucionales respectivos, en forma urgente y satisfactoria, su acceso a las mismas condiciones de que gozan el resto. Aquí no puede haber espacio para discusiones de otro orden – institucionales y/o políticas – porque la necesidad de ese niño y su satisfacción por el Estado poseen prioridad en nuestro sistema.

Lo mismo sucede en la diversidad de los grupos sociales. Es equivocado, por su manifiesta inequidad, solicitarle a sectores de la sociedad que presentan determinadas características de *debilidad* las mismas condiciones de acceso a sus derechos que fueron pautadas como reglas generales para el resto de los ciudadanos.

En los supuestos de sectores vulnerables – la discapacidad es uno de ellos – el Estado debe implementar *espontáneamente* las condiciones que generen el efectivo goce y disfrute de sus derechos y no esperar – como lamentablemente observamos con llamativa frecuencia – que sus reclamos lleguen a la justicia.

La judicialización de reclamos de sectores vulnerables nos habla del fracaso

2. Ricardo Lorenzetti, *La decisión judicial en casos constitucionales,* LL 1.11.2010.

de nuestro Estado, que no es más que el propio fracaso de nuestra sociedad. Se proclama diversidad al mismo tiempo que se la niega desde los actos de poder al no darle *visibilidad a* esa diversidad desde lo institucional. Parece, con ello, incurrirse en la creación de un doble estándar.[3]

Recapitulando diremos entonces: a) en la diversidad emerge la necesaria idea del respeto y tolerancia por lo distinto; b) el diálogo es condición necesaria para articular los distintos intereses colectivos; c) los poderes estatales son motores que han de fomentar la discusión ordenada y eficaz orientada a buscar los consensos necesarios; d) las instituciones deben albergar en sus procedimientos y espacios la multiculturalidad y la diversidad social.

Como integrantes de la sociedad podemos pararnos en generar mayor conflictividad por no aceptar la diversidad o bien asumir el desafío de intentar buscar los consensos necesarios que nos permitan convivir armónicamente disfrutando justamente de la riqueza que importa sabernos distintos en la igualdad ciudadana.

La diversidad es un valor mutuo de instituciones y de los ciudadanos; aunque en las primeras pesa tanto la obligación constitucional de incorporarla como así también de promoverla eficazmente.

3. José Lumerman, desde la psiquiatría, bien explica la incidencia tanto del doble discurso como de la mentira en nuestra sociedad al tiempo que remarca la trascendencia del papel que debe asumir la justicia en la reconstrucción de los valores y las identidades (*Diario Río Negro*, 21.1.2008).

SOBRE EL FUTURO DEL PROCEDIMIENTO ADMINISTRATIVO[1]

GUIDO SANTIAGO TAWIL
Professor Catedrático de Direito Administrativo
na Faculdade de Direito da Universidade de Buenos Aires

Elegir un tema para abordar acorde con este homenaje – al que tan gentilmente nos invitara a participar el profesor Agustín Gordillo – no ha resultado tarea sencilla. Influido, sin duda, por las vivencias personales he decidido sintetizar aquí[2] algunas ideas que he venido elaborando en torno al tema del procedimiento administrativo, esbozadas ya en mi primer trabajo – publicado en esta revista allá por 1985[3] – y desarrolladas en otras publicaciones[4] y conferencias recientes.[5]

Asumida la relevancia del procedimiento administrativo como instrumento formal destinado a encauzar jurídica y racionalmente el ejercicio de la función administrativa,[6] la tutela del interés públi-

1. Extracto del trabajo publicado en el suplemento extraordinario en homenaje a la revista jurídica *La Ley* en ocasión de su 75º aniversario, Buenos Aires, agosto de 2010.

2. Haciendo honor al consejo que daba Bielsa a sus alumnos en el sentido que "el valor de los homenajes no debe consistir en simples manifestaciones de psicología colectiva ni de mera emoción, por mucho que ella valga, ni en tiros por elevación a los que se quiere combatir; el homenaje a un gran hombre debe tener sentido educador" (cfr. Guillermo J. Ouviña, *La dimensión de una ausencia: Bielsa (1899-1966)*, Ed. Dunken, Buenos Aires, 2006, p. 9).

3. Guido Santiago Tawil, "El principio de colaboración y su importancia en el procedimiento administrativo", *La Ley*, 1985-E-952.

4. Ver, así, los trabajos de mi autoría en Guido Santiago Tawil (Director), *Procedimiento administrativo*, Abeledo Perrot, Buenos Aires, 2009.

5. En particular, aquellas brindadas durante los años 2009 y 2010 en el marco de las jornadas de derecho administrativo de la Universidad de Buenos Aires y durante el 2010 en las conferencias sobre procedimiento administrativo celebradas en las ciudades de Salta y Bahía Blanca.

6. Tanto en su faz interna como en las relaciones entre la Administración y los administrados. Se ha caracterizado así al procedimiento administrativo como el elemento ordenador, regu-

co exige que, en su regulación, el Estado adopte mecanismos que no solo resulten aptos para el ejercicio de las prerrogativas de poder público sino también para limitar su ejercicio abusivo en función de las garantías que cada ordenamiento jurídico reconoce a aquellos sujetos a la autoridad estatal.

Si bien el modo en que unas y otras se encuentren reguladas no deja de constituir una solución formal – en la medida en que aún los sistemas más garantistas en su construcción teórica pierden relevancia cuando las soluciones que propugnan no son puestas debidamente en ejecución – ello importa una definición política de peso que debería orientar no solo la actividad de los entes y órganos administrativos sino también de aquellos llamados a ejercer el control jurisdiccional. Adoptar, por ejemplo, el principio del formalismo moderado (o informalismo) en favor del administrado (como acontece en la Argentina[7]) y no de la Administración (como ocurre en Francia donde el principio es la libertad de formas en su favor[8]), optar por otorgarle al silencio administrativo un carácter negativo, positivo o requerir en algunos supuestos la certificación previa de los actos presuntos[9] y negar el inicio de los plazos de caducidad en caso de silencio de la Administración exteriorizan una visión del procedimiento administrativo que no debe pasar desapercibida al tiempo de evaluar su funcionamiento.

Así, más allá de la mera pauta instrumental que importa al ordenar la sucesión de pasos, formas y plazos necesarios para adoptar una decisión administrativa,[10] la tendencia creciente en la doctrina comparada es a examinar al procedimiento administrativo primordialmente no ya en relación a su estructura sino en función de

lador y sistematizador del desenvolvimiento de la función administrativa. Ver Julio R. Comadira, y Laura M. Monti (colaboradora), *Procedimientos administrativos. Ley nacional de procedimientos administrativos, Anotada y Comentada*, I, La Ley, Buenos Aires, 2002, p. 3.

7. Respecto a este tema, ver Fernando E. Juan Lima, "El informalismo a favor del administrado", en Tawil (Dir.), *El procedimiento administrativo*, ob. cit., pp. 133 y ss.

8. Al igual que en Alemania, donde – aún en un esquema de mayor regulación del procedimiento desde la entrada en vigencia, en el año 1977, de la ley de procedimiento administrativo (*VwVfG*) – su artículo 10 establece que el procedimiento no es formal, autorizando así a la Administración a servirse – con la excepción de algunos supuestos específicos – del procedimiento en la forma que estime más adecuada y eficaz. Ver Hans Meyer, "El procedimiento administrativo en la República Federal de Alemania", en *El procedimiento administrativo en el derecho comparado*, Civitas, Madrid, 1993, p. 301. En relación a la limitada evolución que ha tenido la regulación del procedimiento administrativo no contencioso en Francia ver Jean Pierre Ferrier, "El procedimiento administrativo en Francia" en *El procedimiento administrativo en el derecho comparado*, ob. cit., pp. 355 y ss.

9. Como lo estableció el artículo 43 de la Ley n. 30/92 de Régimen Jurídico de las Administraciones Públicas y del Procedimiento Administrativo Común de España, modificada sustancialmente por la Ley n. 4/99.

10. La referencia a los "pasos", las "formas" y los "plazos" refleja, de algún modo, la discusión todavía presente en un sector de la doctrina especializada respecto a si el procedimiento administrativo se encuentra constituido por una serie de actos o por una serie de tiempos, es decir – en palabras de Laureano López Rodó ("El procedimiento administrativo, garantía de los administrados", en *Revista de Derecho Administrativo*, Año 6, n. 15/16, Buenos Aires, Enero-Agosto 1994, p. 23) – "si lo que se regula es la actividad que despliega la Administración y los administrados que intervienen en la tramitación de los expedientes, o bien la secuencia temporal de las actuaciones de unos y otros". Por la primera visión – la de considerar al procedimiento administrativo como un complejo o

los objetivos que persigue.[11] Y, desde esta óptica, el procedimiento administrativo presenta características distintivas – estrechamente vinculadas con su propio origen[12] – entre las cuales dos se destacan nítidamente tanto en el derecho nacional[13] como comparado.

En primer lugar, su calidad de instrumento de control del proceso de formación

sucesión de actos a través de los cuales se expresa la voluntad de la Administración – se pronuncia un destacado sector de nuestra doctrina. Ver, así, Juan Carlos Cassagne, *Derecho administrativo*, II, 7ª edición actualizada, Lexis Nexis, Buenos Aires, 2002, p. 514 y Julio R. Comadira, "Las bases constitucionales del procedimiento administrativo", en *Colección de Análisis Jurisprudencial – Elementos de Derecho Administrativo*, La Ley, Buenos Aires, 2006, p. 947.

11. Güido Corso, "El procedimiento administrativo en Italia", en *El procedimiento administrativo en el derecho comparado*, ob. cit., pp. 477 y ss., para quien la cuestión no radica ya en "¿qué es el procedimiento? sino ¿por qué el procedimiento? ¿para qué sirve?".

12. Si bien el procedimiento administrativo reconoce en su origen múltiples causas, confluyeron en él tanto causas internas como externas a la Administración. Entre las primeras se destaca la necesidad de mantener un funcionamiento ordenado y racional de las organizaciones estatales ante su crecimiento geométrico y las presiones generadas desde la propia estructura burocrática del Estado. Entre las segundas, la de establecer ciertos límites al ejercicio abusivo de las potestades estatales. Ver al respecto Juan Alfonso Santamaría Pastor, *Principios de derecho administrativo general*, II, Iustel, Madrid, 2004, pp. 23 y ss.

13. Esta es la visión que predomina claramente en la actualidad en la doctrina argentina. Ver, entre otros, Blanca Herrera de Villavicencio, "El procedimiento administrativo como garantía de los administrados", *Revista Régimen de la Administración Pública*, n. 348, Septiembre de 2007, pp. 89 y ss.; Patricio E. Sammartino, "Procedimiento administrativo, juridicidad e interés público", en *Cuestiones de Procedimiento Administrativo*, Ediciones RAP, Buenos Aires, 2006, pp. 54 y ss.

de la voluntad administrativa en la medida en que – sea de modo previo a la emisión de los actos administrativos o con posterioridad a ello – permite fiscalizar tanto la legitimidad como la oportunidad, el mérito o la conveniencia de las decisiones adoptadas o a adoptar por la Administración.[14] Así, a diferencia de lo que acontece en el proceso judicial – limitado a un control de legitimidad (es decir, de aplicación de la ley o conformidad de la conducta estatal con el modelo normativo que disciplina el ejercicio del poder estatal y razonabilidad), el procedimiento administrativo permite controlar valoraciones extrajurídicas, de naturaleza eminentemente políticas (sociológica, económica, etc.) y, como tales, propias de la actividad administrativa y exentas del control judicial.[15]

En segundo lugar, el procedimiento administrativo se presenta a la vez no sólo como un mecanismo destinado a garantizar un mejor funcionamiento de la Administración sino también para otorgar a los administrados la posibilidad de hacer valer sus derechos o intereses frente al abuso o funcionamiento deficiente de la organización estatal.[16] Este doble pro-

14. Cassagne, *Derecho administrativo*, II, ob. cit., p. 509.

15. Como es sabido, diferenciar claramente los conceptos de legitimidad, oportunidad, actividad reglada y discrecional, hechos y derecho no ha sido siempre tarea sencilla y hacerlo con precisión resulta esencial a fin de desarrollar adecuadamente los distintos sistemas de control. Ver, al respecto, Guido Santiago Tawil, "Algunas reflexiones respecto al alcance del control judicial de la actividad administrativa (legitimidad, oportunidad, hechos y derecho)", *El Derecho*, 122-811 y *Administración y Justicia*, II, Depalma, Buenos Aires, 1993, pp. 315 y ss.

16. López Rodó, *El procedimiento administrativo, garantía de los administrados*, ob. cit., p. 23, quien – anticipando la que se ha transformado en posición dominante en los últimos

pósito resultaba visible tanto en quienes inspiraron la ley española de 1958 – como Garrido Falla – o redactaron nuestra ley 19.549[17] y se observa en sistemas jurídicos como el alemán o el italiano que han revalorizado notablemente la importancia del procedimiento administrativo en las últimas décadas.[18]

Su debida regulación interesa así – como explicaba Linares[19] – al mismo tiempo tanto a una buena organización como al interés directo del administrado ya que la intervención otorgada a los particulares en defensa de sus derechos impacta en la relevancia que el procedimiento administrativo asume como instrumento de eficiencia administrativa.

Ese objetivo protector – sustentado constitucionalmente en los derechos de defensa en juicio (debido proceso)[20] y

años – privilegia el segundo objetivo sobre el primero al afirmar que "su principal objetivo es – o ha de ser – proteger a los ciudadanos ante cualquier género de actuaciones y resoluciones arbitrarias o anómalas de los órganos de la Administración antes que aquéllos se vean obligados a recurrir a la vía jurisdiccional en defensa de sus derechos".

17. Ver, así, Carlos Alberto Young, "Antecedentes y bases históricas de la Ley Nacional de Procedimientos Administrativos", *Revista Régimen de la Administración Pública*, n. 46, julio de 1982, p. 12. También ha sido recogido por nuestra jurisprudencia, como lo testimonia el voto del juez Hitters en la causa "Llorente Hnos. c/ Provincia de Buenos Aires" s/demanda contencioso administrativa del 28 de abril de 2004 al señalar – con cita de Royo Villanova, Gordillo, Escola y González Pérez – que "en suma, el procedimiento de marras participa – a manera de cabeza de Jano – del doble carácter de garantía jurídica y de garantía administrativa ya que por un lado procura la tutela de los derechos e intereses de los particulares mientras que por el otro persigue la buena marcha de la Administración... Se desprende de lo dicho que, a diferencia de un excesivo ritualismo, el principio del formalismo moderado (informalismo) garantiza un procedimiento administrativo dinámico, generador de una actividad realmente útil para el interés general, a condición de que sea aplicado de consuno con el principio de la buena fe, permitiendo al administrado confiar en que la Administración no va a exigirle más que lo que estrictamente sea necesario para la realización de los fines públicos que en cada caso concreto persiga. Y en que no le va a ser exigido en el lugar, en el momento ni en las formas más inadecuados, en atención a sus circunstancias personales y sociales, y a las propias necesidades públicas".

18. Ver, al respecto, E. Schmidt-Abmann, "El procedimiento administrativo, entre el principio del Estado de Derecho y el principio democrático", en *El procedimiento administrativo en el derecho comparado*, ob. cit., pp. 317 y ss. y Güido Corso, "El procedimiento administrativo en Italia", en *El procedimiento administrativo en el derecho comparado*, ob. cit., pp. 477 y ss., quien recuerda que – en palabras del profesor Mario Nigro (presidente de la comisión redactora de la Ley n. 241 de procedimiento administrativo y derecho de acceso a archivos y registros del 7 de agosto de 1990) – su objetivo fue "promover la democratización (contra la inescrutabilidad y el autoritarismo) y la simplificación (contra la lentitud)" (p. 494).

19. Juan Francisco Linares, *Sistema de recursos y reclamos en el procedimiento administrativo*, Astrea, Buenos Aires, 1974, p. 16.

20. Respecto a la incidencia del principio de defensa en juicio en la génesis de nuestra LPA ver Young, *Antecedentes y bases históricas...*, ob. cit., pp. 7 y ss., quien recuerda los insistentes reclamos de Bielsa, Diez, Marienhoff, Fiorini, Gordillo y Escola en favor de la sanción de una norma general de procedimientos administrativos que superara regulaciones parciales e incompletas como las existentes desde la década del '30 en materia de recurso jerárquico. Este principio, base sobre la cual – junto con la regla contra la parcialidad (*rule against bias*) – se ha desarrollado el derecho administrativo en Gran Bretaña, ha extendido su influencia a otros sistemas que difícilmente uno consideraría en principio emparentados. Sobre la influencia del principio del debido proceso y de la *Administrative Procedure Act* norteamericana en el desarrollo del procedimiento administrativo en Japón ver Bin Takada, "El procedimiento

de peticionar a las autoridades[21] – se ha transformado con el correr del tiempo en el principal motor en la regulación del procedimiento administrativo[22] y se ve plasmado con claridad – al menos en sus formas – en aquellos sistemas jurídicos que – como el español o el argentino – cuentan con principios y regulaciones específicas en la materia.[23]

A fin de cumplir adecuadamente con esos objetivos se han consagrado en nuestro país principios propios del procedimiento administrativo como los de legitimidad, verdad material, oficialidad, informalismo a favor del administrado, debido proceso adjetivo, colaboración, gratuidad y celeridad, economía y sencillez que distinguen nítidamente – en el plano teórico – al procedimiento administrativo del proceso judicial y de cuya debida tutela y efectiva aplicación depende la propia razón de ser de la vía administrativa.

Ello es así, pues si – como hemos señalado en su momento – las vías recursiva y reclamativa que caracterizan a los procedimientos administrativos impugnatorios no son más que exteriorizaciones de una etapa *precontenciosa o de conciliación*[24] que se desarrolla frente a

administrativo en Japón", en *El procedimiento administrativo en el derecho comparado*, ob. cit., pp. 384 y ss.

21. En igual sentido, ver Comadira, "Las bases constitucionales del procedimiento administrativo", ob. cit., p. 949, quien suma a las garantías individuales referidas – plasmadas en los artículos 14 y 18 de la C.N. – la de razonabilidad prevista en su artículo 28, a la que califica como *standard* garantizador de que el comportamiento administrativo se cumplirá ordenada y sistemáticamente, es decir, "como un componente inexcusable de la propia eficacia y eficiencia administrativa".

22. Particularmente en aquellos casos en que, como el argentino, su regulación comenzó con la de algunos procedimientos recursivos como el recurso jerárquico establecido en los decretos 20.003 de 1933 y 7.520 de 1944. Al respecto, ver Rafael Bielsa, *El recurso jerárquico*, 3ª ed., Roque Depalma Editor, Buenos Aires, 1953 y Bartolomé A. Fiorini, *Procedimiento administrativo y recurso jerárquico*, 2ª ed., Abeledo Perrot, Buenos Aires, 1971.

23. En supuestos como el de las provincias argentinas del Chaco, Formosa, La Rioja, Río Negro o San Juan, tales regulaciones se encuentran incluso referidas en los textos constitucionales al otorgar a los poderes legislativos locales la atribución expresa de dictar normas de procedimiento administrativo. Ver Comadira, "Las bases constitucionales del procedimiento administrativo", ob. cit., p. 948. A este respecto, cabe recordar que no todos los sistemas jurídicos de raigambre continental europea regulan el procedimiento administrativo de modo similar. Basta advertir, por ejemplo, lo que acontece en Francia – donde el arbitrio de la Administración activa es singular y las mayores garantías se presentan recién en la instancia contencioso administrativa (jurisdiccional) – o lo que ocurría en nuestro país un siglo atrás cuando – tal como sucede en la actualidad en el país galo y en Alemania – se consideraba a la actividad administrativa no sujeta a formas particulares. Ver, así, lo expuesto en 1908 por nuestra Corte Suprema en el conocido caso "Margarita Rey de Ackerley c/ Gobierno Nacional por reivindicación e indemnización", Fallos: 109:403, considerando 8º ("Que el reconocimiento hecho por el Poder Ejecutivo en el decreto de 15 de julio de 1898, que no versó sobre la acción personal sino sobre el derecho real pretendido por la señora de Ackerley, quedó sin efecto por otro decreto de 21 de julio de 1903, en que declaró que aquel reconocimiento lo hizo por error, lo cual estaba en su facultad; *porque los procedimientos administrativos no tienen forma ni carácter de juicio, como tampoco interrumpen la prescripción*; porque a este efecto debe entablarse la demanda ante los jueces, y porque si en la causa seguida por del Viso se admitió el reconocimiento del gobierno, fue porque lo hizo su representante en el juicio mismo, al contestar la demanda").

24. Tawil, *Administración y Justicia*, I, ob. cit., p. 173, donde – al referirnos en forma crítica

quien – como sucede en la mayor parte de los supuestos – carece por su propia naturaleza de los caracteres de independencia e imparcialidad que ostentan los jueces, ella no tiene sentido alguno si – sea por defecto de diseño o de ejecución – las herramientas previstas al efecto no son susceptibles de ser aplicadas en plenitud.

En ese contexto, hemos intentado destacar en las últimas décadas la importancia que reviste entender al procedimiento administrativo en su verdadera dimensión.

En efecto, aún cuando tradicionalmente se ha reconocido como una de las características básicas del procedimiento administrativo a su carácter contradictorio,[25] señalábamos que ello no debería significar otra cosa que reconocer que pertenece a la propia esencia del procedimiento administrativo la posibilidad de que se hagan valer en él distintos intereses parciales e individuales y que ellos sean adecuadamente confrontados en presencia de sus respectivos titulares – sean estos la Administración y el o los particulares con intereses contrapuestos – antes de adoptarse una decisión definitiva.

Lamentablemente, el reconocimiento de ese principio ha llevado en general a olvidar peligrosamente que el procedimiento administrativo[26] sólo puede desarrollarse en un marco de colaboración mutua, principio que – a nuestro juicio – no sólo constituye una condición básica en la relación entre el Estado y los particulares, sino también un verdadero presupuesto del

al carácter revisor de la jurisdicción contencioso administrativa, al requisito de la decisión previa y al alcance que debe atribuirse a la intervención administrativa – señalábamos que "lo expuesto no significa pronunciarse en contra de la existencia de una intervención administrativa previa al conocimiento judicial. Tiende, por el contrario, a limitar los efectos de ella a sus justos límites. Desde esa óptica, *la intervención administrativa debe ser visualizada, exclusivamente, como una etapa precontenciosa o de conciliación* – tal es el único significado que cabe otorgarle en la actualidad – *que encuentra sustento en la obligación del administrado de colaborar en la preservación del principio de legalidad, evitando la propagación de litigios inútiles con quien ha asumido el papel de guardián del interés público.* Tal conclusión – plenamente válida como pauta interpretativa de la ley en tanto emana claramente de su espíritu – no debe llevar, por el contrario, a propugnar la existencia de requisitos formales exagerados que – traducidos en aquellas peligrosas vallas temidas con justicia por el profesor Enterría – atentan contra el normal ejercicio de los derechos de los administrados y limitan indebidamente el papel otorgado constitucionalmente a nuestros tribunales de justicia". Desde una perspectiva similar, señalaba la Corte Suprema en las causas La Estrella (Fallos: 311:689, considerando 5º), Gasparri y Cía (Fallos: 314:725, considerando 7º) y "The First National Bank of Boston" (Fallos: 324:3335, considerando 11) que "la finalidad del reclamo administrativo previo es producir una etapa conciliatoria anterior al pleito, dar a la Administración la posibilidad de revisar el caso, salvar algún error y promover el control de legitimidad y conveniencia de lo actuado por los órganos inferiores". Ver, en igual sentido, Corte de Justicia de la Provincia de Salta, "Alonso, Diego c/ Cooperativa Asistencial de la Capital", del 11 de junio de 1997, LLNOA. 1998-632.

25. Ver, así, Procuración del Tesoro de la Nación, Dictámenes, 57, p-red. 264. En doctrina, ver Eduardo García de Enterría y Tomás Ramón Fernández, *Curso de derecho administrativo*, t. II, Civitas, Madrid, 1984, p. 398. En contra se ha pronunciado Bezzi (*El contrato de obra pública*, 2ª ed., Buenos Aires, 1982, p. 63), quien citando a Langrond, concuerda sustancialmente con nuestra posición, al afirmar que en el procedimiento administrativo "hay confrontación, pero no contradicción entre el interés público representado por la Administración y el interés privado representado por el administrado, a quien califica de colaborador en la elaboración de la decisión administrativa y no de litigante".

26. Aún y particularmente aquél de naturaleza impugnatoria.

procedimiento administrativo, ya que sin él carecería de todo sentido.[27]

Solo en ese contexto es que principios tales como los de legitimidad, verdad material, informalismo a favor del administrado, oficialidad y gratuidad o la obligación de revocar los actos irregulares que impone a la Administración el artículo 17 de la LPA encuentran debida justificación.

La dinámica administrativa demuestra, sin embargo, que, en la mayor parte de los supuestos, tal colaboración brilla por su ausencia. Basta advertir, por ejemplo, las dificultades que enfrentan de ordinario los particulares al tiempo de realizar gestiones ante entes u órganos administrativos. La multiplicidad de trámites y demoras – sin duda atribuible en mayor medida a la ineficacia e inercia administrativa que a una premeditada voluntad obstaculizante – son sólo un ejemplo de ello.

Las violaciones al espíritu de colaboración y a los restantes principios que deberían regir el procedimiento y obrar aparecen desde el momento en que se impone a los administrados la obligación de abonar una tasa a efectos de formular una petición, acceder u obtener el desarchivo de actuaciones administrativas.[28] La exigencia de semejante pago – caracterizado en algunos ordenamientos municipales como "derecho de oficina" – se presenta en contradicción no sólo ya con los principios de gratuidad del procedimiento y debido proceso adjetivo – en tanto importa una restricción indebida a la posibilidad de que el particular sea oído[29] –, sino, más aún, con los principios centrales de legitimidad y verdad material. Si lo que se persigue es el fiel cumplimiento del ordenamiento jurídico, si la carga de obtener ese resultado recae principalmente sobre la organización estatal y si a ese fin ella no debe limitar su conocimiento a los elementos formales aportados en el expediente, mal puede aceptarse que exigencias económicas como las expuestas[30] restrinjan el acceso de la Administración a la principal fuente de información a la que debe recurrir para decidir la conducta a seguir o revisar la ya adoptada: aquella susceptible de ser provista por su "colaborador", su "coadyuvante", su "socio" en la búsqueda del éxito en el procedimiento administrativo, es decir, el particular interesado.[31] Lamentablemente, ello no es siempre bien comprendido, olvidándose frecuentemente que

27. Tawil, "El principio de colaboración y su importancia en el procedimiento administrativo", ob. cit., loc. cit.

28. Respecto al tema del acceso a las actuaciones administrativas, ver Agustín A. Gordillo, *Tratado de derecho administrativo*, v. 4, 10ª ed., Fundación de Derecho Administrativo, Buenos Aires, 2010, IV; Armando Canosa, "La vista en el procedimiento administrativo", *ED* 134-899 y *Procedimiento administrativo: recursos y reclamos*, Abeledo Perrot, Buenos Aires, 2008, pp. 287 y ss.; Laura Monti, "El acceso a las actuaciones administrativas" en Tawil (Dir.), *El procedimiento administrativo*, ob. cit., pp. 267 y ss.

29. Que impone, necesariamente, el acceso del particular y una efectiva participación útil en las actuaciones que lo afecten. Ver, al respecto, Gordillo, *Tratado de derecho administrativo*, v. 4, ob. cit., IV-6.

30. Consecuencia de la invariable necesidad de generar recursos que caracteriza desde antaño a nuestra Administración.

31. Como lo ha destacado nuestra Corte Suprema en un caso que involucraba a un organismo previsional, pero cuyas proyecciones pueden válidamente ser generalizadas a cualquier órgano administrativo, "los organismos previsionales no son partes contrarias con intereses contrapuestos a los de los administrados, sino órganos de control y aplicación práctica de la legislación de la seguridad social para el cumplimiento de cuyos fines están obligados a coadyuvar al esclarecimiento de la verdad material (…)". Ver Fallos: 313:1417, "Echavarría Coll".

en no pocas ocasiones quien se encuentra en mejor posición para recordar a la Administración sus deberes y obligaciones, para advertirle de los errores cometidos y para agraviarse cuando se lesiona el bien común y el bien individual compatible con este es el propio administrado.

¿Qué decir entonces de las restricciones que se observan en ocasiones para producir prueba, la no consideración de aquella producida y las dificultades que enfrentan los administrados para acceder a las actuaciones y antecedentes administrativos? En más de una oportunidad ellas obligan a poner en duda si principios básicos en este campo como los de verdad material, oficialidad o debido proceso constituyen meras construcciones teóricas o cuentan con algún asidero tangible en la realidad y dinámicas administrativas.[32]

¿Y de la celeridad, economía, sencillez y eficacia de los procedimientos? Como bien se ha dicho, el "tiempo" es un elemento decisivo en la tutela de los derechos y el orden jurídico. De poco sirve una solución correcta si ella no es aportada en tiempo oportuno. Frecuente resulta observar procedimientos administrativos cuya duración acumula años. Mas allá del carácter obligatorio de los plazos tanto para el administrado como para la Administración[33] y del ejercicio obligatorio de la competencia[34], escasas son las ocasiones en que la Administración cumple con los plazos conferidos en la legislación para el dictado de un acto, su notificación o la resolución de un recurso. Frente a semejante mora, la legislación ha ideado diversos remedios que, si bien otorgan algún tipo de solución, no evitan la mora administrativa ni reparan debidamente los perjuicios que ella causa. ¿Son el silencio administrativo negativo o el amparo por mora soluciones efectivas para erradicar esas prácticas? La respuesta parece ser necesariamente negativa. Todo paliativo debe, como tal, ser bienvenido pero lejos se encuentran semejantes herramientas de constituir soluciones eficientes para revertir la mora administrativa o poner fin a su inactividad material.

Las trabas o requerimientos burocráticos que caracterizan al obrar de nuestras Administraciones – plasmado en un sinnúmero de exigencias formales superfluas e innecesarias,[35] atención defectuosa y

32. En sentido concordante, Julieta Rodríguez Prado, "El procedimiento administrativo en la práctica. Principales cuestiones que se plantean", en Tawil (Dir.), *El procedimiento administrativo*, ob. cit., pp. 333 y ss.

33. Artículo 1º, inc. e), apartado 1, LPA.

34. Artículo 3º, LPA. Respecto a este tema, ver David A. Halperin, "Los plazos en el procedimiento administrativo" en Tawil (Dir.), *El procedimiento administrativo*, ob. cit., pp. 253 y ss.

35. La sujeción a formas rituales es, sin duda, uno de los rasgos más característicos de los sistemas inspirados en el modelo francés y, como tal, mal podría estar ausente en nuestro país. Como en otros campos de la actuación administrativa, el tema de las formas asume en el procedimiento administrativo un rol central. Es cierto que en numerosas ocasiones las formas producen un importante efecto disuasivo y, por ello, hemos destacado la importancia que reviste la motivación como medio de control de la actividad administrativa ó nos hemos pronunciado en contra de la teoría de la subsanación dada la naturaleza educativa que a nuestro juicio reviste para los órganos administrativos lo que hemos dado en llamar "el efecto multiplicador de las nulidades". Sin embargo, el funcionamiento deficiente de los mecanismos de control se ve acentuado, en importante medida, por la sacralización exagerada de las formas: en otras palabras el suponer que las formas son aptas para constituir en si mismas mecanismos adecuados de control. La experiencia indica que nada es más sencillo para quien no sabe controlar que verificar únicamente el cumplimiento de las formas. Lava su culpa y aparenta cumplir adecuadamente con su función cuando – obviamente – lejos está de

generalmente escasa, largas esperas, omisión de notificaciones, necesidad de concurrir reiterada e infructuosamente a las dependencias públicas[36] y demás vicios –, más allá de evidenciar un preocupante desconocimiento del ordenamiento que rige a la Administración – llámese LPA u otras normas legales o reglamentarias análogas – y de los principios generales en que ellos se sustentan, encuentran su origen en la confusión existente acerca de cuáles son los fines que debe perseguir el Estado en su accionar.

El problema no es, por cierto, propio o exclusivo de la Administración argentina. Ha sido y – muy a nuestro pesar – seguirá siendo un defecto crónico de las organizaciones estatales.[37]

Nos hemos referido elogiosamente con anterioridad a algunos de los esfuerzos realizados en otras latitudes para reducir la carga burocrática, particularmente en materia regulatoria.[38] Iniciativas relevantes como las adoptadas en los Estados Unidos a fin de revisar la regulación existente, reducir la carga innecesaria de información o imponer obligaciones específicas de contabilidad presupuestaria y examen de los costos y beneficios de toda nueva regulación relevante deberían ser objeto de mayor atención.

La idea del enfrentamiento entre la Administración y los administrados debe ser erradicada de manera definitiva. Forma parte de la esencia misma del procedimiento administrativo que la decisión emanada del órgano estatal no sea consecuencia de una disputa entre ellos sino, por el contrario, el fruto necesario de una conjunción de esfuerzos, una interacción imprescindible entre el particular y la Administración destinada a obtener un resultado justo y provechoso para el individuo y la comunidad en su conjunto.[39]

hacerlo. Ello explica en numerosos supuestos, las toneladas de papeles que inundan a la Administración y la escasa confianza que tiene la ciudadanía en las estructuras estatales. Algo parecido sucede, por cierto, con la función de regulación. Cuando algo no funciona es más sencillo propugnar la sanción de una nueva norma – de naturaleza legal o reglamentaria – que examinar con seriedad las razones por las cuales ellas no son cumplidas y trabajar en la modificación de las conductas humanas para conseguir su acatamiento. Se trata, como hemos dicho en oportunidades anteriores, simplemente de cosmética.

36. Defectos estos muy comunes en nuestra práctica administrativa y que configuran una clara restricción a la posibilidad con que cuentan los particulares de obtener una efectiva participación útil en la toma de las decisiones que los pudieran afectar. Ver al respecto lo señalado hace ya más de tres décadas por Horacio Creo Bay ("Rechazo de escritos en sede administrativa", *J.A.*, 1977-III, pp. 646 y ss.) en materia de presentación y rechazo de escritos en sede administrativa. Así lo hizo notar también Héctor A. Mairal (*Control judicial de la administración pública*, t. I, Depalma, Buenos Aires, 1984, p. 8) al señalar que "el rechazo de escritos en la mesa de entradas, denegación de vistas y de pruebas, negativas a elevar el expediente y represalias por interposición de recursos o demandas contra el ente son todas situaciones de frecuente ocurrencia, muchas de las cuales no quedan volcadas en el procedimiento y son por ello difíciles de probar".

37. Ver, a este respecto, las ácidas críticas vertidas en España por el profesor Alejandro Nieto en *La "nueva" organización del desgobierno*, Ariel, Barcelona, 3ª reimpresión, 2003.

38. Ver Guido Santiago Tawil, "Avances regulatorios en América Latina: una evaluación necesaria", *ED*, Suplemento de Derecho Administrativo, año 2000, pp. 380 y ss.

39. Así parece haberlo entendido en ocasiones nuestra Corte Suprema, al señalar que "conforme a los principios generales que rigen la materia, el recurrente concurre como colaborador en la elaboración de la decisión administrativa, aun cuando defiende sus derechos subjetivos, por lo que predominan las reglas de informalismo e impulsión de oficio. Además, la buena fe, la lealtad y la probidad que deben caracterizar todo proceso y

Si la Administración y los administrados no se encuentran por lo general en una relación de igualdad, mayor aún es aquella desigualdad en el procedimiento administrativo. A diferencia de lo que acontece cuando el Estado ejerce la función materialmente jurisdiccional – que requiere, por su propia naturaleza, la existencia de una controversia entre partes y un órgano independiente de ellas que la dirima[40] – en el caso del ejercicio de la función materialmente administrativa, el Estado se identifica con una de las partes en aparente pugna y, por ende, carece de independencia y neutralidad.

La desigualdad entre las partes es, consecuentemente, propia del procedimiento administrativo. Pero ella pierde relevancia cuando se toma conciencia de que él no se basa en una confrontación de fuerzas entre la Administración y el administrado que exige para su adecuado funcionamiento una igualdad absoluta entre ellas, sino, por el contrario, que se trata de un procedimiento particular y específico en el que esa aparente disimilitud no debería constituir óbice alguno para alcanzar el fin perseguido.

De allí que, ante la falta de independencia del poder de decisión con el interés comprometido resulte esencial, para su funcionamiento eficaz, comprender debidamente la naturaleza del vínculo.

Como consecuencia de ello, exigencias tales como el reclamo administrativo o los recursos administrativos sólo hallarían justificación[41] en caso de ser ellos interpretados como propios de la instancia precontenciosa ó de conciliación antes referida, signada por el espíritu de colaboración y la posibilidad cierta de que los particulares obtengan una verdadera y efectiva participación útil[42] en la elaboración y toma de las decisiones que los afecten.[43]

Más allá de los justificados elogios que la formulación teórica y regulación del procedimiento administrativo han merecido en su tiempo y lugar, ellos requieren en la actualidad ciertos cambios relevantes – tanto de naturaleza conceptual como instrumental – que permitan superar la insatisfacción que en general se percibe en quienes deciden hacer uso de él.

En el plano conceptual, no puede desconocerse que, tanto en nuestro país como en otros sistemas jurídicos el procedimiento administrativo impugnatorio ha sido visto y regulado durante décadas como paso previo a un proceso contencioso-administrativo de naturaleza revisora, es decir, como una sucesión de pasos formales impuestos por la norma como necesarios para agotar la instancia

la actividad de las partes en él determinan que las normas adjetivas regulatorias de su conducta no contengan exigencias contrarias a tales principios" (ver Fallos: 300:1292, "Galián, Edgar c. Provincia de Corrientes" y 308:633, "Durusse de Fernández, Graciela c. Provincia de Santa Fe").

40. Bartolomé Fiorini, "Inexistencia del acto administrativo jurisdiccional", *La Ley*, 101-1027 y ss.

41. Con el alcance al que nos referiremos a continuación.

42. Expresión esta utilizada desde antaño por nuestra Corte Suprema (Fallos: 215: 357) y a la que adherimos.

43. El cambio cultural que ello exige es, por cierto, relevante y las experiencias existentes hasta el momento no han sido particularmente alentadoras. Basta observar, por ejemplo, que iniciativas de interés como el Decreto n. 1.172/2003 – que aprobó los reglamentos generales de audiencias públicas, publicidad de la gestión de intereses, elaboración participativa de normas, acceso a la información pública y reuniones abiertas de los entes reguladores de servicios públicos – lejos han estado de producir los efectos deseados.

administrativa y generar un acto expreso o presunto que permita acceder a la instancia judicial.

Esa íntima relación que uniera desde sus orígenes a la regulación del procedimiento y el proceso contencioso-administrativo obliga a comprender que las modificaciones producidas en la construcción e interpretación de uno de ellos impacta en ocasiones en el otro e impone la necesidad de su reformulación.

Superada en importante medida la visión revisora de la jurisdicción contencioso-administrativa – en función de la cual se requería como condición ineludible para la procedencia de la revisión judicial la existencia de un acto previo de la Administración aún en los supuestos de inactividad[44] –, *el gran desafío que enfrenta el procedimiento administrativo en estos tiempos es el de obtener el favor de los administrados, es decir, lograr que ellos recurran al procedimiento administrativo no por imposición legal sino por asumirse que él permitirá solucionar los conflictos sin necesidad de recurrir a una instancia judicial.* Entendido que el procedimiento administrativo no debe condicionar ya más el acceso a una tutela judicial efectiva, el único modo que él concite el interés tanto de la Administración como de los administrados es que los mecanismos de resolución de disputas allí existentes funcionen debidamente, permitiendo conciliar adecuada y efectivamente los diversos

44. En una interpretación desmesurada de esta exigencia se interpretaba que – en tanto la reclamación administrativa determinaría los puntos en disputa sobre los cuales habrán de pronunciarse los jueces – no resultaba posible plantear en sede judicial cuestiones no introducidas con anterioridad ante la Administración; que las pretensiones en sede judicial no podían exceder las formuladas en sede administrativa, o que aun en el supuesto de anularse el acto impugnado, los tribunales no podían realizar declaraciones sobre las pretensiones sustanciales de los recurrentes cuando ellas habían quedado sin resolver por parte de la Administración. En concordancia con ello, se deducía de este carácter revisor que los tribunales deberían ceñir su conocimiento a las cuestiones resueltas en el acto impugnado, toda vez que "de modificar la fundamentación fáctica o la extensión de sus pretensiones al demandar judicialmente, el particular estaría privando a la Administración la posibilidad de decisión, sustrayéndole su competencia y asignándosela por propia y personal decisión al tribunal judicial que de órgano revisor de actos se transformaría en decisor de cuestiones que debían ser planteadas en sede administrativa (...)". El abandono de esta visión se ha notado claramente en la jurisprudencia, doctrina y legislación tanto española como argentina. La Ley 29/1998 reguladora de la jurisdicción contencioso-administrativa de 1998 profundizó ese proceso en España. Así, siguiendo una sentencia del Tribunal Constitucional del 25 de septiembre de 1995, la ley de 1998 ratificó su intención de "superar la tradicional y restringida concepción del recurso contencioso-administrativo como una revisión de actos administrativos previos, es decir, como un recurso al acto, y de abrir definitivamente las puertas frente a cualquier comportamiento ilícito de la Administración" ("Exposición de Motivos", capítulo V, párrafo 1). De ese modo y a diferencia de la L.J.C.A. de 1956 – que relacionaba las pretensiones procesales con los "actos" de la Administración y solo admitía la impugnación de disposiciones generales y actos administrativos (expresos o presuntos) –, el nuevo ordenamiento español vinculó a las pretensiones esgrimibles con la actuación administrativa en sentido amplio (interpretada ella en los términos del artículo 106.1 de la Constitución Española de 1978, es decir, comprendiendo no solo los actos propiamente dichos sino también la actividad prestacional, las actividades negociales de diverso tipo, las actuaciones materiales y, las inactividades u omisiones de actuaciones debidas – y consagró un vasto sistema de pretensiones), contemplando entre la actuación administrativa susceptible de impugnación judicial a la que se refieren sus artículos 25 y ss. a las disposiciones de carácter general, los actos administrativos expresos o presuntos, la inactividad material de la Administración y las vías de hecho. A las clásicas pretensiones de condena

intereses en juego sin necesidad de recurrir al auxilio de los órganos judiciales.[45]

De ese modo, si el proceso contencioso-administrativo ya no es más considerado un proceso al acto administrativo sino uno en el que se pueden plantear múltiples pretensiones (incluidas en algunos supuestos aquellas de naturaleza prestacional), el procedimiento administrativo debería ser adecuado a esa nueva realidad.

Un procedimiento administrativo moderno debería acentuar los estímulos a fin de obtener una mayor participación útil tanto de la Administración como de los administrados – unificando los procedimientos y evitando categorías cerradas de legitimación[46] –, ampliar las pretensiones susceptibles de ser planteadas a fin de contemplar mecanismos aptos para poner fin a la inactividad material, desterrar ciertas construcciones incompatibles con su propia esencia[47] y reducir la procesalización exagerada que se verifica tanto en la regulación como en la aplicación del sistema.[48] En esa senda, el principio de

ya existentes en la ley de 1956 – declaración de no conformidad a Derecho y consecuente anulación y reconocimiento de una situación jurídica individualizada y adopción de las medidas adecuadas para su pleno restablecimiento, incluida la indemnización de daños y perjuicios – el nuevo ordenamiento sumó la posibilidad de condenar a la Administración al cumplimiento de actividad omitida en el supuesto de inactividad material y el cese de la actividad material cuestionada en el caso de las vías de hecho. En el caso argentino, abandonando la visión esbozada en el Código Varela, el nuevo Código Contencioso Administrativo bonaerense (Ley 12.008 de 1997, modificada por las Leyes 12.074, 12.310, 13.101 y 13.118 ó CCA) fijó – con buen criterio – como objeto del proceso a la pretensión procesal y no al acto administrativo denegatorio de derechos (ver, así, el mensaje del Poder Ejecutivo del 2 de junio de 1997 de elevación a la legislatura provincial del proyecto de código). Asimismo y tal como lo hiciera poco tiempo después la ley española de 1998, admitió expresamente entre las pretensiones posibles – sujetas a plazos y condiciones diferentes (artículos 18 a 21 del CCA) – la posibilidad de requerir la anulación total o parcial de actos administrativos, reglamentos u ordenanzas municipales; el restablecimiento o reconocimiento del derecho o interés tutelado; el resarcimiento de daños y perjuicios; la declaración de certeza sobre una determinada relación o situación jurídica regidas por el derecho administrativo; el cese de una vía de hecho o el libramiento de una orden de pronto despacho (art. 12 del CCA). Esa enumeración ha sido considerada como meramente enunciativa, por lo que nada obstaría al ejercicio de otras pretensiones (cfr. Daniel F. Soria, "El proyecto de Código Procesal Contencioso Administrativo de la Provincia de Buenos Aires y el juzgamiento de los actos del Tribunal de Cuentas", *Revista Régimen de la Administración Pública*, n. 227, Buenos Aires, 1997). Respecto al tema en general, ver Guido Santiago Tawil, "Características básicas de la jurisdicción contencioso-administrativa argentina", en Guido Santiago Tawil (Director), *Derecho procesal administrativo*, Abeledo-Perrot, Buenos Aires, 2011, en prensa.

45. La solución no pasa, en definitiva, por la simple ampliación o modificación de plazos o restricciones. Mucho menos aún por eliminar u obviar el procedimiento administrativo. Pasa por reformularlo y jerarquizarlo, haciéndolo imprescindible no por imposición legal sino por el propio peso de su utilidad y eficacia.

46. Una técnica interesante ha sido la utilizada por el nuevo código contencioso-administrativo bonaerense al señalar – en su artículo 13 – que "Está legitimada para deducir las pretensiones previstas en el presente Código, toda persona que invoque una lesión, afectación o desconocimiento de sus derechos o intereses tutelados por el ordenamiento jurídico".

47. Entre ellas se destaca, particularmente, aquella que postula la llamada "teoría de la subsanación". Ver, al respecto, la valiosa contribución de Fabián O. Canda, "El debido proceso adjetivo. La llamada 'teoría de la subsanación'", en Tawil (Dir.), *El procedimiento administrativo*, ob. cit., pp. 145 y ss.

48. Consecuencia directa de la confusión existente respecto al sentido y naturaleza del procedimiento administrativo y su frecuente asimilación al proceso judicial.

colaboración al que hacíamos referencia asume aún mayor relevancia. De optarse por mantener los recursos administrativos (en lugar de sustituirlos por otros mecanismos de expresión o participación de los administrados), debería quedar claro que ellos resultan en su mayor parte optativos[49] y que su falta de agotamiento[50] o ejercicio no generará la pérdida del derecho a promover la acción procesal administrativa.[51-52]

En esa misma senda, el abandono del carácter revisor de la jurisdicción conten-

49. Similar solución se debate en el sistema español donde se postula la conveniencia de contemplar un solo recurso, de carácter optativo, con excepción de los casos de tutela y autoadministración.

50. Sobre el significado y alcance del agotamiento o apuro de la instancia administrativa ver el excelente trabajo de Oscar Aguilar Valdéz ("El agotamiento de la vía administrativa", en Tawil (Dir.), *Procedimiento administrativo*, ob. cit., pp. 73 y ss.), quien señala – en posición que compartimos plenamente – que "nada hay en la Constitución Nacional ni en nuestro régimen contencioso administrativo que, por esencia, exija la existencia de este presupuesto procesal. Lo único que exige la Norma Fundamental para habilitar la procedencia de un pleito contra el Estado es la existencia de un caso o controversia (...) tal fundamento no puede resultar admisible a mas que se advierta que este recaudo recién fue introducido en nuestra legislación federal en 1972, es decir, mas de una centuria de sancionada la Constitución Nacional. Por otra parte, podemos afirmar – como lo ha dicho lúcidamente Bianchi – que del principio de división de poderes no se pueden derivar restricciones al ejercicio de derechos constitucionales, porque, justamente, su función es la de garantizar el ejercicio de las libertades individuales y no limitarlas".

51. En igual sentido, consecuencias propias del carácter revisor como la exigencia de identificar los hechos y derechos invocados en la demanda judicial con lo resuelto (o planteado) en sede administrativa (ver, así, por ejemplo, lo dispuesto en el art. 30 de la Ley n. 19.549) deben ser superados. A ellos nos hemos referido en forma crítica con anterioridad por considerar a esta disposición una interpretación errónea y desmesurada del principio de congruencia procesal al olvidar que – a diferencia de lo que ocurre con la apelación entre dos instancias judiciales – el sistema argentino no es de doble jurisdicción (administrativa y judicial) sino de jurisdicción única y ella es de naturaleza judicial. Ver, en sentido concordante, Mairal, *Control judicial...*, I, ob. cit., p. 349, y Canosa, *Procedimiento administrativo...*, ob. cit., p. 528.

52. En una linea similar parece pronunciarse Agustín Gordillo (*Tratado de derecho administrativo*, v. 4, 10ª ed., Fundación de Derecho Administrativo, Buenos Aires, 2010, III-3), al señalar que "cuando la tutela judicial es efectiva, el recurso administrativo es un trámite molesto que desearía poder evitar. Cuando el control judicial no funciona, el recurso administrativo se transforma en el único remedio disponible. En cualquier caso, es el precio que el ciudadano debe pagar para tener acceso a la vía judicial, unas horcas caudinas incompatibles con la garantía de pronto acceso a la instancia judicial. Por ello la respuesta provisoria que la doctrina contemporánea postula es que resulta una irrazonable restricción del acceso a la justicia. Ello, por ser innecesarios para la Administración, que de rutina no los resuelve; por transformar 'los fugacísimos plazos de interposición de los recursos en plazos de prescripción de los derechos sustantivos'; por ser una carga injustificable, demorar el acceso a la justicia y de hecho desanimar dicho acceso, etc. Se trata de un tema en el que conviene evitar todo dogmatismo jurídico o formulismo rígido, pues a veces la justicia es el único camino y otras lo es la Administración. La mejor solución es dejar al propio interesado el derecho de acudir a la vía judicial en forma directa, o agotar si lo prefiere todo o parte de la instancia administrativa (...) hemos seguido y profundizado lo que en España se denominó la desvirtuación de la vertiente garantística de los recursos; la desfiguración de los recursos como medio de garantía". También lo hacen Canosa (*Procedimiento administrativo...*, ob. cit., p. 355 y ss.) y Aguilar Valdéz ("El agotamiento de la vía administrativa", ob. cit., p. 91) quien a la posibilidad de otorgarle carácter optativo al régimen recursivo le agrega la posibilidad

cioso-administrativa aconseja reexaminar la pertinencia de mantener limitaciones temporales al ejercicio de la acción contencioso administrativa como las existentes en la actualidad[53] ó el sistema de retardación[54] y reformular figuras tales como la denuncia de ilegitimidad o el silencio negativo, creadas con un claro propósito tuitivo pero cuya utilidad misma quedaría en duda en ese nuevo contexto.[55]

En el plano instrumental, numerosas son las soluciones susceptibles de ser incorporadas. Desde propuestas conceptuales destinadas a reducir en general la carga de papel y documentación a presentar y procesar hasta la eliminación de controles formales que en escasas oportunidades permiten alcanzar los objetivos perseguidos – sustituyendo, en cuanto sea posible, controles de medios por otros de resultados – el abanico es particularmente amplio.

Un proceso de modernización del procedimiento administrativo exigiría, por cierto, incorporar las múltiples ventajas que la innovación tecnológica nos acerca (expedientes virtuales, firma digital,[56] notificación electrónica),[57] adaptar la regulación a las nuevas previsiones existentes en la legislación y tratados internacionales – particularmente en lo atinente a la transparencia, ética y mecanismos destinados a combatir la corrupción – y fomentar una mayor publicidad de los actos y procedimientos

de reemplazar la obligatoriedad de interponer el recurso jerárquico por una simple reclamación administrativa, sin plazo de interposición y con términos de resolución razonables, vencidos los cuales – con o sin resolución expresa – el particular podría acudir a la vía judicial.

53. Plasmadas en la mayor parte de los casos en plazos de caducidad y presentes – en el supuesto de los ordenamientos provinciales – en los códigos contencioso-administrativos y no – como acontece en el orden nacional – en las leyes de procedimiento administrativo.

54. Previsto, por ejemplo, en los artículos 77 a 79 de la ley de procedimiento administrativo de la provincia de Buenos Aires (Decreto-ley n. 7.647/70).

55. En efecto, la primera cuestión a debatir sería la necesidad o conveniencia de mantener tales institutos en forma generalizada en un esquema en el cual el requisito de decisión previa – en razón del cual nacieron y que les da justificación – se atenúa considerablemente. Aún en el caso de optarse por su mantenimiento (solución prudente en la medida en que el sistema no sea reestructurado en su totalidad), debería examinarse la conveniencia de revisar en cuanto al primer instituto la visión innecesariamente restrictiva que denotan – en cuanto a la posibilidad de revisar judicialmente la decisión que desestima una denuncia de ilegitimidad – diversos precedentes jurisprudenciales a partir del conocido caso "Gorordo" (Fallos 322:73, del 4 de febrero de 1999). Ver, en igual sentido, "Tajes" (Fallos: 322:551 del 31 de marzo de 1999) y la disidencia del juez Maqueda en "Daus" (Fallos: 329:2886 del 18 de julio de 2006), entre muchos otros. Respecto al tema de la denuncia de ilegitimidad ver el valioso aporte crítico de Ignacio J. Minorini Lima, "La denuncia de ilegitimidad", en Tawil (Dir.), *El procedimiento administrativo*, ob. cit., pp. 425 y ss.

56. Ver, al respecto, la Ley 25.506 y su Decreto reglamentario 2.628/2002. Examinando el funcionamiento del sistema de firma digital y algunas falencias que impedirían su plena aplicación en el ámbito administrativo, ver Santiago Roca, "El acto administrativo digital en el marco de nuestro procedimiento administrativo", *RAP* 2003 124-135; Gabriela Bordelois de Rossi, "El expediente administrativo" y Natalia S. Aprile, "Los escritos. Formalidad. Recaudos. Su funcionamiento en el procedimiento administrativo", ambos trabajos publicados en Tawil (Dir.), *El procedimiento administrativo*, ob. cit., pp. 188 y ss. y 247 y ss.

57. En igual sentido, Gustavo P. Lupetti, "Los principios de eficacia, celeridad, economía y sencillez", en Tawil (Dir.), *El procedimiento administrativo*, ob. cit., pp. 173 y ss. Respecto al tema del "gobierno digital" ver, en nuestro país, Antonio Martino, "El gobierno digital para

estatales,[58] cuidando particularmente que su instrumentación ayude efectivamente al proceso de toma de decisiones y no, por el contrario, lo obstaculice.

Asimismo, principios tales como los de colaboración y gratuidad deberían ser consagrados normativamente, eliminando – en aquellos casos en que fuera necesario – las normas que atentan contra ellos.[59]

En este proceso de transformación del procedimiento administrativo cuatro soluciones instrumentales podrían resultar también de interés.

En primer lugar, la redacción de una guía de buenas prácticas administrativas, dirigida tanto a la Administración como a los administrados, en la que se expresen con claridad los objetivos perseguidos y los deberes y obligaciones de todos quienes participan en los procedimientos administrativos. Ella podría incluir, a mero título enunciativo, una lista de las conductas que se esperan y aquellas que se consideran inadecuadas en el procedimiento administrativo.[60]

Segundo, el dictado de una serie de instrucciones a los funcionarios administrativos y cuerpos de asesoramiento jurídico[61] consistentes con el nuevo ordenamiento, reflejando claramente las conductas que se esperan de ellos y los mecanismos que se instrumentarán a fin de implementar y realizar un seguimiento de las conductas allí fijadas.

En tercer lugar, la implementación de programas de entrenamiento y actualización permanente para funcionarios de la Administración destinados a instruirlos adecuadamente, intercambiar experiencias y recoger sugerencias para alcanzar un mejor funcionamiento del procedimiento administrativo.

Por último, la creación de un ente u órgano en el ámbito de la Administración que mediante herramientas físicas e informáticas reciba y procese los reclamos y

la emergencia", en Dafne A. Ahe (Coord.), *El derecho administrativo de la emergencia*, II, Fundación de Derecho Administrativo, Buenos Aires, 2002, p. 49.

58. Incentivando, en aquellos casos en que resulte posible, mecanismos tales como los de documentos en consulta. Respecto a estos últimos y otros mecanismos de participación pública, ver el decreto 1.172/2003 y María Graciela Reriz, "La participación ciudadana en la gestión administrativa y en el control", *Revista Jurídica de Buenos Aires*, 2004, pp. 387 y ss.; Raquel C. Alianak, "Sobre la participación pública en la elaboración de reglamentos y proyectos de ley. A propósito del decreto 1.172/2003 y su comparación con el régimen vigente en el sistema legal de Estados Unidos de Norteamérica", *EDA* 2004-504; Estela Sacristán, "Participación previa y revisión judicial en los actos de alcance general", *JA* 2005-I; Denise Bloch, "Procedimientos de participación de los usuarios en la regulación de los servicios públicos, *RAP* 258; Gustavo Boullaude, "El decreto 1.172/2003 y los servicios públicos", *RDA* 51-134 y Natalia Mortier, "Los procedimientos de elaboración participativa de normas", en Tawil (Dir.), *El procedimiento administrativo*, ob. cit., pp. 497 y ss., entre otros.

59. Como, por ejemplo, aquellas disposiciones que exigen el pago de derechos de oficina ó tasas de desarchivo, dificultan el acceso a las actuaciones administrativas u obstaculizan innecesariamente la participación de los administrados con interés suficiente. Respecto a este tema, ver Josefina Barbarán, "El agotamiento del administrado", *La Ley* 2005-E-1120 y Sofía Capalbo, "El principio de gratuidad en el procedimiento administrativo", en Tawil (Dir.), *Procedimiento administrativo*, ob. cit., pp. 167-168.

60. De ese modo, conductas frecuentes pero reprobables como la elevación de los recursos administrativos con proyecto de resolución denegatoria y aquellas dilatorias dirigidas a diferir eternamente los procedimientos sancionatorios deberían, por ejemplo, verse debidamente reflejadas.

61. Emanadas en este último caso del Procurador del Tesoro en el ámbito nacional y de los responsables de los cuerpos de abogados respectivos en el ámbito provincial.

sugerencias que genera el funcionamiento defectuoso del procedimiento administrativo[62] con dos objetivos centrales. En primer lugar, compilar periódicamente las observaciones recibidas y remitírselas a los organismos administrativos o legislativos competentes para realizar las modificaciones necesarias en su regulación normativa (con o sin propuestas normativas), guía de buenas prácticas, circulares y programas de entrenamiento y actualización. Segundo, en los casos en que ella no se perciba como superflua o dilatoria, hacer llegar a las oficinas o dependencias administrativas competentes la queja puntual recibida a fin de requerir su pronta solución.[63]

Tal como aconteciera en otras materias, iniciativas recientes demuestran la voluntad de las autoridades políticas en distintas jurisdicciones de iniciar estudios que podrían culminar en la modificación de algunas de nuestras actuales leyes de procedimiento administrativo.[64] Más allá de la decisión final que cada jurisdicción adopte, tales esfuerzos evidencian una seria y legítima preocupación que no debe pasar desapercibida. Probablemente no todos los cambios deseados o requeridos puedan ser instrumentados en el corto o aún en el mediano plazo, pero el sólo hecho de iniciar este proceso resulta auspicioso y merece, por cierto, todo nuestro apoyo.

62. En el entendimiento que la función de orientación cotidiana a los administrados será obligación de todos los funcionarios, como parte integrante de sus tareas ordinarias e incorporadas a las instrucciones señaladas anteriormente.

63. En labores tales como el entrenamiento y actualización de los funcionarios de la Administración ó la elaboración de la guía de buenas prácticas, su reflejo y posteriores propuestas de modificación normativas el aporte de distintas instituciones – incluidas las cátedras de derecho administrativo de nuestras principales universidades – podría resultar de gran utilidad.

64. En esa senda cabe destacar, entre otras, las recientes iniciativas de las provincias de Buenos Aires y Salta. En el caso de la primera, ella ya ha dado lugar a la creación – por Decreto n. 1.044, del 6 de julio de 2010 – de una “Comisión para el Estudio y Análisis del Decreto-ley n. 7.647/70 y modificatorias”.

PARA UMA TEORIA DO ATO ADMINISTRATIVO UNILATERAL

CELSO ANTÔNIO BANDEIRA DE MELLO

Professor Titular de Direito Administrativo da Pontifícia Universidade Católica de São Paulo
e Professor Emérito da mesma Universidade

1. Entre as classificações dos atos administrativos, uma, de supina importância (de par com a divisão entre atos unilaterais e atos convencionais), embora muito pouco mencionada, é a que os divide em atos *ampliativos* e atos *restritivos* da situação jurídica dos administrados. Comece-se por esclarecer que atos ampliativos são os atos favoráveis ao administrado, ou seja, os que ampliam sua esfera de desfrute das situações jurídicas e que restritivos são os desfavoráveis, ou seja, os que restringem, comprimem ou suprimem uma dada situação jurídica desfrutada por alguém.

Embora jamais tenhamos encontrado esta advertência, é importante notar que a teoria do ato administrativo unilateral foi largamente construída – e de modo altamente impróprio, porque parcial – sobre esta última categoria, isto é sobre os atos que se apresentam como impositivos para os administrados: atos restritivos de sua esfera jurídica (quais, *exempli gratia*, uma declaração de utilidade pública para fins de desapropriação, os atos fiscalizadores e sancionadores em geral, as revogações, anulações ou que, de todo modo, constrangem o administrado a fazer, não fazer ou suportar algo).

Tanto é exato que este viés errôneo presidiu o exame do ato administrativo que, na França, é comum definir-se o ato administrativo referindo-o como uma "decisão executória". Ora, isto, evidentemente, não é exato, pois, para sê-lo, seria preciso excluir do campo dos atos administrativos os atos ampliativos (como as permissões, concessões, admissões, licenças, autorizações etc.) o que, evidentemente, ninguém faz, conquanto estes últimos não exibam a totalidade das características presentes nos atos tomados como paradigmas para a construção da teoria do ato administrativo. Deveras, a admissão, a autorização, a concessão, *exempli gratia*, são atos administrativos, ninguém jamais o negou, e não se constituem em decisões executórias, porque, à toda evidência, não se propõe a questão de executar estes atos contra a vontade do admitido, do autorizado, do concessionário, como não se proporia em relação a qualquer beneficiário.

René Chapus anota que, no aresto Huglo (1982), o Conselho de Estado francês se manifestou no sentido de que "o caráter executório" das decisões administrativas é "a regra fundamental do direito público".[1] Embora, ao nosso ver, sem descortinar que o discrímen importante é entre atos unilaterais ampliativos e restritivos, o fato é que obras mais modernas procuram discernir a decisão executória de outros atos administrativos. Assim, no *Droit Administratif*, de Georges Vedel e Pierre Devolvé, os autores averbam que as decisões executórias são "uma variedade de atos administrativos unilaterais", mas que a expressão – cuja fortuna notoriamente se deve a Hauriou – vinha sendo usualmente empregada como sinônimo de ato administrativo unilateral, o que eles próprios, como o declaram, haviam feito até essa 12ª edição.[2]

A presença da aludida perspectiva equivocada facilmente se nota também na teoria do processo administrativo (chamado igualmente de *procedimento administrativo*), a qual está centrada, de modo claro, nos atos restritivos, dada sua evidente preocupação em colocar limites que resguardem o administrado de eventuais arbitrariedades administrativas. Por isto, nem todos os princípios indicados como pertinentes ao processo administrativo são aplicáveis à generalidade deles. Alguns destes princípios não podem ser referidos aos atos ampliativos, como ao diante indicamos.

2. É óbvio que não pode servir como uma teoria do ato administrativo aquela que é erigida tão somente sobre uma categoria deles e que, de conseguinte, imputará, ainda que apenas de modo implícito, a todo e qualquer ato administrativo características só aplicáveis a uma espécie deles. Outrossim, ao deixar de lado a necessária vestibular distinção entre as duas importantes espécies mencionadas, escamoteia a necessidade de exame particularizado de cada qual e com isto redunda na falta de percepção de aspectos que seriam decisivos para a compreensão de certos institutos. É que alguns deles dizem respeito tão só a uma destas categorias, como ocorre com o tema da manifestação da vontade do particular ou com o tema da chamada "coisa julgada" administrativa ou da executoriedade, questões estas que não se aplicam aos atos restritivos. Outras vezes, o próprio instituto em causa se apresenta distinto, conforme estejam em questão atos ampliativos ou restritivos, como sucede no caso da invalidação.

Não é nosso propósito aqui, evidentemente, pretender reelaborar toda a teoria do ato administrativo, o que demandaria como é óbvio uma amplitude absolutamente incompatível com este despretencioso artigo, mas tão somente atrair a atenção para aquilo que deve obrigatoriamente presidir tal elaboração.

Bem observando, nota-se que a teoria da *existência* e da *validade* dos atos administrativos é, realmente, igual tanto para os atos restritivos como para os ampliativos, conquanto os efeitos da invalidação, como se anotou, não sejam os mesmos em uma e outra categoria; mais além salientamos que nos atos restritivos os efeitos da invalidação são *ex tunc* e nos atos ampliativos geralmente são *ex nunc*. Assim também a *teoria da eficácia*, ou *dos efeitos*, é distinta entre eles, não se propondo em relação aos ampliativos nada do que se relaciona com a imperatividade, a exigibilidade ou a executoriedade.

Dessarte, o discrímen entre as duas espécies de atos é importantíssimo, por-

1. *Droit Administratif Général*, Ed. Montchrestien, 6ª ed., 1992, t. 1, p. 375).

2. Presses Universitaires de France, 12ª ed., 1992.

quanto preside uma fundamental bipartição de regimes.

3. Comece-se por anotar que, ao serem relacionados atributos ou características dos atos administrativos unilaterais, costuma-se arrolar como próprias deles, a *presunção de legitimidade*, a *imperatividade*, a *exigibilidade* e a *autoexecutoriedade*. As duas primeiras certamente tanto se aplicam a atos restritivos quanto ampliativos, pois não há duvidar que em ambas as hipóteses os atos provenientes da Administração devem se presumir conformes ao Direito, até prova em contrário ou até impugnação em juízo, assim como é de se reconhecer igualmente que possuem a força jurídica inerente a quaisquer deles derivados do Poder Público. Não se trata, ressalve-se, de afirmar que podem ser impostos forçosamente a terceiros, mas de assumir que possuem a força jurídica de constituir por si mesmos uma situação jurídica, isto é, de deflagrar efeitos por si próprios. Se estas duas características são comuns a todos os atos administrativos unilaterais, as duas outras mencionadas, quais sejam, a exigibilidade e a executoriedade não comparecem no caso dos atos ampliativos, valendo tão só para os restritivos.

Com efeito, a exigibilidade, ao nosso ver, é o atributo por força do qual a Administração pode constranger o administrado a cumprir o disposto no ato valendo-se para tanto de meios indiretos de compulsão, tais as multas, como as impostas ao administrado que não atendeu a intimação para consertar a calçada fronteira à sua casa, a recusa em expedir o alvará de construção para a reforma pretendida pelo particular se ele não quitar a obrigação de demolir a obra irregular ali efetuada etc. Não faria sentido pretender constranger o particular a desfrutar de um benefício que lhe estivesse sendo outorgado por meio de algum ato ampliativo.

A executoriedade é a prerrogativa de que dispõe a Administração de promover por si mesma a execução da pretensão administrativa, isto é, sem necessidade de obtê-la por meio do Poder Judiciário, quando legalmente previsto ou perante situações urgentes ou nas quais inexista outra via de direito igualmente eficaz para salvaguardar o interesse público em risco. É claro que, ao emitir um ato benéfico ao administrado, que lhe amplia a situação jurídica, a Administração não terá porque impor ao beneficiário sua concreção material. Daí que tal atributo só se propõe em relação aos atos restritivos.

4. Consoante se observou, a mesma visão imperfeita se reproduz ao ser tratado o tema do processo ou procedimento administrativo (expressões muitas vezes utilizadas como equivalentes). De fato, é facil perceber-se na enumeração dos princípios a ele reportados que nem todos são pertinentes à generalidade dos processos. Assim, o princípio da *oficialidade* e o da *gratuidade* não se aplicam obrigatoriamente nos procedimentos *ampliativos de direito* suscitados pelos interessados.

5. No que atina ao tema dos atos cuja prática ou cuja eficácia depende de manifestação do particular é evidente que diz respeito tão só aos atos ampliativos, e que disto não se haveria de cogitar em relação àqueles em que, inversamente, o Poder Público está preordenado a comprimir ou suprimir direitos ou interesses do administrado, pois, para fazê-lo, como é óbvio, não irá pedir a aquiescência daquele a quem queira desfavorecer.

Neste passo está-se a referir às mais variadas hipóteses em que o ato administrativo pressupõe a concordância prévia ou posterior do administrado. É o que ocorre para a emissão de autorizações, licenças, permissões, concessões e quejandos, as quais só são expedidas caso haja interessados que previamente os requeiram ou que se habilitem a tanto. O mesmo sucede em relação a alguns outros atos que a Administração pode praticar mas cujos efeitos finais dependem de manifestação concordante, como por exemplo, uma nomeação para cargo de livre provimento, pois não acarreta investidura no cargo sem que o nomeado o aceite, tomando posse dele, ou a outorga de qualquer situação honorífica dispensada a alguém, como uma comenda, *exempli gratia*. Sobre a natureza destes atos e as diversas teorias que foram sugeridas ao respeito de alguns deles, pelo menos, questionando se são atos bilaterais ou se são dois atos unilaterais que se conjugam para obtenção do resultado final, se são contratos impregnados de um elemento de comando e outras variações, é altamente elucidativa a exposição de Stassinopoulos.[3] Ao nosso ver, deixando de lado o caso da nomeação, que exigiria explicações mais minuciosas para seu completo esclarecimento, entendemos que são dois atos unilaterais que se completam e que se reclamam.

6. Também as questões suscitadas ao respeito da chamada "coisa julgada administrativa" têm lugar unicamente em relação aos atos ampliativos. *Toda vez que a Administração decidir um dado assunto em última instância, de modo contencioso, ocorrerá a chamada "coisa julgada administrativa"*. Algumas vezes, com esta nomenclatura, aliás muito criticada, pretende-se referir a situação sucessiva a algum ato administrativo em decorrência do qual a Administração fica impedida não só de se retratar dele na esfera administrativa, mas também de questioná-lo judicialmente. Vale dizer: a chamada "coisa julgada administrativa" implica, *para a Administração*, a *definitividade* dos efeitos de uma decisão que haja tomado.

O tema, repita-se, diz respeito exclusivamente aos atos "ampliativos" da esfera jurídica dos administrados. O fenômeno aludido só ocorre em relação a este gênero de atos, pois se trata de instituto que cumpre uma função de *garantia dos administrados* e que concerne ao tema da segurança jurídica estratificada já na própria órbita da Administração. Logo, não tem porque se propor quando em causa atos restritivos.

Ressalte-se que a chamada "coisa julgada administrativa" abrange a irrevogabilidade do ato, mas sua significação é mais extensa. Com efeito, nela se compreende, além da irrevogabilidade, uma irretratabilidade que impede o Poder Público de questionar o ato também na esfera judicial, ao contrário da mera irrevogabilidade, que não proíbe a Administração de impugnar em juízo um ato que considere ilegal e não mais possa rever na própria esfera.

Inversamente, seu alcance é menos extenso do que o da coisa julgada propriamente dita. Com efeito, sua definitividade está restrita a ela própria, Administração, mas terceiros não estão impedidos de buscar judicialmente a correção do ato.

Assim, o atingido por uma decisão produtora de coisa julgada administrativa em favor de outrem e contrária a suas pretensões poderá recorrer ao Judiciário para revisá-la. Além disto, seu questionamento na esfera judicial é admissível sempre que caiba ação popular, ação civil pública ou que, por *fas* ou por *nefas*, haja legitimidade ativa do Ministério Público.

A coisa julgada administrativa, consoante entendemos, propõe-se unicamente em situações nas quais a Administração

3. Michel Stassinopoulos, *Traité des Actes Administratifs*, Atenas, Librairie du Recueil Sirey, 1954, pp. 57-62.

haja decidido contenciosamente determinada questão – isto é, em que tenha *formalmente assumido a posição de aplicar o Direito a um tema litigioso*; portanto, também, com as implicações de um contraditório. Aliás, nisto se exibe mais uma diferença em relação à simples irrevogabilidade, que, como visto, estende-se a inúmeras outras hipóteses.

7. Outra utilidade da distinção entre atos ampliativos e atos restritivos reside em que é a partir dela que se consegue resolver adequadamente a questão de saber-se se os efeitos da invalidação sempre, ou nem sempre, têm efeitos *ex tunc* e é com base nela que se poderá determinar se seus efeitos serão desta espécie ou se e quando serão *ex nunc*.

Reformulando o entendimento que em época pretérita adotávamos na matéria, pensamos que o assunto só se resolve adequadamente tomando-se em conta esta fundamentalíssima distinção – e que cada vez nos parece mais importante para uma teoria do ato administrativo – entre atos *restritivos* e atos *ampliativos* da esfera jurídica dos administrados.

Na conformidade desta perspectiva, parece-nos que efetivamente nos atos unilaterais *restritivos* da esfera jurídica dos administrados, se eram inválidos, todas as razões concorrem para que sua fulminação produza efeitos *ex tunc*, exonerando por inteiro quem fora indevidamente agravado pelo Poder Público das consequências onerosas. Pelo contrário, nos atos unilaterais *ampliativos* da esfera jurídica do administrado, se este não concorreu para o vício do ato, estando de boa-fé, sua fulminação só deve produzir efeitos *ex nunc*, ou seja, depois de pronunciada.

Com efeito, se os atos em questão foram obra do próprio Poder Público, se estavam, pois, investidos da presunção de veracidade e legitimidade que acompanha os atos administrativos, é natural que o administrado de boa-fé (até por não poder se substituir à Administração na qualidade de guardião da lisura jurídica dos atos por aquela praticados) tenha agido na conformidade deles, desfrutando do que resultava de tais atos. Não há duvidar que, por terem sido invalidamente praticados, a Administração deva fulminá-los, impedindo que continuem a desencadear efeitos; mas também é certo que não há razão prestante para desconstituir o que se produziu sob o beneplácito do próprio Poder Público e que o administrado tinha o direito de supor que o habilitava regularmente.

Assim, *v.g.*, se alguém é nomeado em consequência de concurso público inválido, e por isto vem a ser anulada a nomeação dele decorrente, o nomeado não deverá restituir o que percebeu pelo tempo que trabalhou. Nem se diga que assim há de ser tão só por força da vedação do enriquecimento sem causa, que impediria ao Poder Público ser beneficiário de um trabalho gratuito. Deveras, embora não compareça tal fundamento, a solução haverá de ser a mesma se alguém é permissionário de uso de um bem público e mais tarde vem-se a descobrir que a permissão foi invalidamente outorgada. A invalidação deverá operar daí para o futuro. Descaberia eliminar retroativamente a permissão; isto é: o permissionário, salvo se estava de má-fé, não terá que devolver tudo o que lucrou durante o tempo em que desfrutou da permissão de uso do bem.

As soluções indicadas – ressalte-se não interferem com outro tema, qual o da cabível responsabilização do agente público que haja operado de má-fé em um ou outro caso, independentemente da boa ou má-fé do administrado.

8. Os tópicos focalizados são suficientes para exibir não apenas a impor-

tância da distinção entre atos ampliativos e restritivos, mas a necessidade de revisar a teoria do ato administrativo, seja para corrigir-lhe a mencionada impropriedade, seja para que se possa, através disto, explorar adequadamente o tema, iluminando aspectos que ficam na sombra, ou simplesmente insuspeitados, quando se faz abstração do discrímen aludido ao construir teoricamente a matéria.

DOUTRINA

O ESTADO LAICO E O PLURALISMO RELIGIOSO

Américo Masset Lacombe

Mestre e Doutor em Direito pela PUC/SP

1. O conceito de Estado. 2. A democracia. 3. O pluralismo. 4. Liberdade religiosa. 5. Do Estado religioso ao Estado laico. 6. O Estado laico e a sociedade religiosa. 7. Conclusões.

1. O conceito de Estado

1.1 O Estado nada mais é do que a organização política de um povo, sob o comando de um governo, que atua sobre esse povo num determinado território. A organização política é feita em termos jurídicos e a atuação do governo sobre o povo é feita através de normas jurídicas. É certo que o Estado pode ser estudado sob tríplice aspecto: sociológico, político e jurídico.[1] Sob o aspecto sociológico, "o Estado é encarado no complexo de sua vida econômica, jurídica, espiritual, na sua gênese e evolução, na estrutura étnica de sua população, no ambiente, etc.".[2] Observado do ponto de vista político, ao contrário, as diretivas, que o devem guiar em obediência a seus fins para conquista da maior eficiência com o menor sacrifício da coletividade, constituem o objeto principal da política elevada à categoria de ciência".[3] Finalmente, "sob o aspecto jurídico o Estado se apresenta como o portador da ordem jurídica, como o ente que unifica e personifica a sociedade, caracterizando-se pelo monopólio e execução do direito".[4]

1.2 Se recapitularmos algumas definições de Estado veremos que todas, ou quase todas, enumeram como sua carac-

1. Alexandre Groppali, *Doutrina do Estado*, tradução da 8ª edição italiana por Paulo Edmur de Souza Queiroz, Saraiva, São Paulo, 1968, 2ª ed., p. 4.

2. Idem, ibidem.

3. Idem, p. 5.

4. Idem, ibidem.

terística a atuação sobre um povo em um território. Podemos citar duas definições como exemplo: a primeira de Georges Scelle[5] que afirma que "o Estado é uma ordem jurídica imediatamente subordinada à ordem jurídica internacional, dotada da atribuição de regulamentos a quase totalidade dos interesses gerais de uma coletividade política institucionalmente organizada e fixada sobre um território determinado, e cujos governantes dispõem da competência maior tal como o direito internacional o estabelece". Mas após rejeitar tal definição, Nelson de Souza Sampaio[6] propõem outra, mais sintética, mas não totalmente antagônica. Define o Estado como "uma associação política de base territorial, com capacidade jurídica interna e externa, cujo governo é dotado do poder originário de sanção direta e incondicionada, bem como da atribuição de conferir a pessoas e bens a condição de nacionalidade que os distingue sua órbita internacional".

1.3 Mas todas as definições revelam ser o Estado um ser essencialmente jurídico. Afinal, o poder político é um poder normativo e o Estado atua como um fenômeno jurídico. Isto nos leva à concepção do Estado como ordem jurídica, e, via de consequência, à teoria de Hans Kelsen,[7] para quem o Estado é uma ordem de conduta humana, e, por conseguinte, um fenômeno exclusivamente jurídico. O Estado seria uma palavra para designar um sistema jurídico, um sistema normativo (que se expressa através de uma linguagem), descrito por um sistema de proposições (que se expressa numa metalinguagem). Assim, o que distingue um Estado do outro é a diversidade de sistemas de normas. O Estado ***A*** não se confunde com o Estado ***B*** porque as normas jurídicas que incidem sobre os componentes de um (povo, território e governo) são distintos das que incidem sobre os componentes do outro. O Estado é assim o seu direito, e nasce com a sua Constituição. Cabe recordar a lição de Michel Temer:[8]

> "Tratemos do *poder constituinte originário.* Visa criar o Estado. Antes dessa manifestação, o Estado, tal como veio a ser positivado, não existia. *Existe, é,* a partir da Constituição. Ressalte-se a ideia de que surge novo Estado a cada nova Constituição, provenha ela de movimento revolucionário ou de assembleia popular. O Estado brasileiro de 1988 não é o de 1969, nem o de 1946, de 1937, de 1934, de 1891 ou de 1824. Historicamente é o mesmo. Geograficamente pode ser o mesmo. Não o é, porém, juridicamente".

1.4 É, de conseguinte, impossível deixar de se conceber o Estado como fenômeno jurídico. Hannah Arendt[9] faz duas observações entre as quais podemos intercalar mais duas. Diz ela: "no centro das considerações morais da conduta humana está o eu; no centro das considerações políticas da conduta está o mundo". No entanto, entre as duas afirmações devemos acrescentar: *no centro das considerações costumeiras da conduta humana está à*

5. *Cours de Droit International Public*, *apud* Nelson de Souza Sampaio, "Prólogo" à *Teoria do Estado*, Forense, Rio de Janeiro, 1960, 2ª ed., p. 264.

6. Ob. cit., p. 265.

7. *Teoria Pura do Direito*, tradução de João Baptista Machado, Armênio Amado, Coimbra, 6ª ed., 1984; *Teoria Geral do Estado*, tradução de Fernando Miranda, Armênio Amado, Coimbra, 3ª ed., 1951.

8. *Elementos de Direito Constitucional*, Malheiros Editores, São Paulo, 23ª ed., 2010, p. 35. Veja-se ainda Jorge Miranda, *Manual de Direito Constitucional*, Coimbra Editora, 2000, 4ª ed., t. II, p. 7.

9. *Responsabilidade e Julgamento*, São Paulo, Companhia das Letras, 2004, p. 220.

sociedade[10] e *no centro das considerações jurídicas da conduta humana está o Estado*. O homem é o elaborador das suas próprias regras morais de conduta, mas é no Estado que ganham corpo as regras jurídicas. O Estado é forte na medida em que a sua ordem jurídica é eficaz. Sendo o Estado um ente eminentemente jurídico, território, povo e governo não são partes de composição do Estado. Isto poderia estar certo no plano da sociologia ou da ciência política. No plano jurídico tudo se resume em buscar os elementos ou campos de incidência normativa. O território nada mais é que o espaço de incidência das normas. Espaço onde o Estado exerce sua competência normativa. Povo é o elemento pessoal de incidência das normas. O governo é elemento substancial de produção de normas e também campo de incidência das normas.

1.5 Se o Estado é um ente jurídico, ele é necessariamente limitado. E isto nos leva fatalmente a encarar a questão da soberania, que, por ser também um conceito jurídico-positivo, não pode ser ilimitada. Lourival Vilanova leciona:

> "(...) soberania é um conceito de relação. (...) A soberania é o poder de dispor originariamente dentro de um âmbito de validade material (territorial) e pessoal. A circunscrição territorial como esfera de validade de uma soberania só adquire sentido se coexistem iguais soberanias, cuja coexistência só é possível juridicamente com limitações recíprocas".[11]

1.6 José Souto Maior Borges[12] salienta que "a necessidade de limitação da soberania, por isso mesmo que conceito jurídico-positivo, é algo que não pode ser ilidido, na sua análise jurídica. Juridicamente inexiste poder ilimitado".

1.7 A soberania, portanto não é, nem pode ser, absoluta. Se os Estados pertencem a diversas organizações internacionais, estão sujeitos às normas dos diversos tratados e se curvam ao princípio *pacta sunt servanda*. Mas tal limitação não significa a supressão do Estado. Pelo contrário, só o Estado único mundial suprimiria os Estados.

1.8 Sendo ente jurídico, o Estado é necessariamente limitado. É regulado por normas jurídicas. Sendo conceito jurídico-positivo, a soberania também é limitada.

2. A democracia

2.1 A democracia é a condição básica e essencial para a existência da cidadania. E democracia exige a limitação do poder do Estado. Não se pode, de conseguinte, conceber o Estado democrático nos termos de Hegel:

> "realidade efetiva da ideia ética" (...); "o Estado é racional em si e por si" (...); "o dever supremo do indivíduo é ser membro do Estado" (...); "o indivíduo não pode ter uma existência objetiva e uma vida ética senão como membro do Estado" (...); "é a marca de Deus no mundo que faz com que o Estado exista" (...); "substância ética consciente de si mesma" (...); "o Estado é a vontade divina apreendida como Espírito atualmente presente (...)".

Pode-se concluir que dentro desta filosofia o Estado é a manifestação visível da divindade.[13]

10. Veja-se Hans Morgenthau, *A Política entre as Nações*, Ed. da UnB, IOESP e Inst. Pesq. de Rel. Internacionais, 2003, pp. 421 a 428.

11. "Problema do Objeto da Teoria Geral do Estado", in *Escritos Jurídicos e Filosóficos*, Axis Mundi/IBET, 2003, v. I, p. 123.

12. *Curso de Direito Comunitário*, Saraiva, São Paulo, 2005, p. 170.

13. Hegel, *Principes de la Philosophie du Droit*, trad. de Robert Derathé, Librairie Philosophique J. Vrin, Paris, 1989.

2.2 Tal modo de conceber o Estado contrapõe-se à ideia de democracia e, em consequência, impossibilita o surgimento da cidadania. O Estado totalitário alimenta a servidão. O Estado autoritário gera súditos. Só o Estado Democrático de Direito permite o desenvolvimento da cidadania. Devemos, portanto, partir da ideia de democracia.

2.3 Segundo Hans Kelsen,[14] "a democracia, no plano da ideia, é uma forma de Estado e de sociedade em que a vontade geral, ou, sem tantas metáforas, a ordem social, é realizada por quem está submetido a essa ordem, isto é, pelo povo. Democracia significa identidade entre governantes e governados, entre sujeitos e objeto do poder, governo do povo sobre o povo".

2.4 No entanto, foi lenta a evolução da ideia democrática. Na antiguidade clássica o seu maior crítico foi Platão. Ao defender o governo do rei-filósofo foi o arauto do déspota esclarecido.[15]

2.5 Simone Goyard-Fabre,[16] referindo-se à democracia, nota que Platão, depois Aristóteles, "criticaram-na severamente denunciando a cegueira do povo no tocante aos assuntos públicos e a tendência anárquica de um regime em que, como todos tem a pretensão de comandar, ninguém obedece".

2.6 A mesma autora observa[17] que "apesar da crítica ferrenha de Platão, Péricles reconheceu que o povo é capaz de escolhas racionais, mesmo que, em muitas ocasiões, caia na irresponsabilidade cedendo quer à cólera e aos arroubos, quer à apatia e à indiferença". Fazendo de Atenas a pátria da democracia, Péricles fez do povo o fundamento da vida pública.

2.7 Também Maquiavel, que em *O Príncipe* parece ser partidário da autocracia, nos *Discursos sobre a primeira década de Tito Livio* diz que a "democracia fez a grandeza de Roma, pois foi a fonte de grande virtude; quando o povo deixou de participar dos assuntos públicos, começou o declínio; a queda era inevitável".[18] Vale dizer, é absolutamente indispensável a participação do povo na coisa pública, na *res publica*.

2.8 Para Carlos Ayres Brito, "democracia (...) é o nome que assenta para o fenômeno da subida do povo ao *podium* das decisões coletivas de caráter imperativo, a simbolizar que ele mesmo é quem escreve a sua história de vida político-jurídica e assim toma as rédeas do seu próprio destino".[19] Democracia, portanto, traz em si a ideia do povo soberano, do povo partícipe. E ela mesma é submetida e limitada por uma Constituição. Onde não há Constituição não há democracia, podendo, entretanto, haver Constituição sem democracia.

2.9 Mas não basta uma Constituição democrática. Deve existir acoplada a esta o *fato democrático*, isto é, a vivência democrática, o que significa a aplicação dos princípios consagrados na Constituição aos fatos da vida. E tal aplicação deve ser logicamente adequada aos princípios. O princípio democrático pode ter uma

14. *A Democracia*, Martins Fontes, São Paulo, 2000, tradução de Ivone Castilho Benedetti, Jéferson Luiz Camargo, Marcelo Brandão Cipolla e Vera Barkow, p. 35.

15. *A República*, trad. de Maria Helena da Rocha Pereira, Fundação Calouste Gulbenkian, Lisboa, 5ª ed., pp. 252, 253, 301, 363.

16. *O que é Democracia?*, Martins Fontes, São Paulo, 2003, p. 11, tradução de Cláudia Berlinger.

17. Idem, pp. 46 a 47.

18. *Apud* Simone Goyard-Fabre, ob. cit., p. 103.

19. *Teoria da Constituição*, Forense, Rio de Janeiro, 2003, p. 183.

aplicação antidemocrática, e, portanto, a vivência de uma Constituição democrática pode ser antidemocrática. Lembra, na mesma obra, Simone Goyard-Fabre,[20] que a "democracia não mais designa apenas um esquema institucional pertencente ao quadro jurídico da política, mas também o fato social que caracteriza a potência ativa do povo no espaço político". A democracia não é construída apenas sobre os princípios consagrados numa Constituição. Se tais princípios não forem aplicados na prática do dia a dia, a realidade democrática estará comprometida. A carta de 37, por exemplo, previa eleições para o Legislativo, mas o fato é que não havia eleições. A Carta de 69 previa a independência dos poderes, mas vigia a AI-5, que permitia ao Executivo cassar mandatos parlamentares e aposentar juízes. Tanto, num caso, como no outro, os princípios democráticos estavam comprometidos pelos fatos antidemocráticos. A ideia da liberdade e, consequentemente, da democracia, só pode ser aferida *a posteriori*, vale dizer, com apoio na experiência.

2.10 A democracia deve ter, necessariamente, em seu conteúdo, os fundamentos explicitados e enumerados no art. 1º da nossa Constituição, destacando-se a cidadania, a dignidade da pessoa humana, o pluralismo político e, ainda, a liberdade regrada. É pressuposto da democracia a submissão do poder à legislação e à jurisdição. Mas, como afirmamos acima, a liberdade democrática é a liberdade regrada; não se concebe a liberdade desregrada, que seguramente nos levaria a uma sociedade anárquica e não democrática.[21] A liberdade democrática é uma liberdade disciplinada. O povo, através de seus representantes se autodisciplina na democracia. É o povo que estabelece as regras para a sua convivência livre. O pluralismo regrado configura a convivência livre do povo em sociedade, e a isto pode chamar-se democracia. Não existe, entretanto democracia sem pluralismo.[22]

2.11 O pluralismo político, enumerado em nossa Constituição como um dos fundamentos da República (art. 1º, V) é norma-princípio e não norma-preceito (regra). Possui ampla envergadura sistêmica. Tipifica um valor que é fim em si mesmo.[23]

2.12 Devemos ainda notar que se o Estado é criatura da Constituição e a Constituição é condição para a existência da democracia, conclui-se que sem o Estado não pode haver democracia. O desaparecimento do Estado acarretará, em breve tempo, a eliminação da democracia. O desaparecimento do Estado geraria o desaparecimento do Direito, acarretando, como consequência, o império da força, vale dizer, tirania.

3. O pluralismo

3.1 Pluralismo é tolerância com divergências – e divergência significa

20. Ob. cit., p. 197.

21. O anarquismo estabelece a ordem social sobre a base da obediência voluntária dos indivíduos (v. Hans Kelsen, *Teoria General del Derecho y del Estado*, Imprenta Universitária, México, 1949, p. 22).

22. A mídia vem se tornando cada vez mais totalitária, pois acredita em verdades absolutas quais sejam as notícias fáticas oriundas de suas fontes de informações e que publicam como verdades incontestáveis. Possui a crença em valores absolutos e está beirando a uma concepção místico-religiosa do mundo. Tal concepção (metafísico-absolutista) está na vizinhança da autocracia. Democracia só se coaduna com uma visão crítico-relativista do mundo.

23. Carlos Ayres Brito, *Teoria da Constituição*, Forense, Rio de Janeiro, 2003, p. 166.

dúvida. Todo raciocínio, vale dizer, todo pensamento, toda atividade intelectual começa com a dúvida. Sócrates está entre aqueles que cultivaram sistematicamente a dúvida em nome da verdade.[24] A dúvida é o marco inicial para se atingir a verdade. Todo conhecimento tem como ponto de partida a dúvida. *Penso, logo, duvido*. Este é o lema daqueles que procuram conhecer. O Pluralismo não pode ser aceito pelos filósofos cujos sistemas levam ao totalitarismo. Hegel, por exemplo, para citarmos um filósofo já mencionado, propõe com a sua tríade dialética a superação da contradição entre a tese e a antítese, por uma síntese unificadora, o que significa uma aversão à controvérsia. Hegel sente necessidade de superar as contradições, não admitindo, com isso a convivência dos contrários. Não é sem razão que do seu sistema decorreram duas vertentes totalitárias opostas. Sören Kierkegaard,[25] conclui, na introdução da obra referida, com três proposições: a) a filosofia começa pela dúvida; b) é preciso ter duvidado para poder filosofar; c) a filosofia moderna começa pela dúvida. É claro que as três proposições tem o mesmo significado, pois se a filosofia começa pela dúvida, fica evidente que quem não duvidou não pode ter condições para filosofar. E se a filosofia moderna é parte da filosofia geral, ela só pode começar pela dúvida. A dúvida é a aceitação do contraditório.[26]

3.2 Kierkegaard, ao contrário de Hegel, mantém os dois termos opostos do raciocínio dialético, sem procurar fazer uma síntese ou fusão, deixando-os irreconciliáveis e distintos. Vale dizer, no seu sistema há lugar para a diversidade. Para Miguel Reale, "mais do que uma dialética dual de opostos (...) temos em verdade uma dialética plurivalente, que resulta de todas as possíveis posições do sujeito, sem que os múltiplos pontos de vistas venham, não digo se ordenar segundo uma linha evolutiva unitária, mas nem mesmo coincidir em uma "totalidade orgânica".[27]

3.3 Estudando as formas de controle do poder político e distinguindo os controles horizontais – que seriam a tripartição de poderes e as consequentes formas de limitações de um poder por outro – dos verticais – que seria o federalismo entre outros – Karl Loewenstein[28] estuda o pluralismo como sendo uma das formas de controle vertical, notando que a essência da democracia constitucional é a possibilidade dos grupos pluralistas (partidos políticos, sociedades empresariais, igrejas, associações diversas, sindicatos etc.) participarem ilimitadamente do processo econômico e político.

3.4 O pluralismo, consagrado como princípio constitucional, e, portanto como norma, é a convivência pacífica das diversidades e das divergências. Terá, portanto como base o relativismo político – e tal significa igualdade e convivência de valores opostos. E isto nos leva fatalmente ao relativismo ético, o que significa a impossibilidade de sobrepor valores éticos, uns sobre outros. Segue daí a liberdade religiosa.

24. Jennifer Michael Hecht, *Dúvida – Uma história*, tradução de Antônio de Pádua Danesi, Ediouro, Rio de Janeiro, 2005, p. 35.

25. *É preciso duvidar de tudo*, tradução de Silvia Saviano Sampaio e Álvaro Luiz Montenegro Valls, Martins Fontes, São Paulo, 2003, p. 35.

26. Veja-se a obra referida na nota anterior, nota 50, p. 112, onde verifica-se que a palavra *duvidar* relaciona-se etimologicamente com a palavra *dois*.

27. Miguel Reale, *Pluralismo e Liberdade*, Saraiva, São Paulo, 1963, p. 102.

28. *Teoría de la Constitución*, tradução espanhola de Alfredo Gallego Anabitarte, Editorial Ariel, Barcelona, 1986, pp. 422 e ss.

3.5 Após enumerar o pluralismo político como um dos fundamentos da República fixando-o como norma princípio, conforme destacado acima (item *2.11*), a nossa Constituição de 1988, em seu art. 5º garante a livre manifestação do pensamento (inciso IV), a liberdade de consciência e de crença, assegurando o livre exercício dos cultos religiosos (inciso VI), a livre expressão da atividade intelectual, artística, científica e de comunicação, independentemente de censura ou licença (inciso IX), a liberdade de reunião (inciso XVI), a liberdade de associação (inciso XVII) a liberdade para a criação de associações e de cooperativas (inciso XVIII), o funcionamento das associações, as quais só podem ser dissolvidas por decisão judicial (inciso XIX), demonstrando o amparo à ideia pluralista.

3.6 Para garantir tais direitos a Constituição previu diversas ações judiciais tais como o *habeas corpus* (inciso LXVIII, do mesmo art. 5º), o mandado de segurança (inciso LXIX), o mandado de segurança coletivo, o qual pode ser impetrado por partido político com representação no Congresso Nacional, sindicatos, entidades de classe ou associação em funcionamento há pelo menos um ano (inciso LXX) o mandado de injunção (inciso LXXI) e o *habeas data* (inciso LXXII). Além destas, a Emenda 3/1993 criou a arguição de descumprimento de preceito fundamental (ADPF), a ser apreciada diretamente pelo Supremo Tribunal Federal.

4. Liberdade religiosa

4.1 Já vimos, acima, que o pluralismo, consagrado que foi como superprincípio constitucional, é a convivência pacífica das diversidades e divergências. Tendo sido consagrado como superprincípio, e, portanto norma preponderante, tem, sobre toda a ordem jurídica que lhe é inferior, aplicação imediata de natureza obrigatória.

4.2 A liberdade religiosa vem consagrada, implícita e explicitamente, em diversos dispositivos da Constituição. Quando o art. 1º enumera como um dos fundamentos da República o pluralismo político (inciso V), está garantindo a liberdade de qualquer credo religioso. Se o art. 3º indica como um dos objetivos fundamentais da nossa República Federativa a construção de uma sociedade livre, justa e solidária (inciso I) está, também de modo implícito, consagrando a liberdade religiosa. E mais adiante, no próprio art. 3º, vem explicitado, no inciso V, como objetivo fundamental a promoção do bem de todos "sem preconceitos de origem, raça, sexo, cor, idade e *quaisquer outras formas de discriminação*", donde poder-se concluir ser defesa a discriminação religiosa.

4.3 No art. 5º, verdadeiro núcleo da nossa Constituição, notam-se duas disposições fundamentais, que, de forma explícita, determinam o respeito à liberdade religiosa. Eis os textos:

> "Art. 5º. (...)
>
> "VI – é inviolável a liberdade de consciência e de crença, sendo assegurado o livre exercício dos cultos religiosos e garantida, na forma da lei, a proteção aos locais de culto e a suas liturgias; (...)
>
> "VIII – ninguém será privado de direito por motivo de crença religiosa ou de convicção filosófica ou política, salvo se as invocar para eximir-se de obrigação legal a todos imposta e recusar-se a cumprir prestação alternativa, fixada em lei; (...)"

4.4 Ambas as disposições garantem direitos à cidadania: direito de crença religiosa, ao exercício do seu culto e à proteção aos locais de culto. A Constituição ampara ainda a prática das diversas religiões, quando veda a instituição de impostos sobre os templos de qualquer culto (art. 150, inciso VI, "b").

4.5 Nota Celso Ribeiro Bastos,[29] comentando o inciso VI, do art. 5º, acima transcrito, que:

> "o atual Texto leva a cabo um retorno às Constituições de 1946 e 1934, onde se apartavam *consciência* e *crença* para proteger-se a ambas. É esta sem dúvida a melhor técnica, pois a liberdade de consciência não se confunde com a de crença. Em primeiro lugar, porque uma consciência livre pode determinar-se no sentido de não ter crença alguma. Deflui, pois da liberdade de consciência uma proteção jurídica que inclui os próprios ateus e os agnósticos".

4.6 O § 1º, do art. 210, impõe o ensino religioso nas escolas públicas de ensino fundamental; no entanto, a matrícula será facultativa, o que é mais adequado ao Estado laico, pluralista, de liberdade de crença e de não-crença.

5. Do Estado religioso ao Estado laico

5.1 É muito recente a separação do Estado em relação a uma crença religiosa qualquer.[30] Nota Sacha Calmon que a religião é a "mãe" do Direito. Como o Estado é eminentemente jurídico, como já vimos, somos obrigados a concluir que o Estado primitivo era um ser jurídico de fundo religioso. "Somente no século XVIII o Direito apartou-se da Religião e da Ética. Este divórcio, que se acentuou nos séculos XIX e XX trouxe consequências muito importantes. Uma delas esteve em ver o Direito como 'regras do homem' e a Religião como leis de Deus. Pois bem, o que aconteceu foi o fato de a Religião perder normatividade legal, compensada por um acréscimo de metafísica jurídica transcendental. No entanto, as normas organizatórias e comportamentais continuam a jorrar da religião, da Ética e do Direito. É como vemos o fenômeno da normatividade jurídica no século XXI".[31]

5.2 Até o momento em que o Estado apartou-se da Religião, as Igrejas sempre interferiram na mente de legisladores e juízes. Estado e Religião eram como irmãos siameses. Nota ainda Sacha Calmon[32] que "nos começos da era dita civilizada há nove mil anos atrás, as religiões como que incorporavam a *Ética* e o *Direito* (...). A superestrutura social era totalmente religiosa. Deus legislava, o clero administrava e os reis reinavam (...)". Os reis eram seres sagrados e reinavam por direito divino. Até a Segunda Guerra Mundial o Imperador japonês, para citar um exemplo, era considerado um ser divino.

5.3 Os autores da Declaração de Direitos, de 1789, na França, compreenderam bem, conforme sustenta Léon Duguit,[33] que a liberdade de religião confunde-se com a liberdade de opinião. E cita o texto:

> "*Nul ne doit être inquiété pour ses opinions, même religieuses, pourvu que leur manifestation ne trouble pas l'ordre public établi par la loi*".

Ou em português:

> "*Ninguém deve ser perturbada por suas opiniões, mesmo religiosas, contanto que suas manifestações não perturbem a ordem pública estabelecida pela lei*".

29. *Comentários à Constituição do Brasil*, Saraiva, São Paulo, 1989, 2º v., p. 49.

30. Veja-se Sacha Calmon, *A História da Mitologia Judaico-Cristã*, Noeses, São Paulo, 2010, pp. XXI a XXXIII.

31. Ob. cit., p. 1

32. Idem, ibidem.

33. *Manuel de Droit Constitutionnel*, Editions Panthéon-Assas, 2007. A edição é cópia da de 1923.

5.4 A Constituição dos Estados Unidos, em sua forma original, dispôs que nunca seria exigida uma declaração religiosa como condição para que alguém pudesse ocupar emprego ou mandato público.[34] A Primeira Emenda vedou ao Congresso de fazer "lei relativa ao estabelecimento de religião ou proibindo o livre exercício desta; ou restringindo a liberdade de palavra ou de imprensa; ou de direito do povo reunir-se pacificamente e de dirigir petições ao Governo para a reparação de seus agravos".[35] No entanto, a Suprema Corte decidira que tal preceito só tinha caráter obrigatório na esfera federal. Evoluiu, no entanto, devagar, durante 23 anos, para sustentar que os Estados não podiam impor censura prévia a qualquer publicação, nem impor restrições às liberdades de reunião e religião, sendo ainda obrigados a respeitar o princípio da separação da Igreja e do Estado.[36]

5.5 Mas a evolução foi lenta. Lembra ainda Leda Boechat Rodrigues[37] que até 1833 o Estado de Massachusetts cobrava um imposto especial em favor da religião protestante, e até 1836 punia-se criminalmente os que não frequentassem o templo. Em 1952, declarando que no *Bill of Rights* não figurava nenhuma hostilidade à religião a Suprema Corte permitiu que os alunos das escolas públicas recebessem ensino religioso dado por professores de diferentes confissões, desde que os não inscritos permanecessem na sala de aulas.[38]

5.6 É ainda de ser lembrado o caso *Engel vs. Vitale*, de junho de 1962, quando a Suprema Corte, num acórdão redigido pelo *Associate Justice* Hugo Black, proclamou a inconstitucionalidade da leitura, nas escolas públicas, no início das aulas, de uma prece composta pelo Conselho de Educação de Nova York. Segundo a narrativa de Leda Boechat Rodrigues a maioria do povo americano foi surpreendida com tal decisão, que provocou uma onda de críticas sem precedente contra a Corte, vindas das mais diversas partes: "do clero, lamentando que as escolas públicas não fossem mais usadas para ensinar religião; de pessoas que desejavam que seus filhos e os dos outros recebessem ensino religioso nas escolas; e de vários políticos que questionaram a honestidade e o patriotismo dos juízes e disseram que eles queriam abolir Deus".[39] O Presidente Kennedy foi dos poucos que apoiou a decisão.

5.7 Mas a Corte manteve, em outros casos, decisões semelhantes. Em 1963, no caso *Abington School District vs. Schempp* foi declarada a inconstitucionalidade de uma lei da Pennsylvania que exigia a leitura de dez versículos da Bíblia na abertura das aulas.

5.8 Após tais decisões e suas repercussões negativas, o *Associate Justice* William O. Douglas, uma das vozes mais liberais da Corte, num pequeno livro sobre *A Bíblia e as Escolas* "afirma que a Primeira Emenda quis impedir fosse a religião uma força divisória nos Estados Unidos. A liberdade de religião podia ser

34. Art. VI, n. 3.

35. Leda Boechat Rodrigues, *Direito e Política – Os direitos humanos no Brasil e nos Estados Unidos*, Civilização Brasileira, Rio de Janeiro, 1991, 2ª ed., pp. 101 e ss.

36. Idem, pp. 102 e 103.

37. Idem, ibidem.

38. Zorach v. Clarson, 343 U.S. 306 (1952). Quatro anos antes, a Corte havia interditado a concessão de "uma hora livre de instrução religiosa nas escolas públicas" (cf. Leda Boechat Rodrigues, ob. cit., p. 105).

39. Idem, ibidem. Ver também, da mesma Autora, *A Corte de Warren (1953-1969) – Revolução Constitucional*, Civilização Brasileira, Rio de Janeiro, 1991, p. 161.

encarada sob dois aspectos: de um lado permitia às pessoas terem as crenças que escolhessem e fazer parte dos grupos religiosos que quisessem; de outro permitia que elas rejeitassem todas as crenças e fossem ateias ou agnósticas.[40]

5.9 No Brasil, a evolução para o Estado laico foi bem diferente. Nasceu a colônia sob a fé católica. Na Carta outorgada por Dom João III, Rei de Portugal, a Tomé de Souza[41] verifica-se, logo no preâmbulo, a invocação *In Nomine Domine*, como um compromisso com o cristianismo, particularmente com a Igreja Romana. Logo em seguida, afirma a Carta que o seu objetivo era dar "ordem e maneira" à colonização do Brasil "para exaltamento de nossa santa fé (...)". E, mais adiante, salienta o documento: "Porque a principal causa que me move a mandar povoar as ditas terras do Brasil foi para que a gente dela se convertesse à nossa Santa Fé católica (...)".

5.10 A Constituição do Império dizia:

> "Art. 5º. A Religião Católica Apostólica Romana continuará a ser a Religião do Império. Todas as outras Religiões serão permitidas com seu culto doméstico, ou particular, em casas para isso destinadas, sem forma alguma exterior de templo". (...)
>
> "Art. 95. Todos os que podem ser eleitores, são hábeis para serem nomeados deputados. Excetuam-se: I – Os que não tiverem quatrocentos mil réis de renda liquida, na forma dos arts. 92 e 94; II – Os estrangeiros naturalizados; III – Os que não professarem a religião do Estado".

5.11 Mas, apesar de ser o catolicismo romano a religião oficial do Império e a única com o culto público permitido, tal fato não impediu o sério conflito entre a Igreja e o Estado, conhecido como "Questão Religiosa". Eis como tal episódio é narrado por José Murilo de Carvalho:[42]

> "Retomando o governo das mãos de Isabel, D. Pedro teve de enfrentar logo a seguir um complicado problema político. As relações entre Estado e Igreja no Brasil foram herdadas de Portugal. Para recompensar os reis portugueses por sua luta contra os mouros e por espalhar o catolicismo pelo mundo, Roma lhes concedeu o padroado, isto é, o direito de indicar bispos, e outros privilégios menores referentes à administração eclesiástica. Dois desses privilégios assumiram grande importância no Segundo Reinado, o direito de recurso ao governo em questões de disciplina eclesiástica e o direito do *placet*, isto é, de censurar todos os documentos provenientes de Roma, inclusive encíclicas. O padroado português foi estendido ao Brasil, cuja Constituição declarou a Igreja Católica religião do Estado e a única com direito a culto público. Padres e bispos eram funcionários públicos pagos pelo Estado. Em certo sentido, a Igreja no Brasil era mais dependente do Estado do que de Roma.
>
> "A união entre Igreja e Estado fazia igualmente com que, desde a colônia, muitos padres se metessem em política. A distância de Roma também explicava em parte o fato de que o estilo de vida do clero estivesse bem longe do modelo de virtudes evangélicas. A maioria dos padres tinha filhos com concubinas, algumas delas escravas. O regente padre Feijó era filho de padre. O mesmo se dava com o romancista José de Alencar. O grande abolicionista José do Patrocínio era filho do vigário de Campos com uma jovem escrava. Outro traço que marcava a Igreja brasileira era a relação amistosa com a

40. Idem, p. 163.

41. Hélio Silva, *As Constituições do Brasil*, pp. 5 a 7.

42. *D. Pedro II – Perfis brasileiros*, Companhia das Letras, São Paulo, pp. 150 a156.

maçonaria. Vários maçons pertenciam a irmandades religiosas, sem que isso causasse nenhuma espécie.

"Tudo mudou quando Pio IX assumiu o papado em 1846. Em seus 32 anos de governo, ganhou a fama de ter sido o mais reacionário e ultramontano dos papas até então. O principal documento que marcou sua posição foi o famigerado *Syllabus*, uma listagem de oitenta erros, anexado à encíclica *Quanta Cura*, publicada em 1864. O *Syllabus* declarava ilegal o *placet*, rejeitava a supremacia da lei civil sobre o direito eclesiástico e condenava duramente os maçons. No Brasil, a *Quanta Cura* e o *Syllabus* eram documentos explosivos, pois confrontavam diretamente as leis e os costumes nacionais. Era de esperar que o Imperador usasse o direito do *placet* para impedir que tivessem vigência no país, e foi o que aconteceu. Pio IX buscou fortalecer o controle de Roma sobre a administração da Igreja. Uma vitória importante nessa direção foi obtida quando conseguiu que o primeiro Concílio do Vaticano, reunido em 1870, decretasse o dogma da infalibilidade papal.

"A política do papa foi bem recebida por alguns membros da hierarquia da Igreja brasileira, sobretudo por bispos que tinham estudado na Europa. Ironicamente, a preocupação de D. Pedro em escolher bispos instruídos e de bons costumes acabou virando-se contra ele. Foi o caso de d. Vital Maria de Oliveira, jovem bispo de Olinda, que estudara na França e que o Imperador insistira em nomear. Imbuído das ideias de Pio IX, e incomodado com a situação de dependência da Igreja, D. Vital resolveu agir. Em 1872, depois de ordenar, sem resultado, a expulsão dos maçons das irmandades religiosas, lançou sobre elas um interdito, excomungando seus membros e proibindo-lhes realizar culto. No ano seguinte, d. Antônio de Macedo Costa, bispo do Pará, fez a mesma coisa. Usando o direito do recurso, as irmandades dirigiram-se ao governo imperial, argumentando que eram regidas por compromissos afetos à legislação civil e que os documentos papais que excomungavam os maçons não tinham o *placet* do governo, como exigia lei brasileira. O ministro do Império, João Alfredo de Oliveira, parente de d. Vital, propôs um acordo que o bispo rejeitou. O recurso foi enviado ao Conselho de Estado, onde foi discutido demoradamente. Com apenas uma exceção, os conselheiros o aceitaram. Os bispos, segundo os conselheiros, extrapolaram sua jurisdição, e se haviam insubordinado contra o império da lei e contra as leis do Império.

"O governo ordenou aos bispos que suspendessem os interditos. Eles, mais uma vez, se negaram a obedecer. Foram acusados perante o Supremo Tribunal de Justiça e condenados, em 1874, a pena de quatro anos de prisão com trabalhos forçados, sentença que foi logo comutada por prisão simples. Foram recolhidos presos à Fortaleza de Villegagnon. A pena talvez tenha sido excessivamente dura, mas a firmeza da posição do ministério era explicável. À posição regalista do Imperador e da maioria do Conselho de Estado acrescente-se o fato de que o primeiro-ministro, Visconde do Rio Branco, era grão-mestre da maçonaria. A ação dos bispos atingia-o pessoalmente. Ele só enviou um representante para negociar com Roma depois de instaurado o processo contra os bispos. O enviado brasileiro, Barão de Penedo, levava instruções que equivaliam a um ultimato. Mesmo assim, conseguiu um acordo preliminar com Pio IX, que a prisão dos bispos tornou sem efeito. Em 1876, em sua segunda viagem à Europa, Pedro II, encontrou-se com Pio IX. Bordalo Pinheiro glosou o encontro numa caricatura em que os dois aparecem à mesa de refeição. O imperador oferece ao papa uma feijoada clamada Constituição Brasileira, e o papa retribui com um prato de macarrão com o nome de *Syllabus*.

"A ação de D. Pedro foi decisiva na questão. Deu todo o apoio ao maçom Rio Branco. Não tinha nada de pessoal contra D. Vital. Mas não abria mão de duas coisas. Não aceitava violação das leis do Império. Os bispos as violaram e deviam pagar o preço. Também não admitia desrespeito ao poder civil e ao chefe de Estado. Era seu dever preservar a dignidade dos dois. Assim como não aceitava desafios à lei vindos dos militares, não os tolerava por parte de padres e bispos. Foi exatamente isso que disse ao padre Chanavat no Caraça: tinha o dever de defender a lei e o poder civil. Para ele, e para a elite que o cercava, o problema era mais amplo do que a briga com dois bispos. Estava em jogo a defesa do poder civil contra os avanços de Pio IX, do mesmo modo que para os dois bispos se tratava de libertar a Igreja do padroado, que mais a amarrava do que protegia. Com tal postura, o Imperador comprava briga com as duas mais poderosas corporações do Império, a senhora da força física e a senhora da força espiritual. A primeira derrubou-o, a segunda não o defendeu.

"O imperador não era ateu nem propriamente anticlerical. Cumpria normalmente suas obrigações de católico, mesmo quando não era obrigado pelo cerimonial. Quando esteve à morte em Milão, recebeu os sacramentos da Igreja, o mesmo acontecendo por ocasião da morte em Paris. Mas era, sobretudo, um racionalista do século XVIII e um regalista. A Condessa de Barral, ela própria uma ultramontana, o criticou na época do episódio do roubo das joias, dizendo que, em matéria de catolicismo, ele acreditava mas não obedecia, no que, aliás, não se distinguia da maioria da elite brasileira. Já no exílio, D. Pedro ainda teve grandes discussões sobre religião com o Conde de Aljezur, outro católico intransigente. Anotou no diário que respeitava a religião porque se convencia de que ela não exigia a abdicação da razão dada pelo criador.

"Embora rejeitasse a supremacia da Igreja sobre o Estado, julgava que a união dos dois poderes devia ser tolerada enquanto as circunstâncias do país, isto é, a precária situação educacional, o exigissem. A Igreja tinha, então, uma função pedagógica e de manutenção da ordem. O imperador apoiava o casamento civil, os registros civis de nascimento e morte, a secularização dos cemitérios. Registrou em diário ser contra o ensino religioso em escolas públicas. Sintomaticamente, não consta que tivesse, nos anos finais do regime, relações próximas com nenhuma autoridade eclesiástica com quem pudesse discutir o problema das relações entre Igreja e Estado.

"Estranhamente, apesar de cuidar de perto da educação das filhas, D. Pedro não conseguiu transmitir suas convicções à herdeira do trono. Isabel era uma ultramontana. Vivia criticando o pai pela tolerância religiosa. Já no exílio, mas ainda na fase de discussões de uma possível restauração, censurou-a por querer visitar Paray-le-Monial, um centRio de romaria ligado ao culto do Sagrado Coração. Argumentou que o ato "lhe aumentaria a fama de beata prejudicando-a na opinião". Isabel não lhe deu atenção e fez sua romaria. No Brasil, ela se aliou a políticos ultramontanos, e, no momento em que o Imperador enfrentava os bispos e Pio IX, correspondia-se com o papa pedindo a canonização de Anchieta. Em 1888, Leão XIII lhe concedeu a Rosa de Ouro, condecoração reservada aos chefes de Estados, católicos, naturalmente, que se tivessem salientado por atos de benemerência. No caso, o ato meritório era a abolição da escravidão. Na entrega da Rosa, feita na capela imperial, discursou ninguém menos do que o bispo do Pará, d. Antônio de Macedo Costa, o mesmo que fora mandado para a cadeia em 1874. Não é difícil deduzir que os bispos apostavam num terceiro reinado com Isabel, como oportunidade de ouro para ter no governo uma aliada incondicional de suas ideias.

"Se a religiosidade da princesa lhe granjeava a simpatia dos bispos e garantia um forte apoio deles ao terceiro reinado, também constituía sério obstáculo perante outros setores da sociedade, sobretudo os mais educados. Durante o conflito com os bispos, os caricaturistas formaram um terrível batalhão anticlerical. Foram impiedosos na crítica à Igreja, ao papa, aos bispos e a todo o clero. Cinco se destacaram nessa campanha feroz. Quatro eram estrangeiros: o alemão Henrique Fleiuss, da *Semana Illustrada*; os italianos Ângelo Agostini, do *Mosquito*, depois da *Revista Ilustrada*, e Borgomaineiro, da *Vida Fluminense*; e o português Bordalo Pinheiro, também do *Mosquito*. Ajuntava-se ao grupo o brasileiro Cândido de Faria, do *Mephistópheles*. À exceção de Fleiuss todos eram republicanos. Os heróis deles eram Rio Branco e Saldanha Marinho, grão-mestres dos dois grupos em que se dividia a maçonaria do país. Na primeira fase da crise, o Imperador também mereceu seu apoio. Foi o momento de maior aproximação, talvez o único, entre ele e a intelectualidade crítica do Rio de Janeiro, composta em sua grande maioria de republicano e maçons. Várias caricaturas o representaram como defensor do poder civil em face da Igreja. Cândido de Faria desenhou-o nos ombros de um índio gigantesco, imagem do Brasil, indiferente aos ataques de minúsculos padres jesuítas. Até Agostini lhe dedicou charges simpáticas.

"A lua de mel durou até que Caxias substituísse Rio Branco na presidência do Conselho em 1875. Muito católico, embora também tivesse passado maçônico, o velho Duque quis anistiar os bispos. O imperador se opôs, mas ele insistiu: ou dava a anistia, ou não aceitava o ministério. Diante do ultimato, e com o olho na próxima viagem à Europa, D. Pedro concordou. Veio a anistia em 17 de setembRio de 1875, os bispos foram soltos, e os interditos, suspensos. A reviravolta enfureceu os maçons e anticlericais. As farpas dos cartunistas voltaram-se, então, contra Caxias, seus Ministros e defensores dos bispos, como Zacarias de Góis e Vasconcelos e Cândido Mendes. O soberano foi acusado de ter cedido á pressão do ministério. Cândido de Faria o caricaturou lavando as mãos como Pilatos. Na nova viagem à Europa, o monarca visitou o papa. Bordalo Pinheiro publicou uma charge em que o viajante Pedro d'Alcântara destruía a obra construída por d. Pedro II. Mas Agostini ainda teve um gesto de simpatia: em 1878, representou numa caricatura um sonho de Saldanha Marinho: o imperador, usando uma coroa encimada pelo barrete frígio republicano, enxota a pontapés o bispo do Rio de Janeiro, d. Pedro de Lacerda. Apesar da anistia, as relações entre Igreja e Estado ficaram para sempre arranhadas. Jamais se vira, e não se veria, na história do país, nem mesmo durante os governos militares, coisa semelhante, a prisão de bispos. Para os setores romanizados, a separação de Igreja e Estado passara a ser mal menor diante da união. A solução ideal para esse grupo continuava sendo, no entanto, um terceiro reinado sob Isabel I."

5.12 Apesar de o Catolicismo Romano ser a religião oficial do Império, o Código Penal da época "considerava crime a perseguição por motivo de religião, se respeitada a do Estado e não se verificasse ofensa à moral pública".[43]

5.13 A nossa primeira Constituição republicana (de 1891) revogou as principais características da carta outorgada por D. Pedro I, em 1824. Eliminou o Poder Moderador, o Senado Vitalício e a união Igreja-Estado. Estabeleceu no seu art. 11 ser vedado aos Estados, como à União, "estabelecer, subvencionar, ou embaraçar o exercício de cultos religiosos". Comentando este artigo, Rui Barbosa

43. Veja-se Leon Frejda Szklarowsky, "Religião e racismo: a Constituição e o Supremo Tribunal Federal", in *Direito à Liberdade Religiosa*, coordenação de Valéria de Oliveira Mazzuoli e Aldir Guedes Soriano, Editora Fórum, Belo Horizonte, 2009, pp. 315 e ss.

sustentou que a Constituição não tolerava "estabelecer distinções legais entre confissões religiosas, sustentar a instrução ou o culto religioso à custa de impostos, obrigar à frequência dos templos ou à assiduidade nos deveres da fé, criar embaraços de qualquer natureza ao exercício da religião, contrariar de algum modo a liberdade de consciência, a expressão das crenças ou a manifestação da incredulidade nos limites do respeito às crenças e à liberdade alheias.[44] No entanto, faz Rui um abrandamento, com apoio no juiz americano Cooley, ao dizer que "nenhum princípio constitucional se quebranta (...) quando se fixam dias de ação de graças e jejum, quando se nomeiam capelães para o exército e a marinha, quando se abrem as sessões legislativas, orando ou lendo a Bíblia, quando se anima o ensino religioso, favorecendo com a imunidade tributária as casas consagradas ao culto".

5.14 A Constituição de 1934, repetindo os princípios da de 1891, vedou à União, aos Estados, ao Distrito Federal e aos Municípios "estabelecer, subvencionar ou embaraçar o exercício de cultos religiosos" (art. 17, II), bem como "ter relação de aliança ou dependência com qualquer culto ou igreja, sem prejuízo da colaboração recíproca em prol do interesse coletivo" (art. 17, III). No art. 113, que relacionava os direitos e garantias individuais estava fixado:

"Art. 113. (...).

"1) Todos são iguais perante a lei. Não haverá privilégios, nem distinções, por motivo de nascimento, sexo, raça, profissão própria ou dos pais, classe social, riqueza, *crenças religiosas* ou ideias políticas" (grifamos). (...)

"4) Por motivo de convicções filosóficas, políticas ou religiosas, ninguém será privado de qualquer dos seus direitos, salvo o caso do art. 111, letra 'b'".

5.15 A letra "b" do art. 111 determinava a perda dos direitos políticos pela "isenção de ônus ou serviço que a lei imponha a brasileiros, quando obtida por motivo de convicção religiosa, filosófica ou política".

5.16 A Carta de tipo fascista, outorgada pelo Presidente, em 1937, o qual a partir de então tornou-se ditador, propiciou a liberdade de culto, permitindo a livre associação para tal fim. Deviam, entretanto ser observadas as disposições do direito comum e as exigências da ordem pública e dos bons costumes (art. 122, 4).

5.17 A Constituição de 1946, que restaurou a democracia, foi bem mais detalhada. No ser art. 31, incisos II e III, vedava à União, aos Estados, ao Distrito Federal e aos Municípios "estabelecer ou subvencionar cultos religiosos, ou embaraçar lhes o exercício" (inciso II), e ainda "ter relação de aliança ou dependência com qualquer cultos ou igreja, sem prejuízo da colaboração recíproca em prol do interesse coletivo" (inciso III). Ao enumerar os direitos e garantias individuais, no seu art. 141 dizia:

"Art. 141. (...)

"§ 7º. É inviolável a liberdade de consciência e de crença e assegurado o livre exercício dos cultos religiosos, salvo o dos que contrariem a ordem pública ou os bons costumes. As associações religiosas adquirirão personalidade jurídica na forma da lei civil.

"§ 8º. Por motivo de convicção religiosa, filosófica ou política, ninguém será privado de nenhum dos seus direitos, salvo se a invocar para se eximir de obrigação, encargo ou serviço imposto pela lei aos brasileiros em geral, ou recusar os que ela estabelecer em substituição daqueles deveres, a fim de atender escusa de consciência".

44. *Comentários à Constituição Federal Brasileira*, coligidos e ordenados por Homero Pires, Saraiva, São Paulo, 1932, v. I, p. 366.

5.18 A Constituição de 1967 e a Emenda n. 1, outorgada em 1969, seguiam as mesmas diretrizes. O texto original, no seu art. 150, referente aos direitos e garantias individuais, estabelecia, no seu § 5º, a plena liberdade de consciência, assegurando aos crentes o exercício dos cultos religiosos, desde que não contrariassem a ordem publica e os bons costumes. O § 6º repetia o sentido do § 8º da Constituição de 1946, com a seguinte redação:

> "§ 6º. Por motivo de crença religiosa ou de convicção filosófica ou políticas, ninguém será privado de qualquer dos seus direitos, salvo se o invocar para eximir-se de obrigação legal imposta a todos, caso em que a lei poderá determinar a perda dos direitos incompatíveis com a escusa de consciência".

5.19 A Emenda n. 1, de 1969, outorgada pelo usurpador triunvirato militar, garantia os mesmos direitos nos §§ 5º, 6º e 7º do art. 153, assim redigidos.

> "§ 5º. É plena a liberdade de consciência e fica assegurado aos crentes o exercício dos cultos religiosos, que não contrariem a ordem pública e os bons costumes.
>
> § 6º. Por motivo de crença religiosa ou de convicção filosófica ou políticas, ninguém será privado de qualquer dos seus direitos, salvo se o invocar para eximir-se de obrigação legal a todos imposta, caso em que a lei poderá determinar a perda dos direitos incompatíveis com a escusa de consciência.
>
> § 7º. Sem caráter de obrigatoriedade, será prestada por brasileiros, nos termos da lei, assistência religiosa às Forças Armadas e auxiliares, e, nos estabelecimentos de internação coletiva, aos interessados que a solicitarem, diretamente ou por intermédio de seus representantes legais".

5.20 As disposições da atual Constituição de 1988 estão relacionadas nos itens ***3.5*** e ***3.6***, bem como no item ***4***, referente à liberdade religiosa.

6. O Estado laico e a sociedade religiosa

6.1 Considerações gerais

6.1.1 O comportamento do poder público de um Estado laico numa sociedade multirreligiosa é, sem dúvida, mais fácil do que numa sociedade monorreligiosa, onde a única religião existente tende a transformar o Estado em religioso chegando ao fundamentalismo. Numa sociedade multirreligiosa, como a nossa, a única atitude do Estado laico é a neutralidade. E este comportamento neutro fundamenta-se no princípio da liberdade religiosa, já relatado acima no item ***4***. Por sua vez, o princípio da liberdade religiosa decorre do superprincípio *pluralismo* que – nunca é demais repetir – é a convivência pacífica das diversidades.

6.1.2 O comportamento neutro do Estado em face das diversas crenças religiosas só pode ser norteado pelo princípio nuclear do nosso sistema, qual seja, o da isonomia. Tal princípio já vem implícito nos fundamentos da nossa República especificados no art. 1º da Constituição, com maior nitidez nos incisos III (dignidade da pessoa humana) e V (pluralismo político). O art. 3º, ao enumerar os objetivos fundamentais da nossa República Federativa, demonstra estar presente a premissa da igualdade em pelo menos três deles. Assim está redigido o texto:

> "Art. 3º. Constituem objetivos fundamentais da República Federativa do Brasil: I – construir uma sociedade livre, justa c solidária; II – garantir o desenvolvimento nacional; III – erradicar a pobreza e a marginalização e reduzir as desigualdades sociais e regionais; IV – promover o bem de todos, sem preconceitos de origem, raça, sexo, cor, idade e quaisquer outras formas de discriminação".

6.1.3 Verifica-se claramente que não será possível "construir uma sociedade livre, justa e solidária" se a prática dos atos necessários para alcançar tal escopo não estiver inspirada pelo pressuposto da igualdade. Da mesma forma, ao pretender "erradicar a pobreza e a marginalização" deve-se partir do princípio de que as vítimas de tais situações são iguais àqueles que as superaram, tendo o mesmo direito à ascensão social. O princípio federativo – e, de conseguinte, a igualdade entre Estados-membros e regiões está presente na finalidade de "reduzir as desigualdades sociais e regionais". No inciso IV, o princípio da isonomia resplandece a todas as luzes. Se se pretende promover o bem de todos é porque todos são iguais, seja qual for a origem, a raça, o sexo, a cor ou a idade. Explicita-se aqui, por primeiro, o que vem repetido no art. 5º, sem o rol das implementações deste.

6.1.4 No art. 5º está evidenciada a superioridade do princípio da isonomia. Já no *caput* do artigo vem a primeira afirmação: "todos são iguais perante a lei". Em seguida vem a vedação das distinções. A primeira forma de implementar a igualdade é a garantia dada, aos brasileiros e estrangeiros residentes no país, da inviolabilidade dos direitos à vida, à liberdade, à igualdade, à segurança e à propriedade, nos termos enumerados pelos incisos que se seguem. Com isso fica nítido que todos os direitos e garantias enumerados nos incisos do art. 5º tem como função implementar o princípio da isonomia, sem o qual ruirá todo o sistema constitucional. Assim sendo, na interpretação de todos os incisos do art. 5º deve o jurista ter em mente o pressuposto da igualdade.

6.1.5 As nossas cartas anteriores não davam a mesma relevância ao princípio da isonomia. A primeira Constituição republicana, de 24 de fevereiRio de 1891, dispunha, em seu art. 72:

"Art. 72. A Constituição assegura a brasileiros e estrangeiros residentes no país a inviolabilidade dos direitos concernentes à liberdade, à segurança individual e a propriedade, nos termos seguintes:

"§ 1º. Ninguém pode ser obrigado a fazer ou deixar de fazer alguma coisa senão em virtude de lei.

"§ 2º. Todos são iguais perante a lei. A República não admite privilégios de nascimento, desconhece foros de nobreza e extingue as ordens honoríficas existentes e todas as suas prerrogativas e regalias, bem como os títulos nobiliárquicos e de conselho. (...)"

6.1.6 Pelo texto acima, verifica-se que o princípio da igualdade era um dos meios de implementação dos direitos à liberdade, à segurança individual e à propriedade. Não era sequer o primeiro da lista a fazer tal efetivação. Vinha inferiorizado em relação ao princípio da legalidade.

6.1.7 As Emendas de 1926 não alteraram o texto neste aspecto. As inovações, posto que tênues, iniciaram-se com a Constituição de 1934. O princípio da igualdade ganhou realce em relação ao da legalidade. Assim vinha redigido o art. 113:

"Art. 113. A Constituição assegura a brasileiros e a estrangeiros residentes no país a inviolabilidade dos direitos concernentes à liberdade, à subsistência, à segurança individual e à propriedade, nos termos seguintes:

"1) Todos são iguais perante a lei. Não haverá privilégios, nem distinções, por motivo de nascimento, raça, profissões próprias ou dos pais, classe social, riqueza, crença religiosas ou ideias políticas.

"2) Ninguém será obrigado a fazer ou deixar de fazer alguma coisa, senão em virtude de lei (...)."

6.1.8 As Constituições subsequentes – vale dizer, as de 1937, de 1946, de 1967 e a Emenda n. 1 de 1969 – colocaram o princípio da igualdade no § 1º do artigo que dispunha sobre os direitos e garantias individuais.

6.1.9 Na vigência da Constituição de 1946, na qual a afirmação da isonomia não vinha no *caput* do art. 141, mas no § 1º, como um dos termos em que se garantiriam os direitos à vida, à liberdade, à segurança individual e à propriedade, Francisco Campos já ensinava:

> "A cláusula relativa à igualdade diante da lei vem em primeiro lugar na lista dos direitos e garantias que a Constituição assegura aos brasileiros e aos estrangeiros residentes no país. Não foi por acaso ou arbitrariamente que o legislador constituinte iniciou com o direito à igualdade a enumeração dos direitos individuais. Dando-lhe o primeiro lugar em sua enumeração, quis significar expressivamente, embora de maneira tácita, que o princípio da igualdade rege todos os direitos em seguida a ele enumerados.
>
> "(...)
>
> "Quando, efetivamente, a Constituição assegura a liberdade, a propriedade e os demais direitos individuais, ela os assegura não só indiscriminadamente a todos, mas a todos na mesma medida e mediante as mesmas condições. Enunciando o direito à igualdade em primeiro lugar, o seu propósito foi precisamente o de significar a sua intenção de proscrever, evitar ou proibir que em relação a cada indivíduo pudesse variar o tratamento quanto aos demais direitos que ela assegura e garante. *O direito à igualdade rege os demais direitos individuais, devendo ser subentendido em cada um dos parágrafos seguintes ao em que ele vem enunciado à cláusula relativa à igualdade*" [45] (grifos nossos).

6.1.10 Francisco Campos salienta ainda que o princípio da igualdade é enunciado:

> "em termos absolutos ou plenários, com isto manifestando a intenção de que ele se torna efetivo em toda latitude do seu sentido e em qualquer circunstância, seja qual for a situação ou a condição da pessoa, a natureza da causa, a espécie de relação, o estado de fato que a lei pretenda reger. Não haverá condições à igualdade perante a lei. A lei será igual para todos e a todos se aplicará com igualdade. É um direito incondicional ou absoluto, Não tolera limitações, não admite exceção, seja qual for o motivo invocado; lei alguma, nenhum poder, nenhuma autoridade poderá, direta ou indiretamente, de modo manifesto ou subreptício, mediante ação ou omissão, derrogar o princípio da igualdade".[46]

6.1.11 O princípio da isonomia mereceu ainda um interessante estudo de San Tiago Dantas, que concluiu que "graças a ele, podemos atingir, no direito constitucional brasileiro, os mesmos recursos jurisprudenciais que, nos Estados Unidos, a Corte Suprema construiu partindo do *due process of law*".[47] Admite, no entanto, como não poderia deixar de admitir, diferenciações feitas pela lei, desde que haja *fundamento natural ou razoável da diferenciação feita*.[48]

6.1.12 San Tiago Dantas, no entanto, posto que tenha chegado perto, deixa de responder qual fundamento natural ou razoável de diferenciação pode legitimar a lei especial que cria normas aplicáveis a grupos de indivíduos, de coisas ou fatos, diversas das que se aplicam à comunidade geral. Ou, melhor dizendo, em quais casos as diferenciações criadas por leis especiais se justificam e não ferem a

45. *Direito Constitucional*, Freitas Bastos, Rio, 1956, v. II, p. 12.

46. Idem, p. 14.

47. "Igualdade perante a lei e *due process of Law*", in *Problemas de Direito Positivo*, Forense, Rio de Janeiro, 1953, pp. 37-64.

48. Idem, pp. 50-51.

consciência jurídica ou estão acordes com a isonomia. Tal resposta só nos foi dada por Celso Antônio Bandeira de Mello, ao afirmar que "as discriminações são recebidas como *compatíveis com a cláusula igualitária apenas e tão somente quando existe um vínculo de correlação lógica* entre a peculiaridade diferencial acolhida por residente no objeto, e a desigualdade de tratamento em função dela conferida, *desde que tal correlação não seja incompatível com interesses prestigiados na Constituição*".[49]

6.1.13 O importante, no entanto, e o que se quer aqui retratar, é a excelência do princípio da igualdade, que fundamenta todo o nosso sistema constitucional e deve inspirar o interprete no entendimento de todos os demais princípios.

6.1.14 Se nas Constituições anteriores a isonomia figurava no § 1º do *caput* do artigo referente aos direitos e garantias individuais, como um dos termos em que se garantiriam os demais à vida, à liberdade, à segurança individual e à propriedade, hoje, a isonomia não é uma das formas de se garantir tais direitos. É ela que, como superprincípio dá o fundamento de validade a tais garantias. Até o regime da Emenda outorgada n. 1, de 1969, garantiam-se através da igualdade os direitos à vida, à liberdade etc. Hoje, para que tais direitos sejam garantidos, ampara-se na igualdade como princípio fundante. Se assim não fosse, a afirmação da igualdade não viria no *caput* do art. 5º, como primeira afirmação a inspirar todos os direitos e deveres individuais e coletivos. A consequência é que a isonomia está presente em todos os incisos do art. 5º que existem para implementá-la; e, assim sendo, ela não pode ser esquecida na interpretação de qualquer deles.[50]

6.1.15 O comportamento neutro do Estado diante das diversas religiões deve, por conseguintes, ser pautado pelo princípio da isonomia, que, valorando as desigualdades, dê um tratamento desigual aos desiguais, na medida das desigualdades, conforme ensinamento de Aristóteles, divulgado entre nós por Rui Barbosa. Maria Cláudia Bucchianeri Pinheiro[51] emprega a expressão *neutralidade axiológica*, para qualificar o tipo de comportamento estatal perante as crenças religiosas. A expressão, posto que correta, é incompleta. A atuação estatal correta é de *neutralidade axioisonômica*, pois a valoração necessária é exatamente a valoração das desigualdades para atingir um tratamento isonômico. A

49. *O Conteúdo Jurídico do Princípio da Igualdade*, Malheiros Editores, São Paulo, 3ª ed., 20ª tir., 2011, p.17.

50. Em obra anterior (*Princípios Constitucionais Tributários*, Malheiros Editores, São Paulo, 2000, 2ª ed., p. 25) afirmei que o superprincípio da isonomia era a causa de direitos e garantias. Estava eu errado. A noção de causa só pode ser utilizada nas ciências naturais (relação de causa e efeito que só ocorre no plano do *ser*). Há uma antítese entre fato natural e idealidade normativa (Lourival Vilanova, "Problema do Objeto da Teoria Geral do Estado", in *Escritos Jurídicos e Filosóficos*, ob. cit., p. 171). "Uma proposição não é causa de outra proposição. As relações interproposicionais são relações lógicas (de dependência, inferencial, implicativas etc.). Igualmente um valor não é causa de um processo social, uma conduta não é efeito de uma norma jurídica posta como causa" (idem, ibidem). Assim, no plano normativo (dever-ser), um superprincípio não é causa de um direito ou garantia, mas estes são decorrências lógicas daquele.

51. "O respeito pelo Poder Público aos dias de guarda religiosa: a realização de exames de vestibular, concursos públicos e provas escolares em dias sagrados de descanso e orações", in *Direito à Liberdade Religiosa – Desafios e Perspectivas para o século XXI*, Fórum, Belo Horizonte, 2009, pp. 271 a 314.

axioisonomia[52] é a valoração das diferenças, tendo por finalidade impor uma desigualdade de tratamento aos desiguais, realizando desta forma a aplicação do superprincípio da igualdade.

6.2 O ensino religioso

6.2.1 A Constituição, no Capítulo III ("Da Educação, Da Cultura e do Desporto") do Título VIII ("Da Ordem Social"), estabelece nos arts. 206 e 210:

> "Art. 206. O ensino será ministrado com base nos seguintes princípios: (...)
>
> II – liberdade de aprender, ensinar, pesquisar e divulgar o pensamento, a arte e o saber;
>
> III – pluralismo de ideias e de concepções pedagógicas, e coexistência de instituições públicas e privadas de ensino; (...)
>
> VI – gestão democrática de ensino público na forma da lei; (...).
>
> Art. 210. Serão fixados conteúdos mínimos para o ensino fundamental, de maneira a assegurar formação básica comum e respeito aos valores culturais e artísticos, nacionais e regionais. (...)
>
> § 1º. O ensino religioso, de matrícula facultativa, constituirá disciplina dos horários normais das escolas públicas de ensino fundamental."[53]

6.2.2 Se o disposto no § 1º do art. 210, acima transcrito, tivesse sido veiculado por lei ordinária, seria inconstitucional. Mesmo se tivesse sido incluído no texto original através de Emenda, esta seria inconstitucional por violar o direito dos não crentes, vale dizer, direito individual, e ainda por ser forma indireta de subvencionar culto religioso, em afronta ao item I do art. 19 da Constituição. É certo que a matrícula é facultativa, mas ainda assim causa constrangimento aos que recusarem a matrícula. No entanto, o dispositivo em foco é uma regra que cria uma ressalva ao princípio constitucional. A neutralidade do Estado perante os diversos cultos religiosos, que já qualificamos acima como neutralidade axioisonômica, só pode desigualar os desiguais garantindo direitos e valores das minorias religiosas. A estas, o Estado deve oferecer e proporcionar ensino religioso gratuito, se for solicitado a tanto.

6.2.3 Comentando disposição semelhante da Emenda outorgada, n. 1, de 1969, Pontes de Miranda começa por afirmar que "a escola leiga, tal como a acolheram a França, os Estados Unidos da América e o Brasil em 1891, constitui medida de neutralidade do Estado".[54] Parece claro que é o aluno que deve escolher qual religião a ser ministrada, ou então, o ensino deve ser plurirreligioso, mas a existência de tal ensino não pode ser obrigatória, apesar de que uma interpretação gramatical do texto isolado possa levar a conclusão da obrigatoriedade numa interpretação forçada. É que apesar da expressão "de matrícula facultativa" constar do § 1º, o *caput* do artigo ressalta a expressão "conteúdos mínimos" visando assegurar uma "formação básica comum". Ora, o ensino religioso integraria o conteúdo mínimo para a obtenção de uma formação básica comum. Assim, poder-se-ia concluir pela obrigatoriedade da matrícula caso haja ensino religioso,

52. Palavra que me vi obrigado a forjar.

53. As Constituições anteriores dispunham de regras semelhantes: art. 153 da Constituição de 1934; art. 133 da Carta outorgada de 1937; art. 168, V, da Constituição de 1946; art. 168, § 3º, IV, da Constituição de 1967; art. 176, § 3º, V, da Emenda outorgada de 1969.

54. *Comentários à Constituição de 1967 com a Emenda n. 1 de 1969*, Forense, Rio de Janeiro, 1987, 3ª ed., v. VI, pp. 354 e ss.

pois a não matrícula de alguns alunos prejudicaria a formação básica comum. Esta interpretação seria inadmissível. As normas, sejam elas regras ou princípios, não podem ser interpretadas isoladamente. A Constituição é uma unidade lógica. "Segundo essa regra de interpretação, as normas constitucionais devem ser vistas não como normas isoladas, mas como preceitos integrados num sistema unitário de regras e princípios, que é instituído na e pela própria Constituição. Em consequência, a Constituição só pode ser compreendida e interpretada corretamente se nós a entendermos como unidade, do que resulta, por outro lado, que em nenhuma hipótese devemos separar uma norma do conjunto em que ela se integra, até porque (...) o sentido da parte e o sentido do todo são interdependentes".[55]

6.2.4 Ora, se a Constituição garante o pluralismo político como fundamento da República (art. 1º, V), veda qualquer forma de discriminação (art. 3º, IV), garante a liberdade de consciência e de crença (art. 5º, VI), impede a privação de direitos por motivo de convicção filosófica (art. 5º, VIII), veda às pessoas jurídicas de direito público a subvenção a igrejas (art. 19, I), e impõe a obrigatoriedade de o ensino ser ministrado com base no pluralismo de ideias (art. 206, III), garante da mesma forma que a liberdade religiosa e de crença, a liberdade e o direito de não crer, conferindo aos descrentes (ateus e agnósticos) os mesmos direitos que são conferidos aos diversos credos religiosos. Assim, numa instituição de ensino fundamental de uma maioria de alunos descrentes, não poderá haver obrigatoriedade de ensino religioso. Um Estado pluralista não pode admitir nenhum tipo de fundamentalismo, seja ele religioso ou descrente.

6.3 Feriados religiosos[56]

6.3.1 Deve ser lembrado logo de início, que descanso semanal teve origem religiosa. Tais dias de descanso obrigatório foram incorporados costumeiramente pela sociedade e o estado laico seguiu tal costume. Ninguém, em sã consciência, poderá advogar, em razão da laicidade do Estado, a alteração do descanso semanal. A grande questão é saber se os religiosos poderão pleitear do Estado a alteração de datas fixadas para as provas de concurso, caso tais datas sejam marcadas em dias de descanso de origem religiosa.

6.3.2 Se o inciso VI, do art. 5º da Constituição, garante a qualquer cidadão o exercício de qualquer culto religioso, e o inciso VIII, do mesmo art. 5º, afirma que ninguém será privado de seus direitos por motivo de crença religiosa, somos forçados a concluir que o Estado não pode tolher ou dificultar a nenhum cidadão, o direito de concorrer a qualquer cargo, por motivo de crença religiosa. Se um órgão do Estado decidir realizar uma prova de concurso num sábado, por exemplo, estará impedindo de concorrer aos judeus e alguns cristãos. Assim, em respeito aos preceitos constitucionais, e à neutralidade axioisonômia, deverá permitir que tais religiosos realizem suas provas em outro dia.

6.3.3 Na hipótese acima, o Estado teria a obrigação de amparar não só a liberdade de crença religiosa, mas também

55. Inocêncio Mártires Coelho, "Hermenêutica Constitucional", in *Tratado de Direito Constitucional*, coordenação de Ives Gandra da Silva Martins, Gilmar Ferreira Mendes e Carlos Valder do Nascimento, Saraiva, São Paulo, 2010, v. I, p. 236.

56. A respeito do tema, veja-se o excelente trabalho de Maria Claudia Bucchianeri Pinheiro, já referido na nota 51.

o direito ao trabalho e aos cargos públicos. Outra não é a opinião de Maria Claudia Bucchianeri Pinheiro, quando ensina:

> "a exigência de neutralidade axiológica, contudo, não se traduz numa política de indiferença, pois o fato é que as organizações religiosas, enquanto fato social, deverão interagir, em algum momento, com o ente estatal, seja quando o poder público exerce seus poderes fiscalizatórios e de polícia, seja, ainda, quando os movimentos religiosos prestam serviços públicos na qualidade de organizações filantrópicas (como os serviços de assistência médica ou social), seja, ainda – *e este é o ponto central da questão proposta neste trabalho* – quando o Estado, através de normas gerais a todos impostas, culmina por atingir, por gravar, por onerar, de modo especial (muito embora involuntariamente) *uma, algumas* ou todas as religiões.[57]
>
> "(...)
>
> "Pois o fato é que a eleição deste ou daquele dia para fins de realização de concursos ou provas não deriva da concretização de nenhum outro direito fundamental (e sim de simples conveniências burocráticas), sendo certo que a concessão de *mera opção alternativa aos que*, por motivos de fé, não podem comparecer aos horários regulares originariamente designados, *também não coloca em nenhuma situação de lesividade nenhum outro direito fundamental*, não inviabilizando, nem impedindo, portanto, que a Administração possa plenamente alcançar as suas finalidades."[58]

6.4 Símbolos religiosos em órgãos e locais públicos estatais

6.4.1 Questão que a meu sentir exige maiores reflexões é a da presença de imagens e símbolos religiosos em órgãos públicos, tais como casas legislativas, tribunais, repartições administrativas e escolas públicas. Creio que não se pode considerar da mesma forma o uso dos referidos símbolos nas escolas públicas e nos demais locais. É que as escolas são frequentadas por seres humanos ainda em formação, e não devem ter orientação religiosa através do Estado. Tal orientação é de competência exclusiva da família. Assim sendo, seria manifestamente inconstitucional uma lei que obrigasse que as escolas exibissem um símbolo religioso qualquer, ainda que da religião que tivesse o maior númeRio de seguidores. A mesma autora já antes citada, em um artigo publicado em 1º de junho de 2007,[59] narra que a Corte Constitucional Alemã reverteu decisão da Corte Constitucional de Bavária que dava pela legitimidade da lei que impunha obrigatoriamente o uso do crucifixo nas escolas públicas. É óbvio que tal lei seria da mesma forma inconstitucional no Brasil. Em primeiro lugar, porque estaria direcionando a fé religiosa de crianças e adolescentes. Em segundo lugar, porque nenhuma lei de um Estado laico poderá impor de forma obrigatória o uso de um símbolo religioso em qualquer lugar pertencente ao Estado.[60] Os artigos da Constituição já citados e o princípio do pluralismo impedem a imposição de símbolos religiosos em escolas públicas.

6.4.2 A questão, no entanto, toma diferentes contornos quando, inexistindo qualquer lei impositiva, o uso do símbolo é afixado em casas legislativas (por votação

57. Ob. cit., p. 283.

58. Idem, p. 303.

59. Maria Cláudia Bucchianeri Pinheiro, "CNJ ofendeu separação Estado-igreja ao julgar símbolos religiosos", in *Consultor jurídico*, de 1.6.2007.

60. Note-se que falamos em lugar pertencente ao Estado, e não em lugar público.

livre de seus membros) e em tribunais (por aprovação dos juízes). No que concerne às repartições do Poder Executivo, não tenho dúvida de que é vedado a utilização de símbolos religiosos. É que sendo tal poder organizado de forma hierárquica a fixação de um símbolo religioso só poderia ser determinado pelo chefe da repartição. Não se conceberia decisão coletiva. E, assim sendo, haveria uma imposição monocrática em favor de um culto religioso determinado.

6.4.3 Nas casas legislativas e tribunais, a questão deve ser encarada por outro prisma. É que nestes casos os símbolos religioso (que podem, em alguns casos ter um caráter meramente cultural) é fixado por livre decisão coletiva dos componentes do órgão. No entanto, deve haver uma conexão, um relacionamento, entre o símbolo adotado como fonte inspiradora e a atividade da casa legislativa ou judiciária. Assim sendo, numa casa legislativa seria mais lógico adotar-se a imagem de Moisés como inspiradora da atividade ali realizada. Este foi um legislador e pode perfeitamente servir de exemplo aos membros do legislativo. Já no Judiciário, o crucifixo pode ter uma tripla simbologia: a) a lembrança de uma grande injustiça; b) a lembrança de uma falha clamorosa da opinião pública;[61] c) a lembrança de que o último ato praticado em vida foi a de julgar e absolver Dimas, o bom ladrão.

6.4.4 Narra Maria Cláudia Bucchianeri Pinheiro no trabalho referido na nota 59 que:

> "o Conselho Nacional de Justiça, em sessão realizada no dia 29 de maio, entendeu, nos julgamentos dos Pedidos de Providências ns. 1.344, 1.345, 1.346 e 1.362, que a aposição de símbolos religiosos no âmbito de fóruns e Tribunais revela-se compatível com a cláusula constitucional da separação Estado-Igreja, mostrando-se insuscetível de lesionar os direitos de liberdade religiosa titularizados por ateus, agnósticos, humanistas seculares e pelos seguidores de crenças minoritárias e menos convencionais".

Diz a autora citada que o fundamento de tal decisão apoiou-se em que os símbolos religiosos se traduzem em traços culturais, o que permite a sua fixação em locais públicos. Aqui deve ser feita uma distinção: local público tanto pode ser o prédio onde funciona o órgão público, bem como ruas, avenidas, praças, cumes de montanhas etc. O CNJ parece não ter feito tal distinção. No entanto, somente um fundamentalismo ateu ou agnóstico pode apoiar a retirada de símbolos religiosos de ruas, avenidas e cumes de montanhas. Se assim for, devemos retirar a imagem do Cristo Redentor do alto do Corcovado, no Rio de Janeiro, eleito uma das maravilhas do mundo moderno, bem como retirar as imagens dos Orixás do Dique do Tororó, na cidade do Salvador, Bahia. Creio que em sã consciência ninguém apoiaria tais medidas. Tanto a estátua do Cristo Redentor como as dos Orixás representam manifestações culturais. Com isso, temos de adotar uma definição de cultura. Eis a melhor que encontrei: "Cultura é o conjunto de conhecimento e procedimento que caracterizam uma determinada sociedade humana, sejam eles de natureza técnica, econômica, científica, social ou religiosa".[62] Religião, portanto, é uma manifestação cultural de um povo que se propaga e se exterioriza de diversas formas. A adotarmos um radicalismo laico

61. Opção do povo por Barrabás.

62. Hans Küng, *Religiões do mundo, Em busca de pontos comuns*, tradução de Carlos Almeida Pereira, Versus Editora, Campinas, 2004, p. 22.

deveremos alterar as denominações dos Estados de São Paulo, Santa Catarina e Espírito Santo e ainda de inúmeros municípios. Tal radicalismo afrontaria, sem dúvida qualquer, o princípio do pluralismo político (fundamento da República) e, consequentemente, o princípio da liberdade religiosa.

6.4.5 As manifestações religiosas estão garantidas no Brasil, não só pela liberdade de crença e da manifestação exterior do culto, como também porque o Estado deve garantir o pleno exercício dos direitos culturais, bem como o acesso às fontes da cultura nacional, devendo ainda apoiar e incentivar a valorização e a difusão das manifestações culturais (art. 215 da Constituição).

*7. **Conclusões***

*7.**1*** O Estado é um ser eminentemente jurídico. Completando uma observação de Hannah Arendt, afirmamos que no *centro das considerações jurídicas da conduta humana está o Estado*. O Estado é a sua Constituição, e a Constituição de 1988 afirma que a República Federativa do Brasil "constitui-se em Estado Democrático de Direito (...)".

*7.**2*** A democracia é condição básica e essencial para a existência da cidadania. "Democracia significa identidade entre governantes e governados, entre sujeitos e objeto do poder, governo do povo sobre o povo" (Kelsen). Ao lado dos princípios garantidores da democracia, é necessário haver o *fato democrático*. A ideia da liberdade e, consequentemente, da democracia, só pode ser aferida *a posteriori*, vale dizer, com apoio na experiência.

*7.**3*** A atual Constituição brasileira tem como um dos seus fundamentos o pluralismo político (art. 1º, V). Pluralismo significa convivência pacífica não só das diversidades como das divergências. Tolerância com o conflito de ideias.

*7.**4*** Do pluralismo político decorre, necessariamente, o pluralismo religioso, vale dizer, liberdade religiosa, característica do Estado laico.

*7.**5*** A liberdade religiosa vem consagrada, explícita e implicitamente, em diversos dispositivos constitucionais, como explicitado no item ***4***.

*7.**6*** É recente a separação entre Estado e Igreja. Desde o início dos tempos o homem é religioso e o direito nasceu da religião.

*7.**7*** O comportamento do Estado laico em relação às diversas religiões, numa sociedade multirreligiosa deve ser de uma *neutralidade axioisonômica*, isto é, deve valorar as desigualdades para atingir um tratamento isonômico. A axioisonomia é a valoração das diferenças (sejam meras diversidades ou divergências), tendo por finalidade impor uma desigualdade de tratamento aos desiguais, realizando desta forma a aplicação do superprincípio da igualdade.

*7.**8*** O pluralismo político e religioso não admite qualquer tipo de fundamentalismo religioso, ateu ou agnóstico. Símbolos religiosos decorrentes da cultura social são admitidos em locais públicos e em dependências estatais de administração coletivas, desde que possam ter alguma relação com a atividade do órgão do Estado.

Bibliografia

ARENDT, Hannah. *Responsabilidade e Julgamento*. Companhia das Letras, São Paulo, 2004.

BANDEIRA DE MELLO, Celso Antônio. *O Conteúdo Jurídico do Princípio da Igualdade*. 3ª ed., 20ª tir. Malheiros Editores, São Paulo, 2011.

BARBOSA, Rui. *Comentários à Constituição Brasileira*. Coligidos e ordenados por Homero Pires. Saraiva, São Paulo, 1932.

BASTOS, Celso Ribeiro. *Comentários à Constituição do Brasil*. Saraiva, São Paulo, 1989.

BRITO, Carlos Ayres. *Teoria da Constituição*. Forense, Rio de Janeiro, 2003.

CALMON, Sacha. *A História da Mitologia Judaico-Cristã*. Noeses, São Paulo, 2010.

CAMPOS, Francisco. *Direito Constitucional*. Freitas Bastos, Rio de Janeiro, 1956.

CARVALHO, José Murilo de. *D. Pedro II, Perfis Brasileiros*. Companhia das Letras, São Paulo.

COELHO, Inocêncio Mártires. "Hermenêutica Constitucional". In *Tratado de Direito Constitucional*, coordenação de Ives Gandra da Silva Martins, Gilmar Ferreira Mendes e Carlos Valder do Nascimento. Saraiva, São Paulo, 2010.

DUGUIT, Léon. *Manuel de Droit Constitutionnel*. Editions Panthéon-Assas, Paris, 1923.

GOYARD-FABRE, Simone. *O que é Democracia?* Tradução de Cláudia Berlinger. Martins Fontes, São Paulo, 2003.

GROPPALI, Alexandre. *Doutrina do Estado*. 2ª ed. Tradução da 8ª edição italiana por Paulo Edmur de Souza Queiroz. Saraiva, São Paulo, 1968.

HEEHT, Jennifer Michael. *Dúvida – Uma história*. Tradução de Antônio de Pádua Danesi. Ediouro, Rio de Janeiro, 2005.

HEGEL, G. W. F. *Principes de la Philosophie du Droit*. Tradução francesa de Robert Derathé. Librairie Philosophique J. Vrin, Paris, 1989.

KELSEN, Hans. *Teoria Pura do Direito*. 6ª ed. Tradução de João Baptista Machado. Armênio Amado, Coimbra, 1984.

_______. *Teoria Geral do Estado*. 3ª ed. Tradução de Fernando Miranda. Armênio Amado, Coimbra, 1951.

_______. *A Democracia*. Tradução de Ivone Castilho Benedetti, Jefferson Luiz Camargo, Marcelo Brandão Cipolla e Vera Barkow. Martins Fontes, São Paulo, 2000.

_______. *Teoria General del Derecho y del Estado*. Imprenta Universitária, México, 1949.

KIERKEGAARD, Sören. *É preciso duvidar de tudo*. Tradução de Silvia Saviano Sampaio e Álvaro Luiz Montenegro Valls. Martins Fontes, São Paulo, 2003.

KÜNG, Hans. *Religiões do mundo, em busca de pontos comuns*. Tradução de Carlos Almeida Pereira. Versus Editora, Campinas, 2004.

LOEWENSTEIN, Karl. *Teoría de la Constitución*. Tradução espanhola de Alfredo Gallego Anabitarte. Editorial Ariel, Barcelona, 1986.

MIRANDA, Jorge. *Manual de Direito Constitucional*. 4ª ed. Coimbra Editora, Coimbra, 2000.

MORGENTHAU, Hans. *A Política entre as Nações*. Tradução de Oswaldo Biato. Edição da UnB, IOESP e Instituto de Pesquisa de Relações Internacionais, São Paulo, 2003.

PLATÃO. *A República*. 5ª ed. Tradução de Maria Helena da Rocha Pereira. Fundação Calouste Gulbenkian, Lisboa.

PINHEIRO, Maria Claúdia Bucchianeri. "O respeito pelo Poder Público aos dias de guarda religiosa". In *Direito à Liberdade de Religiosa*. Fórum, Belo Horizonte, 2009.

_______. "CNJ ofendeu separação Estado-Igreja ao julgar símbolos religiosos". In *Consultor Jurídico*, de 1.6.2007.

PONTES DE MIRANDA. *Comentários à Constituição de 1967, com a Emenda n. 1 de 1969*. 3ª ed. Forense, Rio de Janeiro, 1987.

REALE, Miguel. *Pluralismo e Liberdade*. Saraiva, São Paulo, 1963.

RODRIGUES, Leda Boechat. *Direito e Política – Os direitos humanos no Brasil e nos Estados Unidos*. 2ª ed. Civilização Brasileira, Rio de Janeiro, 1991.

_______. *A Corte de Warren (1953-1969) – Revolução Constitucional*. Civilização Brasileira, Rio de Janeiro, 1991.

SAMPAIO, Nelson de Souza. "Prólogo", in *Teoria do Estado*. 2ª ed. Forense, Rio de Janeiro, 1960.

SAN TIAGO DANTAS, Francisco. "A Igualdade perante a lei e *due processo of Law*". In *Problemas de Direito Positivo*. Forense, Rio de Janeiro, 1953.

SILVIA, Hélio. *As Constituições do Brasil*. Globo, Rio de Janeiro, 1987.

SOUTO MAIOR BORGES, José. *Curso de Direito Comunitário*. Saraiva, São Paulo, 2005.

SZKLAROWSKY, Leon Frejda. "Religião e Racismo: a Constituição e o Supremo Tribunal Federal". In *Direito à Liberdade Religiosa*. Coordenação de Valéria de Oliveira Mazzuoli e Aldir Guedes Soriano. Editora Fórum, Belo Horizonte, 2009.

TEMER, Michel. *Elementos de Direito Constitucional*. 23ª ed. Malheiros Editores, São Paulo, 2010.

VILANOVA, Lourival. "Problema do objeto da Teoria Geral do Estado". In *Escritos Jurídicos e Filosóficos*, v. I. Axis Mundi/IBET, São Paulo, 2003.

A LIÇÃO IMORTALIZADA*

EDILSON PEREIRA NOBRE JÚNIOR

Mestre e Doutor em Direito Público pela Faculdade de Direito do Recife – UFPE.
Professor da Universidade Federal do Rio Grande do Norte.
Desembargador do Tribunal Regional Federal da 5ª Região

1. O jurista. 2. O feito. 3. O ensinamento. 4. Um olhar para o futuro.

1. O jurista

Os homens passam. Suas ideias ficam. Em inúmeras ocasiões, a história nos relata a luta dos indivíduos pela liberdade e pelo controle do poder. O século XVIII – tido como o maior de todos os séculos, pois, para alguns, iniciou-se em 1689, com a Revolução Gloriosa, e se findou em 1815, ao depois da batalha de Waterloo[1] – foi prodigioso em movimentos pelos quais os indivíduos lutavam contra os abusos praticados pelos governantes, procurando a afirmação de que a atuação destes deveria ser limitada pelos direitos individuais dos seus governados.

Como toda mudança no papel, cuja transformação em realidade é sempre penosa, a limitação do poder não se firmou de imediato, pelo só surgimento de declarações de direitos, como o *Bill of Rights* (1689), a Declaração de Independência

* Este escrito tem por objetivo homenagear Miguel Seabra Fagundes, modelo de jurista e de homem público, por ocasião de seu centenário de nascimento, a partir duma visão de passado, presente e futuro, do controle jurisdicional dos atos discricionários e do desvio de poder. O texto serviu de base à palestra proferida pelo seu autor em 9.9.2010, a qual teve lugar no auditório da Seção Judiciária do Rio Grande do Norte, por ocasião da 45ª edição do evento Quinta Jurídica, co-patrocinado pelo Núcleo Seccional da Escola de Magistratura Federal da 5ª Região e pelo Instituto Potiguar de Direito Público, sob o tema "Controle judicial dos atos administrativos: uma homenagem ao centenário de Miguel Seabra Fagundes".

1. Essa impressão é exposta por Andrew Roberts (*A batalha de Waterloo – A última jogada de Napoleão*, Rio de Janeiro, Ediouro, 2006, p. 12).

dos Estados Unidos (1776) e a Declaração dos Direitos do Homem e do Cidadão, de 1789. Antes dependeu de vigorosa e longa luta que perdurou (e ainda perdura) por várias décadas, voltada a manter o governante no campo de ação que lhe é demarcado pela ordem jurídica.

Daí é que surge a lembrança do exemplo legado por Miguel Seabra Fagundes que, se na província dos vivos ainda estivesse, faria em 30 de julho deste ano uma centúria de idade. Após ser diplomado bacharel em 1932 pela Faculdade de Direito de Recife (PE), casa de Tobias Barreto, assumiu, no verdor dos seus vinte e cinco anos, o cargo de Desembargador do Tribunal de Justiça do Rio Grande do Norte, em vaga destinada à classe dos advogados, conforme o art. 104, § 6º, da Constituição de 1934.

Primeiro presidente do Tribunal Regional Eleitoral deste Estado, ainda foi Interventor Federal, Ministro da Justiça (Governo Café filho), Presidente do Conselho Federal da Ordem dos Advogados do Brasil e do Instituto dos Advogados Brasileiros.

O reconhecimento como um dos dez juristas brasileiros que marcaram o século XX – para tanto constitui evidência decisiva o título de Professor Honorário da Faculdade de Direito do Largo do São Francisco, honraria compartilhada com Ruy Barbosa, Clóvis Bevilacqua, Carvalho de Mendonça, Pontes de Miranda e Mendes Pimentel – é revelada pela sua trilogia literária (*O controle dos atos administrativos pelo Poder Judiciário*, *Desapropriação no direito brasileiro*[2] e *Dos recursos ordinários em matéria civil*), além de inúmeros artigos jurídicos, todos capazes de provocar a abertura de avançadas tendências na formulação científica do direito público brasileiro.[3]

2. *O feito*

Como não poderia deixar de ser, a ditadura dos acontecimentos, da qual falava Bonaparte, constituiu – e ainda representa – o palco propício para a ação dos grandes homens.

Pois bem. Antes mesmo de Garcia de Enterría[4] – que, em pleno regime franquista, escreveu modelar opúsculo favorável ao controle do poder político e administrativo[5] – Seabra, ainda no meio das incertezas que gravitavam em torno da vida jurídica brasileira logo após o Estado Novo, firmou, ao votar na Apelação Cível 1.422, a qual versava sobre mandado de segurança impetrado por empresa de ônibus contra ato da então Inspetoria Estadual de Trânsito, duas lições que, indeléveis, serviram para revolucionar a doutrina e a experiência jurisprudencial brasileira.

2. Referido livro representou homenagem do seu autor ao cinquentenário da instalação do Tribunal de Justiça do Rio Grande do Norte, no ano de 1942, à época na qual este sodalício ainda era denominado de Tribunal de Apelação.

3. Os escritos de Seabra Fagundes, tanto os que alçaram à forma de livro como aqueles que se expressaram como artigos, ostentam qualidade para sua consideração como clássicos, pois, além de capazes de exercer uma influência singular para o leitor, as suas releituras, a exemplo da primeira leitura, tornam-se sempre fonte de descoberta.

4. *Las luchas contra las inmunidades del poder*, 3ª ed., Madri, Civitas, 1983. A 1ª edição alcançou publicação em 1974 e reproduz conferência pronunciada perante a Faculdade de Direito de Barcelona em 2.3.1962, conteúdo preservado nas versões seguintes.

5. De fato, a ousadia em afirmar, durante tal período da história política da Espanha, a qual ainda vivenciava os vestígios da aura cesarista que se abateu sobre a Europa no intervalo entre as duas conflagrações mundiais, que o exercício do poder deveria subordinar-se aos parâmetros jurídicos, com

Mereceu, por isso, o comentário dos mais destacados cultores do direito público pátrio, dentre os quais é de fazer-se menção a Victor Nunes Leal[6] e Themístocles Brandão Cavalcanti,[7] dois dos mais destacados juízes que tiveram assento em nossa Suprema Corte na segunda metade do século passado, tudo sem olvidar o estuque doutrinário de Caio Tácito,[8] Celso Antônio Bandeira de Mello[9] e Diogo de Figueiredo Moreira Neto.[10]

a proposição de controle jurisdicional para os atos políticos, para a competência discricionária e para os poderes normativos, finalizando com a tentativa de caracterizar o Estado de Direito como Estado de Justiça, soava – e, para muitos, ainda soa – como uma heresia digna das maiores das fogueiras já erigidas pela Inquisição.

6. "Poder discricionário e ação arbitrária da Administração", *Revista de Direito Administrativo*, Rio de Janeiro, v. 14, out./dez. de 1948. Das robustas observações tecidas, interessante transcrição de algumas passagens reveladoras do labor de Seabra Fagundes: "A segurança com que foi tratado o assunto confirma os grandes méritos do relator do brilhante aresto que nos sugeriu algumas reflexões, limitadas, porém, ao plano conceitual. A rigor, nenhuma divergência separa este modesto comentador e o festejado tratadista, que deu ao caso concreto, como magistrado, a melhor solução, impedindo que a Administração Pública, *a pretexto do seu poder discricionário*, utilizasse critério arbitràriamente discriminatório para proteger uma emprêsa de transporte em prejuízo da emprêsa de transporte concorrente e dos utentes do serviço autorizado" (p. 54). (...) "Tanto mais que o acórdão comentado constitui corajosa inovação em nossa jurisprudência, rompendo a praxe reiterada dos nossos tribunais, que sempre declararam os atos discricionários insusceptíveis de apreciação jurisdicional, sem aprofundar a questão da possível *arbitrariedade* do poder discricionário" (pp. 54-55). (...) "Se a Administração, no uso do seu poder discricionário, não atende ao *fim legal*, a que está obrigada, entende-se que abusou do seu poder. A insistência nesta idéia central é que confere ao voto do Des. Seabra Fagundes o sentido inovador de que se reveste, pois esta tem sido descurada pela nossa jurisprudência, e o próprio autor dêste comentário, ao tratar em outra oportunidade dos atos discricionários, deixou de fazer a respeito as ressalvas que se impunham" (pp. 66-67).

7. O aresto, com a qualificação de erudito, é mencionado pelo autor no seu *Tratado de Direito Administrativo* (Rio de Janeiro, Freitas Bastos, 1964, Suplemento destinado à atualização, p. 23).

8. *Direito administrativo*, São Paulo, Saraiva, 1975, pp. 68, 100, 102, 110 e 113. Desta última referência, por ser a mais pujante, destaca-se o seguinte comentário: "A mais expressiva manifestação jurisprudencial, porque lastreada de substância doutrinária e adequação da hipótese, é o Acórdão de 28 de julho de 1948, do Tribunal de Justiça do Rio Grande do Norte, na Apelação cível n. 1.422, que se fundou em erudito voto do Desembargador Seabra Fagundes. Trata-se de mandado de segurança versando o exercício do poder de polícia do trânsito, por parte de autoridade estadual competente que fixou horário para tráfego de determinada companhia de ônibus visando a prejudicá-la em benefício de empresa concorrente. Decidiu, unanimemente, o Tribunal potiguar que o ato da Inspetoria Estadual de Trânsito não atendia ao interesse público previsto em lei, ou seja, ao bom funcionamento do serviço de transporte, mas objetivava outro fim estranho ao conteúdo de sua competência. É interessante advertir, desde logo, sobre a analogia entre a espécie e o caso *Lesbats*, no qual se iniciou, como vimos, a criação do *détournement de pouvoir* na jurisprudência do Conselho de Estado da França. A aproximação não escapou à argúcia do Desembargador Seabra Fagundes, que alude, expressamente, à coincidência da matéria de fato. Singulariza-se o voto do eminente jurista pela precisão de conceitos e a riqueza de referências, deduzindo, logicamente, a nulidade do ato impugnado, em função do desvio de poder de polícia. Depois de marcar o cunho vinculado da regra da finalidade, Seabra Fagundes demonstra a inexistência material dos motivos alegados no ato de autoridade e desvenda o sentido oculto e ilícito do procedimento administrativo".

9. *Discricionariedade e controle jurisdicional*, São Paulo, Malheiros Editores, 1992, p. 57. No texto o autor aponta o acórdão em referência como autêntico *leading case* sobre o desvio de poder no Brasil.

10. *Curso de direito administrativo*, 4ª ed., Rio de Janeiro, Forense, 1983, pp. 124-125.

Tudo decorreu da circunstância segundo a qual a autoridade impetrada concedeu o direito, em favor de empresa concorrente, para transitar com os seus ônibus, no trecho Natal e São José de Mipibu, bem como no de Natal e Macaíba, em horários de toda conveniência para a população, principalmente para as pessoas que trabalham na Capital, quais sejam a partida às 5 horas da manhã, com intervalo de meia hora dentre cada uma das viaturas, com regresso a partir das 17 horas. Diferentemente, fixou para a impetrante justamente os horários de menor procura, mais precisamente dentre 10 e 22 horas, para as viagens de ida e vinda, respectivamente.

Em vista da negativa de pleito administrativo para que lhe fosse concedida autorização para pôr em circulação diária mais um ônibus, com saída de São José de Mipibu às 5 horas e retorno às 17 horas, a Empresa de Transporte Potiguar Ltda. impetrou mandado de segurança, o qual foi denegado em primeiro grau. Daí se seguiu a interposição, com êxito, de recurso de apelação.

3. *O ensinamento*

Do sólido pronunciamento, alicerçado em escólios doutrinários estrangeiros, oriundos tanto de autores dos sistemas jurídicos da *common law* quanto do *civil law*, o primeiro dos ensinamentos, deveras ousado, foi o de afirmar que a competência discricionária, longe de se confundir com o arbítrio, não se acha acima ou além da lei, mas submetida a esta.

Diversamente da competência vinculada, a discricionária se caracteriza pela maior mobilidade do administrador, sem que, com isto, esteja aquele inteiramente liberado da observância aos preceitos da ordem jurídica.

Tanto que, mesmo na competência discricionária, o ato administrativo está sujeito ao ordenamento jurídico no que concerne à competência, à finalidade e à forma.

A liberdade de agir se dirige quanto à escolha dos motivos (oportunidade e conveniência) e do objeto (conteúdo).[11]

Nesse diapasão, é que Maurice Hauriou[12] acentuava não existir, a bem da verdade, ato discricionário, mas sim uma competência discricionária, a qual, em cada caso, pode se apresentar em maior ou diminuta extensão.

Ao tratar da nulidade do ato administrativo por defeito de finalidade, o autor socorre-se em boa parte de sua exposição com o realce da decisão sob comento.

11. Passados alguns anos, Seabra Fagundes, voltando ao trato da matéria, aludiu ao mérito do ato administrativo, o qual "constitui um aspecto do procedimento da Administração, de tal modo relacionado com circunstâncias e apreciações só perceptíveis ao administrador, dados os processos de indagação de que dispõe e a índole da função por êle exercida, que ao juiz é vedado penetrar no seu conhecimento" ("Conceito de mérito no direito administrativo", *Revista Forense*, Rio de Janeiro, v. 139, jan./fev. de 1952, p. 14). Expõe ainda que o mérito consiste no sentido político do ato administrativo, traduzindo-se no sentido deste obtido pelas normas da boa administração, a representar justiça, equidade, utilidade, razoabilidade, oportunidade, conveniência etc. Não configura elemento autônomo do ato administrativo, mas aspecto inerente aos atos perpetrados no exercício da competência discricionária; assume especial relevo na delimitação da medida do controle jurisdicional das posturas da Administração Pública (ob. cit., pp. 14 e 22).

12. Eis, expresso, o remate do autor: "Mas, se não existe mais atos discricionários, subsiste, malgrado a dominação da ideia de interesse público no seio da instituição administrativa, certa margem de poder discricionário, em benefício

Para Zanella di Pietro,[13] a discricionariedade administrativa tem assentada sua justificação na necessidade em razão dúplice. A primeira delas, de ordem prática, impõe-se para evitar o automatismo que, não fosse assim, fatalmente atingiria os agentes administrativos, os quais, obrigados a seguir a legalidade, teriam sua ação prejudicada diante da impossibilidade deste de suprir as lacunas e insuficiências do legislador, dada à impossibilidade em prever, sem exceção, todas as situações a serem enfrentadas pela Administração. O interesse público, na injunção de ser dinâmico, para o fim de melhor atender às infinitas, complexas e sempre crescentes necessidades coletivas, requer flexibilidade de atuação, a qual poderá tornar-se incompatível com a morosidade de que, inelutavelmente, ressente-se o procedimento de elaboração das leis.

Num segundo plano, de cunho jurídico, a autora busca achegas em Kelsen, para quem o sistema jurídico não é composto unicamente de normas de igual hierarquia, mas sim graduadas de diferentes espécies. Daí que as normas de elevado grau autorizam a produção de outras, de menor autoridade, com o escopo de complementá-las, sendo a sentença e o ato administrativo os meios através dos quais se estabelecem normas individuais, visando à execução dos comandos contidos nas normas elaboradas pelo Legislativo.

A discricionariedade – que se encontra presente nas manifestações da atividade das diversas funções do Estado – no âmbito da função administrativa é localizável, ainda segundo a autora,[14] nas seguintes situações não taxativas, a saber: a) a lei confere à Administração, às expressas, atuar de acordo com a conveniência do serviço; b) a lei é insuficiente, por não prever todas as situações supervenientes ao instante no qual promulgada, permitindo, assim, ao agente decidir de acordo com os princípios extraídos do sistema jurídico; c) a lei prevê determinada competência, sem, contudo, estabelecer a conduta específica a ser adotada; d) a lei utiliza certos conceitos ditos indeterminados (comoção interna, utilidade pública, bem comum, justiça, equidade, decoro, moralidade etc.), facultando um maior espaço de valoração por parte da autoridade.

A outra, complementar, foi a de transplantar para a realidade brasileira uma compreensão de que toda atuação administrativa há de voltar-se à satisfação do interesse público, sendo-lhe vedada visar a finalidades pessoais.

Destaque-se pequena passagem do voto em realce:

> "8. O ato administrativo que fixou horários para as viagens de vinda e ida do terceiro ônibus do impetrante (10 h. e 22h.), se depreende do exame conjunto das peças do processo (pedido, informa-

da administração, pois é preciso dar uma explicação em atenção àquela ordem jurídica interna" (Mais s'il n'existe plus d'actes discrétionnaires, il subsiste, malgré la domination de l'idée d'intérêt public au sein de l'institution administrative, une certaine marge de pouvoir discrétionnaire, au bénéfice de l'administration, dont il nous faut donner l'explication par rapport à cet ordre juridique interne (*Précis de droit administratif et de droit public*, 12ª ed. Paris, Dalloz, 1933, p. 355. Edição revista e atualizada por André Hauriou. Reedição apresentada por Pierre Devolve e por Franck Moderne). Compreensão similar, segundo registra Miguel Sánchez Morón (*Discrecionalidad administrativa y control judicial*. Madri, Tecnos, 1994, p. 40), foi igualmente assentada por Hauriou quando da análise do *arrêt* Grazzietti, julgado pelo Conselho de Estado em 31 de janeiro de 1902.

13. *Discricionariedade administrativa na Constituição de 1988*, São Paulo, Atlas, 1991, pp. 41-43.

14. Ob. cit., pp. 47-48.

ção, contestação e documentos), apesar de praticado no exercício de legítima competência (C. de Trânsito, arts. 56, § 2º, e 57, 'c') e de ter objetivo lícito (coordenação dos transportes coletivos entre São José de Mipibu e esta Capital), peca por *desvio de finalidade*, pois, longe de visar, como seria de supor, o exclusivo interêsse público a um bom serviço de comunicações, o que teve em mira foi cercear a atividade do impetrante favorecendo o seu concorrente. Não visou ao interêsse público, que é mister esteja na base de todo ato administrativo (até mesmo os aparentemente individualíssimos no seu alcance, repercutem sôbre o interêsse coletivo ou a êle se ligam, ainda que remotamente), carecendo, assim, de um dos elementos essenciais à sua validade (nosso *O contrôle dos atos administrativos*, pp. 30, 31 e 57)."[15]

Não obstante a teoria do desvio de poder (*détournement de pouvoir*) remontar há quase uma centúria, como mostra a jurisprudência do Conselho de Estado da França (*arrêt Lesbats*, 1864; *arrêt Vernes*, 1858), a timidez do Judiciário pátrio sobre o assunto era tamanha. A coragem de Seabra, mesmo manifestada com o risco de ser vista como heresia, contribuiu sobremaneira para uma mudança de paradigmas entre nós.

A propósito de traçar uma ideia do desvio de poder, Maurice Hauriou[16] afirma que se cuida de um fato da autoridade administrativa que, no desempenho de sua competência, vem atuar em observância das formas prescritas, sem nenhuma violação formal da lei, mas emprega o seu poder para motivos diversos daqueles em razão dos quais é conferido, quer dizer, alheios à salvaguarda do interesse geral e do bem do serviço.

Sendo assim, prossegue o autor, o desvio de poder permite restringir a competência administrativa naquilo onde esta tem de mais discricionária, qual seja os móbiles que impulsionam a ação da Administração. Considerando-se a rigidez das normas legais, é a moralidade administrativa que, fazendo o juiz descer aos casos particulares, pode penetrar na espontaneidade da competência discricionária.

Numa interessante correlação, diz ainda que a moralidade administrativa não configura outra coisa a não ser o espírito geral da lei e, por conseguinte, o desvio de poder não resulta como outra coisa que a violação do espírito da lei, sendo uma hipótese particular de violação da norma legal.

O liame entre desvio de poder e moralidade administrativa também foi realçado, anos mais tarde, por Antônio José Brandão, em escrito que, certamente, pode ser apontado como o precursor sobre o tema a ser publicado nestas plagas.[17]

15. Trecho constante em Vitor Nunes Leal, "Poder discricionário e ação arbitrária da Administração", *Revista de Direito Administrativo*, Rio de Janeiro, v. 14, out./dez. 1948, pp. 68-69.

16. *Précis de droit administratif et de droit public*, 12ª ed., Paris, Dalloz, 1933, pp. 442-443, edição revista e atualizada por André Hauriou; reedição apresentada por Pierre Devolvé e por Franck Moderne.

17. Sustentou o autor: "Com efeito, o desvio de poder não se reduz a mero problema de legalidade, pois o ato em que êle se manifesta concretamente é praticado com observância da lei, mas obedece a determinante imoral. Por outras palavras: o que afeta a juridicidade do ato em que o desvio do poder se concretizar é, principalmente, a imoralidade administrativa que consiste em produzir modificações ilícitas da ordem jurídica para atingir fins metajurídicos, que não são fins de pública administração. O caráter não jurídico do ato resulta, neste caso, de um abuso que das prerrogativas da Administração faz o órgão dela. A lei foi observada; mas a sua observância fêz-se acompanhar do desconhecimento da máxima

A propósito de estruturar o controle jurisdicional incidente sobre o fim visado pelo ato administrativo, Georges Dupuis, Marie-José Guédon e Patrice Chrétien,[18] apontam que o vício que implica seu afastamento da direção normal pode, grosso modo, manifestar-se em duas séries de casos.

Numa primeira série de casos, têm-se aqueles nos quais Administração desenvolve sua competência com fins estranhos à satisfação do interesse geral, estando, pois, a serviço de interesses particulares, tais como o interesse do autor do ato, de sua família, de seus amigos etc. Exemplifica com a situação de um prefeito que, a pretexto de fixar os horários de abertura da prefeitura, atuou de tal sorte a impedir que uma secretária municipal pudesse estar presente, em face do exercício de suas funções de professora (*arrêt Zimmermann*, CE, de 20 de abril de 1971, Rec. 269).[19]

Em segundo lugar, têm-se as hipóteses onde a Administração exerceu sua competência em atenção a finalidade de interesse geral, mas a decisão foi tomada visando um fim que não é aquele para o qual a autoridade foi investida da competência que desempenhou. Apontam, a título de exemplo, as medidas de polícia que tenham por objeto principal servir aos interesses financeiros duma pessoa política.

A esse respeito, precedente interessante (*arrêt Beaugé*, CE, de 4 de julho de 1924) foi aquele que considerou incorreta a atitude de um prefeito que determinou a interdição dos banheiros situados numa praia, destinados à utilização pelos banhistas como vestuários, forçando-os a se utilizarem das cabines municipais, cuja exploração era paga.

Aqui essa bipartição do desvio de finalidade não escapou de registro à pena de Celso Antônio Bandeira de Mello.[20]

Igualmente, vem obtendo a atenção da nossa jurisprudência. No REsp 897.499-SP,[21] a 2ª Turma do Superior Tribunal de Justiça, por votação unânime, reconheceu a existência de desvio de finalidade, para fins da caracterização do tipo de improbidade administrativa do art. 11, *caput*, I, da Lei 8.429/92, na conduta de prefeito que cassou licença para que clube recreativo realizasse baile de carnaval pelo fato de ter sido impedido de ingressar em festa realizada no dia anterior com convidados seus.

profissional que requer honesto e verdadeiro uso da legalidade" ("Moralidade administrativa", *Revista de Direito Administrativo*, Rio de Janeiro, v. 25, jul./set. de 1951, pp. 466-467).

18. *Droit administratif*, 8ª ed., Paris, Armand Colin, 2002, p. 599.

19. Nessa categoria, Rivero (*Direito administrativo*, Coimbra, Almedina, 1981, p. 290, trad. de Rogério Ehrhardt Soares) aponta o fato protagonizado por um prefeito, estalajadeiro de profissão, que editou proibição para a realização de bailes nos diversos estabelecimentos do Município, ressalvando da vedação apenas o de sua propriedade (*arrêt D'Ile Rault*, CE, de 14 de março de 1934). O desvio de poder genérico nem mesmo poupou a literatura. Narra Jorge Luis Borges (*Ensaio autobiográfico*, São Paulo, Companhia das Letras, 2009, pp. 62-63) que, em 1946, com a subida do peronismo ao poder na Argentina, recebeu a pseudo-honraria em ser promovido da condição de servidor da biblioteca de Buenos Aires para o posto de inspetor de aves e coelhos dos mercados municipais. Ao referir-se ao funcionário competente da prefeitura, quando de sua apresentação para o novo ofício, à estranheza da designação, obteve a seguinte resposta: "Bem, você foi partidário dos Aliados durante a guerra. Então, o que pretende?".

20. *Discricionariedade e controle jurisdicional*, 2ª ed., 10ª tir., São Paulo, Malheiros Editores, 2010, pp. 58-61.

21. Rel. Min. João Noronha, *DJU* de 20.4.2007.

Noutra situação, que se encontra retratada no ROMS 26.965-RS,[22] o desvio de poder restou verificado diante de remoção de ofício de servidor estadual, integrante do quadro de apoio administrativo da Promotoria de Justiça de Bagé para a de Pinheiro Machado, pelo simples fato do seu desempenho ser insatisfatório, de modo que não se fazia presente o interesse do serviço, mas sim móvel punitivo.

4. Um olhar para o futuro

A exemplo do sucedido aos demais segmentos da vida social, cada vez mais complexa por força da incessante revolução científica, os institutos jurídicos sofrem mutações, destinadas ao seu aperfeiçoamento, ou, melhor dizendo, a adaptá-los às novas necessidades decorrentes das transformações ocorrentes no mundo real.

Não foi – nem poderia ser – diferente com o desvio de poder e o controle da competência discricionária, os quais incorporaram novidades a partir das concepções prevalecentes aqui e no estrangeiro quando dos albores da Constituição de 1946, promulgada em decorrência da redemocratização instaurada pela queda do Estado Novo.

O primeiro aspecto evolutivo a ser evidenciado é a crescente preocupação em impor-se uma dimensão ética à ordem jurídica administrativa. Na doutrina estrangeira, o fenômeno é destacado na pena de Jesús González Pérez, ao afirmar:

> "A moral, a formação moral, o fomento dos bons costumes constituirá uma das finalidades às quais deve dirigir-se a atuação administrativa, em suas diversas manifestações. Sendo assim, não é concebível uma contravenção delas no exercício de qualquer potestade administrativa".[23]

Nestas plagas, essa tendência, ainda sob a vigência da Constituição pretérita, foi revelada pela doutrina. Tanto é assim que Manoel de Oliveira Franco Sobrinho,[24] ao tratar da associação entre moral e direito administrativo, punha suas preocupações no exercício da competência discricionária, para que esta, de fato, devesse corresponder à satisfação de motivos superiores diante das situações fáticas.

Disso surge, na exposição do autor, que a verificação da legalidade não se circunscreve apenas aos textos escritos, manifestando-se por igual nas regras costumeiras, aceitas como padrões sociais. Desse modo, as questões que gravitam em torno da observância da legalidade muitas vezes configuram questões de fato, sendo relevante, para tanto, a moralidade.

Por isso, a discricionariedade, ao manifestar-se pela senda do desvio de poder, ofende a moralidade administrativa e, de conseguinte, infringe a legalidade.

Com a Lei Fundamental vigente, restou manifestada, com o art. 37, *caput*, ao incluir a moralidade dentre os cinco princípios que enuncia com a qualidade de dirigentes da função administrativa.

Analisando a novidade constante do texto sobranceiro, Celso Antônio Bandeira

22. STJ, 5ª T., ac. un., rel. Min. Napoleão Maia, *DJU* de 10.11.2008.

23. "La moral, la formación moral, el fomento de las buenas costumbres una de las finalidades a las que debe dirigirse la actuación administrativa, en sus diversas manifestaciones. Siendo esto así, no es concebible una contravención de ellas en el ejercicio de cualquier potestad administrativa" (*Administración pública y moral*, Madri, Civitas, 1995, p. 38).

24. "As práticas administrativas e o controle da moralidade", in *Escritos de direito público*, 2ª ed., Brasília, Edições do Ministério da Justiça, 1977, pp. 201, 203-204.

de Mello[25] expõe que, com o a positivação explícita da moralidade administrativa, a violação de princípios éticos pela Administração equipara-se à ofensa ao próprio Direito, configurando comportamento tisnado de ilicitude, o que é capaz de sujeitá-lo à invalidação. Isto porque a previsão do princípio da moralidade pela Constituição lhe conferiu foros de pauta jurídica.

A jurisprudência, por seu turno, vem, com constância, procurando legar à moralidade administrativa densidade de conteúdo e implicações de ordem prática as mais variadas. Daí se pode mencionar o reconhecimento da incidência do princípio da moralidade administrativa, para o fim de: a) assentar ser bastante para a invalidação de ato administrativo pela via da ação popular a só contrariedade à moralidade administrativa, sendo dispensável a configuração de prejuízo de ordem material;[26] b) considerar inválida a nomeação de alguém para prover cargo público (Conselheiro de Tribunal de Contas) quando não demonstrado um mínimo de pertinência entre as qualidades intelectuais do nomeado e o ofício a desempenhar, por tal situação apresentar lesiva da moralidade;[27] c) invalidar ato administrativo que, no decurso de procedimento de concurso público para fins de admissão de pessoal, altere as regras de edital, interferindo na escolha de candidatos habilitados às provas orais, principalmente quando já concluídas as provas escritas, com a divulgação das notas provisórias;[28] d) permitir a desconsideração da personalidade jurídica de sociedade empresarial, com o propósito de lhe estenderem os efeitos de sanção administrativa, uma vez verificada que aquela foi criada com o mesmo objeto social, os mesmos sócios, o mesmo endereço, com a só finalidade de substituir a anterior empresa, tida como inidônea para licitar com a Administração;[29] e) reconhecer a validade de normas legais fundadas na moralidade administrativa, tais como os arts. 87 e 88 da Lei 8.666/93, os quais preveem pena de inidoneidade para contratar com a Administração Pública.[30]

No ponto que mais nos interessa de perto, ressalte-se deliberação da 2ª Turma do Superior Tribunal de Justiça,[31] no sentido de caracterizar desvio de poder a suspensão, por decisão de secretário estadual, dos descontos em folha de contribuições sindicais voluntárias, por parte de servidores públicos, pelo só fato de a entidade sindical favorecida divergir politicamente do governo em exercício da unidade federativa. Apontou-se, explicitamente, que vai o mau emprego da competência administrativa, tendo como finalidade satisfazer revide de ordem política, de encontro aos princípios da moralidade e da impessoalidade, previstos no art. 37, *caput*, da Constituição Federal.

Um segundo aspecto – e que, na realidade, consiste em desafio imposto pela realidade coletiva – centra-se na constatação, por parte da jurisprudência

25. *Curso de direito administrativo*, 28ª ed., São Paulo, Malheiros Editores, 2011, p. 119.

26. STF, 2ª Turma, v.u., RE 206.889-MG, rel. Min. Carlos Velloso, *DJU* de 13.6.97; STF, 1ª Turma, v.u., RE 170.768-SP, rel. Min. Ilmar Galvão, *DJU* de 13.8.99.

27. STF, 2ª Turma, v.u., rel. Min. Paulo Brossard, *DJU* de 25.11.94.

28. STF, Pleno, m.v., rel. Min. Joaquim Barbosa, *DJ-e* de 5.3.2009.

29. STJ, 2ª Turma, v.u., rel. Min. Castro Meira, *DJU* de 8.9.2003.

30. STJ, 1ª Seção, MS 13.041-DF, v.u., rel. Min. José Delgado, *DJU* de 10.3.2008.

31. ROMS 17.081-PE, v.u., rel. Min. Humberto Martins, *DJU* de 9.3.2007. De registrar, para júbilo, que, na motivação expendida pelo relator, consignou-se remissão ao decidido na Apelação Cível 1.422.

francesa, de que os interesses privados estão suscetíveis de ensejar a movimentação da função administrativa, contanto que não estejam determinados e existam outros interesses capazes de justificar a prática do ato administrativo.

Tal resulta frequente quanto às desapropriações, conforme se pode vislumbrar do *arrêt Ville Sochaux* (CE, 20 de julho de 1971), onde se entendeu lícita a expropriação destinada a edificar um desvio em estrada, facilitando o acesso às usinas Peugeot. Não obstante a presença de interesse privado, entendeu-se inexistir desvio de poder, porque restou, de modo igual, verificado o interesse geral ou coletivo de satisfazer as necessidades de circulação pública e as exigências do desenvolvimento de um complexo industrial que possui papel relevante para a economia regional. Emergiu conclusão de que os interesses privado e público foram assinalados por confusão, tornando-os imperceptíveis.[32]

As necessidades com as quais a realidade da atividade administrativa veio se desenrolando na França acarretou a formulação de uma terceira modalidade de desvio de poder, à qual podemos denominá-la de *desvio de procedimento* (*détournement de procédure*[33]) e que ainda não restou assimilada pelo nosso labor jurisprudencial.

Aqui não se tem o desvirtuamento de finalidade vinculado ao ato administrativo praticado, mas sim quanto ao procedimento escolhido pelo administrador para produzi-lo.

32. Menção e breve comentário ao julgado consta de Georges Dupuis, Marie-José Guédon e Patrice Chrétien, *Droit administratif*, 8ª ed., Paris, Armand Colin, 2002, p. 599.

33. De destacar que, numa tradução literal, o vocábulo *procédure* ostenta o significado de processo e não de procedimento.

Acentua Martine Lombard[34] que o desvio de procedimento, figura próxima do desvio de poder, sucede quando a autoridade se utiliza de um procedimento inadequado aos fins que sua lei disciplinadora visa, com a finalidade de subtrair do administrado algumas garantias que lhe deviam ser asseguradas. É o caso, por exemplo, de um diretor de escola que abaixa as notas de um aluno, com o propósito de proceder sua exclusão por motivo disciplinar, ao invés de instaurar um procedimento correspondente ao fim visado, submetendo-se ao encargo de preservação das garantias correspondentes (*arrêt Brunne*, CE, 18 de dezembro de 1968).

Outro aspecto que, nos dias de hoje, não pode ser desconsiderado, é o de que o papel do Estado deixou de ser concebido como mero garante da ordem pública interna e externa, como prevalecia durante o predomínio da ideologia liberal dominante no século XIX.

Desse modo, a cada vez mais acentuada complexidade dos problemas sociais hodiernos, juntamente com as características das novas diretrizes de intervenção administrativa, dentre as quais sobrelevam a proteção do meio ambiente e a saúde do consumidor, impôs que a atividade desenvolvida pela Administração se tornasse, com maior assiduidade, influenciada por critérios de ordem técnica.

Surge, assim, na província da competência em análise, fenômeno que pode ser denominado pela agregação de qualificativo, de modo a se ter o que se vem convencionando denominar de *discricionariedade técnica*.

Ao seu controle se incorporam maiores dificuldades, pois, no dizer de Manuel

34. *Droit administrative*, 4ª ed., Paris, Dalloz, 2001, pp. 432-433.

Calvo García,[35] haverá necessidade de o aplicador do direito não se limitar à aparência formal dos textos normativos, devendo espraiar-se por um conteúdo especializado alheio ao conhecimento do jurista, a tornar os instrumentos de fiscalização mais complicados e sofisticados, implicando, muitas vezes, a participação de outros expertos.

Não se discute que, em tais domínios, ao controle jurisdicional não escapam limitações. Não obstante, estas não são, só por só, invencíveis para privar o jurista da argúcia em evitar que, sob o pálio da valoração técnica, sejam lesados direitos subjetivos.

Assim é que Eva Desdentado Daroca,[36] ao depois de criticar, com severidade, o entendimento assumido pelo Tribunal Supremo espanhol, no sentido da inadmissibilidade do controle jurisdicional da discricionariedade instrumental jurídico-técnica, argumenta que nesta não é justificável a existência de um reduto último de apreciação técnica não suscetível de controle, ou de substituição pelos tribunais.

Diversamente, configura para a autora, a concreção e a aplicação de conceitos que nos remetem a critérios técnicos, uma operação jurídica, bem como a necessidade de recurso às máximas da experiência especializada, não supõe óbice para a realização de controle judicial posterior, tendo em vista a previsão na legislação processual da prova pericial como meio adequado para conhecer ou apreciar fatos relevantes no que concerne a pleito, para o qual sejam indispensáveis conhecimentos científicos, artísticos ou práticos.

Já tentando avançar na superação das dificuldades da tarefa, o Tribunal Constitucional hispânico, o qual, ao depois de, num primeiro instante, ter sinalizado com a imunidade do controle em tais situações (STC 39, de 17 de maio de 1983), passou, posteriormente (STC 97, de 22 de março de 1993), a conceber que os juízes e tribunais possam examinar a base fática sobre a qual se firma o juízo técnico tomado em consideração pela decisão administrativa.[37]

Outro ponto sensível, por meio do qual se busca aperfeiçoar o controle judicial da discricionariedade administrativa, é o da valoração dos conceitos jurídicos indeterminados, tais como bons costumes, invalidez definitiva, caso fortuito ou força maior, notório saber, dentre outros.

Ao contrário do que foi peculiar aos regimes autoritários, que mediaram entre o primeiro e o terceiro quartel da centúria pretérita, cresce na consciência jurídica[38] a tendência de que tais conceitos são, a bem da verdade, restritivos da discricionariedade, excluindo a possibilidade de livre

35. *Transformaciones del Estado y del Derecho*, 1ª ed., Bogotá, Universidad Externado de Colombia, 2005, p. 45.

36. *Los problemas del control judicial de la discricionariedad técnica – Un estudio crítico de la jurisprudencia*, 1ª ed., Madri, Civitas, 1997, pp. 141-145.

37. Entre nós, registra-se pronunciamento da 2ª Turma do Superior Tribunal de Justiça (v.u., REsp 572.070-PR, rel. Min. João Noronha, *DJU* de 14.6.2004), salientando a necessidade de privilegiar-se a atuação das agências reguladoras no que concerne à emissão de regras fundadas em critérios técnicos (no caso, cuidava-se da delimitação pela Resolução 85/98 da ANATEL do conceito de "área local", para fins de telefonia), de modo que o exame do seu mérito consistiria seara que não pode ser examinada pelo Judiciário.

38. Interessante, e por isto digno de leitura, o comentário de Juan Carlos Cassagne (*Fragmentos de derecho administrativo – Entre la justicia, la economía y la política*, Buenos Aires, Hamurabi, 2003, pp. 98-100).

eleição de opções pelo administrador, o qual, no caso concreto, somente poderá adotar uma solução justa.

É que tais conceitos possuem tanto uma zona de certeza quanto de indeterminação, permitindo, assim, a desenvolução duma atividade interpretativa pelo Judiciário.

Isso porque se afigura possível, de antemão, saber-se algumas situações que se encaixam ou não sob tais conceitos, a tolher a discricionariedade do administrador.

À derradeira, verifica-se que a teoria do desvio de poder há de aplicar-se não somente aos atos oriundos da função administrativa. Deve, por igual, estender-se àqueles produzidos em esfera diversa, qual seja a da função legislativa.

É que o Estado, ao desenvolver sua atividade de produção normativa, não pode editar norma que, ausente qualquer conteúdo de razoabilidade, esteja em dissonância com o interesse público.

Interessante foi o sucedido em sede cautelar na ADI 2.667-4-DF,[39] na qual entidade classista de âmbito nacional impugnava o teor do art. 1º da Lei Distrital 2.921/2002, a determinar a expedição de certificado de conclusão da terceira série do ensino médio, bem como de histórico escolar, aos alunos que lograrem aprovação em exame vestibular, patrocinado por qualquer instituição de ensino superior, independentemente de sua frequência na sua escola de origem.

Louvado em expressiva manifestação do Conselho de Educação do Distrito Federal, compreendeu o Pretório Excelso estar-se diante de norma destituída de qualquer coeficiente de razoabilidade, uma vez que, sem base legítima, o legislador teria invertido, de modo inteiramente arbitrário, a ordem natural de formação acadêmica, incidindo em desvio de poder legislativo.[40]

Significa dizer que a liberdade de conformação do legislador, a despeito de sua amplitude, não retrata atributo de competência ilimitada, respaldando o seu exercício sem qualquer suporte racional.

A observância, por parte da legislação, da exigência de razoabilidade no particular do conteúdo dos seus comandos, impõe a necessidade de estes atenderem, de forma lógica, ao interesse público.

39. STF, Pleno, v.u., rel. Celso de Mello, *DJU* de 12.3.2004.

40. Da longa argumentação do relator, destaco a passagem que segue: "A *essência* do "substantive due process of law" *reside na necessidade* de proteger os direitos e as liberdades das pessoas contra *qualquer* modalidade de legislação que se revele opressiva ou destituída do necessário coeficiente de razoabilidade. *Isso significa*, dentro da perspectiva *da extensão da teoria do desvio de poder* ao plano das atividades legislativas do Estado, que este *não dispõe* de competência para legislar *ilimitadamente*, de forma imoderada e irresponsável, *gerando* com o seu comportamento institucional, situações normativas *de absoluta distorção* e, até mesmo, *de subversão* dos fins que regem o desempenho da função estatal. Daí a *advertência* de Caio Tácito (*RDP* 100/11-12), que, ao relembrar a lição pioneira de Santi Romano, *destaca* que a figura do *desvio de poder legislativo* impõe o reconhecimento de que, *mesmo* nas hipóteses de seu discricionário exercício, a atividade legislativa *deve desenvolver-se* em estrita relação de harmonia com o interesse público. A *jurisprudência constitucional* do Supremo Tribunal Federal, *bem por isso*, como já referido, tem censurado a validade jurídica de atos estatais, que, *desconsiderando as limitações* que incidem sobre o poder normativo do Estado, veiculam prescrições que ofendem os *padrões de razoabilidade* e que se revelam *destituídas* de causa legítima, *exteriorizando* abusos inaceitáveis *e institucionalizando* agravos inúteis e nocivos aos direitos das pessoas (ADI 1.063-DF, Rel. Min. Celso de Mello – ADI 1.158-AM, Rel. Min. Celso de Mello, *v.g.*)".

Mesmo sem desconhecer a dinâmica das relações jurídicas a que visa prover o direito público material, a impor a necessidade constante de atualizações e aperfeiçoamentos aos seus institutos, tem-se, seguramente, que o mestre Miguel Seabra Fagundes pode dormir o sono dos justos, pois, com o seu ensinamento, contribuiu para o lançamento de uma das pedras fundamentais para a construção do Estado Democrático de Direito no Brasil.

Autores consultados

BANDEIRA DE MELLO, Celso Antônio. *Curso de direito administrativo*. 28ª ed. São Paulo: Malheiros Editores, 2011.

________. *Discricionariedade e controle jurisdicional*. 2ª ed. 10ª tir. São Paulo: Malheiros Editores, 2010.

BORGES, Jorge Luis. *Ensaio autobiográfico*. São Paulo: Companhia das Letras, 2009.

BRANDÃO, Antônio José. "Moralidade administrativa". *Revista de Direito Administrativo*, Rio de Janeiro, vol. 25, jul./set. de 1951, pp. 454-467.

CASSAGNE, Juan Carlos. *Fragmentos de derecho administrativo – Entre la justicia, la economía y la política*. Buenos Aires: Hamurabi, 2003.

CAVALCANTI, Themístocles Brandão. *Tratado de Direito Administrativo* (Suplemento destinado à atualização). Rio de Janeiro: Freitas Bastos, 1964.

DAROCA, Eva Desdentado. *Los problemas del control judicial de la discrecionariedad técnica – Un estudio crítico de la jurisprudencia*. 1ª ed. Madri: Civitas, 1997.

DI PIETRO, Maria Sylvia Zanella. *Discricionariedade administrativa na Constituição de 1988*. São Paulo: Atlas, 1991.

DUPUIS, Georges; GUÉDON, Maria-José; CHRÉTIEN, Patrice. *Droit administratif*. 8ª ed. Paris: Armand Colin, 2002.

ENTERRÍA, Eduardo García. *Las luchas contra las inmunidades del poder*. 3ª ed. Madri: Civitas, 1983.

FRANCO SOBRINHO, Manoel de Oliveira. "As práticas administrativas e o controle da moralidade". In *Escritos de direito público*. 2ª ed. Brasília: Edições do Ministério da Justiça, 1977, pp. 195-209.

GARCÍA, Manuel Calvo. *Transformaciones del Estado y del Derecho*. 1ª ed. Bogotá: Universidad Externado de Colombia, 2005.

HAURIOU, Maurice. *Précis de droit administratif et de droit public*. 12ª ed. Paris: Dalloz, 1933. Edição revista e atualizada por André Hauriou. Reedição apresentada por Pierre Devolvé e por Franck Moderne.

LEAL, Victor Nunes. "Poder discricionário e ação arbitrária da Administração". *Revista de Direito Administrativo*, Rio de Janeiro, vol. 14, out./dez. de 1948, pp. 52-82.

LOMBARD, Martine. *Droit administratif*. 4ª ed. Paris: Dalloz, 2001.

MOREIRA NETO, Diogo de Figueiredo. *Curso de direito administrativo*. 4ª ed. Rio de Janeiro: Forense, 1983.

MORÓN, Miguel Sánchez. *Discrecionalidad administrativa y control judicial*. Madri: Tecnos, 1994.

PÉREZ, Jesús González. *Administración pública y moral*. Madri: Civitas, .

RIVERO, Jean. *Direito administrativo*. Tradução de Rogério Ehrhardt Soares. Coimbra: Almedina, 1981.

ROBERTS, Andrew. *A batalha de Waterloo – A última jogada de Napoleão*. Rio de Janeiro: Ediouro, 2006.

SEABRA FAGUNDES, Miguel. "Conceito de mérito no direito administrativo". *Revista Forense*, Rio de Janeiro, vol. 139, jan./fev. de 1952.

TÁCITO, Caio. *Direito administrativo*. São Paulo: Saraiva, 1975.

ATO ADMINISTRATIVO NULO E DECURSO DO TEMPO: SEU REGIME JURÍDICO-CONSTITUCIONAL

José Sérgio Monte Alegre

Professor de Direito Constitucional e Administrativo na UNIT/SE.
Procurador do Ministério Público Especial junto ao TCE/SE.
Presidente do Instituto Sergipano de Direito Administrativo

1. Introdução

A esta altura, decorridos vinte e dois anos de sua promulgação, há, quando menos, uma certeza, na Constituição da República Federativa do Brasil, extraída da leitura do seu texto, tanto quanto da interpretação que lhe faz o Supremo Tribunal Federal. Sim, porque "Quem quiser conhecer o Direito tal como é realmente aplicado e 'vive', não pode contentar-se com as normas, tem de inquirir do entendimento que lhe é dado pela jurisprudência. Os precedentes são, pois, uma fonte de conhecimento do Direito. Não, porém, uma fonte de normas jurídicas imediatamente vinculativas (...)" (trecho do autor Karl Larenz, extraído da sua *Metodologia da Ciência do Direito*, p. 499, item n. 4, 2ª ed., 1978, Fundação Calouste Gulbenkian, citado pelo Ministro Celso de Mello, na relatoria da Rcl-MC 10.707-DF, com o inteiro teor publicado *DJ-e* de 4.11.2010).

Pois bem. Essa certeza é a de que cabe à Suprema Corte a palavra derradeira no processo de conhecimento e revelação do sentido e alcance das normas constitucionais, isso por força do art. 102, *caput*, da Lei Republicana, tal como interpretado pela jurisprudência do Excelso Sodalício. Confira-se, desde logo: "(...) A interpretação constitucional derivada das decisões proferidas pelo Supremo Tribunal Federal – a quem se atribuiu a função eminente de 'guarda da Constituição' (CF, art. 102, *caput*) – assume papel de fundamental importância na organização institucional do Estado brasileiro, a justificar o reconhecimento de que o modelo jurídico-político vigente em nosso País conferiu, à Suprema Corte, a singular prerrogativa de dispor do monopólio da última palavra em tema de exegese das normas inscritas no texto da Lei Fundamental" (MS 26.603-DF, *DJ-e* 241, div. 18.12.2008, publ. 19.12.2008, Rel. Min. Celso de Mello, Pleno).

Isso acertado, o que se espera da jurisdição constitucional e do seu guardião é a interpretação que defina, para além e acima de toda a dúvida razoável, com clareza e objetividade, qual a pauta vinculante que há de presidir as relações entre os indivíduos e o Poder Público, sobretudo nas relações de Direito Público, considerados os princípios de extração direta e imediata da Constituição, especialmente o da segurança jurídica, ora reputado como "projeção objetiva do princípio da dignidade da pessoa humana e elemento conceitual do Estado de Direito" (MS 26.117-DF, *DJ-e* 142, div. 13.11.2007, publ. 14.11.2007, Pleno, Rel. Min. Carlos Ayres), ora como sub-princípio desse mesmo Estado (*RTJ* 192/620-621, Pleno, Rel. Min. Gilmar Mendes), ora simplesmente como postulado que lhe serve de expressão (MS 26.603-DF, *DJ-e* 241, div. 18.12.2008, publ. 19.12.2008, Pleno, Rel. Min. Celso de Mello).

Com efeito, nunca é demasiada a lembrança da lição magistral de Becaria, citado pelos notáveis Norberto Bobbio e Maurizio Viroli, segundo a qual "A consequência mais grave da erosão do governo da lei é a difusão do senso de insegurança" (*Direitos e Deveres na República*, Elsevier, p. 60).

É precisamente deste tema que trata este artigo.

Afinal, qual o padrão normativo que se irá aplicar no enlaçamento entre indivíduo e Estado, no tocante ao ato inválido que permanece com aparência de válido e, pois, inquestionado, durante considerável decurso de tempo, isso segundo a hermenêutica definida pelo Supremo Tribunal Federal?

Rememoro aqui "que o tema é pedra angular do Estado de Direito sob a forma de proteção da confiança" (MS 24.268-0-MG, STF, Pleno, em 5.2.2004, Rel. Min. Gilmar Mendes).

Noutro dizer: certeza e segurança jurídicas são, enquanto valores jurídicos fundamentais, exigências inerentes ao Estado Democrático de Direito, tal como conformado pela Constituição Federal (RE 594.350, *DJ-e* de 11.6.2010 e no *Informativo STF* 591/2010, Rel. Min. Celso de Mello).

2. O decurso do tempo, na Constituição. Seu regime jurídico

Vale aqui, como luva encomendada, trecho do Ministro Carlos Ayres acerca do tempo, no universo do Direito. Escreveu ele na relatoria do MS 291.168, *DJ-e* 217, de 11.11.2010, p. 63, no original: "(...) Todo o Direito Positivo é permeado por essa preocupação com o tempo enquanto figura jurídica, para que a sua prolongada passagem em aberto não opere como fator de séria instabilidade intersubjetiva ou mesmo intergrupal. Quero dizer: a definição jurídica das relações interpessoais ou mesmo coletivas não pode se perder no infinito. Não pode descambar para o temporalmente infindável, e a própria Constituição de 1988 dá conta de institutos que têm no perfazimento de um certo lapso temporal a sua própria razão de ser. É o caso dos institutos da prescrição e da decadência, a marcar explícita presença em dispositivos como o inciso XXIX do art. 7º, o § 5º do art. 37, o § 5º do art. 53 e a alinea 'b' do inciso III do art. 146 (...)."

Na mesma linha e com igual ênfase, a Ministra Cármen Lúcia escreveu como tatuagem gravada a ferro e fogo: "Se nem certeza do passado brasileiro pode ter, de que poderia ele se sentir seguro no Direito? (...) Já se disse que o Brasil vive incerteza quanto ao futuro (o que é da vida), mas também insegurança quanto ao presente (o que precisa ser depurado para que as pessoas vivam com o conforto da certeza das coisas). O que é, entretanto, pior e incomum, parece que é ter como regular ter-se a incerteza quanto ao passado" (ADI 4.307-REF-MC-DF, Pleno, *DJ-e* 40, div. 4.3.2010, publ. 5.3.2010, Rela. Min. Cármen Lúcia).

Na doutrina, e por todos, o sempre lembrado Vicente Rao, há mais de três décadas, deixou lição preciosa e inexcedível, grafada com pena de ouro: "A inviolabilidade do passado é princípio que encontra fundamento na própria natureza do ser humano, pois, segundo as sábias palavras de Portalis, 'o homem, que não ocupa senão um ponto no tempo e no espaço, seria o mais infeliz dos seres, se não se pudesse julgar seguro nem sequer quanto à sua vida passada. Por essa parte de sua existência, já não carregou todo o peso de seu destino? O passado pode deixar dissabores, mas põe termo a todas as incertezas. Na ordem da natureza só o futuro é incerto e esta própria incerteza é suavizada pela esperança, a fiel companheira de nossa fraqueza. Seria agravar a triste condição da humanidade, querer mudar, através do sistema da legislação, o sistema da natureza, procurando, para o tempo que já se foi, fazer reviver nossas dores, sem nos restituir as nossas esperanças'" (*O Direito e a Vida dos Direitos*, Resenha Universitária, 1976, v. I, t. III, p. 355).

Bem a propósito, em comunhão de pensamentos, fragmento de voto do Ministro Carlos Velloso, evocado pelo Ministro Ricardo Lewandowski, que o sucedeu na Corte, em cujas linhas se lê clara repulsa a esse reavivar de dores, aflições, desassossegos, sobressaltos do indivíduo, diante de omissões ou comportamentos tardios do Poder Público: "(...) uma das razões mais relevantes para a existência do direito está na realização do que foi acentuado na Declaração de Independência dos Estados Unidos da América, de 1776, o direito do homem de buscar a felicidade. Noutras palavras, o direito não existe como forma de tornar amarga a vida dos seus destinatários, senão de fazê-la feliz. (...)" (AgR no AI 419.620-1-AM, 1ª Turma, *DJ-e* 104, div. 4.6.2009, publ. 5.6.2009, Rel. Min. Ricardo Lewandowski,).

Nesta busca do regime jurídico do ato inválido nos seus embates contra o tempo, em primeiro plano está a Constituição enquanto fundamento de validade de toda a ordem jurídica positiva em seus conhecidos desdobramentos do Direito Público e do Direito Privado.

Nela, Constituição, se acha recortado, com absoluta visibilidade, o *regime jurídico* do ato nulo, considerado o decurso do tempo no Direito, este como norma de conduta humana cuja eficácia é garantida pela coerção, via de regra, monopolizada pelo Estado.

Com efeito, uma leitura atenta dos seus preceitos induz o leitor à conclusão de que tudo quanto nela *não* se deseja é que o tempo seja um indiferente jurídico que transita entre o nada e a coisa nenhuma, desimportante nas relações entre indivíduo e Estado. A técnica usada para tanto é a da regra geral e a da exceção. Ou, na conhecida fórmula latina, *inclusio unius est exclusio alterius* (a inclusão de um é a exclusão de outros).

Como *regra*, a Constituição garante a *inviolabilidade* do direito à segurança, (art. 5º, *caput*), inconfundível com o direito à incolumidade ou à integridade física e mental da pessoa humana (art. 5º, inciso XLIX, e art. 144), estas abrangidas naquela, mas que não a esgotam. Da segurança e de sua inviolabilidade cuida a Constituição logo no Preâmbulo e o faz como *valor supremo*, de par com a liberdade, o bem-estar, o desenvolvimento, a igualdade e a *justiça*, esta última diferente da *jurisdição* enquanto função estatal, isso a despeito mesmo da má redação do Capítulo IV do Título IV da Constituição

Republicana. Realmente, a epígrafe do Título é "Das Funções Essenciais à Justiça" e o artigo inaugural (127) ocupa-se do Ministério Público como instituição essencial à função *jurisdicional* do Estado, aquela mesma de que trata o art. 2º, ao cuidar dos três conjuntos orgânicos a que dá o nome de Poderes da União, independentes e harmônicos entre si, e que se traduz na "atividade de execução de normas jurídicas", para uns (Ministro Eros Grau, no MI 1.788-DF, *DJ-e* 201, div. 23 de outubro, publ. 26 de outubro de 2009, p. 32). Função estatal da qual já se disse: "Entenda-se por função estatal a expressão do poder estatal – tomando-se aqui a expressão 'poder estatal' no seu sentido material – enquanto preordenado a finalidades de interesse coletivo e objeto de um dever jurídico" (Min. Eros Grau, idem). Função não como poder, mas, sim, como dever-poder, na medida em que, e somente nesta, o poder é utilizado instrumentalmente a fim de cumprir um dever jurídico (RMS 27.920-DF, STF, 2ª Turma, *DJ-e* 228, div. 3 de dezembro, publ. 4 de dezembro de 2009, Rel. Min. Eros Grau). Ou, como querem outros, "atividade de aplicação da lei, contenciosamente" (Seabra Fagundes, no seu *O Controle dos Atos Administrativos pelo Poder Judiciário*). Segurança jurídica a exigir, como sua natural decorrência, institutos como a prescrição, a decadência, a coisa julgada, o ato jurídico perfeito, o direito adquirido, e, de ordinário, a irretroatividade das leis.

Como *exceção*, a Constituição carimba determinados comportamentos com o selo raro da *imprescritibilidade* – "este tempo jurídico que se escoa sem encontrar termo (...), o triunfo da lembrança sobre o esquecimento" (HC 824-RS, Pleno, *DJU* de 19.9.2003, Relator originário o Ministro Moreira Alves e Relator p/o Acórdão o Ministro Maurício Corrêa), tamanha a afronta que carregam, exemplificativamente, contra valores especialmente encarecidos como projeções concretas da dignidade da pessoa humana, do produto do esforço comum (Erário), da supremacia da Constituição, da Democracia como "Princípio constitucional de maior densidade axiológica e mais elevada estatura sistêmica" (STF, ADI 130-MC, Pleno, *DJ-e* 231, div. 25.2.2010, publ. 26.2.2010, Rel. Min. Carlos Ayres), e da proteção aos povos das florestas, as populações indígenas.

Assim, são *imprescritíveis* – não sofrem a ação do tempo – a prática do racismo (art. 5º, inciso XLII), a ação de grupos armados, civis ou militares, contra a ordem constitucional e o Estado Democrático (art. 5º, inciso XLIV) e as ações de ressarcimento decorrentes de danos ao Erário, prevista no art. 37, § 5º, constitucional, e os direitos sobre as terras indígenas (art. 231, § 4º). Talvez se possa incluir nesse rol a proibição de usucapião de imóveis públicos, rurais e urbanos, considerado que usucapião é prescrição aquisitiva (art. 183, § 3º, e art. 191, parágrafo único). Somente! Veja-se que nem a tortura e os demais crimes de horror – com toda a carga de sofrimentos que provocam na inteireza do ser humano e de indignação na consciência de povos civilizados –, nem eles foram aquinhoados com a imunidade temporal, mas somente com a exclusão da fiança e da anistia. E isso só pode significar que, no ponto, a Constituição adotou a doutrina do *silêncio eloquente*, de elaboração pretoriana (AP 470 AgR-MG, Pleno, j. 23.10.2008, *DJ-e* 079, div. 29.4.2009, publ. 30.4.2009, relator o Ministro Joaquim Barbosa; RMS 24.334-PB, j. 31.5.2005, 2ª Turma, *DJU* de 26.8.2005, Rel. Min. Gilmar Mendes; ADI 371, Pleno, j. 5.9.2002, *DJU* de 23.4.2004, Rel. Min. Maurício Corrêa; MS 22.432-RS, Pleno, j. 26.6.1998, *DJU* de 6.12.2002, Rel. Min. Ilmar Galvão;

RE 135.637-DF, j. 25.6.1991, 1ª Turma, *DJU* de 16.8.2001, e RE 130.552-SP, j. 4.6.1991, 1ª Turma, *DJU* de 28.6.1991, ambos da relatoria do Ministro Moreira Alves).

Onde houver silêncio sobre o decurso do tempo, aí a interpretação mais razoável, a que mais se aproxima da Constituição, será a de que prevalece a regra geral, que é a da incidência das fórmulas preclusivas em Direito admitidas. E a *regra geral* é a da *segurança jurídica*, como está no *caput* do art. 5º (excepcionada nos dispositivos citados), que, em estudo de muitos anos atrás (*Revista de Direito Público* 53-54/153 a 160), chamei de "estabilidade e certeza das relações jurídicas como fatores de limitação da anulação de ofício do ato administrativo", antes mesmo de autores de nomeada, publicistas de justa fama – e naturalmente sem o brilho deles – se decidissem a escrever com profundidade sobre o tema, talvez só com a exceção de Miguel Reale, no seu conhecido *Revogação e Anulamento do Ato Administrativo*, no capítulo que tem por título "Nulidade e Temporalidade".

Nesse diapasão, tenha-se presente que a atual Constituição, contrariamente à Carta decaída, que silenciou a respeito, em norma de completa explicitude, prescreveu que "A lei estabelecerá os prazos de prescrição para ilícitos praticados por qualquer agente, servidor ou não, que causem prejuízos ao erário, ressalvadas as respectivas ações de ressarcimento" (art. 37, § 5º).

Ora, "ilícitos praticados por qualquer agente público" é expressão de máxima abrangência, de textura aberta, a denotar que, ao menos no desempenho da função administrativa nos diversos níveis federados no âmbito de todos os Poderes de Estado, nenhum deles estará imune à passagem do tempo. Subjacente ao texto esta o princípio que tudo submete às dobras do tempo. Prescritibilidade e decadência são os *princípios gerais* de Direito. Aqui, vale, mais do que sempre, a regra de hermenêutica segundo a qual onde a lei não distingue, não é lícito ao intérprete fazê-lo, ainda quando esse intérprete seja o Supremo Tribunal Federal, pois ninguém, absolutamente ninguém, está acima da Constituição, todos, ao contrário, lhe devendo fiel acatamento. Confira-se: "A autoridade hierárquico-normativa da Constituição da República impõe-se a todos os Podres do Estado" (ADI 2.105, Pleno, unânime, *DJU* de 28.4.2000, p. 71, Rel. Min. Celso de Mello).

Vem bem a propósito, acerca das fórmulas de preclusão ou de extinção da exigibilidade de um direito, no caso, de um direito-dever, ou dever-poder, o que escreveu José Afonso da Silva: "A *prescritibilidade*, como forma de perda da exigibilidade de direito, pela inércia de seu titular, ***é um princípio geral de direito***. Não será, pois, de estranhar que ocorram *prescrições administrativas* sob vários aspectos, quer quanto às pretensões de interessados em face da Administração, quer quanto às desta em face dos administrados. Assim é *especialmente* em relação aos ilícitos administrativos. Se a Administração não toma providência à sua apuração e à responsabilização do agente, a sua inércia gera a perda do seu *ius persequendi*. É o princípio que consta do art. 37, § 5º, que dispõe: (...) Vê-se, porém, que há uma ressalva ao princípio. Nem tudo prescreverá. Apenas a apuração e punição do ilícito, não, porém, o direito da Administração ao ressarcimento, à indenização, do prejuízo causado ao erário. É uma ressalva constitucional e, pois, inafastável, mas, por certo, *destoante* dos princípios jurídicos, que não socorrem quem fica inerte (*dormientibus non sucurriti ius*)" (*Curso de Direito Constitucional Positivo*, São Paulo, Malheiros Editores, 2006, p.

673, [*34ª ed., 20011, p. 674, itálicos do original, negrito nosso*], citado no MS 27.309-7-DF, *DJ-e* 164, div. 31 de agosto, publ. 1.9.2009, p. 32, Rel. Min. Ricardo Lewandowski).

Nem se alegue que a razoabilidade como *critério ou medida* (Representação 930-DF); ou somente como *critério* (HC 93.250-MC); ou como *princípio* (RE 365.368-AgR e no RE 536.345-AgR-RS); ou como *critério e método* (HC 94.661-SP); ou como *parâmetro* (HC 94.517-SP e no HC 95.045-RJ); ou como *juízo* (RHC 88.339-ES); ou como *requisito* (AC-MC 813); ou como *postulado* (ADI 3.378-DF); ou como *medida* (ADI 1.910-MC); ou como *princípio e critério* (RE 363.368 AgR-SC, no *Informativo STF* 468/2007); ou como *máxima* (IF 237-SP, Pleno, j. 19.3.2003, *DJU* de 19.3.2003, Relator originário o Ministro Marco Aurélio e Redator p/o Acórdão o Ministro Gilmar Mendes), em qualquer desses múltiplos significados, a ponto de não se saber exatamente o que é a razoabilidade/proporcionalidade, levaria a relativizar o texto, porque, seja o que for, "A razoabilidade não pode ser usada como pretexto para corrigir lei" (RE 209.843-4-SP, Pleno, j. 10.11.2004, *DJU* de 19.12.2006, Relator originário o Ministro Marco Aurélio, Redator p/o Acórdão o Ministro Eros Grau).

Além disso, a Constituição elevou à categoria de direito fundamental, com o reforço da garantia de eternidade, posto que nem o poder derivado de emenda o pode suprimir, a coisa julgada, o ato jurídico perfeito e o direito adquirido, postos a salvo da irretroatividade das leis, ao menos, é certo, das mais gravosas (art. 60, § 4º, inciso IV), que, por sua vez, são projeções das mais emblemáticas da segurança jurídica, sem a qual qualquer sociedade humana está fadada à erosão dos seus pilares de sustentação e, assim, incapacitada de conservar-se e de prosperar.

Com efeito, parece impensável uma comunhão social de seres humanos, convivendo em suas múltiplas dimensões e com os mais variados interesses, sem que desfrutem, como regra geral ao menos, da garantia de que suas relações sob o manto do Direito não permanecerão em aberto e nem serão passíveis de invalidação, seja qual for o tempo decorrido, não importando a idade que ostentem. Em um ambiente assim, quem se animaria a se relacionar com quem a respeito de qualquer assunto?

É bem este o caso de buscar o apoio do qualificado magistério de Karl Larenz, para quem: "O ordenamento jurídico protege a confiança suscitada pelo comportamento do outro e não tem mais remédio que protegê-la, porque poder confiar (...) é condição fundamental para uma pacífica vida coletiva e uma conduta de cooperação entre os homens e, portanto, da paz jurídica". E prossegue o autor tedesco: "Dito princípio [*ele se refere ao princípio da confiança que se apresenta com um componente de ética jurídica*] consagra que uma confiança despertada de um modo imputável deve ser mantida quando efetivamente se creu nela. A suscitação da confiança é imputável, quando o que a suscita sabia ou tinha que saber que o outro ia confiar. Nesta medida é idêntico ao princípio da confiança. (...) Segundo a opinião atual, [*este princípio da boa fé*] se aplica nas relações jurídicas de direito público" (*Derecho Justo, Fundamentos de Ética Jurídica*, Madri, Civitas, 1985, pp. 91, 95 e 96, citado pelo Ministro Gilmar Mendes, Relator para o Acórdão, no MS 24.268-MG, j. 5.2.2004, julgado pelo Pleno do STF).

E não custa relembrar que a segurança jurídica, nela incluída a previsibilidade da ação estatal, abre o Capítulo "Dos Direitos e Deveres Individuais e Coletivos" (art. 5º, *caput*), o primeiro dos cinco Capítulos do Título II – "Dos Direitos e Garantias Fundamentais". Direito subjetivo fundamental, portanto, inclusive e sobretudo na interpretação do Supremo Tribunal Federal, conforme se deduz do seguinte excerto: "(...) a quem assiste [*a ementa tratava do cidadão-eleitor*] o direito de receber, do Estado, o necessário grau de segurança e de certeza jurídicas contra alterações abruptas das regras inerentes ao sistema eleitoral" (ADI 3.345, Pleno, Rel. Min. Celso de Mello, citada na ADI 3.685-DF, Pleno, j. 22.3.2000, *DJU* de 10.8.2006, Rela. Min. Ellen Gracie). E prossegue: "Além de o referido princípio conter, em si mesmo, elementos que o caracterizam como uma garantia fundamental oponível até mesmo às atividades do legislador constituinte derivado, nos termos dos arts. 5º, § 2º, e 60, § 4º, IV, a burla ao que contido no art.16 ainda afronta os direitos individuais da segurança jurídica (art. 5º, *caput*) e do devido processo legal (art. 5º, LIV)" (ADI 3.685-DF).

Tal apreensão intelectiva do tema ora exposto parece encontrar, também, acolhimento na interpretação que prestigia os princípios da força normativa da Constituição, e da sua unidade, e da máxima efetividade das normas constitucionais, especialmente daquelas definidoras dos direitos e garantias fundamentais.

Deveras, no tocante ao primeiro, já se escreveu: "A Constituição é, contudo, uma totalidade. Não um conjunto de enunciados que se possa ler palavra por palavra, em experiência de leitura bem comportada ou esteticamente ordenada. Dela são extraídos, pelo intérprete, sentidos normativos, outras coisas que não somente textos. A força normativa da Constituição é desprendida da totalidade, totalidade normativa que a Constituição é. (...)" (Rcl 6.568-SP, Pleno, j. 21.5.2009, *DJ-e* 181, div. 24.9.2009, publ. 25.9.2009, Rel. Min. Eros Grau).

Quanto ao valor da *força normativa* da Constituição em matéria de hermenêutica jurídica, em algum lugar do passado mais recente ficou consignado pelo Supremo Tribunal Federal, a quem cabe "o monopólio da última palavra em matéria de interpretação constitucional" (ADI 3.510-DF, Pleno, j. 4.10.2007, *DJ-e* 96, div. 27.5.2010, publ. 28.5.2010, Rel. Min. Carlos Ayres), "que representa diretriz relevante no processo de interpretação concretizante do texto constitucional" (ADI 3.510).

Relativamente à *máxima efetividade*, o seu caráter de princípio, e não de simples regra, vem sublinhado em diversos pronunciamentos da E. Corte. Servem de amostras, por ora: AI 555.806 AgR-MG, 2ª Turma, *DJ-e* 70, j. 1.4.2008, div. 17.4.2008, publ. 18.4.2008, Rel. Min. Eros Grau; RE ED 328.812-AM, Pleno, j. 6.3.2008, *DJ-e* 78, div. 30.4.2008, publ. 2.9.2008, Rel. Min. Gilmar Mendes; ADI 3.345-DF, Pleno, *DJ-e* 154, div. 19.8.2005, publ. 20.8.2010, Rel. Min. Celso de Mello; Rcl AgR 2.600-SE, Pleno, j. 2.8.2007, *DJ-e* 72, div. 2.8.2007, publ. 3.8.2007, Rel. Min. Cézar Peluso; RE-ED 22.7001-DF, 2ª Turma, em 18.9.2007, *DJ-e* 117, div. 1.10.2007, publ. 6.10.2007, Rel. Min. Gilmar Mendes; ADI 3.255-PA, Pleno, j. 22.6.2006, *DJ-e* 157, div. 6.2.2007, publ. 7.12.2007, Rel. Min. Sepúlveda Pertence.

Então, o que ressai do vocabulário constitucional é, deveras, que a virada do tempo não é indiferente à Constituição nem conspira em detrimento do seu prestígio normativo, ou de sua máxima efetividade, *desde que interpretada como um sistema, um todo lógico e coerente de sentido, de vasos comunicantes, e não "em tiras", retalhada, esquartejada, aos pedaços.*

Com efeito, a Carta Republicana vai ao ponto de garantir a todos, no âmbito judicial tanto quanto no administrativo, a razoável duração do processo, enquanto direito fundamental (art. 5º, inciso LXVIII). E não é de figura de retórica que se cuida. Essa cláusula, em matéria penal, é suficiente para atuar em benefício inclusive do acusado de crime hediondo – inafiançável e não sujeito à graça ou anistia (art. 5º, inciso XLIII) –, sempre que houver "excessiva mora da custódia cautelar" ou "situações anômalas derivadas da superação abusiva e irrazoável do prazo de duração de prisões meramente cautelares", isso para efeito até mesmo de *Habeas Corpus* de ofício (HC 86.346, 2ª Turma, *DJU* de 2.2.2007, Rel. Min. Joaquim Barbosa, com citação de precedentes, sobretudo o HC 85.237, Rel. Min. Celso de Mello, na *RTJ* 195/212-213). A soltura do réu estigmatizado com a feia acusação de crime particularmente abjeto não constrange a Corte, mas a conduz, isto sim, a censurar energicamente o intolerável abuso estatal.

O que dizer, agora, de quem nunca foi acusado, indiciado, nem processado, nem preso por tal tipo de crime, mas que teve praticado em seu favor ato administrativo de longa permanência temporal, no qual tinha todas as razões para acreditar estivesse em conformidade com a ordem jurídica, até porque ornado de presunção de veracidade e legalidade, que lhe reconhecem a doutrina e a jurisprudência, sem exceção? Ali, no crime hediondo, haveria situação de censurável anomalia do Estado, fazendo recair sobre o indivíduo todo o peso da sua lerdeza. Mas, aqui, não? Seria isso mesmo? Não parece evidente que esse modo invertido e pervertido de ler a Constituição – tratar com benignidade o ilícito grave e com severidade o ilícito menor – atentaria contra o sistema de normas presumidamente gravitando em torno de um eixo de coerência ao invés da lógica do absurdo? E o argumento *ad absurdum* não é daqueles universalmente consagrados como técnica de exclusão de bizarrices, de contumélias irremissíveis no plano da argumentação?

Nem a decretação judicial de inconstitucionalidade da lei e de outros atos normativos, em abstrato, por via de ação direta, para os quais estão legitimados somente aqueles enumerados no art. 103 da Constituição Federal, escapa de um tal regime jurídico-normativo. Aqui, a gravidade da transgressão, a despeito da sua seriedade, não é suficiente para afastar do mundo jurídico os efeitos gerados pelo ato, desde a origem inconstitucional, e, assim, não prevalece com exclusividade a regra geral do efeito retro-operante, ou, na linguagem preferida, *ex tunc*, ou retroativo. Confira-se: "Continua a dominar no Brasil a doutrina do princípio da nulidade da lei inconstitucional. Caso o Tribunal não faça nenhuma ressalva na decisão, reputa-se aplicado o efeito retroativo. (...). Aplicabilidade, ao caso, da excepcional restrição dos efeitos prevista no art. 27 da Lei 9.868/99. Presentes não só razões de segurança jurídica, mas também de excepcional interesse social (preservação da ordem pública e da incolumidade das pessoas e do patrimônio – primado da segurança jurídica), capazes de prevalecer sobre o postulado da nulidade da lei inconstitucional. (...)" (ADI ED 360-DF, Pleno, j. 9.9.2010, *DJ-e* 244, div. 14.12.2010, publ. 15.12.2010, Rel. Min. Dias Toffoli).

Em ocasião anterior: "Embora a lei inconstitucional pereça antes mesmo de nascer, os efeitos eventualmente por ela produzidos podem incorporar-se ao patrimônio dos administrados, em especial quando se considere o princípio da boa-fé" (RE 359.043 AgR-AM, 2ª Turma, j. 3.10.2006, *DJU* de 27.10.2006, Rel. Min. Eros Grau). É bem verdade que esse entendimento parece não contar com a adesão do Ministro Marco Aurélio. Leia-se, por apego à fidelidade do fragmento do voto: "Resisto sempre, Presidente, à modulação da decisão do Supremo quando conclui pelo conflito de certa lei com o texto constitucional. Por que o faço? Porque adoto o princípio segundo o qual toda lei editada à margem da Carta da República é írrita e, portanto, não tem como mitigar a eficácia da Constituição Federal. Além desse aspecto, há outro: o viés estimulante. A partir do momento em que o Supremo não declara – como deve, sob a minha ótica, fazê-lo – inconstitucional uma lei, desde o nascedouro, estimula as casas legislativas do Brasil a editarem leis à margem da Carta Federal, para que, com a passagem do tempo, existam 'situações constituídas' – porque não são devidamente constituídas – e que posteriormente sejam endossadas, muitas embora no campo indireto, pelo Supremo, presente a modulação. Por isso, tenho sustentado – sempre o fiz e esperava inclusive pronunciar-me quanto à inconstitucionalidade do artigo 27 da Lei 9.868/99 – que não cabe no caso – sob pena de mitigação dos efeitos da decisão, como se, até aqui, a Constituição Federal não tivesse vigorado" (ADI 2.904-5-PR, Pleno, j. 15.4.2009, *DJ-e* 181, div. 24.9.2009, publ. 25.9.2009, Rel. Min. Menezes Direito).

Identicamente, no controle difuso de constitucionalidade há toda uma construção pretoriana no sentido da admissibilidade da *modulação de efeitos* do decreto judiciário de inconstitucionalidade, para atribuir-lhe virtude meramente prospectiva, ou seja, *ex nunc*. Em situações extremas, mas há. Repare-e: "(...) A orientação do Supremo Tribunal Federal admite, em situações extremas, o reconhecimento de efeitos meramente prospectivos à declaração incidental de inconstitucionalidade (...)" (AI 591.311 AgR-RJ, 2ª Turma, j. 21.11.2006, *DJU* de 16.2.2007, Rel. Min. Joaquim Barbosa).

Essa orientação jurisprudencial, nos dias atuais, está incorporada ao direito positivo nacional, mais exatamente no art. 27 da Lei 9.868/99, *verbis*: "Ao declarar a inconstitucionalidade de lei ou ato normativo, e tendo em vista razões de segurança jurídica ou de excepcional interesse social, poderá o Supremo Tribunal Federal, por maioria de dois terços de seus membros, restringir os efeitos daquela declaração ou decidir que só tenha eficácia a partir de seu trânsito em julgado ou de outro momento que venha a ser fixado".

Então, ainda quando se cuide de transgressão à Constituição, ostensiva ou dissimulada, ainda assim o tempo é o senhor da razão e remédio para todos os males, assim como a esperança o era para todos os infortúnios que escaparam da Caixa de Pandora.

São numerosos e bem conhecidos os exemplares de Acórdãos do Supremo Tribunal Federal que preservam o passado. Cito, por ora, o que deu pela inconstitucionalidade da Lei Complementar 14/82, do Paraná, com a redação da Lei Complementar 93/02, do Paraná, que dispunha sobre regras especiais de aposentadoria do policial civil, arguindo-se para tanto usurpação de competência do Poder Executivo, que, na matéria, possuía reserva exclusiva de iniciativa. A despeito da pronúncia de inconstitucionalidade, foram expressamente mantidas as aposentadoria concedidas durante todo o período de sua vigência incontrovertida. Período curto, diga-se de passagem, de seis anos, entre a data da promulgação da lei e a do julgamento definitivo da ação direta (ADI 2.904-PR, Pleno, j. 15.4.2009, *DJ-e* 181, div. 24.9.2009, publ. 25.9.2009, Rel. Min. Menezes Direito, com o voto vencido do Ministro Marco Aurélio, já referido anteriormente). Também a ADI 2.240-BA, Pleno, no *Informativo STF* 474/2007, Rel. Min. Eros Grau, envolvendo a inconstitucionalidade da criação do Município baiano de Luís Eduardo Magalhães, sem pronúncia imediata de nulidade *ex tunc*, em que o princípio da segurança jurídica "prosperou em benefício da preservação do Município", cuja criação no plano dos fatos se dera há apenas seis anos. Ainda, o MS 22.355-DF, que cuidou do reenquadramento de servidores e situação constituída, no *Informativo STF* 432/2006, Rel. Min. Eros Grau, j. 22.6.2006. Mais: na ADI ED 1.040-DF, Pleno, j. 31.5.2006, no *Informativo STF* 429/2006, Rela. Min. Ellen Gracie, o princípio da segurança jurídica voltou a agitar a superfície dos autos em questão envolvendo concurso de ingresso para o Ministério Público Federal, relativamente a candidatos aprovados, nomeados e empossados em virtude de decisões judiciais. A questão dizia com a arguição de inconstitucionalidade da exigência de dois anos de bacharelado em Direito como requisito para a inscrição no concurso.

Do quanto exposto resulta que todo um conjunto articulado de princípios – segurança jurídica; unidade da Constituição; máxima efetividade; presunção da confiança; da boa-fé; da veracidade e legalidade do ato administrativo (que o STF inovadoramente já chamou de "presunção de veridicidade", na ADI 1.935-RO, Pleno, j. 29.8.2002, *DJU* de 4.10.2002, Rel. Min. Carlos Velloso) e de "presunção de merecimento" (MS 25.284-DF, *DJ-e* 149, div. 12.8.2010, publ. 13.8.2010, Rel. Min. Marco Aurélio) – aponta para uma única direção: o decurso do tempo, tocado pelo Direito, a partir da Constituição, sepulta o passado e o ato contaminado na origem está purgado do seu pecado original, salvo situações de gravidade excepcional. Relembro que no autorizado magistério do Supremo Tribunal Federal, a quem cabe o monopólio da última palavra na interpretação constitucional, "(...) presentes não só razões de segurança jurídica, mas também de excepcional interesse social (preservação da ordem pública e da incolumidade das pessoas e do patrimônio – primado da segurança jurídica), capazes de prevalecer sobre o postulado da nulidade da lei inconstitucional (...)" (ADI ED 360-DF, acima).

Enfim: no tocante ao tema deste artigo, a Constituição exibe o seu desvelo com o passar do tempo de modo vigoroso e em regime de linguagem visível. Dispensa-lhe tratamento conducente com a afirmação da existência de um *princípio geral de Direito de prescritibilidade de atos originariamente viciados*, que não deveriam ter ingressado no universo jurídico, mas que o fizeram e produziram efeitos os mais variados, na exata medida em que repercutiram na esfera jurídica dos seus (aparentes) destinatários. Não importa se esses atos eram ilegais ou inconstitucionais. Aqui, a hierarquia normativa do paradigma transgredido não tem qualquer importância. A tudo sobreleva um conjunto de princípios de extração *direta e imediata* da própria Constituição. Não se trata, pois, de a invalidade originária desafiar a autoridade e a supremacia da Constituição. Aqui, tal como na imutabilidade da coisa julgada – mesmo diante da superveniente decretação de inconstitucionalidade da lei em que se fundou a decisão – (RE AgR 431.715-CE, Rel. Min. Ayres Britto, citado como precedente no RE 594.350-RS, *DJ-e* de 11.5.2010, Rel. Min. Celso de Mello), *esse conjunto de princípios, a começar pela segurança jurídica, é a própria Constituição ou sua direta manifestação.* O valor fundamental da segurança jurídica, "enquanto expressão mesma do Estado de Direito" (RE 594.350-RS), atua como o canto do Uirapuru: "A mata inteira fica muda ao seu cantar, tudo se cala para ouvir a sua canção...".

3. O decurso do tempo na Lei 9.784/99

No nível infraconstitucional, não é de hoje que o decurso do tempo tem servido para curar feridas abertas no tecido jurídico, sem importar a sua profundidade, nem a sua extensão. Deveras, a Suprema Corte tem reconhecido, com a autoridade da última palavra que lhe foi delegada pelo Poder Constituinte originário, que o tardio desfazimento do ato transgressor da norma, com a qual deveria manter relação de respeito e de submissão, em vista das situações daí criadas, é suficientemente idôneo para constituir situação de fato e de direito que cumpre seja preservada e inalterada.

Até onde pude chegar, trago os seguintes exemplares, todos disponíveis em inteiro teor no site do STF: RMS 14.040, Pleno, j. 13.4.195, Rel. Min. Evandro Lins; RE 55.587, *DJU* de 23.6.1965, Rel. Min. Pedro Chaves; RE 55.476, *DJU* de 5.8.1965, Rel. Min. Evandro Lins; RE 55.095, *DJU* de 10.11.1965, Rel. Min. Hermes Lima; RE 56.480, *DJU* de 8.12.1965, Rel. Min. Pedro Chaves; RE 60.408, *DJU* 1.6.1967, Rel. Min. Eloy da Rocha; RE 56.769, *DJU* de 20.10.1967, Rel. Min. Lafayete de Andrada; RE 60.406, *DJU* de 5.4.1968, Rel. Min. Gonçalves de Oliveira; RE 61.371, *DJU* de 28.6.1968, Rel. Min. Oswaldo Trigueiro; RE 70.561, *DJU* de 4.12.1970, Rel. Min. Luiz Gallotti; RE 70.595, *DJU* de 18.12.1970, Rel. Min. Djaci Falcão; RMS 14.040, *DJU* de 19.5.1965, Rel. Min. Evandro Lins; RMS 14.017, *DJU* de 23.6.1965, Rel. Min. Antônio Villas Boas; RMS 16.742, *DJU* de 26.5.1967, Rel. Min. Luiz Gallotti; RMS 16.812, *DJU* de 1.6.1967, Rel. Min. Cândido Motta; RE 73.381, *DJU* de 19.6.1972, Rel. Min. Thompson Flores; RMS 17.144, *DJU* de 30.11.1966; Rel. Min. Lafayete de Andrada; ROMS 13.807-GB, 3ª Turma, maioria, Rel. para o Acórdão o Min. Prado Kelly, j. 3.3.1966; RE 85.172-RJ, 1ª Turma, unânime, Rel. e Presidente, o Min. Bilac Pinto, j. 4.11.1977, *DJU* de 2.12.1977.

Todos esses precedentes, exceção feita ao RE 85.179-RJ, giraram em torno da situação de estudantes de nível superior de ensino aprovados com média inferior à exigida, e que se mantiveram na Faculdade, isso por força de segurança concedida ou de provimentos cautelares. Em nenhum deles, é certo, houve a evocação explícita dos princípios da dignidade da pessoa humana, do Estado de Direito, da segurança jurídica, da boa-fé, da proteção da confiança, da presunção de legitimidade dos atos administrativos, explicitamente, salvo no RE 85.172, em que se invocou o *due process of law*, com o significado de devida atualização do Direito, com base em lições de Frederico Marques, citado por Miguel Reale, e a segurança das relações sociais, que não podem ser postas em risco diante da inércia da Administração. Outro, o RE 56.480: "Embora *de jure* a razão esteja com a recorrente [*a União Federal*], por esta razão que é do conhecimento do Tribunal [*estudantes que, em 1960, obtiveram liminar para se matricularem no segundo ano e provavelmente já haviam concluído o curso*] e que não pode ser posta de lado, porque é extremamente humana, conheço do recurso e lhe nego provimento". Na verdade, são surpreendentemente lacônicos, concisos, de linguagem breve. Em todos, há sempre um ponto comum: situação de fato e de direito criada, consolidada – embora não o devesse ser – por decisões judiciais proferidas contra a lei e a inércia da Administração. No entanto, resulta claro que a Corte se deixou impressionar, por unanimidade ou maioria, com a passagem do tempo e os efeitos favoráveis produzidos na esfera jurídica dos estudantes-interessados, alguns chegados mesmo à colação de grau.

Passado o tempo, de lá para cá, vencidos quase 32 anos e com nova composição, o Supremo Tribunal Federal, em sessão plenária, e por unanimidade, no julgamento do MS 26.117-DF, *DJ-e* 208, de 5.11.2009, mantêm o mesmo entendimento do RE 85.179-RJ, citando-o logo na ementa do respectivo acórdão, do qual foi Relator o Min. Eros Grau, isso em 20.5.2009. Após interrupção do julgamento motivada por pedido de vista do Min. Carlos Ayres, o Tribunal concedeu a ordem, ausentes à sessão, justificadamente, a Min. Ellen Gracie e os Ministros Joaquim Barbosa e Menezes Direito.

Para ser fiel à ementa, dela consta também a citação, como precedentes, do MS 26.353, Rel. Min. Marco Aurélio, e do MS 22.357, Rel. Min. Gilmar Mendes, *DJU* de 5.11.2004. Agora, era de reclassificação, ou ascensão funcional, de Infraero, impugnada pelo Tribunal de Contas da União após dez anos da aprovação das contas da sociedade de economia mista (o STF acolheu a tese de que sociedades de economia mista há *mesmo sem serem anônimas e sem prévia autorização por lei*), com o que se afirmou a tese de que o TCU *não podia,* indefinidamente, *desfazer* atos que aprovara no passado, e, assim, que *havia limites* temporais também para o exercício do *controle externo* em matéria de atos de administração de pessoal. Está na ementa que "(...) A Administração decai do direito de anular atos administrativos de que decorram efeitos favoráveis aos destinatários após cinco anos, contados da data em que foram praticados (art. 54 da Lei n. 9784/99)".

Deu-se, portanto, *pela aplicação da Lei 9.784 no âmbito do TCU*, cuja composição e fiscalização servem de paradigmas para os correspondentes nos Estados, Distrito Federal e Municípios, conforme uniforme e conhecida jurisprudência do Supremo. Releva notar que o MS foi concedido *não* para assegurar o contraditório e a ampla defesa e, *sim*, para anular a glosa do TCU, com a *inalterabilidade* da situação que persistia durante dez anos, embora tida por inconstitucional: *manutenção* do impetrante no cargo que passara a ocupar por movimentação funcional, referida no Acórdão ora como ascensão funcional, ora como reclassificação, o que sugere que tinha havido preterição de concurso público para o cargo (ou emprego) em que houve uma ou outra, aliás, *invocada* pelo próprio TCU nas informações que prestou. Realmente, o mandado de segurança foi concedido nos termos do pedido e do voto do Relator: "Requer, liminarmente, a suspensão da determinação contida no Acórdão TCU n. 47, confirmado pelos Acórdãos TCU ns. 1.650/2005 e 4.666/2006, para que seja mantido no cargo de nível superior que ocupa atualmente, concedendo-se a ordem para que seja reconhecida a legalidade da reclassificação".

Então, o que se tem hoje é o que faltava no passado. Uma Lei de Processo Administrativo Federal – n. 9.784/99 –, em desenvolvimento à Constituição, estabelecendo o prazo uniforme de 5 anos para que a Administração decrete a nulidade de seus atos inválidos de que decorram efeitos favoráveis para os respectivos destinatários, contados da data em que praticados, salvo comprovada má-fé (art. 54). Esse prazo quinquenal é tido como de decadência e não de prescrição e, assim, não se interrompe, nem se suspende. E a Lei aplica-se subsidiariamente ao exercício da atividade de controle externo do Tribunal de Contas da União.

É certo que a Lei (art. 54) grafa "anular" e não decretar a nulidade. Entretanto, é bem de ver que no art. 53 não se fala em direito, mas em dever. Com boa vontade, pode-se recorrer à noção de direito-dever ou dever-direito, o que não deixa de ser embaraçoso, da perspectiva do raciocínio estritamente lógico. Nem por isso se haverá de dizer que a Lei acolheu a distinção de segmento doutrinário, que vê na invalidade o gênero e na nulidade e na anulação as espécies. Há precedentes que abonam o não acolhimento dessa doutrina, sem desdouro para os que a defendem. Aliás, não é de agora que a doutrina acusa imperfeições na feitura das leis, inclusive semânticas. A própria Constituição Federal traz expressão no mínimo curiosa: emprego remunerado (art. 54, inciso I, "b"). Algum há que o não seja???

A bem da verdade, no direito positivo brasileiro, a Lei 4.717/65, a da Ação Popular, contemplou a nulidade como gênero, abrangendo a absoluta e a relativa, e o fez no art. 2º. No entanto, no art. 1º, *caput*, a grafia foi pleitear a anulação e não a nulidade! A desuniformização da linguagem, o que tem sido comum até na Constituição Federal – o que no mínimo coloca em dúvida a crença em um legislador racional – pode realmente levar à perplexidades, porém não há dúvida de que os termos foram usados como sinônimos. Tanto faz quanto tanto fez.

Questão semelhante ocorreu com o Decreto 20.910/32, que não distinguiu entre nulidade e inexistência do ato administrativo, nem entre nulidade e anulabilidade, nas ações contra a Fazenda Pública (depois estendida às Autarquias ou entidades e órgãos paraestatais). Em todas as situações, o prazo foi assinado em 5 anos, quando de direitos pessoais se trate, isso nada obstante a linguagem reforçadamente aberta do Decreto: "As dívidas passivas da União, dos Estados e dos Municípios, bem assim *todo e qualquer direito ou ação* contra a Fazenda federal, estadual ou municipal, *seja qual for a sua natureza,* prescrevem em 5 (cinco) anos, contados da data do ato ou fato do qual se originarem" (art. 1º). *Todo e qualquer* e *seja qual for a sua natureza* passaram, por construção pretoriana, a significar somente direitos pessoais e não também os reais.

Mais: a utilização da palavra Fazenda levou muitos a suporem que as ações eram somente as creditícias e nada mais, pois Fazenda não é sinônima de União, nem de Estado, nem de Município, que são pessoas jurídicas de direito público interno. Essas questões foram enfrentadas e resolvidas no RE 99.936-1-RS, 2ª Turma, unânime, Rel. Min. Moreira Alves, *DJU* de 16.9.1983, que afirmou as seguintes teses: a) no direito administrativo brasileiro não há distinção entre atos administrativos nulos e os inexistentes, considerando-se ambos nulos; b) a falsidade ideológica ou material acarreta a nulidade do ato administrativo; c) também não há distinção entre atos administrativos nulos e anuláveis, à vista do Decreto 20.910/32.

Diante do precedente, também não deve impressionar, na Lei 9.784/99, a palavra *anular*, grafada no art. 53 e no art. 54, *caput*. Serve para a *anulação* tanto quanto para a *nulidade*. O mesmo que acontece com a Súmula 473 do Supremo Tribunal Federal: "A administração pode *anular* seus próprios atos quando eivados de vícios que os tornem ilegais, porque deles não se originam direitos; ou revogá-los, por motivo de conveniência ou oportunidade, respeitados os direitos adquiridos e ressalvada, em todos os casos, a apreciação judicial" (sem o itálico). Antes dela, a Súmula 160, da jurisprudência predominante no STF: "É nula a decisão do Tribunal que acolhe, contra o réu, nulidade não arguida no recurso da acusação, ressalvados os casos de recurso de ofício". Interpretada pela Corte na seguinte ementa: "Interpretação da Súmula 160/STF, que *não* faz distinção entre nulidade absoluta e relativa. Os atos praticados por órgão jurisdicional incompetente são atos nulos e não inexistentes, já que proferidos por juiz regularmente investido de jurisdição, que, como se sabe, é una (...)" (HC 80.263-SP, Pleno, maioria, j. 20.2.2003, *DJU* de 27.3.2003, Rel. Min. Ilmar Galvão, sem o itálico no original).

Doutra banda – obviamente na minha leitura – o prazo de 5 anos previsto da Lei 9.784/99 *não é* para, após o seu transcurso, assegurar contraditório e ampla defesa a quem tiver sido alcançado pelos efeitos favoráveis do ato administrativo, achando-se, pois, anteriormente, em situação de vantagem. O prazo quinquenal é fixado como marco temporal peremptório, fatal e preclusivo, dentro do qual a Administração exercerá o dever-poder de *retirar* o ato transgressor da legalidade, inclusive em seu grau máximo, a inconstitucionalidade. Decorrido *in albis*, sem que Administração o tenha feito, já não o poderá fazer mais. Isso, no exercício da autotutela administrativa. Se a via judicial estiver ainda aberta, poderá dela se socorrer.

Deveras, a doutrina que *desautoriza* a Administração a desfazer na via administrativa os seus próprios atos quando hajam repercutido na esfera dos seus destinatários, considerados a presunção de legitimidade de dupla face e os interesses contrapostos, sem obediência ao contraditório e a ampla defesa, parece ter sido construída pela 2ª Turma do Supremo Tribunal Federal, sob a inspiração do Ministro Marco Aurélio, e está assim resumida em modelo de clareza, densidade e concisão: "*Ato administrativo – Repercussões – Presunção de legitimidade – Situação constituída – Interesses contrapostos – Anulação – Contraditório.* Tratando-se de ato administrativo cuja formalização haja repercutido no campo de interesses individuais, a anulação não prescinde de observância do contraditório, ou seja, da instauração de processo administrativo que enseje a audição daqueles que terão modificada situação já alcançada. Presunção de legitimidade do ato administrativo praticado, que não pode ser afastada unilateralmente, porque é comum à Administração e ao particular (...)" (RE 199.733-8-MG, 2ª Turma, unânime, j. 15.12.1998, *DJU* de 30.4.1999; e RE 158.543-RS, 2ª Turma, maioria, j. 30.8.2004, *DJU* de 6.10.1995). A leitura da íntegra dos Acórdãos deixa à mostra a nenhuma preocupação com o prazo decorrido entre a prática do ato e a sua anulação (ou nulidade). O que contou foi somente o devido processo legal, no caso, inobservado, com o que se transgrediu o art. 5º, inciso LV, da Constituição Federal, que o exige para todas as situações em que haja *acusação em geral* (e não apenas a criminal) ou *litígio*, encarado este como contraposição de interesses, interesse conflitantes ou contrapostos, não necessariamente como lide.

Assim, se um servidor é *acusado* de estar no desfrute de aposentadoria a que *não* tem jus, ou o tem, porém em termos diferentes da que lhe foi concedida, acusação essa que, no âmbito do Tribunal de Contas, se formaliza desde logo pela instrução feita pelas unidades técnicas e no parecer do Ministério Público Especial que funcione no processo, então *não se tem como deixar de ouvir, antes de decidir*, o interessado, pois a decisão poderá repercutir desfavoravelmente na sua esfera individual, privando-o de uma situação de vantagem até então desfrutada com presunção de veracidade (ou vericidade) e de legalidade. Parece evidente também, nessa hipótese, que estarão em pauta *interesses contrapostos*, *litígio,* tudo a justificar a presença do devido processo legal. Aliás, é o que se lê na Lei 9.784/99, nomeadamente no seu art. 3º, incisos II e III, combinado com o art. 9º, II. O primeiro deles assegura ao administrado diante da Administração o direito de "ter ciência da tramitação dos processos administrativos em que tenha a condição de interessados, ter vista dos autos, obter cópias de documentos neles contidos e conhecer as decisões proferidas"; e, o segundo, o de "formular alegações e apresentar documentos antes da decisão, os quais serão objeto de consideração pelo órgão competente". E quem é o *interessado*? Responde a Lei 9.784/99: são legitimados como interessados no processo administrativo aqueles que, sem terem iniciado o processo, têm direitos ou interesses que possam ser afetados pela decisão a ser adotada (art. 9º, inciso II). É assim que a Lei federal densifica o conteúdo do devido processo legal previsto no art. 5º, LV, da Constituição Republicana, com o que desde logo se desqualifica eventual comentário malicioso, senão perverso, de que aqui se estaria interpretando a Constituição à luz da Lei, em uma inaceitável inversão da pirâmide normativa.

Não se trata, portanto, de decidir primeiro e ouvir depois, pelo recurso cabível, a exemplo do que se dizia nas casernas: atire antes e depois pergunte quem é...

Sequer se está fazendo doutrina original.

Com efeito, já foi costurada no âmbito do Supremo Tribunal Federal, com o requinte de sempre, pelo Ministro Sepúlveda Pertence, na qualidade de Redator para o Acórdão, que tinha como Relator originário o Ministro Marco Aurélio, no MS 23.550-1-DF, Pleno, maioria, j. 4.4.2001, *DJU* de 31.10.2001, com recurso à Lei n. 9.784, art. 3º, inciso II, que assegura aos administrados, entre outros, o direito a "ter ciência da tramitação dos processos administrativos em que tenha a condição de interessado, ter vista dos autos, *formular alegações* e apresentar documentos *antes da decisão*, os quais serão objeto de consideração pelo órgãos competente". *E prossegue o Ministro*: "A oportunidade de defesa assegurada ao interessado há de ser prévia à decisão, não lhe suprindo a falta a admissibilidade de recurso, mormente quando o único admissível é o de reexame pelo mesmo plenário do TCU, de que resultou a decisão" (sem o itálico no original).

É correto que o caso tratava de anulação de licitação e do respectivo contrato pelo TCU, não de aposentadoria, reforma ou pensão.

Na mesma trilha, o sempre preciso Ministro Carlos Ayres, é verdade a propósito de ascensão funcional impugnada pelo TCU: "E o que se deu no caso em análise? Tramitou perante a Corte de Contas um processo que resultou na anulação do ato administrativo de ascensão funcional do impetrante, sem que este fosse intimado para se defender. E não atende às garantias constitucionais a espontânea interposição de recurso de reexame (que nem houve no processo em causa). É que a amplitude da defesa exige que o interessado seja ouvido e possa produzir prova antes de qualquer decisão de mérito" (MS 26.117-DF, Pleno, unânime, j. 20.5.2009, *DJ-e* 208, div. 5.11.2009, publ. 6.11.2009, Rel. Min. Eros Grau).

Em ambos os precedentes, como dito, não era de aposentadoria, reforma ou pensão que se tratava. Isso nada obstante, em que a tese neles consagrada seria inaplicável àqueles casos? Neles também alguém se acha no gozo de uma situação que lhe é favorável; situação essa criada por ato administrativo com presunção de veracidade (ou veridicidade) e legitimidade, para cuja formação concorreu com o seu requerimento. A boa-fé é presumida. O ato é favorável ao seu destinatário, já existe completo, cheio, íntegro e aperfeiçoado. Há uma increpação ou imputação unilateral de que essa situação foi criada ilegal ou inconstitucionalmente. Há contraposição de interesses em cena – de um lado, a ameaça real de desfazimento do ato e, do outro, o interesse na sua manutenção. Entretanto, mesmo assim, o ato será desfeito administrativamente, com todas as consequências daí resultantes, *sem* que o interessado – *legalmente definido como tal* – seja ao menos ouvido? Pode-se afirmar, sossegadamente, que não se configura nessa hipótese nem acusação, nem litígio, este no sentido de interesses contrapostos? Se for isso mesmo, a doutrina beira a institucionalização do arbítrio.

Nem mesmo se poderia avançar o argumento de que o contraditório e a ampla defesa se instaurariam após o desfazimento do ato e, pois, não haveria prejuízo para o aposentado, reformado ou pensionista. A uma, porque isso seria *reescrever* o texto da Lei 9.784/99, o que *não* é dado nem ao Supremo Tribunal Federal. A duas, porque a Corte já teve ocasião de reconhecer que há um "*processo* de contas cujo objeto é o exame da legalidade dos *atos concessivos* de aposentadorias, reformas e pensões, e que há um *ato* de aposentadoria, reforma e pensão", *sobre* o qual incide apreciação de legalidade (MS 25.116, Pleno, j. 8.9.2010, Rel. Min. Ayres Britto, sem o itálico no original). *Processo administrativo*, evidentemente, abrangido no texto do art. 5º, LV, da CF, onde há acusação e litígio. Registro, neste ponto, que, na discussão do enunciado ou verbete da Súmula Vinculante n. 3, o Ministro Ayres Britto sentenciou: "Senhora Presidente, também aprovo e até louvo a nova redação, porque ela confirma a tese de que, *onde houver processo*, há de haver a parelha temática do contraditório e da ampla defesa" (*DJ-e* n. 78, de 10.8.2007, p. 40, sem o itálico no original). Enfim, o argumento esbarraria na jurisprudência do Supremo, segundo a qual "A oportunidade de *defesa* assegurada ao interessado há de ser *prévia* à decisão, não lhe suprindo a falta a admissibilidade de recurso, mormente quando o único admissível é o de reexame pelo mesmo plenário do TCU, de que emanou a decisão" (Pleno, maioria, *DJU* de 31.10.2001, Rel. Min. Marco Aurélio, e Redator para o Acórdão o Min. Sepúlveda Pertence, sem o itálico). Não só aí, no entanto. Mais adiante no tempo, se lê: "E o que se deu no caso em análise? Tramitou perante a Corte de Contas um processo que resultou na anulação do ato administrativo de ascensão funcional do impetrante, sem que este fosse intimado para se defender. E não atende às garantias constitucionais a espontânea interposição de recurso de reexame (que nem houve no processo em causa). *É que a amplitude da defesa exige que o interessado seja ouvido e possa produzir provas antes de qualquer decisão de mérito*" (MS 26.117-DF, Pleno, unânime, *DJ-e* 208, de 5.11.209, voto-vista do Min. Ayres Britto). Por derradeiro, "Envolvida, no processo administrativo, situação constituída no tocante a terceiros, impõe-se a ciência do processo em curso, surgindo como regra a comunicação direta (...)" (MS 25.962-1-DF, *DJ-e* 53, div. 19.3.2009, publ. 20.3.2009, Pleno, Rel. Min. Marco Aurélio). A doutrina expressa neste excerto da ementa do Acórdão é clara. Processo administrativo em que se tem envolvida situação constituída no tocante a terceiros. Terceiros interessados, óbvio. Se assim for, assegura-se a estes o direito de ter ciência do processo e por comunicação direta. Nada de tempo, nem de inécia. E quem é interessado? Aquele cuja esfera jurídica pode ser alcançada pela decisão que venha a ser proferida no processo (Lei 9.784/99, art. 9º, inciso II). "Em processo de contas que tem por objeto a aposentadoria" (MS 25.116, Pleno, j. 8.9.2010, Rel. Min. Carlos Ayres), quem é o interessado? Somente quem expediu o respectivo ato? E não também o próprio aposentado? Será mesmo?...

Mais: em nenhum desses precedentes, há, breve e superficial que seja, alusão a prazo quinquenal e inércia administrativa. Considerou-se unicamente a existência de interesses contrapostos, de uma situação vantajosa do administrado desfeita unilateralmente, sem que se lhe desse oportunidade de fazer-se ouvir antes da decisão. O mesmo se deu no RE 199.733-8-MG, 2ª Turma, j. 15.12.1998, *DJU* de 30.4.1999, que cuidava de anulação do provimento de concursados sem o devido processo legal, e no RE 158.543-RS, 2ª Turma, j. 30.8.1994, *DJU* de 6.10.1995, que cuidava de modificação sumária nos proventos da aposentadoria de dado servidor, Relator de ambos o Min. Marco Aurélio.

Enfim, no MS 26.406-3-DF, Pleno, unânime, j. 1.7.2008, *DJ-e* n. 241, div. 18.12.2008, publ. 19.12.2008, Rel. Min. Cézar Peluso, ficou assentado: "Na linha dos precedentes firmados pela Corte, em particular no MS 25.560, Relator o Ministro Cezar Peluso, *DJ*-e de 22.2.2008, "*não pode o Tribunal de Contas da União, sob fundamento ou pretexto algum*, anular ascensão funcional de servidor operada e aprovada há mais de 5 (cinco) anos, *sobretudo* em procedimento que lhe não assegura o contraditório e a ampla defesa" (sem o destaque, no original). Aqui, sim, levou-se em conta o prazo de 5 anos, ademais do *due process of law* e assim se fez para afirmar a *perda da exigibilidade do direito da Administração de desfazer, por ato próprio, sem prévio recurso ao Judiciário, situação de vantagem para o administrado.*

Portanto, parece claro: os 5 anos *são determinantes de decadência*, que como tal não se interrompe, nem se suspende uma vez iniciada. *Não* para que, a partir deles, se abra ao interessado oportunidade para se fazer ouvir antes da decisão. E como é de regra protetiva que se cuida, de defesa contra o abuso, o descomedimento e a extravagância da intemporalidade no desmanche de atos administrativos contrários à lei ou à Constituição, a expressar-se na conhecida fórmula, de viés nitidamente autoritário, do "anular a qualquer tempo", não se há de interpretá-la contra o que, ou quem, se desejou proteger. Não surpreende, pois, que, mesmo no âmbito do Tribunal de Contas, as competências *não* poderem ser exercitadas a qualquer tempo, salvo situações excepcionais, como a ordem de ressarcimento ao Erário, que é imprescritível por dicção constitucional (art. 37, § 5º). Há um limite, além do qual não é mais possível avançar o passo. Até para o Judiciário, que é Poder de Estado, esse limite existe. Assim, por exemplo, poderia o Judiciário conhecer de ação rescisória após expirado o prazo decadencial de 2 anos? De mandado de segurança quando já decorrido o prazo decadencial de 120 dias? Ou a ação popular depois dos 5 anos? Ou a ação civil pública, após o quinquênio? Não, não poderia, sabemos todos. Nem mesmo a dignidade constitucional dessas ações (à exceção da primeira) seria motivo suficiente para abrir as portas do Judiciário, após já vencido o respectivo prazo para o seu ajuizamento. Nada de heterodoxo, portanto, em sustentar a existência de fração do tempo para o exercício do controle externo dos Tribunais de Contas.

Entretanto, devo reconhecer que a atual jurisprudência do Supremo Tribunal Federal, se rendeu ao interessante e engenhoso argumento de que, no âmbito dos processos de aposentadorias, reformas e pensões, a relação jurídica é travada exclusivamente entre a Administração e o Tribunal de Contas, dela não fazendo parte o interessado. Somente quando decorridos os 5 anos sem pronunciamento da Corte, que incorre em atraso por sua exclusiva responsabilidade, é que nasce o direito ao contraditório e a ampla defesa prévia à decisão (MS 25.116, Pleno, Rel. Min. Ayres Britto, no site *A Constituição e o*

Supremo, pesquisa do art. 71, inciso III, da CF). Certamente que este foi um avanço considerável no quebrantamento da rigidez da Súmula Vinculante n. 3, com o seguinte enunciado, aprovado por maioria, vencido o Ministro Marco Aurélio: "Nos processos perante o Tribunal de Contas da União, asseguram-se o contraditório e a ampla defesa quando da decisão puder resultar anulação ou revogação de ato administrativo que beneficie o interessado, excetuada a apreciação da legalidade do ato de concessão inicial de aposentadoria, reforma e pensão" (*DJ-e* 78, de 10.8.2007). Louve-se no Ministro Ayres Britto a arguta percepção de que algo não lhe soava definitivo no considerar-se aposentadoria, reforma e pensão como atos complexos, sentido esse destoante daquele que lhe empresta a doutrina de muitos dos mais notáveis administrativistas. Contudo, ainda assim, a fórmula de persuasão que engendrou, respeitabilíssima, sem dúvida, ainda parece insuficiente para repor a questão nos seus devidos termos.

Com efeito, não deixa de impressionar (mal), dentre outras razões, que o STF tenha como complexo o que ele próprio reconhece no verbete da Súmula, literalmente, *ser um ato* e não um ato em formação, incompleto, imperfeito, que somente se aperfeiçoa como tal após o registro do Tribunal de Contas! Confira-se: "(...) excetuada a apreciação da legalidade do *ato* de concessão inicial de aposentadoria, reforma e pensão". Aliás, é assim mesmo que está escrito na Constituição Federal: *ato* concessório (art. 71, inciso III). Ou seja: a manifestação do Tribunal de Contas não é integradora do ato, mas, ao revés, o pressupõe, para apreciar a sua legalidade. Não se tem como confundir ato de apreciação com o ato apreciado! Trata-se de ato de controle de outro ato, praticado em diverso plano de competência. Nada a compor o perfil conceitual do "ato subjetivamente complexo, resultante da conjugação de duas vontades homogêneas" (ADI 1.480-DF, Pleno, *DJU* de 18.5.2001, p. 429, Rel. Min. Celso de Mello). Ou, como se disse em passado mais remoto: "(...) uma pluralidade de atos provenientes de sujeitos diversos, com caráter homogêneo, sem colidência de interesses e que visam a um único fim imediato", e que não chega a aperfeiçoar-se se lhe falta uma das manifestações de vontade que necessariamente deve integrá-lo (ADI 192-2-RS, Pleno, *DJU* de 4.12.1992, p. 6, Rel. Min. Moreira Alves, citando Sandulli).

Deveras, uma sucessão ordenada de atos e fatos causalmente vinculados entre si não configura ato complexo e *sim* processo, a desaguar em um ato final, expressivo da vontade estatal, como a sentença, o ato administrativo e a lei (daí os processos judicial, administrativo e legislativo), nele incluído o eleitoral. Leia-se: "*Processo eleitoral enquanto sucessão ordenada de atos e fatos causalmente vinculados entre si* (...)" (RE n.129.392, j. 16.4.1992, *DJU* de 16.4.1993, trecho do voto do Min. Celso de Mello, sem o destaque).

Que o processo legislativo é verdadeiro processo, de modo a dissipar quizílias doutrinárias, está na Constituição Federal, no Título IV, Capitulo I, Seção VIII, e confirmado na ADI 1.254, no *Informativo STF* 181/2000, Rel. Min. Sepúlveda Pertence, sem o destaque no original: "Processo legislativo: veto mantido pelo Legislativo: decreto-legislativo que, anos depois, sob fundamento de ter sido o veto intempestivo, desconstitui deliberação que o mantivera, e declara tacitamente sancionada a parte vetada do projeto de lei: inconstitucionalidade formal do decreto-legislativo, independentemente da indagação acerca da validade material ou não da norma por ele considerada sancionada: aplicação ao processo legislativo – *que é verdadeiro processo* – da regra de preclusão – que, como impede a retratação do veto, também obsta a que se retrate o Legislativo de sua rejeição ou manutenção: preclusão, no entanto, que não se confundindo com coisa julgada – esta, sim, peculiar ao processo jurisdicional –, não inibe o controle da eventual intempestividade do veto".

Todavia, não só.

No ato complexo, o seu aperfeiçoamento, nesta categoria, somente se dá quando manifestada a última vontade no seu ciclo de formação, ou, o que vale o mesmo, *antes* de manifestada a *última* vontade, *não se tem o ato* (complexo) e, pois, *não* pode produzir os efeitos para os quais se preordena. Trata-se de uma impossibilidade lógica. Essa concepção veio a ser externada em despacho monocrático do Ministro Celso de Mello na Pet 42-Medida Liminar-DF, no seguinte trecho: "Afinal, é esse o ato [*o Ministro refere-se ao ato punitivo de remoção de magistrado como ato complexo*] – que cumpriu o seu ciclo de formação e contém em si os elementos essenciais necessários à sua perfeição, validade e eficácia – que exprime a vontade estatal apta a produzir os resultados previstos e autorizados pelo ordenamento constitucional" (*RTJ* 139/334). Há, no ato complexo, vontades que se unem para a formação de um *único* ato (Maria Sylvia Zanella Di Pietro, no seu *Direito Administrativo*, 17ª edição, Atlas, p. 215; Hely Lopes Meirelles, no seu *Direito Administrativo Brasileiro*, 37ª ed., Malheiros Editores, 2011, p. 176). A questão *não* é de validade e, *sim*, de existência, ou de perfeição. O ato de aposentadoria não está sequer sujeito a condição ou a termo, de espécie alguma. Se o ato não responde aos elementos que o definem como ato complexo, *não existe* enquanto tal. Pode existir em outra categoria. Evidentemente, tudo da perspectiva doutrinária preferida neste artigo. Doutrina, a propósito, exposta, com a minúcia de sempre, pelo Ministro Moreira Alves, na relatoria da ADI 192-2-RS (referida anteriormente), acerca da natureza do ato dc criação dc Município, já sob a vigência da Constituição de 1988, em cujo voto deixa à mostra que à falta de vontade integradora, o ato complexo *nem chega a se formar*. A última vontade, nesse ciclo, não é para atribuir definitividade à anterior e, sim, elemento de integração do ato que, sem ela – insisto – não existe. Assim, no caso da Pet 42-Medida Liminar-DF (acima), poderia a sanção de remoção ou disponibilidade remunerada ter sido aplicada ao magistrado *antes* da exteriorização da derradeira vontade? É evidente que não! Em conclusão: sem o concurso das duas vontades coalescentes, convergentes e homogêneas, *não* se forma a realidade *unitária* e *indecomponível* do ato complexo.

Talvez a comparação seja primária, mas o certo é que o casamento civil não existe como ato jurídico antes de os noivos dizerem sim, um ao outro. Antes disso, não produz qualquer dos efeitos que produziria se consumada a aquiescência dos nubentes. Veja-se, noutro giro: a lei é reconhecidamente um ato complexo, que se forma pela manifestação de vontade do Legislativo e do Executivo (via de regra). Enquanto não se completa o seu ciclo de gestação, *não* se tem lei e, então, é incapaz de desencadear os efeitos que desencadearia se lei fosse. O projeto de lei que não se transforma em lei *frustra* o ato complexo que se tornaria, acaso sobreviesse a sanção. A composição da lista sêxtupla para o provimento do quinto reservado aos advogados nos Tribunais Superiores também nada significa antes da escolha e nomeação pelo Presidente da República. O ato de provimento, aí, ainda está percorrendo o *iter* da sua formação. O mesmo se diga com o provimento do cargo de Ministro do Supremo Tribunal Federal. E uma vez completo, cheio, aperfeiçoado, o ato somente se desfaz pela vontade dos que participaram da sua formação. Se impugnado em juízo, a impugnação *só* surtirá efeito se todos os que intervieram na sua formação forem chamados ao processo, isso nada recente decisão em contrário do Supremo Tribunal Federal, dando pela possibilidade jurídica da impugnação judicial de cada um dos ciclos de formação do ato subjetivamente complexo (Rcl 19.707-MC-DF, Rel. Min. Celso de Mello, *DJ-e* de 4.11.2010, e *Informativo STF* 612/2010).

Ora, com o ato de aposentadoria nada disso acontece! Trata-se de ato administrativo *simples* (ao lado dos complexos, na classificação que tem em conta a composição da vontade produtora do ato, formulada pelo notável Celso Antônio Bandeira de Mello, no seu *Curso de Direito Administrativo*, 28ª ed., Malheiros Editores, 2011, p. 427), formado pela manifestação de *uma única* vontade. E, assim formado, *desde logo* produz todos os efeitos para os quais foi praticado (art. 188 da Lei 8.112/1990): o cargo fica vago, sujeito a novo provimento (art. 33, inciso VIII, da Lei 8.112/1990) e os vencimentos ou subsídios se transformam em proventos (art. 40, § 1º, incisos I, II e III, alínea "b", e §§ 2º e 3º, da CF, e art. 189 da Lei 8.112/90); o aposentado já não enseja a responsabilidade objetiva do Estado, desde o instante da sua aposentadoria (art. 37, § 6º, da CF); se desfrutasse de prerrogativa de foro, deixa de desfrutá-la; já não mais está sujeito ao regime estatutário no tocante, por exemplo, aos direitos, deveres e proibições. E outro tanto mais. Simplesmente, *deixa de ser servidor*, pois este "é a pessoa legalmente investida em cargo público" (art. 3º da Lei 8.112/1990). E o aposentado não ocupa cargo algum. Na iniciativa privada, a Constituição distingue entre trabalhadores e aposentados (art. 194, parágrafo único, inciso VII).

A propósito da impugnação judicial, não deixa de chamar a atenção o fato de o Supremo classificar o ato de aposentação como complexo, que "somente se torna perfeito e acabado após o seu exame e registro pelo Tribunal de Contas da União" (dentre tantos outros, o MS 26.085-DF, Pleno, unânime, *DJ-e* 107, div. 12.6.2008, publ. 13.6.2008, Rela. Min. Cármem Lúcia), e, no entanto, admitir o mandado de segurança dirigido *exclusivamente* contra o Tribunal de Contas, deixando de lado a autoridade que o praticou e que, em tese, tem todo o direito, ou interesse, de manifestar-se na defesa da legalidade do ato para cuja formação e expedição concorreu decisivamente (MS 24.872-DF, Rel. Min. Marco Aurélio). Rigorosamente, e com as devidas vênias de estilo, são vacilantes os fundamentos da Suprema Corte quando o tema é o ato complexo. Ora se diz que o ato é complexo, sem, o envolvimento de litigantes (MS 24.754-DF, Pleno, *DJU* de 18.2.2005, p. 6, Rel. Min. Marco Aurélio); ora porque submetido a condição resolutiva (MS 25.072, Pleno, *DJ-e* n. 004, Rel. para o Acórdão o Min. Eros Grau); ora porque só se torna perfeito e acabado após seu exame e registro pelo Tribunal de Contas da União (MS 26.085-DF, Pleno, *DJ-e* 107, Rela. Min. Cármen Lúcia); ora porque o registro do TCU é que o dota de definitividade (MS 25.409-DF, Rel. Min. Sepúlveda Pertence).

Mais persuasivo – inclusive porque de acordo com o princípio segundo o qual os atos se desfazem pelo mesmo modo por que são feitos – é o entendimento anterior, esposado no RMS 11.102, Pleno, *DJU* de 5.9.1963, Rel. Min. Pedro Chaves, sem o itálico no original: "Sendo a remoção do juiz por motivo disciplinar ato complexo, *faz-se mister a citação de ambos, como coatores*, no processo de Mandado de Segurança". Adiante, no MS 11.102, Pleno, *DJU* de 11.6.1964, mesmo Relator (sem o destaque): "Mandado de Segurança contra ato complexo. Dele não se conhece quando *só uma* das autoridades é citada".

Em suma: o que se tem, na aposentadoria é um *ato* administrativo simples, de administração ativa, sobre o qual, mais adiante, incidirá *outro* ato, o de *controle*, como entidade juridicamente *autônoma*, exercitado pelo Tribunal de Contas. É apenas isso. Tome-se a Constituição Federal, no art. 71, inciso III, cuja leitura revela que o que faz o Tribunal de Contas é apreciar a legalidade de outro ato. Qual? O ato concessório. De quê? Da aposentadoria! E esse controle sequer se dá no interior da entidade ou do órgão que expediu o ato de inativação. É exterior a ele, embora integrado na função administrativa ou na Administração Pública enquanto função estatal. Serve aqui a expressão, que o autor reconhece "(...) um tanto rebarbativa ou paradoxal", do "controle interno exterior" para designar o que é exercido pelo Ministério supervisor sobre a entidade supervisionada (Celso Antônio Bandeira de Mello, no seu *Curso de Direito Administrativo*, 28ª ed., Malheiros Editores, 2011, p. 945).

Decididamente, aposentadoria não é ato complexo e, por, isso, não se lhe pode aplicar o regime jurídico peculiar a essa categoria de ato administrativo. Aqui, não anda bem o Supremo Tribunal Federal. Aliás, no passado também não, a propósito do controle de constitucionalidade de leis orçamentárias, quando sedimentou a jurisprudência que as excluía desse controle, por lhes faltar suficiente densidade de normatividade geral e abstrata. Desse "não andar bem" fez sadia e expressa confissão, recentemente, ao decidir, revendo jurisprudência anterior, que "(...) deve exercer sua função precípua de fiscalização de constitucionalidade das leis e dos atos normativos quando houver um tema ou uma controvérsia constitucional suscitada em abstrato, independente do caráter geral ou específico, concreto ou abstrato de seu objeto". Então, deu pela "Possibilidade de submissão das normas orçamentárias ao controle abstrato de constitucionalidade" (ADI 4.008-MC-DF, Pleno, *DJ-e* 157, div. 21.8.2008, publ. 22.8.2008, Rel. Min. Gilmar Mendes).

Aracaju, 25 de janeiro de 2011

DOUTRINA

REGULAÇÃO E CONCESSÃO[1]

PAULO ROBERTO FERREIRA MOTTA
Doutor em Direito do Estado.
Professor de Direito Administrativo e Direito Administrativo Econômico

1. Regulação é o processo administrativo encetado pela Administração Pública, mediante a observância do regime jurídico de Direito Público, de limitação (mínima, média ou máxima, conforme a opção ideológica do legislador) à liberdade e à propriedade, visando a dar funcionalidade e racionalidade ao mercado. Quando direcionada à atividade privada, estabelece um regime de sujeição geral e impõe deveres aos agentes do mercado. Ao revés, quando endereçada aos serviços públicos, constitui um regime de sujeição especial e impõe obrigações aos prestadores e cidadãos-usuários.

2. O mercado, que nada mais é do que o local onde cada um vende, ou comuta os gêneros que lhe sobejam, pelos que lhe faltam, e de que necessitam, precisa ser regulado, eis que o abuso pode ser prejudicial ao mais interessante objeto do bem comum.

3. Considerando que a Administração Pública existe, e foi concebida, para servir ao Cidadão, somente no Direito Administrativo e no regime jurídico que lhe é próprio, ou seja, aquele que estabelece a supremacia do interesse público primário sobre o privado e a indisponibilidade dos interesses públicos pela Administração, é que se encontram fundamentos científicos para embasar a regulação dos serviços públicos no Brasil.

4. É induvidoso, portanto, que qualquer forma regulatória que retire a primazia da cidadania e entregue a mesma ao mercado estará, no tempo e no espaço, traindo o Direito que a idealizou e, portanto, fadada ao fracasso, por incoerência metodológica, ocasionada pela ausência de cientificidade.

5. A crise do Estado Social, ao contrário do que sustentam ideologicamente os neoliberais, não passa pela eliminação deste, mas sim pelo direcionamento do aparelhamento estatal às maiorias interessadas no desenvolvimento de suas situações individuais e coletivas. Não trafega, portanto, pela mercantilização

1. Participação do autor no II Fórum Latino Americano de Gestão Pública, organizado pela Comissão de Gestão Pública da OAB-PR, em 17 e 18.6.2010, em Curitiba-PR.

dos processos humanos, mas sim pela dignificação destes. E, fundamentalmente, não caminha pelo genocídio de culturas diferentes e, historicamente, estratificadas nas mentes das pessoas.

6. A importação irrefletida de modelos jurídicos estrangeiros, principalmente quando afrontosos à Constituição da República, aponta a falsidade do liberalismo brasileiro, fundada no colonialismo, no escravismo, no servilismo e na discriminação, visando sempre convir a interesses externos, mesmo quando estes contradizem os nacionais e até mesmo os eliminam.

7. O serviço público não está em crise. Determinados serviços, notadamente o das telecomunicações, tiveram avanços tecnológicos que ultrapassaram o agasalho jurídico que a atividade antes possuía. Como as telecomunicações possibilitam hoje a livre competição, em virtude do desenvolvimento tecnológico, não se pode dizer o mesmo de outros serviços públicos estruturais. Realizar esta não-realidade, mesmo que apenas no plano das ideias, é desconhecer o real alcance dos ditos monopólios naturais.

8. A função regulatória, espécie do gênero função administrativa, está submetida aos princípios gerais da ordem econômica previstos na Constituição Federal; explicitados nas Casas Legislativas; regulamentados pelo Chefe do Poder Executivo; e, submetida ao controle judicial, quando desbordar das canaletas traçadas pelo ordenamento positivo. Assim, compete à função regulatória, sem violar os demais ditames constitucionais, mas ao contrário, não os contrariando (interpretação e aplicação sistemática da Constituição), dar eficácia material, e, portanto, tutelando juridicamente todas as atividades econômicas (quer as propriamente ditas – privadas ou estatais – quer os serviços públicos – prestados direta ou indiretamente pelo Estado) com a finalidade de assegurar e defender, assim sendo, sob tutela jurídica do Direito Público, a soberania nacional, a propriedade privada, a função social da propriedade, a livre concorrência, a defesa do consumidor, a defesa do meio ambiente, a redução das desigualdades regionais e sociais, a busca do pleno emprego, e todos os outros princípios inerentes aos da soberania, cidadania, dignidade da pessoa humana, valor social do trabalho e da livre iniciativa e do pluralismo político.

9. É no desnudamento da função regulatória, portanto, que se pode verificar se estamos diante de uma regulação neoliberal. Cumprindo-se os princípios fundamentais da República e da ordem econômica desta mesma Coisa Pública, a regulação existente é a necessária, e no caso do Direito brasileiro, secular. Agasalhando apenas a livre iniciativa, e, violando, ou no mínimo, contrariando, os demais princípios arrolados na Carta Magna, estaremos diante da regulação neoliberal.

10. Não é verdade, mais uma vez, segundo a ótica neoliberal, que ao Estado restou, unicamente, o papel regulador. Esta é a grande manipulação intelectual, fruto da mais terrível das dominações: a cultural. O grande papel do Estado, seu mais nobre, e desde sempre, o legitimador da sua existência, é o de distribuidor. Neste modo de ver as coisas, a regulação deixa de ser um fim em si mesmo, como sustentam os neoliberais, para ser instrumento da devida e necessária distribuição dos frutos do desenvolvimento econômico. Aliás, supor que o Estado, doravante, seja apenas regulador é admitir que o mesmo possa se limitar a um punhado de agências reguladoras acompanhadas de uma única agência executiva: a Receita Federal. No que toca aos Poderes, o Executivo, exclusivamente para indicar os dirigentes das agências e o Legislativo, para aprovar as indicações.

11. Cabe ao Estado distribuidor assegurar a universalização material, ou seja, aquela que possibilita que os serviços públicos possam ser usufruídos por toda a população e não simplesmente a universalização formal, que é aquela na qual os serviços estão, apenas, disponíveis para quem puder pagá-los. Portanto, sob pena de uma política desarrazoada, o Estado deve começar por ser o redistribuidor daquilo que a Constituição atribuiu como competência sua, ou seja, os serviços públicos. Seria absolutamente contraditório que o Estado encetasse uma política de redistribuição daquilo que não lhe incumbe, a atividade econômica privada. Tal conclusão não implica que ao Estado inexista legitimidade para produzir uma política de regulação econômica privada. Os objetivos é que são diferentes, pois no campo dos serviços públicos o que deve ser alcançado é a universalização material. Na atividade econômica, a eficiência.

12. O princípio da universalidade material dos serviços públicos, dentro de uma interpretação sistemática e principiológica da Constituição da República, defluiu da confluência de outros tantos princípios constitucionais, explícitos ou implícitos, como os da democracia, legalidade, eficiência, segurança das relações jurídicas etc. Resulta, portanto, a universalização material dos serviços públicos, ser princípio constitucional perante o nosso ordenamento.

13. Cidadão-usuário, embora também seja, não pode ser confundido com consumidor. Cidadão-usuário, face aos precisos termos do art. 37, § 3º, da Constituição da República, tem direito público subjetivo de participar da administração do serviço público, ao contrário do consumidor que não participa da administração da atividade econômica privada. Cidadão-usuário é sempre ativo, assim o querendo. Cidadão-usuário busca, na sua participação ativa, a vida política, democrática, republicana, cidadã. O cidadão-usuário é titular, assim da cidadania plena, da *brasilidade*. Mesmo quando não *consome* serviço público é titular do direito público subjetivo de participar.

14. Portanto, não é possível considerar como constitucional a prestação de um serviço público sob regime privado. É a negação da essência do ser-cidadão-usuário, a violação mais terrível, pelo desprezo, dos direitos fundamentais.

15. Em virtude de um processo licitatório de concessões que visava, exclusivamente, arrecadar mais, foi estabelecido como critério de arrematação o do maior preço a ser pago pelo arrematante, razão pela qual o Brasil apresenta tarifas extremamente altas, impedindo assim, a universalização material dos serviços públicos.

16. No setor de energia elétrica há uma não-regulação, uma vez que a mesma foi antecedida pela privatização, quando o racional, lógico, sistêmico, determinava exatamente o contrário. O Estado brasileiro, simplesmente, a partir de certo momento histórico (governo Fernando Henrique Cardoso), parou de investir no sistema elétrico, bem como pensou estar regulando o mesmo quando não estava. Acreditou, portanto, que a solução neoliberal, de deixar tudo nas mãos do mercado, era a solução.

17. No setor de telecomunicações, a regulação é, sob o ponto de vista jurídico, bem feita. Contudo, em face da importação irrefletida, foram objeto de regulação as telecomunicações de um outro país, que não o Brasil. Tendo sido realizada a abertura do mercado brasileiro de telecomunicações ao capital privado, nacional e estrangeiro, não havia necessidade estrutural da União instituir uma agência reguladora, eis que, deixando de ser proprietária da empresa estatal, pela privatização, poderia regular, com independência, através do Ministério das Telecomunicações, a livre concorrência entre a antiga estatal e as novas empresas privadas. A instituição da ANATEL, assim, somente pode ser compreendida dentro de uma globalização jurídica de uniformização dos processos do Direito a serviço do neoliberalismo para assegurar que no Brasil o modelo privatizado seria igual aos dos países europeus e sul-americanos e evitar (ou tornar muito difícil) que os governantes do futuro viessem a modificar estruturalmente o modelo.

18. No novo modelo não se poderia, jamais, ao menos em relação à empresa espelho, permitir que a mesma se submeta (exclusivamente) ao regime de Direito Privado, o que implica na não submissão a qualquer propósito universalizante. No mínimo, alguma contribuição para tanto deveria ser exigida. A implantação do regime de prestação pelo regime privado, na telefonia fixa, é demonstração cabal de que o critério reitor do processo jamais foi o da universalização material do serviço, mas sim uma gorda arrecadação na outorga. Afinal, se a concorrência importa em eficiência, a mesma deveria ser direcionada à conquista da universalização material.

19. A fuga do Direito Administrativo, perseguida pela nova regulação do setor elétrico e do de telefonia fixa, implicou na traição da universalização material.

20. O instituto do compartilhamento, em que pese a novidade de sua nomenclatura, nada mais é, conforme se pode inferir de sua análise, do que uma intervenção limitativa do direito de propriedade. Especificamente, pela regulação do compartilhamento, reduzem-se dois atributos do citado direito: o uso e a fruição. No uso, em virtude de que o proprietário da rede deve compartilhar a mesma com terceiro. Na fruição, no sentido de que a infraestrutura, embora remunerada, deve ser feita mediante critérios que não sejam abusivos, dando-se, assim, guarida ao princípio constitucional da função social da propriedade.

21. As estruturas do serviço público de energia elétrica e telecomunicações são, juridicamente, bens públicos com as ressalvas devidas de que, em face do instituto da reversão, ao final da concessão, serão de propriedade exclusiva da União Federal. Nestes termos, e considerando que toda a propriedade, quer pública, quer privada, deve cumprir com a sua função social, qualquer cobrança, de qualquer taxa pelo seu uso, por parte de Estados e de Municípios, serve como poderoso fator de obstaculização à universalização material.

22. São estas as considerações sobre as concessões de serviços públicos comportadas pela regulação utilizada pelo Direito brasileiro.

INVALIDAÇÃO DO ATO ADMINISTRATIVO POR INICIATIVA DO MINISTÉRIO PÚBLICO NO DIREITO BRASILEIRO

VLADIMIR DA ROCHA FRANÇA

Mestre em Direito Público pela Universidade Federal de Pernambuco.
Doutor em Direito Administrativo pela Pontifícia Universidade Católica de São Paulo.
Professor adjunto do Departamento de Direito Público da Universidade Federal do Rio Grande do Norte.
Advogado e consultor na área do direito administrativo

1. Introdução. 2. Considerações gerais sobre a invalidação dos atos administrativos. 3. O Ministério Público no sistema constitucional brasileiro. 4. Atuação do Ministério Público na invalidação administrativa. 5. Atuação do Ministério Público na invalidação judicial. 6. Ministério Público, inconstitucionalidade e invalidação do ato administrativo. 7. Considerações finais.

1. Introdução

A Constituição Federal de 5.10.1988, base fundamental do sistema do direito positivo brasileiro, ampliou a esfera de competências do Ministério Público na defesa do interesse público. Frequentemente, a atuação de seus membros com tal finalidade demanda a desconstituição das decisões da Administração em casos concretos por razões de juridicidade.

Justamente para se prevenir o arbítrio ministerial ou o fracasso de suas ações, mostra-se indispensável identificar as competências do Ministério Público no controle dos atos administrativos, no âmbito do processo administrativo e do processo civil.[1]

O presente trabalho procura trazer alguma contribuição para esse debate.

2. Considerações gerais sobre a invalidação dos atos administrativos

O ato administrativo constitui uma espécie de ato jurídico que se encontra

1. Não se abordará aqui a invalidação do ato administrativo no contexto do processo penal e

inteiramente subordinada ao regime jurídico-administrativo. Trata-se da declaração do Estado (ou de quem esteja no exercício de prerrogativas públicas), numa posição de supremacia, que insere no sistema do direito positivo,[2] regras jurídicas complementares à lei (ou à própria Constituição), estando sujeita ao controle jurisdicional e destinada à concretização do interesse público (cf. Bandeira de Mello, 2011, pp. 375-390; e França, 2007, pp. 53-63).

Para que o ato administrativo possa ser considerado *válido*, faz-se necessário que ele seja compatível com as demais normas do sistema do direito positivo (cf. Bandeira de Mello, 2011, pp. 386-390; e França, 2007, pp. 69-70). Especialmente, com a lei, em face do princípio da legalidade administrativa.[3] Tratando-se de atos administrativos que inserem regras individuais, impõe-se igualmente a sua subordinação aos atos normativos da própria Administração.[4]

Havendo contradição entre o ato administrativo e a lei (ou ato normativo que lhe seja superior), haverá *invalidade* (Bandeira de Mello, 2011, pp. 465-489; França, 2000; França, 2007, pp. 136-192; e Zancaner, 2008). Também é possível que tal contrariedade seja entre o provimento e a própria Constituição, tratando-se de aplicação direta de preceito constitucional.

A identificação da invalidade no ato administrativo passa necessariamente pelo exame de seus requisitos.[5] As seguintes situações se mostram de possível ocorrência no sistema do direito positivo: (i) vício quanto ao conteúdo, quando a regra posta pelo provimento for incompatível com norma que lhe seja superior;[6] (ii) vício quanto ao sujeito, em face da incompetência da pessoa jurídica, da incompetência do órgão ou agente ou da presença de impedimento ou suspeição da autoridade que emitiu o ato;[7] (iii) vício quanto ao motivo, em razão da inexistência do pressuposto de

do processo nos Tribunais de Contas. Trata-se de matérias que exorbitariam consideravelmente os limites esperados deste ensaio.

2. Sobre o sistema do direito positivo, consultar: Carvalho, 1999; Kelsen, 1991; Vilanova, 1997; e Vilanova, 2000.

3. O princípio da legalidade administrativa determina que a Administração somente pode fazer aquilo que a lei autoriza (cf. Bandeira de Mello, 2011, pp. 99-106; e Meirelles, 2011, pp. 89-90). Há inclusive a clássica lição de Miguel Seabra Fagundes (2005, p. 3), no sentido de que administrar é aplicar a lei de ofício. Registre-se, contudo, que a autorização legal para ação administrativa pode ser expressa ou implícita. Também convém acrescentar que a Administração não se encontra apenas subordinada à lei, mas a todo o ordenamento jurídico. Nesse diapasão, é evidente que a Administração deve pautar sua conduta pela Constituição vigente e pelos seus próprios atos normativos (cf. Binenbojm, 2006, pp. 125-191; e França, 2000, pp. 62-63).

4. Por ato normativo, entenda-se o ato administrativo que insere regras gerais no sistema do direito positivo. Sobre a distinção entre regra geral e regra individual, consultar: França, 2007, pp. 25-28.

5. Adota-se aqui a estrutura proposta por Celso Antônio Bandeira de Mello (2011, pp. 383-489), com algumas divergências pontuais (França, 2007). Registre-se que a aplicação da norma da Lei federal 10.406, de 10.1.2002 (Código Civil) aos atos administrativos depende de sua conformidade com os princípios do regime jurídico-administrativo e a dinâmica própria da atividade administrativa estatal.

6. Vide o art. 1º, *caput*, o art. 5º, *caput*, II e § 1º, o art. 37, *caput*, e o art. 174, todos da Constituição Federal. Vide o art. 2º, "c", e parágrafo único, "c", da Lei federal 4.717, de 29.6.1965. Vide o art. 2º, *caput*, e parágrafo único, I, da Lei federal 9.784, de 29.1.1999.

7. Vide os arts. 18, 21 a 25, 29, 30, 37, XIX, e 175, todos da Constituição Federal. Vide o art. 2º, "a", e parágrafo único, "a", da Lei federal 4.717/1965. Vide os arts. 11 a 17 da Lei federal 9.784/1999.

fato, da invalidade do pressuposto jurídico ou da inadequação do pressuposto de fato perante o pressuposto jurídico;[8] (iv) vício quanto ao requisito procedimental, se este for omitido ou defeituosamente realizado;[9] (v) vício quanto à finalidade, ocasião na qual o interesse visado com a expedição do ato é estranho ao interesse público que justifica a outorga da competência para expedir o ato;[10] (vi) vício quanto à causa, pela ausência de proporcionalidade entre o conteúdo e o pressuposto de fato do ato administrativo, perante a finalidade que este deve atingir;[11] e, (vii) vício quanto à formalização, quando o revestimento linguístico que o ato apresentou (a forma) é incompatível com a forma que o ato deveria ter apresentado por imperativo legal.[12]

O ato administrativo que for portador de invalidade, e este é reconhecido pela autoridade competente mediante o processo adequado, o ato é *inválido*. Se a invalidade for insanável (*nulidade*), o ato administrativo inválido pertencerá a classe dos *atos nulos*; tratando-se de invalidade sanável (*anulabilidade*), o provimento inválido integrará a classe dos *atos convalidáveis* (cf. França, 2007, pp. 136-192).[13] A lei poderá, perfeitamente, declarar de modo expresso que os atos administrativos serão nulos ou convalidáveis em determinadas circunstâncias.[14]

Para se corrigirem os atos administrativos inválidos, há dois instrumentos disponíveis no ordenamento jurídico em vigor: (i) a *invalidação*; e a (ii) a *convalidação*.

Na invalidação, um ato jurídico – ato administrativo ou ato jurisdicional – é expedido para reconhecer a invalidade do ato administrativo impugnado e retirá-lo do sistema do direito positivo, com ou sem a desconstituição de seus efeitos jurídicos. Em rigor, o ato administrativo somente passa de válido para inválido quando há o pronunciamento da invalidade pela autoridade competente, enfatize-se. Até lá, o provimento administrativo goza da *presunção de validade*.

Quando a invalidação é feita pela própria Administração (de ofício ou por provocação do interessado) tem-se a *invalidação administrativa*; se é realizada

8. Vide o art. 2º, "d", e parágrafo único, "d", da Lei federal 4.717/1965.

9. Vide o art. 5º, XXXIV, "a", LIII a LVI, LXXVIII, da Constituição Federal. Vide o art. 2º, *caput,* "b", e parágrafo único, "b", da Lei federal 4.717/1965. Vide o art. 2º, *caput*, e parágrafo único, VIII a XII, da Lei federal 9.784/1999.

10. Vide o art. 5º, LXIX, e o art. 37, *caput*, ambos da Constituição Federal. Vide o art. 2º, "e", e parágrafo único, "e", da Lei federal 4.717/1965. Vide o art. 2º, *caput*, e parágrafo único, II a IV, e XIII, da Lei federal 9.784/1999.

11. Vide o art. 1º, *caput*, e art. 5º, § 2º, ambos da Constituição Federal. Vide o art. 2º, *caput*, e parágrafo único, VI, da Lei federal 9.784/1999.

12. Vide o art. 5º, LV, da Constituição Federal. Vide o art. 2º, *caput*, e parágrafo único, VII e IX, e o art. 22, ambos da Lei federal 9.784/1999.

13. Tradicionalmente, usa-se a expressão *ato anulável* para designar os atos administrativos portadores de anulabilidade. Todavia, entende-se aqui que o regime jurídico do negócio jurídico anulável, constante da Lei federal 10.406, de 10.11.2002 (Código Civil), é inaplicável a esses atos administrativos inválidos, salvo em um ou noutro ponto específico. Sobre a classificação dos atos administrativos inválidos e o instituto da invalidação no regime jurídico-administrativo brasileiro, consultar: Carvalho Filho, 2005, pp. 122-131; O. A. Bandeira de Mello, 2010, v. 1, pp. 651-668; Bandeira de Mello, 2011, pp. 465-474; Di Pietro, 2009, pp. 236-249; Meirelles, 2004, pp. 204-214; Seabra Fagundes, 2005, pp. 51-96; e Zancaner, 1993.

14. Vide os arts. 3º e 4º da Lei federal 4.717/1965.

pelo Poder Judiciário (que pressupõe necessariamente o exercício do direito de ação), há a *invalidação judicial*.

A invalidação administrativa é admitida pacificamente no direito brasileiro desde a edição da Súmula n. 473 do Supremo Tribunal Federal (STF).[15] Com o advento das leis de processo administrativo da União[16] e de vários entes federativos,[17] essa competência passou a ter base legal expressa nos entes federativos que as editaram.

Por sua vez, a invalidação judicial tem amparo direto no art. 5º, XXXV, da Constituição Federal. Afinal, cabe ao Poder Judiciário o papel de último guardião da juridicidade no sistema do direito positivo, especialmente naqueles que adotaram o presidencialismo (cf. Bandeira de Mello, 2011, pp. 954-961; e Seabra Fagundes, 2005, pp. 136-137).

Por fim, merece destaque a questão da legitimidade para deflagrar o processo de invalidação.

Na invalidação administrativa, os atos administrativos nulos poderão ser impugnados de ofício ou por provocação de qualquer administrado. No que concerne aos atos convalidáveis, fora a Administração, somente o administrado diretamente interessado no provimento poderá provocar a eclosão do processo administrativo de invalidação.

Na invalidação judicial, os atos administrativos inválidos não se diferenciam dos negócios jurídicos inválidos no que diz respeito à iniciativa processual, seja com amparo no art. 186 do Código Civil,[18] seja com base no art. 4º do Decreto-lei 4.657, de 4.9.1942 (Lei de Introdução às Normas de Direito Brasileiro).[19] Para os atos administrativos nulos, aplica-se o disposto no art. 168 do Código Civil;[20] já os atos administrativos convalidáveis ficam sob a incidência do art. 177 do Código Civil,[21] desde que presentes os demais requisitos

15. Esse enunciado sumular tem a seguinte redação: "A administração pode anular seus próprios atos quando eivados de vícios que os tornem ilegais, porque deles não se originam direitos; ou revogá-los, por motivo de conveniência ou oportunidade, respeitados os direitos adquiridos e ressalvada, em todos os casos, a apreciação judicial".

16. Vide o art. 53 da Lei federal 9.784, de 27.1.1999.

17. Vide o art. 10 da Lei paulista n. 10.177, de 30.12.1998. Vide o art. 14 da Lei Complementar norte-rio-grandense n. 303, de 9.9.2005. Vide o art. 53 da Lei natalense 5.872, de 4.7.2008.

18. Esse dispositivo legal tem a seguinte redação: "Art. 186. Aos atos jurídicos lícitos, que não sejam negócios jurídicos, aplicam-se no que couber as disposições do Título anterior".

19. Esse dispositivo legal tem a seguinte redação: "Art. 4º. Quando a lei for omissa, o juiz decidirá o caso de acordo com a analogia, os costumes e os princípios gerais do direito".

20. Esse dispositivo legal tem a seguinte redação: "Art. 168. As nulidades dos artigos precedentes podem ser alegadas por qualquer interessado, ou pelo Ministério Público, quando lhe couber intervir. Parágrafo único. As nulidades devem ser pronunciadas pelo juiz, quando conhecer do negócio jurídico ou dos seus efeitos e as encontrar provadas, não lhe sendo permitido supri-las, ainda que a requerimento da parte". Vide também o art. 5º e o art. 325, ambos da Lei federal 5.869, de 11.1.1973 (Código de Processo Civil).

21. Esse dispositivo legal tem a seguinte redação: "Art. 177. A anulabilidade não tem efeito antes de julgada por sentença, nem se pronuncia de ofício; só os interessados podem alegar, e aproveita exclusivamente aos que a alegarem, salvo em caso de solidariedade ou indivisibilidade". Entretanto, não se aplica ao ato administrativo o disposto no art. 184 do Código Civil: "Art. 184. Anulado o negócio jurídico, restituir-se-ão as partes ao estado em que antes dele se achavam, e,

para a convalidação. Entretanto, não se deve perder de vista que o ato administrativo somente passa para a categoria de inválido na esfera judicial quando há a sentença de mérito, observados o devido processo legal, o contraditório e a ampla defesa.[22]

Ao lado da invalidação, encontra-se a convalidação como meio de restauração da juridicidade violada com o ato administrativo. Neste caso, a própria Administração mantém o ato viciado no sistema do direito positivo, corrigindo-lhe sua anulabilidade com a preservação dos efeitos jurídicos já produzidos. Mas não basta que haja uma invalidade sanável, sendo exigido ainda que o beneficiário do ato esteja de boa-fé e o ato não tenha sido impugnado (Bandeira de Mello, 2011, pp. 478-479; França, 2007, pp. 146-155; e Zancaner, 2008).[23] As leis de processo administrativo prescrevem esses pressupostos, ao lado da presença da anulabilidade, ao enunciar que a convalidação somente é admissível se não houver lesão a interesse público e prejuízo a direito de terceiro.[24]

Convém anotar que a convalidação é um dever da Administração quando presentes todos os seus pressupostos, salvo na excepcional hipótese de ato administrativo discricionário expedido por órgão ou autoridade incompetente, e este vício é o único que o macula (cf. Bandeira de Mello, 2011, pp. 479-481; França, 2007, p. 142; e Zancaner, 2008).

Nesta oportunidade, corrige-se posicionamento anterior que defendia a possibilidade da ampla legitimidade para a invalidação dos atos administrativos convalidáveis (cf. França, 2007, p. 147). Justifica-se tal modificação haja vista a convalidação do ato administrativo portador de anulabilidade ser de interesse público quando presentes todos os seus pressupostos. Acrescente-se ainda que se trata de uma medida que restaura a juridicidade com menor impacto na esfera de direitos dos administrados.

3. O Ministério Público no sistema constitucional brasileiro

A Constituição Federal, em seu Capítulo IV, traz um elenco de *funções essenciais*

não sendo possível restituí-las, serão indenizadas pelo equivalente". A invalidação do ato administrativo portador de anulabilidade tem eficácia retroativa, tal como na invalidação do provimento administrativo nulo.

22. Não há como se negar a legitimidade do Poder Judiciário de invalidar o ato administrativo quando ele estiver no exercício da função jurisdicional, seja no processo civil ordinário, seja no processo civil extraordinário (cf. Seabra Fagundes, 2007). Entretanto, caso o juiz resolva conhecer a nulidade de ofício, crê-se indispensável a ouvida das partes antes de seu pronunciamento definitivo sobre a matéria. Nesse sentido, consultar: Didier Jr., 2007, pp. 42-48. Em sentido contrário, consultar: Costa, 1995.

23. A impugnação não impede a convalidação na hipótese de quebra do dever de motivação (vício que atinge a formalização) em ato administrativo vinculado, caso seja demonstrada a validade do motivo (cf. Bandeira de Mello, 2011, p. 474). Todavia, caso se entenda que o ato administrativo sancionador tenha natureza vinculada, fica difícil sustentar tal posição em homenagem ao devido processo legal. A comprovação da má-fé do beneficiário do provimento administrativo impugnado nessas circunstâncias também compromete a sua convalidação.

24. Vide o art. 55 da Lei federal 9.784/1999. Vide o art. 10.177/1998. Vide os arts. 17 e 18 da Lei Complementar Norte-rio-grandense n. 303/2005. Vide o art. 55 da Lei Natalense n. 5.872/2008.

à justiça.[25] Dentre elas, há o *Ministério Público.*[26]

De acordo com o art. 127, *caput*, da Constituição Federal, o Ministério Público é "instituição permanente, essencial à função jurisdicional do Estado, incumbindo-lhe a defesa da ordem jurídica, do regime democrático e dos interesses sociais e individuais indisponíveis". Observe-se que a *defesa da ordem jurídica* constitui um dos objetivos institucionais do Ministério Público.

Essa instituição tem como princípios institucionais: (i) a unidade; (ii) a indivisibilidade; e (iii) a independência funcional.[27] Também lhe é assegurada autonomia funcional e administrativa, cabendo-lhe a iniciativa legislativa indispensável para efetivá-la.[28] Todavia, a atividade administrativa do Ministério Público está hoje sujeita ao controle feito pelo Conselho Nacional do Ministério Público, sem prejuízo dos controles que já existiam antes do advento da Emenda Constitucional n. 45, de 8.12.2004.[29]

O Ministério Público é constituído: (i) pelo Ministério Público da União, que por sua vez compreende o Ministério Público Federal, o Ministério Público do Trabalho, o Ministério Público Militar, o Ministério Público do Distrito Federal e Territórios; e, (ii) pelo Ministério Público Estadual.[30] Registre-se a previsão constitucional do Ministério Público junto aos Tribunais de Contas, submetido ao mesmo regime jurídico do Ministério Público.[31]

Os membros do Ministério Público gozam das seguintes prerrogativas: (i) vitaliciedade; (ii) inamovibilidade; e (iii)

25. Defende-se aqui que as funções essenciais à justiça são garantias institucionais e, portanto, não podem ser abolidas do sistema do direito positivo. Nem mesmo por intermédio de emenda constitucional. Isso se justifica ainda pelo fato de que a Lei Maior as considera indispensáveis para a prestação jurisdicional, razão primordial da existência do Poder Judiciário no Estado brasileiro. Logo, a existência do Ministério Público está sob a tutela do art. 60, § 4º, III, da Constituição Federal.

26. Sobre a evolução do Ministério Público nas Constituições brasileiras e seu perfil atual na Constituição Federal em vigor, consultar: Braga, 2008; Ferreira, 1987; Paula, 1992; e Soares, 1995.

27. Vide o art. 127, § 1º, da Constituição Federal. Pelo princípio da unidade, as manifestações dos membros do Ministério Público devem ser imputadas ao órgão ministerial, e não aos seus membros; pelo princípio da indivisibilidade, os promotores de justiça e procuradores da república integram um único órgão perante a sociedade e os Poderes do Estado, dentre aqueles constantes do elenco do art. 128, I e II, da Constituição Federal; por fim, pelo princípio da independência funcional, assegura-se a livre convicção ao membro do Ministério Público no exercício de suas competências funcionais.

28. Vide o art. 127, §§ 2º a 6º, da Constituição Federal.

29. Vide o art. 130-A da Constituição Federal. Caso se aplique o raciocínio empregado pelo Supremo Tribunal Federal (ADI 3.367, Rel. Min. Cezar Peluso, *DJU* 22.9.2006) ao confirmar a constitucionalidade do Conselho Nacional de Justiça (art. 103-B da Constituição Federal), e em face do Conselho Nacional do Ministério Público (art. 130-A da Constituição Federal), os princípios da unidade e da indivisibilidade justificam este órgão como última instância do controle administrativo da Administração do Ministério Público. Sobre a matéria, assim leciona Arruda Alvim: "Dizendo-se que o Ministério Público é *uno* e *indivisível*, e que, quando um agente seu se manifesta no cumprimento de dever funcional, não o faz propriamente em nome próprio, mas de toda a instituição, isto equivale dizer que tal manifestação compromete todo o organismo" (1996, v. 1, p. 452; grifos no original).

30. Vide o art. 128, I e II, e §§ 1º a 4º e 6º, da Constituição Federal.

31. Vide o art. 130 da Constituição Federal.

irredutibilidade de subsídio.[32] Por outro lado, eles se encontram submetidos a todo um conjunto de vedações constitucionais.[33] Por fim, convém anotar que esses agentes públicos possuem regime jurídico estatutário similar ao prescrito para os magistrados.[34]

O art. 129 da Lei Maior estabeleceu um elenco de "funções institucionais" para o Ministério Público. Em verdade, tratam-se de suas competências constitucionais, que devem ser disciplinadas pela lei de forma coerente com os objetivos fixados no art. 127 da Constituição Federal.

Nesse diapasão, as competências constitucionais do Ministério Público são as seguintes: (i) promoção, em caráter privativo, da ação penal pública na forma da lei;[35] (ii) zelo pelo efetivo respeito dos Poderes Públicos e dos serviços de relevância pública aos direitos constitucionais, promovendo as medidas necessárias a sua garantia; (iii) promoção do inquérito civil e da ação civil pública, para a proteção do patrimônio público e social, do meio ambiente e de outros interesses difusos e coletivos;[36] (iv) promoção da ação direta de inconstitucionalidade ou representação para fins de intervenção da União e dos Estados, nos casos previstos na Constituição;[37] (v) defesa judicial dos direitos e interesses das populações indígenas; (vi) expedição de notificações nos procedimentos administrativos de sua competência, requisitando informações e documentos para instruí-los, na forma da lei complementar respectiva; (vii) exercício do controle externo da atividade policial, na forma da lei complementar respectiva; (viii) requisição das diligências investigatórias e a instauração de inquérito policial, indicados os fundamentos jurídicos de suas manifestações processuais;[38] (ix) exercício de outras funções que lhe forem conferidas, desde que compatíveis com sua finalidade, sendo-lhe vedada a representação judicial e a consultoria jurídica de entidades públicas.

Embora o Ministério Público tenha capacidade postulatória, tanto na esfera administrativa como na esfera judicial, ele não possui personalidade jurídica própria. Assim, o ente federativo ao qual esteja vinculado responderá diretamente pelas perdas e danos decorrentes da conduta dos membros desse órgão constitucional, sem prejuízo do direito de regresso em caso de comprovação de dolo ou culpa desses agentes públicos.[39]

4. Atuação do Ministério Público na invalidação administrativa

Como se sabe, a Administração tem a prerrogativa de invalidar os atos administrativos que expedir. Isso pode ocorrer de ofício ou por provocação do administrado.[40]

O Ministério Público tem legitimidade para solicitar a invalidação administra-

32. Vide o art. 128, § 5º, I, da Constituição Federal.

33. Vide o art. 128, § 5º, II, da Constituição Federal.

34. Vide o art. 129, §§ 2º e 4º, da Constituição Federal.

35. Vide o art. 5º, LIX, da Constituição Federal.

36. Vide a Lei federal 7.347, de 24.7.1985. Vide os arts. 81 a 104 da Lei federal 8.078, de 11.9.1990 (Código de Defesa do Consumidor). Sobre a matéria, consultar: Mancuso, 1997; Mazzilli, 1998; e Mirra, 1987.

37. Vide os arts. 103, VI, e 125, § 2º, da Constituição Federal.

38. Vide o art. 144, §§ 1º e 4º, da Constituição Federal.

39. Vide o art. 37, § 6º, da Constituição Federal.

40. Vide os arts. 5º e 53, da Lei federal 9.784/1999.

tiva mediante recomendação.[41] Entretanto, o atendimento desse pedido pela Administração não pode ser feita apenas em razão da identidade do solicitante.

Em primeiro lugar, a cláusula do devido processo legal impõe a instauração de processo administrativo, que assegure ao administrado vulnerável à medida em questão, a oportunidade para contraditório e a ampla defesa.[42] Essa exigência não deve ser afastada ou minorada mesmo diante da alegação de violação à súmula vinculante.[43]

Também deve ser registrado que a invalidação administrativa por iniciativa do Ministério Público restringe-se, em princípio, às situações de nulidade, aplicando-se por analogia o disposto no art. 177 do Código Civil. Contudo, a recomendação poderá ter como conteúdo a invalidação por anulabilidade, nos casos em que estiverem ausentes os demais pressupostos da convalidação.

Tratando-se de anulabilidade, somente a Administração e o administrado atingido pelo ato administrativo viciado têm legitimidade para deflagrar a invalidação administrativa, quando a convalidação não for obrigatória. Mas é possível vislumbrar a possibilidade de o Ministério Público fazê-lo, caso a matéria envolva interesse de incapaz.

Mostra-se tentadora a ideia de se reconhecer a legitimidade do Ministério Público de recomendar a convalidação do ato administrativo. Entretanto, se aceita, essa medida deve se restringir à proteção dos direitos que se encontram sujeitos à atuação do órgão ministerial.

Outro aspecto que deve ser ponderado reside no princípio da legalidade.[44] Não há, no ordenamento jurídico pátrio, lei que confira ao Ministério Público a competência para determinar à Administração tal providência.

Ademais, a recomendação desse órgão pela invalidação do provimento administrativo não é vinculante para a autoridade a qual ela foi destinada. Caso a Administração se recuse a atendê-la, o fato isolado da resistência não pode ser pressuposto para aplicação de sanção ao gestor público que resolveu manter a decisão impugnada. Isso se justifica em função do princípio da separação dos poderes.[45]

Entretanto, é imperioso que a Administração instaure o processo administrativo de invalidação em face de recomendação do Ministério Público, ainda que seja para atestar a improcedência desta apenas por razões estritamente formais. Entender o contrário é negar efetividade à solicitação em apreço.

41. Vide os arts. 26, III, e 27, parágrafo único, IV, da Lei federal 8.625, de 12.2.1993. Vide o art. 6º, XX, da Lei Complementar Federal 75, de 20.5.1993.

42. Vide o art. 5º, LIV e LV, da Constituição Federal. Vide o art. 2º, *caput*, e parágrafo único, da Lei federal 9.784/1999.

43. Vide o art. 64-A da Lei federal 9.784/1999.

44. Vide o art. 37, *caput*, da Constituição Federal.

45. Vide o art. 2º da Constituição Federal. Em tese, a lei poderia estabelecer, em favor do Ministério Público, a competência para impor à Administração o dever de invalidar o ato administrativo. Mas se lei o fizesse, esta ficaria passível de ser declarada inconstitucional por violar o princípio da separação dos poderes, ao retirar do Poder Executivo a autonomia decisória sobre a matéria. O art. 7º, III, da Lei Complementar Federal 75/1993, confere ao Ministério Público da União a competência para requisitar a instauração de processo administrativo. Mas há um abismo entre essa requisição e a invalidação administrativa imediata do provimento questionado por este órgão.

Em caso de risco iminente, a Administração poderá, inclusive, suspender a eficácia jurídica do provimento administrativo questionado mediante decisão fundamentada, sem a prévia manifestação do administrado que tem interesse na manutenção do ato em apreço.[46]

Ao final do processo administrativo de invalidação, não é juridicamente impossível que a Administração decida pela correção jurídica do ato administrativo impugnado, julgando improcedente a recomendação do Ministério Público.[47] Evidentemente, tal decisão administrativa deverá ser expressa e fundamentada na forma da lei.[48]

Nos processos administrativos de invalidação aos quais tenha provocado, o Ministério Público tem legitimidade para apresentar recurso administrativo da decisão que mantém a validade do ato impugnado.[49] Contudo, essa via dificilmente lhe parecerá interessante, haja vista o alcance das ações civis que a lei lhes confere.

Essas observações são pertinentes caso se admita à convalidação do ato administrativo por recomendação do Ministério Público.

Por fim, analise-se a posição do Ministério Público quando a invalidação administrativa envolver provimento administrativo questionado em razão de súmula vinculante.

Uma vez expedida a súmula vinculante na forma da lei, a Administração deverá instaurar os processos administrativos de invalidação hábeis para extinguir os atos administrativos que sejam incompatíveis com essa norma jurisdicional.[50] O Ministério Público poderá recomendar à Administração a tomada dessas providências. Caso a Administração persista em mantê-los, caberá ao Ministério Público solicitar a tutela jurisdicional competente.

5. Atuação do Ministério Público na invalidação judicial

De acordo com o art. 25, IV, "b", da Lei federal 8.625/1993, o Ministério Público tem competência para promover ação civil pública "para a anulação ou declaração de nulidade de atos lesivos ao patrimônio público ou à moralidade administrativa do Estado ou de Município, de suas administrações indiretas ou fundacionais ou de entidades privadas de que participem".[51]

Há quem entenda que esse dispositivo legal seria inconstitucional, uma vez que a Constituição Federal não prevê tal competência para o Ministério Público e invadiria o espaço previsto para a ação popular (cf. Dallari, 2001, pp. 30-34; e Dinamarco, 2009, p. 700).

Com a devida vênia, esse posicionamento não descreve com precisão a competência do Ministério Público nessa matéria.

46. Vide o art. 45 da Lei federal 9.784/1999.

47. Registre-se que a Administração não tem a liberdade de escolher entre invalidar ou não o ato administrativo, salvo na hipótese de provimento administrativo expedido em razão de exercício de competência discricionária que seja portador, apenas, de vício quanto ao sujeito.

48. Vide os arts. 48 e 50, VIII, § 1º, da Lei federal 9.784/1999.

49. Vide os arts. 56 a 64-B da Lei federal 9.784/1999.

50. Vide o art. 103-A da Constituição Federal. Vide a Lei federal 11.417, de 19.12.2006. Vide os arts. 56, § 3º, 64-A e 64-B, da Lei federal 9.784/1999.

51. Além desse dispositivo legal, merece referência os arts. 5º, I, "h", V, e VI, e 6º, da Lei Complementar Federal 75/1993.

Segundo o art. 127, *caput*, da Constituição Federal, incumbe ao Ministério Público a defesa da ordem jurídica. E, consoante o art. 129, IX, da Lei Maior, a lei pode atribuir-lhe funções compatíveis com sua finalidade institucional.

Merece registro ainda que a defesa da juridicidade por meio da ação popular não tem o condão de excluir a atuação do Ministério Público.[52]

O autor popular, tal como o Ministério Público na ação civil pública de invalidação, defende a ordem jurídica mediante o pedido da prestação jurisdicional hábil que retire o ato administrativo portador de vício de validade do sistema do direito positivo. Tratando-se de ação popular, a invalidação judicial deve atingir provimento administrativo viciado que seja lesivo ao patrimônio público ou de entidade de que o Estado participe, à moralidade administrativa, ao meio ambiente e ao patrimônio histórico e cultural.

Se é dever-poder do Ministério Público a defesa da ordem jurídica, a lei não pode lhe negar os meios jurisdicionais adequados para fazê-la.

Uma primeira leitura do enunciado do art. 25, IV, "b", da Lei federal 8.625/1993, pode levar ao entendimento de que tanto os atos administrativos nulos como os atos administrativos convalidáveis podem ser invalidados judicialmente por meio da ação civil pública que esse preceito legal enseja. O tema exige várias ponderações.

É interessante lembrar que a legitimidade do Ministério Público para manejar a ação civil pública de invalidação se restringe à proteção de direitos difusos[53] ou coletivos.[54] Em relação aos direitos individuais, apenas se a Constituição ou as leis expressamente assim determinarem.[55]

No que concerne aos direitos difusos e aos direitos coletivos sujeitos à intervenção ministerial, a ação civil pública em

52. Vide o art. 5º, LXXIII, da Constituição Federal. Vide Lei federal 4.717, de 29.6.1965. Sobre a ação popular, consultar: Mancuso, 1996; Meirelles, 2010, pp. 126-158; e Silva, 2011.

53. Vide o art. 81, parágrafo único, I, do Código de Defesa do Consumidor. Defende-se aqui a ideia de que o interesse difuso é idêntico ao interesse público: "Para nós, os *interesses difusos* são sinônimos de *interesses públicos*. Tal como os interesses coletivos, os interesses difusos são interesses transindividuais, uma vez que não se limitam à esfera jurídica do indivíduo. São interesses positivados pela Constituição que os indivíduos os têm enquanto membros da comunidade jurídica, em um dado espaço e num dado tempo sociais. O direito difuso, ao qual se integra o interesse difuso, tem um sujeito ativo indeterminado, embora não o seja o seu sujeito passivo. O sujeito passivo do direito difuso pode ser qualquer pessoa, ou até mesmo o próprio Estado" (França, 2007, p. 110). Pela separação entre interesse difuso e interesse público, por todos, consultar: Mancuso, 1997.

54. Vide o art. 81, parágrafo único, II, do Código de Defesa do Consumidor. Conforme posicionamento próprio, o interesse coletivo representa a dimensão coletiva dos interesses do indivíduo. São aqueles interesses que o indivíduo tem enquanto membro de um grupo dotado de um mínimo de coesão, organização e estrutura, constituído mediante um vínculo jurídico específico, porque há uma relação jurídica-base que une seus membros diante de uma parte adversa. Quando o interesse coletivo é assegurado por uma regra que garanta ao seu titular o direito de provocar a aplicação de sanções ou a invalidação dos atos jurídicos que lhe contrariem, aquele interesse integra o direito subjetivo coletivo: "São direitos cuja titularidade reside no grupo, a quem cabe a exclusividade de invocar os meios de sua tutela, se ameaçados ou lesionados. Apesar de comporem a esfera jurídica do indivíduo, somente são exercidos por este em conjunto com os demais componentes do grupo" (França, 2007, p. 110).

55. Vide o art. 81 da Lei federal 5.869, de 11.1.1973 (Código de Processo Civil).

apreço deve se restringir aos atos administrativos nulos. Destaque-se o disposto no art. 177 do Código Civil que, aplicado ao ato administrativo por analogia, limita a arguição da anulabilidade ao administrado diretamente atingido pelo provimento viciado. A ele, acrescente-se os dispositivos das leis de processo administrativo e as lições doutrinárias já citadas que exigem, para que o ato administrativo seja convalidável, que a correção da anulabilidade não lesione o interesse público nem direito de terceiro.

Caso se admita que o Ministério Público possa promover ação civil pública para a defesa de direitos individuais homogêneos, deve-se endossar o mesmo raciocínio aqui exposto em relação à tutela jurisdicional dos direitos difusos e coletivos.[56]

Caso a invalidade diga respeito à violação ou ameaça a direito individual, somente o administrado prejudicado ou ameaçado tem capacidade processual para manejar a garantia constitucional da ação popular ou propor a ação ordinária prestante para a invalidação judicial de ato administrativo.[57] Nesta situação, o Ministério Público poderá empregar a ação civil pública de invalidação de ato administrativo caso o administrado seja incapaz.[58] Aí sim, justifica-se a iniciativa do Ministério Público para a invalidação de ato administrativo convalidável.

O rito procedimental a ser aplicado à ação civil pública de invalidação é o previsto na Lei federal 7.347/1985. Como não há lei específica para essa ação, a analogia impõe tal providência.[59] Acrescente-se que as demandas destinadas à proteção dos direitos difusos e coletivos amparados pelo referido diploma legal, não raras vezes, envolve a invalidação de atos administrativos.

Nos processos que exigem a intervenção do Ministério Público, este poderá requerer a invalidação judicial do ato administrativo por nulidade (em regra) ou por anulabilidade (caso se trate de direito individual sob sua tutela).[60]

O Ministério Público também poderá manejar o mandado de segurança para obter a invalidação judicial de ato administrativo ilegal ou decorrente de abuso de poder, quando este provimento ameaçar ou lesionar direito individual líquido e certo sujeito à sua tutela.[61] Também parece viável a possibilidade desse órgão empregar tal garantia constitucional para invalidar judicialmente provimentos administrativos que atentem contra suas prerrogativas constitucionais.

Um ponto controverso reside na possibilidade da invalidação judicial de ato administrativo em sede de ação civil contra ato de improbidade administrativa, disciplinada pela Lei federal 8.429, de 2.6.1992.

O ato de improbidade administrativa constitui uma modalidade de ilícito que tem

56. Vide o art. 81, parágrafo único, III, do Código de Defesa do Consumidor. Sobre a tutela jurisdicional dos direitos individuais homogêneos por iniciativa do Ministério Público, consultar: Meirelles, 2010, pp. 302-307; e Zavascki, 1993.

57. Vide o art. 5º, XXXV, LXVIII, LXIX e LXXII, da Constituição Federal. Vide Lei federal 12.016, de 7.8.2009 e Lei federal 9.507, de 12.11.1997.

58. Vide o art. 82, I, do Código de Processo Civil. Sobre a intervenção do Ministério Público no processo civil, consultar: Guimarães, 1987.

59. Vide o art. 4º da Lei de Introdução às Normas de Direito Brasileiro.

60. Vide os arts. 81 a 85 do Código de Processo Civil. Vide o art. 6º, § 4º, da Lei federal 4.717/1965. Vide o art. 12 da Lei federal 12.016, de 7.8.2009.

61. Vide o art. 5º, LXIX, da Constituição Federal. Vide a Lei federal 12.016/2009. Vide art. 6º, VI, da Lei Complementar Federal 75/1993.

regime jurídico distinto daqueles previstos para o ilícito penal e as diversas espécies de ilícito administrativo (cf. Di Pietro, 2009, pp. 803-830; e Nobre Júnior, 2004).

O art. 37, § 4º, da Constituição Federal, estabelece as sanções cabíveis pela prática de ato de improbidade administrativa, sem defini-lo. Por força do princípio da legalidade, os tipos de ato de improbidade administrativa devem ser estabelecidos por lei. Já pela ótica do devido processo legal, somente o Poder Judiciário tem legitimidade para aplicar essas penalidades. Trata-se, sem sombra de dúvida, de sanções cuja gravidade somente é superada pelas sanções penais que ensejam a privação da liberdade.

Em rigor, tanto atos jurídicos como atos materiais podem ser enquadrados como atos de improbidade administrativa. A amplitude dos tipos estabelecidos na Lei federal 8.429/1992 torna perfeitamente lícita essa conclusão.[62] No presente trabalho, interessa aqui analisar os atos administrativos qualificáveis como ato de improbidade administrativa.

Um ato administrativo válido dificilmente poderá ser aceito como ato de improbidade administrativa. Mas nem todo ato administrativo inválido poderá ser tipificado como ato de improbidade administrativa.

A Lei federal 8.429/1992 prevê três submodalidades de ato de improbidade administrativa: (i) atos de improbidade administrativa que importam enriquecimento ilícito;[63] (ii) atos de improbidade administrativa que causam prejuízo ao erário;[64] e, (iii) atos de improbidade administrativa que atentam contra os princípios da administração pública.[65]

Os atos de improbidade administrativa que importam enriquecimento ilícito e aqueles que atentam contra os princípios da Administração Pública exigem o dolo do agente que realizou a conduta para a sua configuração. No contexto da Lei federal 8.429/1992, há dolo quando existe a intenção de se realizar o ato de improbidade administrativa.

É cediço que o desvio de finalidade é vício do ato administrativo, conforme previsto no art. 2º, "e", parágrafo único, "e", da Lei federal 4.717/1965.[66] Nesse diapasão, o provimento administrativo expedido com vício quanto à finalidade deve ser

62. Vide os arts. 9, 10 e 11, todos da Lei federal 8.429/1992.

63. O art. 9º da Lei federal 8.429/1992 tem a seguinte redação: "Art. 9º. Constitui ato de improbidade administrativa importando enriquecimento ilícito auferir qualquer tipo de vantagem patrimonial indevida em razão do exercício de cargo, mandato, função, emprego ou atividade nas entidades mencionadas no art. 1º desta Lei, e notadamente: (...)".

64. O art. 10 da Lei federal 8.429/1992 tem a seguinte redação: "Art. 10. Constitui ato de improbidade administrativa que causa lesão ao erário qualquer ação ou omissão, dolosa ou culposa, que enseje perda patrimonial, desvio, apropriação, malbaratamento ou dilapidação dos bens ou haveres das entidades referidas no art. 1º desta desta Lei, e notadamente: (...)".

65. O art. 11 da Lei federal 8.429/1992 tem a seguinte redação: "Art. 11. Constitui ato de improbidade administrativa que atenta contra os princípios da administração pública qualquer ação ou omissão que viole os deveres de honestidade, imparcialidade, legalidade e lealdade às instituições, e notadamente: (...)".

66. Esse dispositivo tem a seguinte redação: "Art. 2º. São nulos os atos lesivos ao patrimônio das entidades mencionadas no artigo anterior, nos casos de: (...) e) desvio de finalidade. Parágrafo único. Para a conceituação dos casos de nulidade observar-se-ão as seguintes normas: (...) e) o desvio de finalidade se verifica quando o agente pratica o ato visando a fim diverso daquele previsto, explícita ou implicitamente, na regra de competência".

considerado ato de improbidade administrativa, seja em razão dos tipos previstos no art. 9º da Lei federal 8.429/1992, seja por causa daquele descrito no art. 11, I, do mesmo diploma legal.[67]

Todavia, seguindo-se o mesmo raciocínio, não há como se admitir que o ato administrativo portador de outro vício de validade, que não seja o desvio de finalidade, possa ensejar sua tipificação à luz do art. 9º da Lei federal 8.429/1992.

Não se pode conceber que um provimento administrativo com invalidade restrita apenas ao sujeito ou ao procedimento, por exemplo, gere para o seu emissor a aplicação de sanção por ato doloso de improbidade administrativa nos termos do art. 9º da Lei federal 8.429/1992. É indispensável que haja a prova de que o agente público, ao emitir o ato jurídico, tinha a meta consciente de obter enriquecimento ilícito em prejuízo da Administração Pública.

Quanto ao art. 11, I, da Lei federal 8.429/1992, ele permite a punição por ato de improbidade administrativa naquelas situações nas quais o desvio de finalidade não envolve interesse privado, mas, sim, interesse público estranho àquele previsto na regra de competência. Com relação às demais hipóteses abrangidas pelo art. 11 do diploma legal em apreço, os demais vícios de validade poderão servir de base para aplicação das penalidades que lhes são correlatas, desde que haja a comprovação do dolo do agente ao agir contra a probidade administrativa.

No que concerne aos atos de improbidade administrativa que causam prejuízo ao erário, que admitem a culpa para a sua configuração, parece plenamente admissível que os atos administrativos portadores de outros vícios de validade possam também ser tipificados nos termos do art. 10 da Lei federal 8.429/1992.

Entretanto, para que haja a configuração do tipo do art. 10 da Lei federal 8.429/1992 nos provimentos administrativos portadores de vício que não seja o desvio de finalidade, exige-se que a invalidade decorra da culpa do agente público. Por conseguinte, o mero descompasso entre o ato administrativo e o ordenamento jurídico não é condição necessária para a condenação do agente que emitiu o ato jurídico questionado.

Em todos os tipos da Lei federal 8.429/1992, a invalidação do ato administrativo é prejudicial da pretensão condenatória do autor da ação civil. Mantida a validade do provimento administrativo, este não poderá ser enquadrado como ato de improbidade administrativa.

Por conseguinte, a ação civil fundada na Lei federal 8.429/1992 somente poderá ensejar a invalidação de ato administrativo portador de vício de validade.

Seguindo-se essa premissa, não há dúvida de que os atos administrativos nulos que se enquadrem nos tipos legais de ato de improbidade administrativa podem ser objeto de ação civil por ato de improbidade administrativa.

Já os atos administrativos convalidáveis, que pressupõem a ausência de lesão a interesse público e de prejuízo a direito de terceiro para sua manutenção no sistema do direito positivo, não são tipificáveis como atos de improbidade administrativa. Poder-se-ia, talvez, reconhecer a

67. Esse dispositivo legal tem a seguinte redação: "Art. 11. Constitui ato de improbidade administrativa que atenta contra os princípios da administração pública qualquer ação ou omissão que viole os deveres de honestidade, imparcialidade, legalidade e lealdade às instituições, e notadamente: I – praticar ato visando fim proibido em lei ou regulamento ou diverso daquele previsto na regra de competência; (...) ".

possibilidade de que o ato administrativo convalidável seja ato de improbidade administrativa, caso a culpa integre o tipo legal que se queira reconhecer no caso concreto.

6. Ministério Público, inconstitucionalidade e invalidação do ato administrativo

É comum que a pretensão do Ministério Público em obter a invalidação (administrativa ou judicial) do ato administrativo seja fundada na inconstitucionalidade da lei ou ato normativo que lhe serve de suporte de validade. Para compreender melhor esse fenômeno, faz-se necessário uma exposição, ainda que superficial, sobre o controle judicial da constitucionalidade das leis e atos normativos estatais (cf. Dantas, 1996: Ferreira Filho, 2008, pp. 33-46; Meirelles, 2010; Mendes, 1998; e Silva, 2011, pp. 46-61).

De imediato, deve-se deixar claro a premissa de que uma lei (ou ato normativo) somente pode ser formalmente reconhecida como inconstitucional após o pronunciamento do órgão jurisdicional competente. No controle incidental, o Poder Judiciário reconhece a inconstitucionalidade da lei em incidente processual, impedindo-a que ela produza efeitos no caso levado à sua apreciação, embora a norma impugnada possa ser aplicada em casos futuros; no controle principal, o Poder Judiciário declara a inconstitucionalidade da lei como cerne do mérito, retirando-a definitivamente do sistema do direito positivo.

No Brasil, todos os órgãos do Poder Judiciário são competentes para o controle incidental de constitucionalidade, desde que observado o disposto no art. 97 da Constituição Federal tratando-se de tribunal. Trata-se aí do controle difuso de constitucionalidade.

No que concerne ao controle principal, o ordenamento jurídico brasileiro outorga essa competência: (i) ao Supremo Tribunal Federal, nas hipóteses de antinomia entre a lei (ou ato normativo) de qualquer nível da federação e a Constituição Federal;[68] e (ii) aos Tribunais de Justiças, nos casos de antinomia entre as leis (ou atos normativos) estaduais e locais em face da Constituição Estadual;[69]

Na invalidação administrativa, a Administração não tem legitimidade para recusar o cumprimento de lei (ou ato normativo) que ela entende inconstitucional (cf. França, 2007, pp. 162-165).[70] Caso queira retirá-la do sistema do direito positivo e viabilizar a desconstituição dos atos administrativos nela fundados, exige-se que o Chefe do Poder Executivo ingresse com a ação direta de inconstitucionalidade ou a ação de arguição de descumprimento de preceito fundamental. Se a opção é pela manutenção de atos administrativos arrimados em lei de constitucionalidade controversa, há à disposição da autoridade máxima da Administração a ação declaratória de constitucionalidade.

Tratando-se da Administração municipal, demanda-se ação ordinária ou ação civil pública que provoque o controle difuso de constitucionalidade e permita-lhe invalidar (ou abster-se de expedir) provimentos administrativos fundados em lei inconstitucional. Todavia, para se prevenir a usurpação da competência jurisdicional do Supremo Tribunal Federal ou

68. Vide os arts. 102, *caput*, I, "a", §§ 1º e 2º, e 103, ambos da Constituição Federal. Vide Lei federal 9.898, de 10.11.1999, e Lei federal 9.882, de 3.12.1999.

69. Vide o art. 125, § 2º, da Constituição Federal.

70. Em sentido contrário, consultar: Binenbojm, 2006, pp. 173-191.

do Tribunal de Justiça, essa iniciativa da Administração municipal deve se restringir a casos concretos bem delimitados.

Não se nega aqui a subordinação da Administração à Constituição, nem a sua vinculação aos direitos e garantias fundamentais, nos termos do art. 5º, § 1º, da Lei Maior. Todavia, o fato de que a autoridade deva exercer suas competências administrativas em harmonia e coerência com as normas constitucionais incidentes no caso concreto, não afasta a possibilidade de ocorrerem situações nas quais a hermenêutica não consegue construir uma norma jurídica compatível com a Constituição com base no texto legal que foi destinado à Administração.

Além do mais, é preceito básico do ordenamento jurídico brasileiro que as competências estatais devem ter amparo constitucional ou legal. Somente após o pronunciamento do órgão jurisdicional competente em sede de controle concentrado de constitucionalidade, insista-se, a invalidação administrativa se mostra juridicamente legítima.

Logo, não há como a Administração atender a recomendação do Ministério Público no sentido de invalidar ato administrativo fundado em lei cuja inconstitucionalidade não foi ainda reconhecida pelo órgão jurisdicional competente em sede de controle concentrado de constitucionalidade.

Naturalmente, se a Administração adota a posição de que ela tem a possibilidade de recusar a aplicação de lei que ela reputa inconstitucional, fica difícil para o gestor público negar atendimento à recomendação ministerial. Inclusive, é possível que o Ministério Público ingresse em juízo para defender a aplicação da lei controversa, seja por meio da ação declaratória de constitucionalidade, seja por meio de ação civil pública destinada à preservação dos atos administrativos nela alicerçados.

Com relação aos atos normativos, deve-se reconhecer a possibilidade jurídica da invalidação administrativa destes provimentos por inconstitucionalidade, desde que realizada pela autoridade (ou órgão) que os emitiu ou que lhe seja hierarquicamente superior.[71] A simples revogação do ato normativo não seria satisfatória, uma vez que os atos administrativos praticados durante a sua vigência não perderiam seu suporte de validade.

Por conseguinte, a invalidação administrativa de ato administrativo fundada na inconstitucionalidade de ato normativo é viável, desde que este tenha sido anteriormente invalidado pelo órgão administrativo competente.

Nesse quadro, é evidente que a recomendação ministerial deverá ser orientada para a invalidação administrativa do ato normativo. Persistindo a Administração em mantê-lo, caberá ao Ministério Público

71. Tanto o ato normativo que dispõe sobre matéria que ainda não foi objeto de lei, como aquele que viola frontalmente a lei, deve ser considerado inconstitucional por violação imediata do princípio constitucional da legalidade administrativa, constante do art. 5º, II, e do art. 37, *caput*, ambos da Constituição Federal. Se o ato normativo entra em conflito com ato normativo que lhe deva ser superior, há uma violação mediata da Constituição, em face do art. 84, II, IV e VI, e do art. 87, parágrafo único, ambos da Lei Maior. Somente este caso deveria ficar de fora da ação direta de inconstitucionalidade e da ação declaratória de constitucionalidade, tratando-se da análise da validade do ato normativo pelo Supremo Tribunal Federal. Não se vê justificativa plausível, portanto, em se restringir o controle concentrado da constitucionalidade do ato normativo aos chamados "regulamentos autônomos", como tem entendido esta corte de justiça. Vide o julgado STF, ADI 999-6-DF, Rel. Min. Celso de Mello, *DJU* 6.5.1994.

buscar a sua invalidação judicial pelo controle concentrado de constitucionalidade.

Havendo decisão definitiva de mérito do Supremo Tribunal Federal sobre a validade da lei (ou do ato normativo), em sede de controle concentrado de constitucionalidade, a Administração deverá instaurar os processos administrativos de invalidação indispensáveis para a extinção dos atos administrativos que contrariem esse pronunciamento jurisdicional.[72] Se a Administração se omitir em fazê-lo diante de recomendação ministerial nesse sentido, o Ministério Público terá à sua disposição a reclamação constitucional para viabilizar a invalidação judicial desses provimentos administrativos.[73]

Ainda no que diz respeito à invalidação judicial, tem-se admitido o controle incidental de constitucionalidade no contexto da ação civil pública, desde que a inconstitucionalidade da lei não seja o cerne da pretensão do Ministério Público.[74]

Entretanto, merece extrema reserva e cautela tal providência pelas seguintes razões: (i) o chefe do Ministério Público tem competência para propor ação direta de inconstitucionalidade ou ação de arguição de descumprimento de preceito fundamental junto ao Supremo Tribunal Federal ou ao Tribunal de Justiça, conforme o alcance de suas atribuições funcionais;[75] (ii) a sentença, na ação civil pública, tem eficácia *erga omnes*, permitindo ao juiz de primeira instância fulminar em toda sua integralidade a eficácia da lei considerada inconstitucional.[76]

Se o Chefe do Ministério Público tem a aptidão para obter a extinção da norma legal questionada por meio dos instrumentos que o ordenamento jurídico lhe faculta em sede de controle concentrado de constitucionalidade, perde o sentido e a razoabilidade a proposição de ação civil pública que procura alcançar o mesmo resultado jurídico.

A ação civil pública portadora de pedido de declaração incidental de incons-

72. Vide o art. 102, § 2º, da Constituição Federal. Vide os arts. 22 a 28 da Lei federal 9.868/1999. Vide os arts. 10 a 12 da Lei federal 9.882/1999.

73. Vide art. 102, I, "l", da Constituição Federal. Vide art. 13 da Lei federal 9.882/1999.

74. Nessa matéria, convém examinar os seguintes julgados:

"*Reclamação – Procedência – Usurpação da competência do STF (CF, art. 102, I, 'a').* Ação civil pública em que a declaração de inconstitucionalidade com efeitos *erga omnes* não é posta como causa de pedir, mas, sim, como o próprio objeto do pedido, configurando hipótese reservada à ação direta de inconstitucionalidade de leis federais, da privativa competência originária do Supremo Tribunal" (STF, Rcl 2.224-SP, Rel. Min. Sepúlveda Pertence, Pleno, *DJU* 10.2.2006).

"*Processual Civil e Administrativo – Violação do art. 535 do CPC não caracterizada – Ação Civil Pública – Declaração incidental de inconstitucionalidade – Pedido principal – Impossibilidade.* 1. Não ocorre ofensa ao art. 535, II, do CPC, se o Tribunal de origem decide, fundamentadamente, as questões essenciais ao julgamento da lide. 2. Segundo a jurisprudência do STJ, em tese, é possível a declaração incidental de inconstitucionalidade, na ação civil pública, de quaisquer leis ou atos normativos do Poder Público, desde que a controvérsia constitucional não figure como pedido, mas sim como causa de pedir, fundamento ou simples questão prejudicial, indispensável à resolução do litígio principal, em torno da tutela do interesse público. 3. Hipótese em que a matéria constitucional no presente feito não é simples causa de pedir ou questão incidental, mas pedido principal. 4. Recurso especial não provido" (STJ, REsp. 1.096.456-MG, Rela. Min. Eliana Calmon, Segunda Turma, *DJ-e* 1.7.2009).

75. Vide os arts. 103, VI, 128, §§ 1º a 3º, e 129, IV, todos da Constituição Federal.

76. Sobre a matéria, consultar: Meirelles, 2008, pp. 242-247. Vide art. 16 da Lei federal 7.347/1985.

titucionalidade de lei deve ser manejada com bastante parcimônia pelo Ministério Público. Caso ela tenha por objeto um ou mais atos administrativos perfeitamente identificados, ela poderá ser admitida e ter o seu mérito julgada pelo juízo que a receber. Por outro lado, se ela se destinar ao esvaziamento completo da eficácia jurídica da lei atacada, impedindo-a de ser integralmente aplicada, impõe-se a sua rejeição imediata pela impossibilidade jurídica de seu pedido.

No que diz respeito ao ato administrativo que viola Súmula Vinculante, o Ministério Público poderá apresentar reclamação constitucional ao Supremo Tribunal Federal, caso a Administração se recuse a observar a recomendação ministerial pela invalidação administrativa desse provimento.[77]

Por fim, parece evidente que o Ministério Público terá plena legitimidade para ingressar com ação civil pública destinada à invalidação judicial dos atos administrativos que contrariem súmulas vinculantes ou decisões definitivas de mérito tomadas em sede de controle concentrado de constitucionalidade. O ideal seria que essas iniciativas somente fossem tomadas após a expedição de recomendações pela invalidação administrativa, salvo se as circunstâncias do caso concreto impuseram o contrário.

7. *Considerações finais*

Não há dúvida de que o Ministério Público, por imposição constitucional, é essencial ao Estado de Direito instituído com a entrada em vigor da atual Constituição Federal.

É certo que o ordenamento jurídico vigente lhe outorga amplas e diversas competências Todavia, a eficiência da atuação do Ministério Público pressupõe a coerência entre a ação e a juridicidade. Do contrário, as condutas ilícitas que se quer reprimir passarão incólumes em razão de vícios insanáveis de competência e de procedimento.

Na invalidação administrativa, o Ministério Público deve reconhecer as suas limitações perante o princípio da separação dos Poderes, abstendo-se de contar apenas com o temor reverencial que os gestores públicos mal assessorados lhe devotam.

Na invalidação judicial, abre-se maior espaço para a defesa da juridicidade pelo Ministério Público. Contudo, a carência de serenidade no manejo dos instrumentos processuais que estão à sua disposição pode esvaziá-los, ao se procurar atingir provimentos jurisdicionais que jamais poderiam ser proferidos no caso concreto.

De todo modo, a boa atuação do Ministério Público no controle da atividade administrativa do Estado exige o respeito aos direitos e garantias constitucionais presentes no sistema do direito positivo.

Referências bibliográficas

ALVIM, Arruda. *Manual de direito processual civil.* v. 1. São Paulo, Ed. RT, 1996.

BANDEIRA DE MELLO, Celso Antônio. *Curso de direito administrativo.* 28ª ed. São Paulo, Malheiros Editores, 2011.

BANDEIRA DE MELLO, Oswaldo Aranha. *Princípios de Direito Administrativo*, vol. 1. 3ª ed., 2ª tir. São Paulo, Malheiros Editores, 2010.

BINENBOJM, Gustavo. *Uma teoria do direito administrativo: direitos fundamen-*

77. Vide o art. 7º da Lei federal 11.417/2006.

tais, democracia e constitucionalização. Rio de Janeiro, Renovar, 2006.

BRAGA, Pedro. "O Ministério Público na Constituição de 1988". *Revista de Informação Legislativa.* Brasília, Senado Federal, Subsecretaria de Edições Técnicas, a. 45, n. 179: 57-80, jul./set. 2008.

COSTA, José Américo A. "Invalidação 'ex officio' dos atos administrativos pelo juiz". *Revista de Informação Legislativa.* Brasília, Senado Federal, Subsecretaria de Edições Técnicas, a. 32, n. 127: 203-205, jul./set. 1995.

CARVALHO, Paulo de Barros. *Direito tributário: fundamentos jurídicos da incidência.* 2ª ed. São Paulo, Saraiva, 1999.

DALLARI, Adilson Abreu. "Limitações à atuação do Ministério Público na ação civil pública". In BUENO, Cássio Scarpinella; PORTO FILHO, Pedro Paulo de Rezende (orgs.). *Improbidade administrativa: questões polêmicas e atuais.* São Paulo, Malheiros Editores, 2001, pp. 19-43.

DANTAS, Ivo. *O valor da Constituição: do controle de constitucionalidade como garantia da supralegalidade constitucional.* Rio de Janeiro, Renovar, 1996.

DI PIETRO, Maria Sylvia Zanella. *Direito administrativo.* 22ª ed. São Paulo, Atlas, 2009.

DIDIER JR, Fredie. *Curso de direito processual civil.* 8ª ed. Salvador, Jus Podivm, 2007.

DINAMARCO, Cândido Rangel. *Instituições de direito processual civil,* v. 1. 6ª ed. São Paulo, Malheiros Editores, 2009.

FERREIRA, Pinto. "O Ministério Público e a Advocacia de Estado". *Revista de Informação Legislativa.* Brasília, Senado Federal, Subsecretaria de Edições Técnicas, a. 24, n. 96: 201-232, out./dez. 1987.

FERREIRA FILHO, Manoel Gonçalves. *Curso de direito constitucional.* São Paulo, Saraiva, 2008.

FRANÇA, Vladimir da Rocha. *Invalidação judicial da discricionariedade administrativa no regime jurídico-administrativo brasileiro.* Rio de Janeiro, Forense, 2000.

————. *Estrutura e motivação do ato administrativo.* São Paulo, Malheiros Editores, 2007.

GUIMARÃES, Lázaro. "A intervenção do Ministério Público no processo civil". *Revista de Informação Legislativa.* Brasília, Senado Federal, Subsecretaria de Edições Técnicas, a. 16, n. 63: 255-264, jul./set. 1979.

KELSEN, Hans. *Teoria pura do direito.* 3ª ed. Tradução de João Baptista Machado. São Paulo, Martins Fontes, 1991.

MANCUSO, Rodolfo de Camargo. *Ação popular: proteção do erário; do patrimônio público; da moralidade administrativa; e do meio ambiente.* 2ª ed. São Paulo, Ed. RT, 1993.

————. *Interesses difusos: conceito e legitimação para agir.* 4ª ed. São Paulo, Ed. RT, 1997.

MAZZILLI, Hugo Nigro. "O Ministério Público e a defesa do regime democrático". *Revista de Informação Legislativa.* Brasília, Senado Federal, Subsecretaria de Edições Técnicas, a. 35, n. 138: 65-73, abr./jun. 1998.

MEIRELLES, Hely Lopes, WALD, Arnoldo e MENDES, Gilmar Ferreira. *Mandado de segurança e ações constitucionais.* 33ª ed. São Paulo, Malheiros Editores, 2010.

MENDES, Gilmar Ferreira. *Direitos fundamentais e controle de constitucionalidade: estudos de direito constitucional.* São Paulo, Celso Bastos Editor/IBDC, 1998.

MIRRA, Álvaro Luiz Valery. "Interesses difusos: a ação civil pública e a Constituição". *Revista de Informação Legislativa.* Brasília, Senado Federal, Subsecretaria de Edições Técnicas, a. 24, n. 94: 169-174, abr./jun. 1987.

NOBRE JÚNIOR, Edilson Pereira. "Improbidade administrativa: alguns aspectos controvertidos". *RDA* 235/61-91, jan./mar. 2004. Rio de Janeiro, Renovar.

PAULA, Edylcéa Tavares Nogueira de. "Ministério Público, o novo poder da República e da Federação Brasileira na Constituição Federal de 1988". *Revista de Informação Legislativa*. Brasília, Senado Federal, Subsecretaria de Edições Técnicas, a. 29, n. 114: 133-148, abr./jun. 1992.

SEABRA FAGUNDES, Miguel. *O controle dos atos administrativos pelo Poder Judiciário*. 7ª ed. Atualização de Gustavo Binenbojm. Rio de Janeiro, Forense, 2005.

SOARES, José de Ribamar Barreiros. "O papel do Ministério Público no controle da Administração Pública à luz da Constituição de 1988". *Revista de Informação Legislativa*. Brasília, Senado Federal, Subsecretaria de Edições Técnicas, a. 32, n. 128: 231-235, jul./set. 1995.

SILVA, José Afonso da. *Curso de direito constitucional positivo*. 34ª ed. São Paulo, Malheiros Editores, 2011.

————. *Ação popular constitucional: doutrina e processo*. 2ª ed. São Paulo, Malheiros Editores, 2007.

VILANOVA, Lourival. *As estruturas lógicas e o sistema do direito positivo*. São Paulo, Max Limonad, 1997.

————. *Causalidade e relação no direito*. São Paulo, Saraiva, 2000.

ZANCANER, Weida. *Da convalidação e da invalidação dos atos administrativos*. 3ª ed. São Paulo, Malheiros Editores, 2008.

ZAVASCKI, Teori Albino. "O Ministério Público e a defesa de direitos individuais homogêneos". *Revista de Informação Legislativa*. Brasília, Senado Federal, Subsecretaria de Edições Técnicas, a. 30, n. 117, jan./mar. 1993.

PRINCÍPIO DA TITULARIDADE PÚBLICA DAS COISAS DE NINGUÉM

RICARDO MARCONDES MARTINS

Doutor em Direito Administrativo pela PUC/SP.
Professor de Direito Administrativo da Faculdade de Direito da PUC/SP.
Membro do Instituto de Direito Administrativo Paulista-IDAP

1. Breve introdução. 2. Princípio da titularidade pública das coisas de ninguém. 3. Tutela da propriedade privada de domínio incerto. 4. A propriedade da herança jacente. 5. Aspectos processuais. 6. Efeitos da sentença de vacância. 7. Usucapião dos bens da herança vacante. 8. Outras questões. Referências Bibliográficas.

1. Breve introdução

A *herança jacente* e a *herança vacante* são inegavelmente institutos complexos, envoltos em acirradas divergências. Surpreendentemente, os juristas que se debruçaram sobre o tema não conseguiram compreendê-los adequadamente. Talvez porque, apesar de se tratar de assunto diretamente afeto ao *direito público*, ao *regime jurídico* dos *bens públicos*, foi estudado apenas na seara do direito privado, quase sempre por civilistas. Este estudo não pretende apenas expor os textos normativos que regem a matéria; também não pretende apenas inventariar as posições doutrinárias e jurisprudências existentes. Pretende, sim, examinar a jacência e a vacância sob um enfoque científico. Busca-se sua correta compreensão, à luz do ordenamento vigente. Sem embargo, se as propostas hermenêuticas aqui apresentadas não forem acatadas pela comunidade científica, que ao menos fomentem novos debates e reflexões.

2. Princípio da titularidade pública das coisas de ninguém

Muitos ordenamentos jurídicos não admitem a existências de patrimônio sem dono: todo bem patrimonial pertence a alguém: ou a um particular ou ao Estado. Trata-se, pois, do *princípio da titularidade pública das coisas de ninguém*, segundo o qual os bens patrimoniais que não pertencem a nenhum particular pertencem ao Estado. Mas não há uma regra universal: em alguns ordenamentos, esse princípio é acolhido apenas parcialmente, em outros simplesmente não é acolhido. Dois exemplos: a) o *direito italiano* adota-o para os *bens imóveis* – nos termos do art. 827 do Código Civil italiano "os bens imóveis que não constituem propriedade de ninguém, cabem ao patrimônio do Estado". Não o acolhe para os bens *móveis*: permite que haja coisas móveis de ninguém e admite a aquisição da propriedade pela *ocupação* (arts. 923) e pela *descoberta* (art. 929). b) O *direito francês* acolhe-o de forma radical: nos termos do art. 539 do Código de Napoleão "todos os bens vacantes e sem dono, e os das pessoas que morreram sem herdeiros, ou das quais as heranças foram abandonadas, pertencem ao domínio público". No Código Civil brasileiro não há regra idêntica a essas. Daí a pergunta: vigora no direito brasileiro esse princípio e, se sim, com que amplitude?

O *direito de conquista*, que reconhece o domínio do solo ao vencedor, foi aplicado aos territórios do chamado Novo Mundo: o domínio foi atribuído aos países que proclamaram as respectivas descobertas.[1] Todo território brasileiro passou ao domínio da Coroa Portuguesa, daí advindo o *caráter público* da origem da propriedade fundiária no Brasil.[2] A Coroa dividiu o território brasileiro em largos lotes de terras, concedidos por cartas de doação, transmissíveis hereditariamente e, por isso, chamados de *capitanias hereditárias*. O capitão-donatário tinha o poder de conceder sesmarias e transmitir gratuitamente o domínio útil da terra ao colono, denominado sesmeiro, que teria a obrigação de medi-la, demarcá-la e cultivá-la. O cumprimento das obrigações acarretava a *confirmação* do capitão ou do Rei, atribuindo a propriedade ao sesmeiro. Eis a origem da propriedade fundiária privada no Brasil. Descumpridas as obrigações, o sesmeiro sofria a pena de *comisso*, caducava a concessão da sesmaria, acarretando a *devolução* da terra à capitania. Surgiam, assim, as *terras devolutas*, bens públicos, portanto. A Lei 601/50, posteriormente o Decreto-lei 9.760/46 e, depois, o Decreto-lei 2.375/87 estenderam o conceito de terra devoluta para abranger não apenas as terras *devolvidas* pelos particulares que descumpriram os requisitos para aquisição, mas também as *terras públicas* não afetadas a um uso público e não *registradas*.[3] A origem pública da propriedade fundiária afirma o princípio da *titularidade pública das coisas de ninguém* para o momento inicial: de início, a propriedade ou era de um particular ou era do Poder Público.

Com a *confirmação*, surgia a propriedade privada fundiária e esta poderia restar sem dono, ou por abandono ou por inexistência de herdeiros. Além dessas duas causas, a propriedade mobiliária poderia restar sem dono pela *perda*. Há, porém, várias *regras* no Código Civil brasileiro que positivam o princípio da titularidade pública das coisas de ninguém, tanto para bens imóveis como para bens móveis. 1)

1. Cf. Oswaldo Aranha Bandeira de Mello, *Razões da apelante na Apelação Cível n. 22.575*, pp. 35 e ss.

2. Como bem afirma Ligia Osorio Silva, em magistral tese de doutoramento: "uma das características da constituição da propriedade da terra no Brasil é que a propriedade territorial se constituiu fundamentalmente a partir do patrimônio público" (*Terras devolutas e latifúndio*, 2ª ed., p. 18).

3. Cf. Nilma de Castro Abe, *Gestão do patrimônio imobiliário*, pp. 142-147; Celso Antônio Bandeira de Mello, *Curso de direito administrativo*, 28ª ed., pp. 920-921.

Os *bens imóveis abandonados*, nos termos dos arts. 1.275, III, e 1.276, ambos do CC, pertencem aos Municípios, se situados na zona urbana, e à União, se situados na zona rural. O direito brasileiro adotou a *teoria sabiniana* e não a *proculeiana*: o abandono não exige a ocupação:[4] abandonados os bens imóveis, passam ao domínio do poder público. 2) As coisas *perdidas*, também chamadas de *vagas*, passam, nos termos do art. 1237 do CC, ao domínio dos Municípios. A *descoberta* ou a *invenção* não configura, no direito brasileiro, hipótese de aquisição da propriedade, diferentemente do que ocorre no direito italiano (o art. 929 do Código Civil italiano atribui a propriedade da coisa achada a quem a achou). O descobridor deve entregar a coisa à autoridade policial e esta deve publicar na imprensa a descoberta; se o proprietário não aparecer, a coisa passa ao domínio da Urbe. Perceba-se: coisa móvel abandonada cuja posse não tenha sido voluntariamente transferida a outrem (a propriedade da coisa móvel transfere-se pela tradição, nos termos do art. 1.267 do CC) é *presumida* uma *coisa perdida* e deve ser tratada como tal. 3) Os bens de associação civil extinta, nos termos do art. 61 do CC, na omissão do estatuto, passam ao domínio do poder público – municipal, estadual ou federal, a depender da deliberação dos sócios. 4) A pessoa *ausente*, quer dizer, que desaparece, é, em determinado momento, presumida *morta* (art. 26 do CC); se não deixou herdeiros, seus bens passam ao domínio do Município ou, se localizados em território federal, da União, nos termos do parágrafo único do art. 39 do CC. 5) Finalmente, se a pessoa morre e não deixa herdeiros (ou se todos renunciam à herança ou dela são excluídos), seus bens também passam ao domínio do Município ou, se localizados em território federal, da União, nos termos do art. 1.822 do CC. Feita essa enumeração, observa-se: só existe uma exceção no direito brasileiro ao *princípio da titularidade pública das*

4. Cf. Francisco Cavalcanti Pontes de Miranda, *Tratado de direito privado*, tomo XIV, 4ª ed., § 1.605, pp. 133-134. O instituto do *abandono* não foi previsto no Código Civil Alemão (*BGB*). Deveras, dispõe o § 928: "A propriedade sobre um prédio pode ser abandonada pela circunstância de que o proprietário declare a renúncia ante o ofício do Livro de Imóveis e a renúncia seja inscrita no Livro de Imóveis". Perceba-se: o abandono no direito alemão exige a renúncia. No direito brasileiro, os conceitos possuem *autonomia* indiscutível. Dispõe o art. 1.275 do CC: "Além das causas consideradas neste Código, perde-se a propriedade: I – por alienação; II – pela renúncia; III – por abandono; IV – por perecimento da coisa; V – por desapropriação". Os incisos II e III deixam clara a consagração da *autonomia* da teoria do abandono ou, noutros termos, a consagração do *princípio da suficiência da derrelicção*. O direito brasileiro afastou-se da orientação proculeiana em favor da sabiniana. Enquanto a renúncia é o "ato pelo qual o proprietário declara explicitamente o propósito de despojar-se do seu direito", o abandono é o "ato pelo qual o proprietário se desfaz da coisa que lhe pertence, por não querer continuar seu dono" (Orlando Gomes, *Direitos reais*, 13ª ed., § 129, p. 185). A diferença é ditada pelo parágrafo único do art. 1.275 do CC. *In literis*, "nos casos dos incisos I e II, os efeitos da perda da propriedade imóvel serão subordinados ao registro do título transmissivo ou do ato renunciativo no Registro de Imóveis". Perceba-se: a *renúncia*, ao contrário do abandono, exige registro, exige expressa manifestação do proprietário. No abandono, o proprietário não manifesta sua vontade, não leva ao registro seu ato de disposição. Em rigor: renúncia é *ato jurídico*, abandono é *fato jurídico*. A primeira é manifestação de vontade do proprietário a que o Direito confere efeitos jurídicos, a segunda é acontecimento do mundo fenomênico a que o Direito atribui efeitos jurídicos. Conclui-se: o direito brasileiro distingue o fato jurídico do abandono do ato jurídico da renúncia; o abandono, por si, gera a *perda da propriedade imobiliária* independente de manifestação expressa do proprietário.

coisas de ninguém. Trata-se das *coisas móveis* que não tenham pertencido a alguém, nem aos particulares nem ao Poder Público, e que sejam passíveis de apropriação: são as únicas *coisas adéspotas*, sem dono. A elas, aplica-se o artigo 1.263 do CC: são passíveis de *ocupação*.

Da análise sistemática do Código Civil, em especial das regras positivadas nos arts. 39, 61, 1.237, 1.276 e 1.822, infere-se um *princípio implícito*:[5] o *princípio da titularidade pública das coisas de ninguém*, segundo o qual, como regra geral, todo bem patrimonial que não pertença a um particular pertence ao Poder Público. Só há uma exceção a esse princípio: coisas móveis que nunca foram de propriedade particular ou pública e sejam passíveis de apropriação são consideradas coisas de ninguém e, pois, passíveis de *ocupação* pública ou privada.[6] Esse princípio implícito é um *princípio de direito público*, decorrente da soberania estatal, do domínio do Estado sobre seu território.[7] Por isso, faz-se necessária *regra legislativa expressa* para ser excetuado. Essa é a primeira conclusão que se apresenta: o instituto da *herança vacante* é uma *decorrência direta*

5. Da leitura das regras específicas extraem-se os princípios *implícitos*. Nas oportunas palavras de Giorgio Del Vecchio: "Assim, as regras particulares do direito não se tornam verdadeiramente inteligíveis se não se relacionam com os princípios de onde procedem; muito embora estes não se achem, e a maior parte das vezes não estarão, formulados nos códigos. Daí a necessidade, para a prática judicial inclusive, de uma profunda elaboração científica do direito, vale dizer, de uma construção lógica e sistemática, na qual as ideias diretoras e os princípios informativos de todo o sistema tomem o primeiro posto em relação às disposições particulares. O estudo destas pode somente dar oportunidade ao reconhecimento daqueles princípios, mediante o referido processo retrospectivo, enquanto os aludidos princípios já haviam, precedentemente, indicado, por si mesmos, as normas, que, entretanto, somente em parte os refletem" (*Princípios gerais do direito*, p. 21).

6. Registra-se a respeitável discordância de Pontes de Miranda: "A concepção de que ao Príncipe toca o que, no território não pertence a outrem, particular ou entidade de direito público, é concepção superada. As terras ou são dos particulares, ou do Estado, ou *nullius*. Nem todas as terras que deixam de ser de pessoas físicas ou jurídicas se devolvem ao Estado. Ao Estado vai o que foi abandonado, no sentido preciso do art. 589, III [*do Código Civil de 1916*]. Ao Estado foi o que, segundo as legislações anteriores ao Código Civil, ao Estado se devolvia. A expressão 'devolutas', acompanhando 'terras', a esse fato se refere. O que não foi devolvido não é devoluto. Pertence ao particular, ou ao Estado ou a ninguém pertence. Quanto às terras que a ninguém pertence e sobre as quais ninguém tem poder, o Estado – como qualquer outra pessoa, física ou jurídica – delas pode tomar posse. Então, é possuidor sem ser dono" (*Tratado de direito privado*, tomo XII, 4ª ed., § 1.418, pp. 441-442, esclarecimento nosso). Com todo respeito, discorda-se do notável jurista. Seu entendimento contraria o direito positivo brasileiro. Terras que não são de ninguém, pertencem ao Estado, ele é dono. Claro que as terras que pertencem a um particular, essas sim, podem ser possuídas por outrem e, pois, serem adquiridas por usucapião.

7. A doutrina distingue o *domínio eminente* do *domínio patrimonial*. Segundo Hely Lopes Meirelles o domínio eminente é o "poder político pelo qual o Estado submete à sua vontade todas as coisas de seu território. É uma das manifestações da Soberania interna; não é direito de propriedade" (*Direito administrativo brasileiro*, 37ª ed., p. 561). Pouco adiante, conceitua o domínio patrimonial como um "direito de propriedade" e explica: "Esse poder superior (eminente) que o Estado mantém sobre todas as coisas existentes em seu território não se confunde com o direito de propriedade que o mesmo Estado exerce sobre as coisas que lhe pertencem, por aquisição civil ou administrativa" (ob. cit., p. 562). O *domínio público* ou *eminente* exterioriza-se, assim, em *poderes de soberania* e *direitos de propriedade*. Pois bem, afirma-se aqui que com fundamento no *domínio público* ou *eminente* extrai-se um princípio regente do *direito de propriedade pública*, praticamente desprezado

do *princípio da titularidade pública das coisas de ninguém.*[8]

3. *Tutela da propriedade privada de domínio incerto*

O direito de propriedade é um *direito fundamental*, nos termos do inciso XXII do art. 5º da CF/88. O sistema jurídico brasileiro possui um denso regime protetor desse direito: há um verdadeiro *sistema de tutela da propriedade privada*. Afirmou-se aqui a existência de um princípio implícito segundo o qual se o bem patrimonial não for de propriedade de nenhum particular, ele é de propriedade do Estado, ressalvadas apenas as coisas móveis que nunca tiveram dono e sejam passíveis de apropriação. A correta compreensão das regras decorrentes desse princípio, mencionadas no item anterior, exige atentar para esta noção: o sistema jurídico brasileiro consagra um minucioso *sistema protetor da propriedade privada de domínio incerto*. Dessarte, há um acentuado número de regras jurídicas que protegem a propriedade privada cujo proprietário é *incerto*. Coerentemente, se de um lado o sistema jurídico considera *públicos* os bens patrimoniais que não pertencem aos particulares, quer dizer, atribui ao Poder Público a propriedade desses bens, por outro busca a *máxima certeza possível* sobre a *inexistência do domínio privado*.

A *tutela da propriedade privada* é a base do regime jurídico da *perda* (arts. 1.233 a 1.237 do CC e 1.170 a 1.176 do CPC). Tutela-se a propriedade de quem perde. A perda não configura hipótese de *perda da propriedade*: a coisa perdida continua sendo de propriedade de quem a perdeu. Donde, o descobridor ou inventor não adquire a propriedade da coisa achada: o art. 1.233 do CC e o art. 1.170 do CPC obrigam-no a entregá-la à autoridade policial. Apropriar-se de coisa perdida é *crime*, nos termos do art. 169, II, do CP. Em tutela da propriedade privada de quem perdeu, o sistema exige a *arrecadação* da coisa, nos termos do art. 1.170 do CPC, seguida do depósito e da publicação de editais por duas vezes, com intervalo de dez dias, para que o proprietário a reclame, nos termos do art. 1.171. Perceba-se: o sistema está, nesses dispositivos, protegendo a propriedade privada incerta. Isso porque não se sabe – há uma *incerteza* – se a propriedade privada existe no mundo fenomênico, se de fato houve uma perda; ou se a propriedade privada não existe no mundo fenomênico, se não houve uma perda, mas um *abandono*. No primeiro caso, a propriedade é privada, mas não se sabe de quem; no segundo, a propriedade é pública, por força do *princípio da titularidade pública das coisas de ninguém*. Por causa dessa dúvida e em tutela da eventual propriedade privada a coisa é arrecadada, depositada e descrita em editais. A tutela não pode durar para sempre. Se o proprietário não aparece no prazo de 60 dias contados da última

pela doutrina, o princípio *da titularidade pública das coisas de ninguém*. Em síntese: as coisas que não pertencem aos particulares são, como regra geral, por força do *domínio eminente*, de *domínio patrimonial do Estado*.

8. Como bem explica Maria Berenice Dias: "A declaração de vacância depende de procedimento judicial, que 'devolve' os bens ao poder público. Esta expressão utilizada pela lei parte da idéia de que os bens são públicos, havendo a possibilidade de serem objeto de apropriação. Quando não são da titularidade de ninguém, pertencem à comunidade. Assim, reconhecido que determinado bem não tem dono, é considerado bem público (CC 98): são públicos os bens do domínio nacional pertencentes às pessoas jurídicas de direito público interno. Declarada a vacância, os bens do *de cujus* caem no domínio do Município onde se encontram" (*Manual das sucessões*, p. 496).

publicação, o sistema presume que houve *abandono* e, pois, que a coisa passou a ser de propriedade do Município. Dispõe o art. 1.237 do CC que a coisa deve ser vendida em hasta pública e o valor, deduzidas as despesas e a recompensa do descobridor (o sistema o premia), deve ser atribuído ao Município em cujo território estava o objeto perdido. Claro que a alienação é apenas facultativa: se o Município optar por pagar a recompensa e as despesas, não é obrigado a aliená-la.[9]

A *tutela dos bens dos ausentes* é a base do regime jurídico da *ausência* (arts. 22 a 39 do CC e 1.159 a 1.169 do CPC). Tutela-se a propriedade de quem desaparece. O procedimento possui três fases. 1) A primeira é a fase da *curadoria* dos bens do ausente: se a pessoa desaparece, sem deixar procurador, o juiz, a pedido de qualquer interessado ou do Ministério Público, deve declarar a ausência, nomear curador e determinar a arrecadação dos bens (CC, art. 22; CPC, arts. 1.159 e 1.160). Após a arrecadação, são publicados editais durante um ano, reproduzidos de dois em dois meses, chamando o ausente a entrar na posse dos seus bens (CPC, art. 1.161). Com o regresso do ausente, perceba-se, a este é entregue seu patrimônio, abatidas apenas as despesas e a remuneração do curador. 2) A segunda é a fase da *sucessão provisória*: após um ano da *declaração de ausência*, se o ausente não deixou representante ou procurador, ou três anos, quando tiver deixado, mas o mandatário não queira ou não possa exercer ou continuar exercendo o mandato, ou se seus poderes forem insuficientes, a pedido dos interessados ou do Ministério Público, o juiz deve *abrir a sucessão provisória* dos bens do ausente (CC, arts. 23 e 26). Durante essa fase, exige-se *caução* de quem se imitir na posse dos bens, dispensado-a apenas para os ascendentes, descendentes e cônjuge (CC, art. 30). A lei atribui, nessa fase, a totalidade dos frutos e rendimentos dos bens do ausente aos herdeiros dispensados da caução e somente metade aos demais (CC, art. 33). Com o regresso do ausente, este recebe seu patrimônio, com o abatimento das despesas, da remuneração do curador e dos frutos e rendimentos, se havia descendentes, ascendentes ou conjunte, ou de apenas metade dos frutos e rendimentos, na falta de um desses herdeiros e se a ausência não foi voluntária e injustificada (CC, art. 33). 3) A terceira fase é a da *sucessão definitiva*: somente dez anos após o trânsito em julgado da sentença que declara a abertura da sucessão provisória ou, se o ausente completou oitenta anos, após cinco anos da data de suas últimas notícias, os herdeiros podem requerer a *sucessão definitiva* (CC, arts. 37 e 38; CPC, art. 1.167). Ainda assim, o ausente não perde, de forma definitiva, sua propriedade; os herdeiros, nos dez anos seguintes à abertura da sucessão definitiva, adquirem a *propriedade resolúvel* dos bens do ausente, pois, se ele regressar nesse período, recebe os bens no estado em que se encontrem (CC, art. 39). Quer dizer, o ausente só perde de forma definitiva sua propriedade após dez anos da abertura da sucessão definitiva. Se após trinta dias do trânsito em julgado da sentença que abriu a sucessão provisória não aparecerem herdeiros, a herança é considerada *jacente* (CC, art. 28, § 2º; CPC, art. 1.165, pará-

9. O art. 1.174 do CPC estabelece que "se o dono preferir abandonar a coisa, poderá o inventor requerer que lhe seja adjudicada". Deve ser bem compreendido: se o proprietário abandona a coisa para o descobridor, não a abandona, mas a doa, trata-se de *doação gratuita de coisa móvel*. Se o proprietário aparece e simplesmente expressa sua intenção de abandonar, o bem é do Município e só pode ser adjudicado pelo descobridor se o Município não tiver interesse no bem (art. 1.237, parágrafo único, do CC).

grafo único). Com uma particularidade: se os herdeiros aparecerem no período de dez anos que seguem à abertura da sucessão definitiva, recebem os bens no estado em que se encontrem (o Poder Público tem a propriedade resolúvel do patrimônio do ausente). Somente após esse período, os bens passam definitivamente ao patrimônio do Município ou do Distrito Federal, se localizados nos respectivos territórios, ou da União, se situados em território federal (CC, art. 39, parágrafo único).[10]

A *tutela dos bens dos herdeiros ausentes* é a base do regime jurídico da *herança jacente* (CC, art. 1.819 a 1.823, e CPC, arts. 1.142 a 1.158). Falecido alguém sem deixar herdeiro conhecido, em tutela dos *eventuais herdeiros*, exige-se a *arrecadação* dos bens do *de cujus* e a nomeação de *curador*. Perceba-se: não se sabe se os herdeiros existem ou não, há uma *dúvida* e o sistema presume de forma absoluta a dúvida. Por mais certeza que exista sobre a inexistência de herdeiros, presume-se a dúvida sobre ela. Se herdeiros existirem, pelo *princípio da saisine*, com a morte do *de cujus*, eles adquiriam a propriedade: o sistema tutela essa propriedade. Por isso: exige-se a arrecadação, a nomeação de curador (CC, arts. 1.819 e 1.820; CPC, arts. 1.142 a 1.151) e a publicação de editais por 3 vezes no órgão oficial e na imprensa da comarca, com intervalo de 30 dias para cada um, chamando os herdeiros a habilitarem-se no prazo de 6 meses contados da primeira publicação (CPC, art. 1.152). Passado um ano da primeira publicação, sem que haja herdeiro habilitado ou habilitação pendente, o juiz declara a *herança vacante* (CC, art. 1.820; CPC, art. 1.157).

Da análise sistemática do Código Civil e do Código de Processual Civil, em especial dos arts. 22 a 39, 1.233 a 1.237 e 1.819 a 1.823, todos do CC, e 1.142 a 1.176 do CPC, extrai-se o *princípio implícito* da *tutela dos bens particulares de domínio incerto*, segundo o qual, antes de se considerar um bem como coisa de ninguém e, portanto, como bem público, devem-se adotar providências destinadas a encontrar o eventual proprietário privado. Diante de um bem que aparentemente não pertença a nenhum particular, o sistema não o considera, de plano, público, quer dizer, não há imediata incidência do *princípio da titularidade pública das coisas de ninguém*. Resguarda-se um *período de tempo* em que a propriedade é considerada *incerta*, em decorrência da *dúvida*, presumida de modo absoluto, sobre a propriedade privada do bem. Noutras palavras: diante da incerteza sobre a existência de um proprietário privado, durante um período de tempo fixado na lei, o bem é considerado de *propriedade incerta*, é administrado como se o proprietário privado existisse e são adotadas medidas para localização do eventual proprietário privado. Há implícito no sistema o princípio de tutela do patrimônio privado de titularidade incerta, decorrente do direito fundamental de propriedade: o direito de propriedade do particular que desconhece a localização ou existência da propriedade é juridicamente protegido. Eis a segunda conclusão que se apresenta: o instituto da *herança jacente* é uma *decorrência direta* do *princípio da tutela dos bens particulares de domínio incerto*.

4. A propriedade da herança jacente

Sem atentar para esses dois princípios, o *princípio da titularidade pública*

10. Sobre o tema vide: Francisco Cavalcante Pontes de Miranda, *Tratado de direito privado*, tomo IX, 4ª ed., §§ 1.050 a 1.058, pp. 368-396; Maria Berenice Dias, *Manual das sucessões*, pp. 485-495.

das coisas de ninguém e o *princípio da tutela dos bens particulares de domínio incerto*, não é possível compreender os institutos da *herança jacente* e da *herança vacante*. Nos termos expostos, falecida uma pessoa sem deixar herdeiros conhecidos, surge uma *dúvida* e essa dúvida surge no mundo jurídico ainda que não surja no mundo fenomênico.[11] Pelo princípio da *saisine*, a herança se transmite com a abertura da sucessão (CC, art. 1.784). Quer dizer: no momento da morte, os bens são automaticamente transmitidos aos herdeiros, ainda que desconhecidos. Estes *adquirem a propriedade*, pela *saisine*, com a abertura da sucessão. Perceba-se: no mundo fenomênico, de duas, uma: ou os herdeiros *existem* e adquiriram a propriedade no momento do óbito, ou os herdeiros não existem e, por força do *princípio da titularidade pública das coisas de ninguém*, a propriedade é do Poder Público. Mas, enquanto na primeira hipótese o sistema atribui de plano a propriedade aos particulares, na segunda a transmissão da propriedade não se dá de plano. O *sistema jurídico*, diante da dúvida, busca a confirmação da inexistência de herdeiros e *tutela* a propriedade do herdeiro *desconhecido*.

Tem razão a doutrina quando critica a denominação do instituto. Em rigor, não existe *jacência*. Como bem adverte Pontes de Miranda, no direito romano não vigorava o princípio da *saisine* e, pois, enquanto não se transmitia a herança aos herdeiros, ela era considerada de ninguém, ela jazia – daí a expressão *herança jacente*. No direito brasileiro vigente, a expressão é infeliz, pois o significado técnico contraria a própria etimologia: é incorreto dizer que a herança não é de ninguém.[12] Ela é, e o é efetivamente, ou dos herdeiros desconhecidos ou do Poder Público. Em rigor, portanto, não existe jacência.

Discute a doutrina se o Estado é *herdeiro* e se a ele se aplicaria a *saisine*. Há aí uma má compreensão do instituto. No art. 1.603 do Código Civil de 1916, o Poder Público era apresentado como *sucessor legítimo*.[13] Em assonância com o texto normativo, Pontes de Miranda considerava que ao Estado, sendo verdadeiro herdeiro, aplicava-se o princípio da *saisine*.[14] No art. 1.829 do Código Civil de 2002, o Poder Público não consta mais da ordem da sucessão legítima.[15]

A doutrina, hoje, é praticamente unânime em afirmar que o Poder Público

11. Como diz Pontes de Miranda: "Abstraiu-se da certeza sobre a pretensão do Estado. Essa pretensão pode ser certa, certíssima, e a lei a trata, ainda nesses casos, como duvidosa" (*Tratado de direito privado*, tomo LV, 3ª ed., § 5.599, p. 112).

12. Pontes de Miranda, *Tratado de direito privado*, tomo LV, 3ª ed., pp. 90-91. Adiante, afirma o memorável jurista: "O nome 'herança jacente' é sobrevivência do tempo em que, entre a morte e a adição, a herança jazia. Não temos mais heranças que jazem; e temos, a despeito disso, em nossas bocas, cheias de detritos romanísticos – a semelhança das crenças mortas que nos atulham o espírito – 'heranças jacentes'" (idem, § 5.599, p. 111).

13. Rezava o dispositivo: "A sucessão legítima defere-se na ordem seguinte: I – aos descendentes; II – aos ascendentes; III – ao cônjuge sobrevivente; IV – aos colaterais; V – aos Municípios, ao Distrito Federal ou à União".

14. "O domínio e a posse transmitem-se à Fazenda desde a morte", dizia Pontes de Miranda (*Tratado de direito privado*, tomo LV, 3ª ed., p. 107).

15. Preceitua o dispositivo: "A sucessão legítima defere-se na ordem seguinte: I – aos descendentes, em concorrência com o cônjuge sobrevivente, salvo se casado este com o falecido no regime da comunhão universal, ou no da separação obrigatória de bens (art. 1.640, parágrafo único); ou, se, no regime da comunhão parcial, o autor da herança não houver deixado bens particulares; II – aos ascendentes, em concorrência com o cônjuge; III – ao cônjuge sobrevivente; IV – aos colaterais".

não é herdeiro.[16] Prevalece, contudo, o entendimento de que apesar de não ser herdeiro, o Estado é *sucessor* e, pois, titular de um *direito hereditário*.[17] Nada mais equivocado: conforme exposto, a herança não é atribuída ao Estado por força de um *direito hereditário*, mas em decorrência do *princípio da titularidade pública das coisas de ninguém*. No mundo fenomênico, perceba-se, de duas, uma: ou há herdeiros, e estes recebem, de plano, a herança no momento da morte; ou não há herdeiros (ou se houver, todos renunciaram à herança ou dela foram excluídos) e, não sendo de nenhum particular, a herança torna-se do Poder Público, pois este detém a propriedade dos bens que não pertencem a nenhum particular. O Estado não é *herdeiro* e também não é *sucessor*; seu direito sobre a herança vacante não é um *direito hereditário*. Feito esse esclarecimento, poder-se-ia indagar: aplica-se ao Estado a *saisine*? Ainda que ele não receba a herança por força de um direito hereditário, se não houver herdeiros, a propriedade passa, no momento da abertura da sucessão, de plano, ao Poder Público? Não: por um lado, inexiste direito sucessório; por outro, não há aplicação da *saisine*. Esta é inaplicável ao Poder Público justamente por força do outro princípio mencionado.

Dessarte: com a abertura da sucessão, se não houver herdeiros conhecidos que logo se apresentem, o sistema jurídico, por força do *princípio da tutela dos bens particulares de domínio incerto*, não atribui, por mais certeza que se tenha sobre a inexistência de herdeiros, a propriedade da herança ao Poder Público. O sistema impõe a assunção da dúvida sobre a existência de herdeiros e exige a adoção de duas ordens de medidas: *medidas de conservação da herança* e *medidas de localização de eventuais herdeiros*. Durante o período de *um ano*, contado da publicação de editais de chamamento dos eventuais herdeiros, a herança é considerada *jacente* e isso significa o seguinte: a propriedade da herança é mantida em estado de *dúvida*. Para o sistema normativo, durante esse período, simplesmente não se sabe se a propriedade pertence ao Estado ou a algum particular, pois o sistema pressupõe uma *dúvida sobre a existência* ou *inexistência de herdeiros*. Essa situação jurídica não é bem explicada pela doutrina: trata-se de um período em que no mundo jurídico a titularidade da *propriedade* é incerta. No mundo real, de duas, uma: ou há ou não há herdeiros; se houver, a propriedade é dos herdeiros; se não houver, a propriedade é do Poder Público. No mundo jurídico, a situação permanece *indefinida* por *um ano*. O sistema não ignora que a propriedade seja de alguém, de um herdeiro privado ou do Poder Público, mas não a atribui de plano ao Poder Público, pois, em decorrência dúvida, busca uma *certeza*, ainda que relativa, sobre a existência ou inexistência de herdeiros. Em suma: a propriedade da herança jacente é do herdeiro ou do Poder Público, mas o sistema, diante da dúvida sobre a existência de herdeiro, durante o período de um ano, considera a propriedade *incerta*.[18]

16. Por todos, afirma Maria Berenice Dias: "O poder público não é herdeiro, tanto que não integra a ordem de vocação hereditária (CC, art. 1.829). É mero sucessor, só recolhendo a herança quando inexistem herdeiros" (*Manual das sucessões*, p. 137).

17. Por todos, afirma Carlos Alberto Violante: "Conclui-se, portanto, que a natureza jurídica do direito do Poder Público de receber os bens da herança é de direito sucessório (*jure successionis*), de caráter privado. Na sucessão legítima, o Estado é sucessor universal, mas não herdeiro" (*Herança jacente e herança vacante*, p. 8).

18. Trata-se na feliz expressão de Pontes de Miranda, "bens de patrimônio de *incerta*

É bem possível que *todos* os herdeiros sejam conhecidos e eles, *todos*, *renunciem* expressamente à herança (CC, art. 1.804, parágrafo único) ou venham a ser excluídos. Nesse caso, não se faz necessário aguardar o prazo de um ano, nem tampouco nomear curador: o art. 1.823 do CC autoriza a prolação da sentença de vacância após a formalização da renúncia e, por analogia, após a exclusão. Mas havendo dúvida sobre a presença de todos os herdeiros, havendo dúvida sobre a possibilidade de algum herdeiro não ter se apresentado e renunciado expressamente a herança, incide o *princípio da tutela dos bens particulares de domínio incerto*. A situação de renuncia da herança por *apenas alguns herdeiros* (ou de exclusão de apenas alguns herdeiros), não estando presentes os demais, é dogmaticamente *equiparada* à situação de inexistência de herdeiros conhecidos.

5. *Aspectos processuais*

Conforme exposto, falecendo alguém sem deixar herdeiros conhecidos (ou tendo os herdeiros conhecidos renunciado à herança ou dela sido excluídos), o sistema jurídico determina ao magistrado, do domicílio do falecido, que *arrecade todos os seus bens*. Se o autor da herança não possuía domicílio certo, o foro é o da situação dos bens; se os bens estão em lugares diferentes, o foro é o do lugar do óbito (CPC, art. 96, parágrafo único). Trata-se de *procedimento de jurisdição voluntária*, que deve ser instaurado de *ofício* (processo judicialiforme). É inerente ao exercício de competência vinculada a possibilidade de ser provocada por qualquer pessoa. Logo: qualquer um pode provocar o magistrado para que este arrecade os bens do falecido. O Ministério Público e a Fazenda Pública são *juridicamente interessados na arrecadação*, o primeiro porque é qualificado pelo sistema como parte defensora dos interesses do proprietário incerto. Ademais, se não houver herdeiros, os bens pertencem à Fazenda e, pois, são bens públicos; sendo bens públicos, devem também ser protegidos pelo Ministério Público, pois este é defensor de direitos indisponíveis.[19] A Fazenda é a proprietária dos bens, caso se confirme (*rectius*, configure-se a presunção) a inexistência de herdeiros. Com a ciência (*espontânea* ou *provocada*) da existência de bens jacentes, o juiz deve primeiramente, antes mesmo da arrecadação, nomear *curador*: alguém para curar dos bens e, pois, administrá-los, conservá-los, protegê-los. A nomeação de curador *precede* a arrecadação, tanto que as diligências de arrecadação são acompanhadas pelo curador (CPC, art. 1.145). Após a nomeação do curador, devem ser citados o Ministério Público e a Fazenda (caso não tenham solicitado a arrecadação), isso porque são *partes* no processo de arrecadação. Só após, concretiza-se a *arrecadação*. Nesta, a presença do curador é obrigatória; mas não a presença do *parquet* e da Fazenda, que têm apenas o ônus de comparecer. Os bens localizados em outra comarca são arrecadados por precatória. Evidente que o magistrado não precisa comparecer pessoalmente para efetuar a arrecadação: pode determinar que a autoridade policial a faça (CPC, art. 1.148). Após a arrecadação, inicia-se a publicação de *editais*, por *três vezes*, com

persona" (*Tratado de direito privado*, tomo LV, 3ª ed., p. 103).

19. O STJ já reconheceu a legitimidade do Ministério Público para defender o *patrimônio público*. Dispõe a súmula 329 do STJ: "O Ministério Público tem legitimidade para propor ação civil pública em defesa do patrimônio público".

intervalo de *trinta dias* para cada um, tanto no jornal de circulação na comarca como no Diário Oficial. Os editais consistem num chamamento aos herdeiros para que proponham *ação de habilitação*, no prazo de *seis meses* contados da primeira publicação. O descumprimento desse prazo não gera efeito jurídico: se a habilitação ocorrer após os seis meses, é processada normalmente.[20] Habilitado algum herdeiro e julgada procedente a habilitação, a arrecadação converte-se em inventário. Se, após um ano da primeira publicação, ninguém se habilita ou se as habilitações forem julgadas improcedentes, o juiz profere a *sentença de vacância*.

Uma observação: o juiz deve apurar a *proporção* entre o valor dos bens arrecadados e as custas da arrecadação e da curadoria dos bens. A tutela do patrimônio do titular incerto não pode importar custos superiores ao próprio patrimônio protegido. Dependendo da hipótese, considerando-se o valor da herança jacente, a *ponderação judicial* pode importar, por exemplo, o afastamento da regra processual que determina a publicação no jornal de circulação na comarca. Evidentemente: quando o custo do procedimento for superior ou equivalente ao valor da herança, realiza-se apenas a publicação no Diário Oficial. Essa necessidade de *ponderação* é imprescindível no processo de herança jacente e não é mencionada pela doutrina. A não publicação dos editais no jornal, nesse caso, é decorrência de uma elementar regra de hermenêutica, bem lembrada por Carlos Maximiliano: "*deve o Direito ser interpretado inteligentemente*: não de modo que a ordem legal envolva um *absurdo*, prescreva inconveniências, vá ter conclusões inconsistentes ou impossíveis".[21]

20. Como bem ensina Maria Berenice Dias: "Caso ninguém se habilite, ainda assim, é necessário aguardar o decurso de mais seis meses para ser declarada a vacância. Às claras que a habilitação tardia não impede o seu processamento" (*Manual das sucessões*, p. 500).

6. *Efeitos da sentença de vacância*

A sentença de declaração de vacância produz vários efeitos importantes. Ela *passa a propriedade da herança ao Poder Público*. O art. 1.822 do CC exige o decurso do prazo de *cinco anos* para que a propriedade seja definitivamente transferida ao Poder Público. Por isso, de duas, uma: ou na data da publicação da sentença de vacância não decorreram cinco anos da data do óbito, caso em que apenas a *propriedade resolúvel* é transferida à Fazenda, sendo a propriedade definitiva transferida apenas quando se completar o prazo de cinco anos; ou na data da publicação da sentença de vacância decorreram os cinco anos, caso em que a propriedade definitiva é transferida. Para que haja transferência da propriedade há *dois requisitos*: 1) decurso do prazo de cinco anos contados da abertura da sucessão, ou seja, do óbito; 2) prolação da sentença de vacância. Enfim, dependendo do tempo decorrido do óbito, a sentença de vacância tem por efeito a transferência da propriedade resolúvel ou definitiva ao Poder Público.

A sentença de vacância exige a *transferência da posse* dos bens da herança do curador à Fazenda Pública. Antes, desde a arrecadação, quem estava na posse dos bens era o curador (salvo na hipótese dantes mencionada de expressa renuncia por parte de todos os herdeiros, caso em que, evidentemente, a posse não estava com o curador). Com a sentença de vacância, a posse deve ser passada à Fazenda, que

21. *Hermenêutica e aplicação do direito*, 16ª ed., p. 166, § 179.

passa ter a *guarda* e *administração dos bens*. Por óbvio, a posse não é transferida pela sentença. É necessária a *transmissão* da coisa do curador ao agente público que presenta a Fazenda.[22] Quer dizer: sem a *tradição* dos bens, não há transferência da posse dos bens do curador à Fazenda, ainda que tenha sido prolatada a sentença de vacância. Insiste-se: a sentença de vacância exige que o curador transfira a posse. Se o curador não entrega as chaves dos imóveis ao Procurador municipal, por exemplo, a posse não é transferida, ainda que tenha sido regularmente publicada a sentença de vacância. Nesse caso, a Administração deve requerer a imissão na posse nos próprios autos do processo de vacância, sendo desnecessária a propositura de ação autônoma de imissão na posse. Ainda que não haja transferência da propriedade plena, desnecessária a nomeação de novo curador: os bens passam a ser administrados pelo ente público.[23]

Ademais, a sentença de vacância constitui uma *presunção de inexistência de herdeiros colaterais*. Nos termos do parágrafo único do art. 1.822 do CC, não se habilitando os herdeiros colaterais até a sentença de vacância, ficam excluídos da herança. Isso desde que não sejam *notórios*. A *notoriedade*, como ensina Pontes de Miranda, contradiz, *in adjecto*, a sentença de vacância.[24] Quer dizer, os herdeiros colaterais notoriamente conhecidos podem *impugnar a sentença de vacância* e afastar sua exclusão da herança. Até quando pode haver essa impugnação? Até o referido prazo de *cinco anos* contados da abertura da sucessão. Findo o prazo de cinco anos, os herdeiros colaterais notórios perdem o direito sucessório à propriedade. É interessante o fenômeno jurídico: se impugnam a sentença de vacância no quinquênio e provam a notoriedade, adquirem a propriedade da herança desde a abertura da sucessão (*saisine*); se não a impugnam, perdem o direito de obter a propriedade. Não efetuada a habilitação até a sentença de vacância ou não impugnada a sentença de vacância pela notoriedade até o quinquênio, para o sistema jurídico é como se eles, herdeiros colaterais, não existissem. A sentença de vacância gera uma *presunção absoluta de inexistência de herdeiros colaterais não notórios* e, passados cinco anos da abertura da sucessão, uma *presunção absoluta de inexistência de herdeiros colaterais notórios*.

A regra fixada para os herdeiros colaterais notórios aplica-se aos herdeiros necessários. A sentença de vacância gera

22. Carlos Alberto Violante parece defender posição contrária: "Declarada a vacância da herança, a sua posse é transferida do curador, ao ente público beneficiado. A sentença de vacância não tem o efeito de transferir o domínio da herança ao Poder Público, mas, após o seu trânsito em julgado, a posse e responsabilidade pela guarda e conservação dos bens passam, do curador, ao ente público beneficiado com a vacância" (*Herança jacente e herança vacante*, pp. 56-57).

23. Foi o que decidiu o Tribunal de Justiça de São Paulo, nos autos da Ap Cív 578.155-4/2-00, j. 18.6.2009, Rel. Des. Francisco Loureiro: "No caso em apreço, ignorados eventuais herdeiros do falecido, após a declaração da vacância dos bens deixados e devidamente arrecadados nos autos, não tem mais razão de ser o exercício da curatela, para guarda e administração dos bens, revelando-se totalmente desnecessária a nomeação de novo curador em substituição à curadora anterior. A partir da prolação da sentença recorrida, os bens são automaticamente incorporados à Fazenda Pública, passando à sua guarda e administração". Faz-se ressalva: ao contrário do que faz parecer o acórdão, a transferência da posse não é automática. Imprescindível a tradição dos bens do curador ao presentante da Fazenda ou ao juízo e deste ao presentante da Fazenda.

24. *Tratado de direito privado*, tomo LV, 3ª ed., p. 108.

uma *presunção relativa de inexistência de herdeiros necessários*. Tanto que transfere a *propriedade resolúvel* à Fazenda. A presunção é *relativa*. Só após o prazo de cincos os herdeiros necessários perdem definitivamente a *propriedade* dos bens da herança. Com efeito: o prazo de cinco anos gera uma *presunção absoluta de inexistência de herdeiros necessários*, pois, passado esse prazo e proferida a sentença de vacância, inexistindo herdeiros habilitados, a propriedade é definitivamente passada ao Poder Público. Mesmo depois da sentença de vacância, se não decorridos os cincos anos, os *herdeiros necessários* podem requer a herança, mas não por meio de *habilitação* nos autos da herança vacante, mas por meio de *ação de petição de herança* (CPC, art. 1.158). Quer dizer: depois da sentença de vacância e antes dos cinco anos referidos, os herdeiros necessários devem propor ação autônoma, ação de petição de herança, em face da Fazenda Pública. Claro que a transferência da propriedade definitiva não se dá enquanto estiver pendente *ação de habilitação de herdeiros* ou *ação de petição de herança*. Enquanto não proferida a sentença de inabilitação do herdeiro ou de improcedência da petição de herança, a Fazenda possui apenas a propriedade resolúvel dos bens.

Enquanto não escoado o prazo de cinco anos nem proferida a sentença de vacância (ou extintas as ações de habilitação ou de petição de herança), a situação da *propriedade* é a seguinte: o sistema reconhece que a propriedade é de alguém, ou de um herdeiro desconhecido ou da Fazenda Pública, mas não atribui a *titularidade* da propriedade a alguém. A titularidade fica *pendente*, *incerta*. Os bens são de alguém, mas não se sabe de quem. Isso porque o sistema protege o direito de propriedade dos eventuais herdeiros desconhecidos. Trata-se de um desdobramento direto do *princípio da tutela dos bens particulares de domínio incerto*. Essa ideia permite enfrentar o intrincado problema da *usucapião* dos bens da herança vacante.

Antes de enfrentá-lo, uma observação: a tutela dos bens particulares de domínio incerto é muito mais *enfática* no caso de *ausência*. A *jacência de óbito certo* diferencia-se da *jacência de óbito incerto*. Não se confundem as situações: uma é a situação de um *de cujus* presente que não possui herdeiros; outra é a da pessoa que desaparece e não possui herdeiros. Como já antecipado, desaparecendo a pessoa, o sistema jurídico exige a arrecadação de seus bens (CPC, art. 1.160) e, após um ano da arrecadação ou, se deixou procurador, passados três anos, é declarada a ausência e aberta a *sucessão provisória* (CC, art. 26; CPC, art. 1.161). Se não aparecerem herdeiros do ausente, o processo de ausência passa a seguir o rito do processo de *jacência* (CC, art. 28, § 2º; CPC, art. 1.165, parágrafo único). Mas a *jacência da morte incerta* não se confunde com a *jacência da morte certa*. Perceba-se: proferida a *sentença de vacância* no caso de ausência, a Administração obtém a *propriedade resolúvel*, mas não obtém a propriedade definitiva cinco anos após a abertura da sucessão provisória. Somente *dez anos* depois de passada em julgado a sentença que abriu a sucessão provisória ou depois de o ausente completar 80 anos e decorrerem cinco anos da data das últimas notícias dele, abre-se a *sucessão definitiva* (CC, arts. 37 e 38; CPC, art. 1.167). E, mesmo após a sucessão definitiva, a propriedade da Fazenda é *ad tempus*.[25] Até a

25. Por todos, distingue Orlando Gomes a *propriedade resolúvel* da *propriedade ad tempus*: "Na *propriedade ad tempus*, o fato extintivo acarreta a transmissão do domínio no estado em que

abertura da sucessão definitiva os herdeiros, incluídos os *colaterais* e o *cônjuge*, podem requerer a herança. A propriedade definitiva, perceba-se, não se transfere, ainda, à Fazenda. O cônjuge, sublinha-se, só pode requerer a herança, nos termos da expressa redação do art. 39 do CC, até a abertura da sucessão definitiva. Nos dez anos seguintes à abertura da sucessão definitiva, se o *ausente* ou algum *ascendente* ou *descendente* aparecer, a herança lhe será entregue no estado em que se encontre (CC, art. 39). Perceba-se: somente após dez anos contados da abertura da sucessão definitiva a Fazenda obterá a *propriedade plena* dos bens.

7. *Usucapião dos bens da herança vacante*

Passa-se ao exame do tema mais tormentoso: a usucapião dos bens da herança vacante. Como é sabido por todos, os bens públicos são insuscetíveis de usucapião por expressa disposição constitucional (CF/88, arts. 183, § 3º, 191, parágrafo único).[26] Discute a doutrina e a jurisprudência se é possível a usucapião e, em caso afirmativo, até que data. Existem nada menos que *quatro correntes*. 1) Para alguns, aplica-se a *saisine* ao Poder Público e, assim, os bens lhe são transmitidos na data da abertura da sucessão. Desde a data do óbito, para essa corrente, os bens vacantes são públicos e, pois, insuscetíveis de usucapião.[27] 2) Para outros, não se aplica o princípio da *saisine* ao Poder Público; a transmissão dos bens dá-se com a sentença de vacância. Para essa corrente, hoje prevalecente na jurisprudência, os bens se tornam públicos e, pois, insuscetíveis de usucapião na data da prolação da sentença de vacância.[28] Se até a data da sentença de

se encontra: diminuído, modificado, aumentado, juridicamente ou materialmente. Sua eficácia é para o futuro. Na *propriedade resolúvel*, o evento que extingue o direito de propriedade acarreta sua transmissão no estado em que a coisa se encontrava ao ser recebida pelo proprietário temporário" (*Direitos reais*, 13ª ed., p. 236). Assim, na jacência de morte incerta, a propriedade do Poder Público é *resolúvel* até a abertura da sucessão definitiva; após e até o prazo de dez anos, é *ad tempus*.

26. Registra-se a respeitável posição em contrário, isolada na doutrina, de Silvio Luís Ferreira da Rocha, que defendeu, em tese de livre docência, mesmo após a CF/88, a usucapião de bens públicos dominicais (*Função social da propriedade pública*, pp. 145-159).

27. Apesar de não adotar essa posição, vários julgados consideram que a sentença de vacância é *declaratória*: o STJ, no REsp 61.885, j. 12.9.95, 4ª T., Rel. Min. Ruy Rosado de Aguiar, decidiu que a herança vacante se rege pela lei vigente no tempo da abertura da sucessão. Num antigo julgado do STF, no RE 92.352-SP, j. 25.8.1981, 2ª T., Rel. Min. Décio Miranda, afirmou-se, por um lado, que a sentença de vacância não é constitutiva, mas declaratória; por outro, afirmou-se que a insuscetibilidade de usucapião se dá ao final do prazo de cinco anos.

28. Cita-se, por exemplo, a Ap Civ 157.163-4/9-00 do TJSP, j. 25.11.2008, Rel. Des. Paulo Eduardo Rasuk: "Herança jacente – A incorporação ao patrimônio público só ocorre com a prolação da sentença de vacância, declarando os bens vagos e resolutos – Ao Estado não se reconhece o direito de *saisine* – Prescrição aquisitiva já consumada em favor dos apelados, que continuam na sua posse, perante eles sendo ineficazes a arrecadação e a declaração de vacância – Ação de usucapião extraordinário procedente". Nesse sentido, decidiu o STJ no REsp 36.959-SP, 3ª T., j. 24.4.2001, Rel. Ari Pargendler: "O Estado não adquire a propriedade dos bens que integram a herança jacente, até que seja declarada a vacância, de modo que, nesse interregno, estão sujeitos à usucapião". E, mais recentemente, decidiu do mesmo modo o STJ no AgRg no REsp 1.099.256-RJ, 3ª T., j. 17.3.2009, Rel. Min. Massami Uyeda: "Não se aplica o princípio da *saisine* ao ente público para a sucessão do bem jacente, pois o momento da vacância não se confunde com o da abertura da sucessão ou da morte do *de cujus*".

vacância completou-se o prazo necessário para aquisição da propriedade por usucapião, o possuidor adquire a propriedade. 3) Para uma terceira corrente a transmissão da propriedade não se dá com a sentença de vacância, mas com o decurso do prazo de cinco anos contados da abertura da sucessão; somente depois do quinquênio e da prolação da sentença de vacância, a propriedade se transfere ao poder público e os bens passam a ser insuscetíveis de usucapião. Carlos Alberto Violante, por exemplo, entende que o prazo para a usucapião é interrompido no final do prazo de cinco anos, de modo que se a sentença de vacância for proferida após esse prazo, há a *retroação*.[29] 4) Para uma quarta corrente, a usucapião é possível até a formalização da *arrecadação*, posição adotada por José Carlos de Moraes Salles[30] e por Sebastião Amorim e Euclides de Oliveira.[31] Todas as quatro correntes incidem em lamentável equívoco.

Nos termos já expostos, a *saisine*, de fato, não se aplica ao Poder Público. Esse é o equívoco conceitual da primeira corrente: a transferência da propriedade não se dá com a abertura da sucessão. A propriedade *definitiva* só é transferida ao Poder Público com a sentença de vacância e após o decurso do prazo de cinco anos, contados da abertura da sucessão. Antes do prazo de cinco anos, a sentença de vacância transfere apenas a *propriedade resolúvel* ao Poder Público. E isso na jacência de morte certa, pois na jacência de morte incerta a propriedade definitiva só é transferida ao Poder Público dez anos após a abertura da sucessão definitiva. Como explicado neste estudo, o sistema *protege* a propriedade particular do proprietário incerto e, por isso, exige buscar a certeza, ainda que relativa, sobre a inexistência de proprietário privado. Por isso, afasta a *saisine* e não atribui a propriedade, de plano, ao Poder Público. Trata-se, pois, de um efeito do *princípio da tutela dos bens particulares de domínio incerto*.

Entre a abertura da sucessão e a transferência definitiva ao Poder Público, a situação da propriedade é considera, pelo sistema, *incerta*. Da arrecadação até a sentença de vacância, configura-se uma *incerteza forte*: nem a propriedade resolúvel é atribuída a alguém. Da sentença de vacância até o decurso do prazo de cinco anos (na morte incerta, até vinte anos da abertura da sucessão definitiva), configura-se uma *incerteza fraca*: a *propriedade resolúvel* é atribuída ao Poder Público (na morte incerta, até a sucessão definitiva é atribuída a propriedade resolúvel; da sucessão definitiva até o decurso

29. "A sentença de vacância é condição para que os bens passem ao domínio público. Se proferida antes dos cinco anos da abertura da sucessão, é na data em que transcorrer esses cinco anos que ocorrerá a transmissão do domínio. Se proferida após os cinco anos do falecimento do *de cujus*, a transmissão do domínio retroage à data em que completados os cinco anos da abertura da sucessão" (Carlos Alberto Violante, *Herança jacente e herança vacante*, p. 77).

30. "Todavia, entendemos que a data em que se consubstanciar a *arrecadação* (e não a da *declaração de vacância*) haverá de ser o termo inicial a partir do qual não mais poderá ocorrer posse *ad usucapionem*" (José Carlos de Moraes Salles, *Usucapião de bens imóveis e móveis*, 6ª ed., p. 461).

31. "Pode-se concluir, nessa linha de pensamento, que a sentença declaratória de vacância, embora não seja constitutiva, representa o marco da consolidação do domínio da herança pelo ente público, desde que decorridos os cinco anos da abertura da sucessão. Mas não se afasta a interrupção de prazos da prescrição aquisitiva por eventual possuidor, com a efetivação da arrecadação dos bens e sua administração pelo curador, que representa os interesses do futuro adjudicatário" (*Inventários e partilhas*, 12ª ed., p. 104).

de dez anos, é atribuída a propriedade *ad tempus*). A comunidade jurídica, em geral, pensa que nesse período em que a propriedade é considera incerta pelo sistema normativo, os bens da herança são coisas de ninguém, são coisas adéspotas. Eis o desastroso equívoco: o sistema, em proteção a eventual proprietário privado desconhecido, mantém um estado de *incerteza* sobre a *titularidade da propriedade*, mas em nenhum momento considera que a propriedade não seja de ninguém. Com efeito: em nenhum texto normativo está escrito que a herança jacente é, de fato, *jacente*. Trata-se de uma pressuposição equivocada que contraria frontalmente o princípio da *titularidade pública das coisas de ninguém*, sem texto normativo que lhe dê amparo.

De duas, uma: ou há herdeiros ou não há. Se houver, a propriedade é dos herdeiros; se não houver, a propriedade é do Poder Público. O sistema não tolera, nos termos expostos, sem regra expressa, que a propriedade não seja de ninguém. Coisas que não são de nenhum particular, salvo regra expressa em sentido contrário, são do Poder Público. Vale dizer: o sistema jurídico (numa personificação) sabe que os bens ou são de algum herdeiro ou são, se inexistir herdeiro, do Poder Público. Apenas busca *certificar-se* de que inexiste herdeiro, ou melhor, apenas busca uma *presunção* de que não existe herdeiro, em proteção ao direito de propriedade do herdeiro desconhecido. Perceba-se: o sistema não estabelece que enquanto não certificada a falta de herdeiros, enquanto não constituída a *presunção* de que inexistem herdeiros, as coisas não são de ninguém. O sistema apenas não atribui a titularidade das coisas a alguém. A diferença é sutil, mas relevante: inexistindo herdeiros, as coisas são do Poder Público, mas não são atribuídas, de plano, a ele, para que se reforce a certeza sobre a inexistência de herdeiros. As três últimas correntes discriminadas incidem no equívoco de considerar a herança, enquanto não atribuída ao Poder Público, uma coisa adéspota. A herança jacente não é jacente.

Por isso, apesar de não se aplicar a *saisine* ao Poder Público, apesar de o Poder Público não adquirir a propriedade no momento da abertura da sucessão, os bens, não havendo titular privado no mundo fenomênico, são públicos e, pois, insuscetíveis de usucapião. Equivocam-se a jurisprudência e doutrina consolidadas. A propriedade não é atribuída ao poder público, mas é pública: ela tão somente *aguarda* a confirmação de sua natureza pública. Claro que no mundo fenomênico, há um fato: o fato de inexistir ou existir herdeiros. Mas, no mundo jurídico (o sistema abstrai a certeza sobre a inexistência de herdeiros) o fato não é *sabido*, o fato é *desconhecido*. Não se sabe se há ou não herdeiros. Se não houver, a coisa não tem titular privado e é do Poder Público. Se houver, a coisa é do titular privado. Ocorre que a dúvida não pode durar para sempre. Por isso o sistema constitui *presunções*. Primeiro, uma *presunção relativa*: presume que os herdeiros, de fato, não existam. A sentença de vacância, antes dos cincos anos da abertura da sucessão, gera essa presunção relativa de que inexistem herdeiros colaterais notórios e herdeiros necessários e uma presunção absoluta de que inexistem herdeiros colaterais não notórios. Por isso, confirma parcialmente a *qualidade pública da coisa* e atribui a propriedade resolúvel ao Poder Público. Após, uma *presunção absoluta*: completados os cinco anos, a sentença de vacância gera uma presunção absoluta de que inexistem herdeiros colaterais notórios e herdeiros necessários. Por isso, confirma definitivamente a qualidade pública da coisa e atribui a propriedade definitiva ao Poder Público. Como se trata de presunção, é possível que os herdeiros existam: enquanto a presunção é relativa, ela pode ser afastada. Quando configurada a presunção absoluta, ela não pode mais ser afastada. O sistema, coerentemente, não mantém a dúvida sobre a existência de herdeiros para sempre.

Configurada a presunção absoluta, perceba-se, considera-se que desde o momento da abertura da sucessão não havia herdeiros e, pois, que não havia titular privado sobre a coisa. Por conseguinte, considera-se que, desde o momento da abertura da sucessão, a coisa é pública, em decorrência do princípio da *titularidade pública das coisas de ninguém*. Assim, declarada a herança vacante, ou melhor, atribuída a propriedade da herança ao Poder Público, considera-se que os bens são públicos desde a abertura da sucessão e, pois, insuscetíveis de usucapião.

Após a abertura da sucessão, não aparecendo herdeiros, os bens devem ser *arrecadados* e *protegidos*. A proteção dos bens cabe, primeiro, ao *curador*. Se o curador dos bens da herança jacente não proteger e administrar a herança adequadamente, cabe a Fazenda Pública *intervir*. Não se pode negar à Fazenda Pública a prerrogativa de *cuidar* do bem que lhe pertence, mas cuja titularidade ainda não lhe foi atribuída. Evidente que se o curador não tutela os bens da herança jacente, a Procuradoria deve adotar as medidas cabíveis para protegê-los. Se o curador não afasta os possuidores ilegítimos, se não se imite na posse ou não obtém eventual reintegração de posse, deve a Administração adotar as medidas protetivas. A Fazenda é parte legítima para propositura de *ações possessórias*, apesar de não ter a posse; é parte legítima para defender a *posse de terceiro*, do curador.[32] Tem direito de sequela, de reivindicar a coisa de quem injustamente a possua, apesar de ainda não lhe ter sido atribuída a propriedade. Ela não tem a propriedade porque o sistema exige a configuração da aludida presunção, mas proprietária ela o é. Ela é proprietária sem ter a titularidade da propriedade. É paradoxal apenas para quem não compreende o explicado anteriormente: o sistema reconhece que há a propriedade de alguém, mas não atribui a titularidade a alguém. A Administração Pública tem, pois, a prerrogativa de proteger a propriedade que *in potentia* lhe pertence. Sendo bem público e indisponível, o Ministério Público também tem legitimidade para tutela do bem. Se, contudo, nem o curador, nem a Fazenda, nem o Ministério Público afastarem o possuidor ilegítimo, este não adquire a propriedade por usucapião, pois *bens públicos* são imprescritíveis. Nos termos expostos, o fato de o bem não ser atribuído à Fazenda não o descaracteriza como bem público. Após a prolação da sentença de vacância, se o curador não transmitir a posse dos bens à Fazenda, esta deve pleitear a *imissão na posse*. Se os bens estão na posse do curador, basta o requerimento nos autos do processo de vacância. Se os bens estão na posse

32. O TJSP, em sentido contrário, decidiu, na Ap Civ 795.017-5/0-00, j. 8.6.2009, Rel. Des. Nogueira Diefenthäler, que o Município, se não teve a posse do bem, não pode ingressar com ação possessória: "Reintegração de posse – Municipalidade – Herança vacante – Falta de interesse de agir. Carece a Municipalidade de interesse de agir na modalidade de adequação, para pleitear bem proveniente de herança vacante. Administração que, de fato, nunca teve a posse do bem". Concluiu o nobre julgador que a Municipalidade deveria ter proposto ação de imissão na posse. Antes da vacância, contudo, o Poder Público não pode se imitir na posse. Esta é dada ao curador. Não é racional negar ao Poder Público o direito de tutelar a posse de terceiro, do curador, tendo em vista que ele, Poder Público é o *proprietário in potentia*.

de terceiros, deve a Fazenda ingressar com ação de imissão de posse. Depois da adjudicação, evidentemente, cabe a ação reintegratória.[33]

8. Outras questões

Restam a ser examinadas duas questões importantes: uma de direito material, outra de direito processual. A primeira: a qual ente público pertencem os bens da herança vacante? O art. 1.594 do Código Civil de 1916, em seu texto originário, dispunha que os bens arrecadados passariam ao domínio do Estado ou ao Distrito Federal, se o *de cujus*, estivesse domiciliado nas respectivas circunscrições, ou à União, se o domicílio tivesse sido em Território Federal (território não constituído em Estado significa Território Federal). A redação era coerente com o sistema constitucional da época: os Municípios possuíam, nos termos do art. 68 da Constituição de 1.891, autonomia, mas não, a *contrario sensu* dos arts. 1º e 2º, autonomia federativa. A Lei federal 8.049/90 alterou o dispositivo para determinar que os bens passem ao domínio do Município ou do Distrito Federal, se localizados nas respectivas circunscrições, ou da União, quando situados em território federal. A norma foi mantida no art. 1.822 do Código Civil de 2002.

O dispositivo é, nesse ponto, quase irreparável. Se inexistisse, ainda assim vigoraria esse comando. Segundo o *princípio da titularidade pública das coisas de ninguém*, os bens que não possuem nenhum titular privado, pertencem ao Poder Público, mas ao Poder Público do território em que os bens se encontrem. No direito brasileiro, em que os Municípios possuem autonomia federativa, trata-se de uma regra implícita: *as coisas de ninguém*, ressalvada a exceção anteriormente mencionada (coisas móveis que não tenham pertencido a alguém), pertencem ao *Município* em que estiverem localizadas. Trata-se de uma regra constitucional implícita. Coerentemente, todas as regras infraconstitucionais atribuem as coisas de ninguém aos Municípios: arts. 39, parágrafo único, 1.237, 1.276 e 1.822, todos do CC. Essa regra só pode ser excepcionada por disposição constitucional expressa. Norma infraconstitucional que retire do Município a titularidade desses bens é inconstitucional. Se os bens não estiverem em território municipal, mas sim em território federal, pertencem, por decorrência lógica, à União. Não há que se confundir o signo "território" na redação originária do art. 1.591 do CC/1916 com o signo "território" na redação dada ao dispositivo pela Lei 8.049/90 e na redação do art. 1.822 do CC/2002. Lá, o dispositivo se referia ao Território Federal (com letra maiúscula), autarquia federal, prevista, hoje, no § 2º do art. 18 da CF/88. Nesses dispositivos o signo se refere ao *território federal* (com letra minúscula), bem da União. Se o imóvel, por exemplo, estiver localizado em terra devoluta federal, bem da União (território federal, com letra minúscula), pertencerá à União.[34]

33. Aliás, decidiu o STJ, no REsp 111.560-SP, j. 15.8.2000, 4ª T., Rel. Min. Cesar Asfor Rocha: "O ente público tem legitimidade para ajuizar ação reintegratória atinente a bem que adjudicou em processo de herança vacante".

34. Em sentido contrário, Carlos Alberto Violante considera que o signo *território* no dispositivo vigente refere-se ao Território Federal, da mesma forma que na redação originária do art. 1.591 do CC/1916: "No momento, a União não recebe bens vacantes, pela não existência, em nosso País, de Território Federal. Se constituídos novos territórios, os bens arrecadados e nele situados, se destinarão ao domínio da União" (*Herança jacente e herança vacante*, p. 91).

Algumas observações. É perfeitamente possível que a herança vacante pertença a várias entidades federativas. Se o *de cujus* deixar quatro imóveis, três deles em três territórios municipais diversos e um em território federal, cada bem imóvel pertencerá a uma *entidade federativa distinta*: três Municípios e a União. A titularidade do bem é ditada pela *localização territorial do bem*. Se deixar uma empresa com várias filiais, espalhadas em vários Municípios distintos, cada filial pertencerá a um Município. O que ocorre se a *divisão do bem* importar em grave diminuição econômica? Nesse caso a entidade federativa em cujo território estiver a *parcela principal do bem* tem o direito de manter a unidade, desde que indenize a outra entidade federativa. Por exemplo: suponha-se que a matriz esteja no Município "A" e a filial no Município "B" e separar a matriz da filial acarrete sensível perda econômica. O Município "A", em que está localizada a matriz, pode exigir a propriedade da filial, desde que indenize o Município "B".[35]

Eis a regra: o bem pertence ao ente público do território em que estiver. Se o bem está em território municipal, o bem será municipal; se o bem está em território federal, será federal. Suponha-se que o bem não esteja nem em território municipal nem em território federal, mas em território estadual. Suponha-se, por exemplo, que o bem esteja em terra devoluta estadual (CF, art. 26, IV). Nesse caso, apesar da omissão do dispositivo infraconstitucional, o bem pertence ao Estado. Nos termos expostos, a titularidade do bem é regra constitucional implícita, não decorre da norma privada positivada no Código Civil. O Decreto-lei federal 8.207/45 determina que a União e os Estados destinem os bens arrecadados por herança vacante a fundações destinadas ao ensino universitário. A norma não se aplica aos Municípios, por óbvio.[36]

Finalmente, passa-se a segunda questão, de natureza processual. Em muitos Estados a lei de organização judiciária institui vara privativa para as causas de interesse da Fazenda Pública. Daí a pergunta: nesses casos, qual é o juízo competente? Até a constituição da *presunção relativa* da inexistência de herdeiros necessários, ou seja, até a prolação da sentença de vacância, *prevalece* o interesse dos eventuais herdeiros.[37] O foro competente até a sentença de vacância é o do Juízo das Varas de Família e Sucessões ou o juízo que lhe fizer as vezes. Após a sentença de

35. Carlos Alberto Violante também defende a regra da separação dos bens, de acordo com a respectiva localização, salvo se a divisão acarretar *prejuízo econômico*: "Parece-me que a melhor solução, aqui, seria dividir a Fazenda, passando para Ribeirão Preto e São Joaquim da Barra as partes localizadas nos respectivos territórios de cada um desses Municípios, a menos que o prejuízo econômico com a divisão seja tal que não aconselhe esta solução" (*Herança jacente e herança vacante*, p. 92). No caso de haver considerável prejuízo econômico, de fato, a divisão deve ser evitada. Mas, não há, apesar da omissão do autor, como negar ao Município em cujo território está uma parte do bem (pedaço da fazenda, filial da empresa), o direito à indenização.

36. Carlos Alberto Violante defende, por analogia, que os bens sejam destinados ao ensino municipal (*Herança jacente e herança vacante*, p. 94). Trata-se, apenas, de recomendação. Nada obriga o Município, na falta de lei municipal específica, a dar destinação certa a seus bens.

37. Com absoluto acerto, doutrina Carlos Alberto Violante: "A arrecadação se faz no interesse primordial dos herdeiros desconhecidos, no propósito primeiro de que apareçam para recolher a herança jacente e, então, converter-se o processo em inventário. O interesse do ente público é secundário, para fins de determinação da competência" (*Herança jacente e herança vacante*, p. 26).

vacância, após instituída a aludida presunção, o sistema passa a dar prioridade aos interesses fazendários: todas as questões relativas à herança vacante, existindo juízo privativo, são da competência da Vara da Fazenda Pública. Assim, por exemplo, a ação de petição de herança proposta por herdeiro necessário ou herdeiro colateral notório deve ser ajuizada na Vara da Fazenda Pública.[38]

Referências bibliográficas

ABE, Nilma de Castro. *Gestão do patrimônio imobiliário*. Leme, Mizuno, 2006.

AMORIM, Sebastião; OLIVEIRA, Euclides de. *Inventários e partilhas: direito das sucessões*. 12ª ed. São Paulo: Leud, 1999.

BANDEIRA DE MELLO, Celso Antônio. *Curso de direito administrativo*. 28ª ed. São Paulo, Malheiros Editores, 2011.

BANDEIRA DE MELLO, Oswaldo Aranha. *Razões da apelante na Apelação Cível n. 22.575*. São Paulo, Prefeitura do Município de São Paulo, 1944.

COLTRO, Antônio Carlos Mathias. "Herança jacente e vacante". In HIRONAKA, Giselda Maria Fernandes Novaes; PEREIRA, Rodrigo da Cunha (coords.). *Direito das sucessões*. Belo Horizonte, Del Rey, 2007, pp. 83-96.

DIAS, Maria Berenice. *Manual das sucessões*. São Paulo, Ed. RT, 2008.

GOMES, Orlando. *Direitos reais*. 13ª ed. Rio de Janeiro, Forense, 1998.

MAXIMILIANO, Carlos. *Hermenêutica e aplicação do direito*. 16ª ed. Rio de Janeiro, Forense, 1997.

MEIRELLES, Hely Lopes. *Direito administrativo brasileiro*. 37ª ed. São Paulo, Malheiros Editores, 2011.

OLIVEIRA, Euclides de; AMORIM, Sebastião. *Inventários e partilhas: direito das sucessões*. 12ª ed. São Paulo, Leud, 1999.

PONTES DE MIRANDA, Francisco Cavalcanti. *Tratado de direito privado*, tomos IX, XII, XIV, LV. 3ª e 4ª ed. São Paulo, Ed. RT, 1977, 1983, 1984.

ROCHA, Silvio Luís Ferreira da. *Função social da propriedade pública*. São Paulo, Malheiros Editores, 2005.

SALLES, José Carlos de Moraes. *Usucapião de bens imóveis e móveis*. 6ª ed. São Paulo, Ed. RT, 2006.

SILVA, Ligia Osorio. *Terras devolutas e latifúndio*. 2ª ed. Campinas, Editora da Unicamp, 2008.

VECCHIO, Giorgio Del. *Princípios gerais do direito*. Tradução de Fernando de Bragança. Belo Horizonte, Líder, 2003.

VIOLANTE, Carlos Alberto. *Herança jacente e herança vacante*. São Paulo, Juarez de Oliveira, 2003.

38. Nesse sentido, doutrina Ney de Mello Almada: "enquanto não esgotado o quinquênio extintivo, eventual ação de petição de herança, há de ser respondida pelo Poder Público, fluindo perante a Vara da Fazenda Pública" (Ney de Mello Almada, *Sucessões*, *apud* Antônio Carlos Mathias Coltro, "Herança jacente e vacante", in Giselda Maria Fernandes Novaes Hironaka e Rodrigo da Cunha Pereira (coords.), *Direito das sucessões*, p. 96). Decidiu o TJSP, no AI 645.402-4/3-00, j. 9.6.09, Rel. Des. Grava Brazil: "Usucapião – Não apresentação do registro do imóvel – Alegação de que o bem compõe herança vacante – Remessa dos autos a uma das Varas da Fazenda Municipal – Inconformismo – Desacolhimento – Prova de que o bem usucapiendo foi arrecadado em herança jacente – Declaração de vacância da herança, que demonstra o interesse da Municipalidade no feito – Inteligência do art. 1.822 do CC e do art. 36, I, Código Judiciário do Estado de São Paulo".

CONSTITUCIONALIDADE DO ART. 172 DA LEI 8.112/90 – ASPECTOS DO PROCESSO ADMINISTRATIVO DISCIPLINAR

Carlos Eduardo Thompson Flores Lenz
Desembargador Federal do TRF da 4ª Região

Realmente, o art. 172 da Lei 8.112/90 – art. 231 da Lei 1.711/52 – prevê que o funcionário só pode ser exonerado a pedido após a conclusão do processo disciplinar a que responder e desde que reconhecida a sua inocência, o que tem por finalidade impedir que, por meio desse expediente, venha o funcionário a esquivar-se do resultado do processo administrativo disciplinar contra ele em curso.

A aplicação desse dispositivo legal jamais suscitou controvérsias quanto à sua constitucionalidade, na lição de nossos administrativistas (J. Guimarães Menegale, *in O Estatuto dos Funcionários*, 1ª ed., Forense, 1962, v. II, p. 670, n. 604; Themístocles Brandão Cavalcanti, *in O Funcionário Público e o seu Regime Jurídico*, Borsoi, Rio, 1958, t. II, p. 307).

No mesmo sentido, a lição de Guido Zanobini, *in Corso di Diritto Amministrativo*, 5ª ed., Dott. A. Giuffrè Editore, Milano, 1957, v. 3, pp. 344-345, n. 7, "c", *verbis*:

> "1) Le dimissioni sono sempre in facoltà dell'impiegato. Esse devono essere presentate per iscritto e non hanno effetto se non in seguito all'accettazione dell'amministrazione: perciò i doveri dell'impiegato persistono finché non sia a lui comunicata detta accettazione. *Quest'ultima può essere rifiutata o ritardata per motivi di servizio o quando sia in corso procedimento disciplinare nei riguardi dell'impiegato*".

Da mesma forma, Alain Plantey, *in La Fonction Publique – Traité Général*, Éditions Litec, Paris, 1991, p. 307, § 2, *verbis*:

> "723 – *Le pouvoir disciplinaire reste cependant libre d'agir à l'encontre de l'agent démissionnaire, pour des faits antérieurs à l'acceptation et révélés après elle* (C.E. de Lestapis, 7-8-1945. Rec. p. 771; v. loi du 9-1-1984, art. 87), par exemple s'il a cessé de remplir ses fonctions avant que l'autorité compétente ait accepté sa démission (C.E. Jan, 15-7-1932. Rec. P. 736)".

Dispõe o art. 172 da Lei n. 8.112/90, *verbis*:

> "Art. 172. O servidor que responder a processo disciplinar só poderá

ser exonerado a pedido, ou aposentado voluntariamente, após a conclusão do processo e o cumprimento da penalidade, acaso aplicada.

"Parágrafo único. Ocorrida a exoneração de que trata o parágrafo único, inciso I do art. 34, o ato será convertido em demissão, se for o caso."

Ora, se a própria a própria aposentadoria pode ser cassada em razão de resultado do processo administrativo (Hely Lopes Meirelles, *in Direito Administrativo Brasileiro*, 37ª ed., Malheiros Editores, 2011, p. 503), não há que se cogitar de inconstitucionalidade do art. 172 da Lei n. 8.112/90, que configura uma medida cautelar que visa a resguardar os interesses da Administração Pública.

Dessa forma, o mencionado dispositivo legal não fere qualquer dispositivo da Carta de 1988; pelo contrário, tal norma, já tradicional no Direito Administrativo Brasileiro, é amparada no art. 37, *caput*, da CF.

A autoridade administrativa ao proferir a sua decisão no processo administrativo disciplinar dispõe, como não poderia deixar de ser, de certo poder discricionário no exame da prova e do próprio fato imputado ao servidor.

Nesse sentido, é tranquilo o entendimento da melhor doutrina, consoante o magistério de Serge Salon, *verbis*:

"Il est de règle que le chef de service dispose, sous le contrôle du juge, de l'entière liberté d'apprécier si le comportement d'un subordonné est effectivement contraire à ses obligations et, s'il en est ainsi, de définir lui même l'incrimination" (*in Délinquance et Répression Disciplinaires dans la Fonction Publique*, Paris, LGDJ, 1969, p. 47).

Identicamente, entre outros, os seguintes autores: Santi Romano, *in Scritti Minori*, Dott. A. Giuffrè, Milano, 1950, v. II, p. 115, n. 22; Roger Bonnard, *in Précis Élémentaire de Droit Administratif*, Recueil Sirey, 1926, p. 138.

Por conseguinte, não é concebível – como muitas vezes se pretende – a substituição do critério adotado pela autoridade administrativa competente para julgar o processo disciplinar pelo do servidor investigado, uma vez que de tal poder não dispõe sequer o Poder Judiciário ao apreciar, na via judicial, decisões proferidas em processos disciplinares, pois, caso contrário, estaria o magistrado investindo-se nas atribuições, seja da Comissão de Sindicância, seja na do Administrador a quem compete o julgamento do processo disciplinar, em clara violação ao princípio da separação dos Poderes, insculpido no art. 2º da Magna Carta.

A respeito, precioso o ensinamento de Carlos S. de Barros Jr., em conceituada monografia, *verbis*:

"Essa discricionariedade do poder disciplinar, em tese de reconhecimento unânime pela doutrina, surge não só no que diz respeito à iniciativa e atuação, como no que tange ao conceito da infração, sua apreciação e certa latitude na escolha da pena" (*in Do Poder Disciplinar na Administração Pública*, Ed RT, 1972, p. 205, n. 109).

Por outro lado, sob pena de violação à garantia do art. 5º, LV, da CF, a instrução do processo administrativo disciplinar deve ser realizada no local onde está lotado o servidor.

Ao julgar o RE 87.152-PB, deliberou a Suprema Corte, *verbis*:

"Funcionário autárquico estável. Demissão fundada em inquérito administrativo. Nulidade consequente do manifesto cerceamento de defesa quando a Constituição impõe que seja ampla. Efeitos.

"II. Realizado o inquérito fora da sede e em capital distante da repartição onde o servidor exercia sua atividade e cabia a coleta das provas, obstando que pudesse acompanhar todos os termos do procedimento, acarretando-lhe o cerceamento de sua defesa, invocado em vão, certo não pode prevalecer tal inquérito, que culminou com a aplicação da pena máxima.

"III. RE conhecido pela manifesta contrariedade do art. 189, II, da Constituição de 1946, mantido pela de 1967, art. 103, II, e repetido na vigente, art. 105, II, e provido" (*in RTJ* 92/1.228).

Em seu voto, salientou o eminente Relator, o Ministro Thompson Flores, *verbis*:

"(...)

"5. Com efeito.

"São fatos certos que as ocorrências que motivaram o inquérito e serviram de base à demissão do recorrente se passaram todas na cidade de João Pessoa, na Delegacia Regional do IAA, chefiada então, por ele.

"Todavia, o inquérito foi instaurado na cidade do Recife, onde funcionou a respectiva Comissão, do princípio ao fim, colhendo todas as provas.

"Desde o primeiro instante reclamou o recorrente, além de faltas outras que apontou, como se vê do próprio relatório da Comissão, fls. 26/8, não logrando, todavia, ser atendido.

"Tal proceder como anotaram os próprios votos vencedores do aresto impugnado importaria em virtual nulidade pela presunção de prejuízo que causaria.

"Por ela não deram porque não testemunhado o mal que tivesse originado.

"Não tenho por fiel dita conclusão, à garantia assegurada, de forma expressa, por todas as Constituições ao dispor, também, expressamente sobre a amplitude da defesa do indiciado.

"O qualificativo que aí se atribui à defesa não se concilia com a que pudesse ser produzida pelo indiciado em outro Estado, distante da sede onde os fatos deveriam ser investigados, notadamente o servidor que por falta de recursos não dispôs de meios para acompanhar todas as provas produzidas, melhor instruindo seu defensor;

(...)

"Acho que não é preciso, num caso desses, demonstrar a efetividade do prejuízo. Este é evidente por si mesmo. São desses fatos que a própria experiência da vida está a demonstrar, o funcionário que reside, que praticou atos em João Pessoa, ter examinados os fatos de sua gestão com depoimentos e outras provas feitas em Recife, constitui forte detrimento de defesa" (*in RTJ* 92/1.233).

Ademais, na composição da Comissão Disciplinar não pode figurar servidor com posição hierárquica inferior a do servidor sindicado.

A matéria também já foi objeto de apreciação pelo E. Supremo Tribunal Federal, quando do julgamento do RE n. 75.159-BA, em que foi relator o eminente Ministro Thompson Flores, *in RTJ* 68/491.

Em seu voto conclui o ilustre Ministro Thompson Flores, após referir a tranquila jurisprudência a respeito da Suprema Corte, pela nulidade de processo administrativo do qual participaram servidores de inferior hierarquia à do acusado, *independentemente de qualquer impugnação na via administrativa* (*in RTJ* 68/493).

Ora, na ordem constitucional em vigor, a Administração Pública, nos termos do art. 37 da CF/88, submete-se ao princípio da legalidade, não lhe sendo permitida a prática de atos administrativos em manifesta violação à letra e ao espírito da Magna Carta, incumbindo aos seus agentes a observância estrita dos ditames da Constituição.

Nesse sentido, a lição de Charles Debbasch e Marcel Pinet, *verbis*:

"L'obligation de respecter les lois comporte pour l'administration une double exigence, l'une négative consiste à ne prendre aucune décision qui leur soit contraire, l'autre, positive, consiste à les appliquer, c'est-à-dire à prendre toutes les mesures réglementaires ou individuelles qu'implique nécessairement leur exécution" (*in Les Grands Textes Administratifs*, Sirey, Paris, 1970, p. 376).

Pertinente, ainda, o ensinamento de Paul Roubier, *verbis*:

"La non-observation des conditions de validité posées par la loi à la confection de cet acte aura pour sanction une action de nullité ou en rescision, c'est-à-dire une action qui n'entrait aucunement dans les vues de l'auteur (ou des auteurs) de l'acte juridique.

"Ici encore cette action n'est pas fondée sur la violation d'un droit antérieur, elle est fondée sur une infraction à un devoir, le devoir d'observer les conditions légales de validité de l'acte posées par la loi" (*in Droits Subjectifs et Situations Juridiques*, Dalloz, Paris, 1963, pp. 74/5).

Cabe ao Poder Judiciário o exame da alegada violação ao direito assegurado pela Carta Magna, ou seja, o princípio da legalidade previsto no art. 37 da CF/88.

A respeito, leciona Bernard Schwartz, *in Commentary on the Constitution of the United States – The Rights of Property*, the Macmillan Company, New York, 1965, pp. 2-3, *verbis*:

"The Constitution has been construed as a living instrument intended to vest in the nation whatever authority may be appropriate to meet the exigencies of almost two centuries of existence.

"To regard the Constitution solely as a grant of governmental authority is, nevertheless, to obtain but a partial and distorted view. Just as important is its function as a limitation upon such authority. As already emphasized in section 1, the American conception of a constitution is one which is not confined to viewing such instrument as a charter from which government derives the powers which enable it to function effectively. Instead, with us, the organic document is one under which governmental powers are both conferred and circumscribed.

"The Constitution is thus more than a framework of government; it establishes and guarantees rights which it places beyond political abridgment. In this country, written constitutions were deemed essential to protect the rights and liberties of the people against the encroachments of governmental power."

Da mesma forma, impõe-se recordar a velha, mas sempre nova lição de John Randolph Tucker, em seu clássico comentário à Constituição norte-americana, *verbis*:

"All acts of every department of government, within the constitutional bounds of powers, are valid; all beyond bounds are "irritum et insane" – null and void. Government, therefore, has no inherent authority, but only such as is delegated to it by its sovereign principal. Government may transcend the limits of this authority, but its act is none the less void. It cannot, by usurpation, jurally enlarge its powers, nor by construction stretch them beyond the prescribed limits" (*in The Constitution of the United States*, Callaghan & Co., Chicago, 1899, pp. 66-67, § 54).

Outro não é o ensinamento de Daniel Webster, *verbis*:

"The Constitution, again, is founded on compromise, and the most perfect and absolute good faith, in regard to every stipulation of this kind contained in it is indispensable to its preservation. Every attempt to grasp that which is regarded as an immediate good, in violation of these stipulations, is full of danger to the whole Constitution" (*in The Works of Daniel Webster*, Little, Brown and Company, Boston, 1853, v. I, p. 331).

No regime do Estado de Direito não há lugar para o arbítrio por parte dos agentes da Administração Pública, pois a sua conduta perante o cidadão é regida, única e exclusivamente, pelo princípio da legalidade, insculpido no art. 37 da Magna Carta.

Por conseguinte, somente a lei pode condicionar a conduta do cidadão frente ao poder do Estado, sendo nulo todo ato da autoridade administrativa contrário ou extravasante da lei, e como tal deve ser declarado pelo Poder Judiciário quando lesivo ao direito individual.

Nesse sentido, também, a já citada lição de Charles Debbasch e Marcel Pinet, *verbis*:

> "L'obligation de respecter les lois comporte pour l'administration une double exigence, l'une négative consiste à ne prendre aucune décision qui leur soit contraire, l'autre, positive, consiste à les appliquer, c'est-à-dire à prendre toutes les mesures réglementaires ou individuelles qu'implique nécessairement leur exécution" (*in Les Grands Textes Administratifs*, Sirey, Paris, 1970, p. 376).

In casu, trata-se de caso típico de exame da legalidade da ação da Administração pelo Poder Judiciário, ou seja, a existência ou não de nulidade do processo administrativo disciplinar.

A respeito, anota o saudoso Min. Victor Nunes Leal, em sua obra *Problemas de Direito Público*, Forense, Rio de Janeiro, 1960, p. 264, *verbis*:

> "A 'legalidade' do ato administrativo compreende, não só a competência para a prática do ato e as suas formalidades extrínsecas, como também os seus requisitos substanciais, os seus motivos, os seus pressupostos de direito e de fato (desde que tais elementos estejam definidos em lei como vinculadores do ato administrativo). Tanto é ilegal o ato que emane de autoridade incompetente, ou que não revista a forma determinada em lei, como o que se baseie num dado fato que, por lei, daria lugar a um ato diverso do que foi praticado. A inconformidade do ato com os fatos que a lei declara pressupostos dêle constitui ilegalidade, do mesmo modo que o constitui a forma inadequada que o ato porventura apresente".

Impõe-se destacar, pela sua importância, expressivo voto proferido pelo eminente e saudoso Ministro Laudo de Camargo no julgamento da Apelação Cível 6.845, onde assinalou o ex-Presidente do Supremo Tribunal Federal, *verbis*:

> "Não é isenta de censuras a proposição de que o juiz só tem a ver com a existência ou não do processo administrativo, sendo-lhe defeso perquirir do que vai por seu merecimento. Não é assim. O preceito de lei não pode ser de tal modo sacrificado.
>
> "Seria frustrar a ação do Judiciário. Cada Poder tem vida autônoma, age com independência e se move em esfera própria.
>
> "Mas se o Executivo pratica um ato, que é dado como irregular, ao interessado cabe recorrer à Justiça e pedir a esta que o aprecie.
>
> "Na apreciação, o que se deve ter em vista é a legalidade ou não do ato incriminado.
>
> "Terá ele de ser examinado pela forma com que se apresentar e pelos motivos que o determinaram.
>
> "Se houve processo e pelas provas dadas nada se concluir contra o acusado e não obstante isso, veio êle a padecer demissão, poderá assim dar a esta como legítima, só pelo fato de deparar com um processo?
>
> "Melhor fôra então que o ato demissionário não ficasse dependente de processo algum, se só pelo exterior fosse o ato julgado, contrariando o que êle contivesse.
>
> "O Judiciário é chamado para dizer se há ou não algo ilícito, capaz de originar reparação.

"Como saber se o ato foi ou não lícito sem pesar os motivos que o determinaram, nem apreciar os elementos colhidos?" (*in Revista Forense* 78/494).

Ademais, na Sindicância impende ouvir o sindicado, sob pena de ser comprometido o seu direito de defesa e o próprio rumo a ser tomado pela investigação.

A respeito, pertinente o magistério do Prof. Marcel Waline acerca da importância da ouvida do servidor no processo administrativo disciplinar, bem como a sua presença na inquirição das testemunhas, *verbis*:

"G) La présence de l'inculpé ou de ses défenseurs n'est pas nécessaire lors de l'audition des témoins par l'enquêteur, pourvu que le compte rendu de cette audition lui soit communiqué en temps utile.

"Il est à remarquer que la solution contraire est imposée, si l'audition se fait devant le conseil de discipline lui-même, tant par le texte applicable au personnel hospitalier (art. 43 et 45 du décret du 20 mai 1955; l'arrêt le rappelle expressément), que par la jurisprudence applicable à l'ensemble des fonctionnaires et agents publics (15 janvier 1943, Fortuné, p. 9; 30 novembre 1949, de Saint-Thibault, p. 516; 2 juin 1954, Peyrethon, p. 325).

"On peut se demander pourquoi le Conseil d'État n'exige pas, lorsque les témoignages sont produits devant un enquêteur unique (qui peut être, rappelons-le, l'instigateur de la poursuite lui-même), ce qu'il exige lorsque les témoins sont entendus par tout le conseil. Sans doute a-t-il pensé (la rédaction de l'arrêt le laisse clairement entendre) que cette présence n'est exigée par un texte que si les témoins sont entendus par le conseil et qu'il n'appartient pas à la jurisprudence d'étendre sans texte cette obligation. A l'objection que les droits de la défense risquent de ne pas être sauvegardés, il répond que le respect des droits de la défense exige seulement que le rapport analysant les déclarations des témoins soient communiqués à l'agent inculpé suffisamment tôt avant la réunion du conseil, pour qu'il puisse discuter le rapport.

"*Cette argumentation ne nous convainc pas. S'il est permis, pour une fois, au commentateur d'évoquer un souvenir personnel – pour la première fois dans une longue carrière d'annotateur – il nous a été donné, en 1945, de présider une commission d'épuration. Entendant des témoignages accablants pour le agents poursuivis, nous avons régulièrement invité les témoins à renouveler leurs déclarations en présence de l'* inculpé. *Le résultat était, dans la grande majorité des cas, une rétractation spontanée du témoignage*. Aussi pensons-nous que, bien plus que l'adage 'Testis unus, testis nullus' s'impose, dans toute procédure tendant à la recherche de la vérité sur des faits, *la règle qu'un témoignage donné hors de la présence de l'inculpé est de bien peu de valeur, comparativement à un témoignage fait devant lui. Les juges d'instruction le savent bien, qui recourent presque régulièrement à des confrontations*.

"Nous pensons donc que si rien n'obligeait strictement, en l'absence de textes, le Conseil d'État à étendre aux témoignages recueillis par l'enquêteur, la règle de l'audition en présence de l'inculpé, que les textes n'exigent que devant le conseil de discipline lui-même, rien non plus ne l'empêchait de juger que ce caractère contradictoire de l'audition des témoins était seul susceptible de garantir efficacement les droits de la défense, et qu'il aurait été mieux inspiré en jugeant ainsi.

"Cela nous paraît d'autant plus vrai, que la jurisprudence du présent arrêt va permettre de tourner facilement la règle posée par les articles 43 et 45: il suffira de renoncer systématiquement aux auditions de témoins par le conseil de discipline et de les renvoyer à une enquête. Ainsi, la présence obligatoire de l'agent poursuivi se trouvera-t-elle ipso facto éludée. *C'est pourquoi nous regrettons cette solution*" (*in Revue du Droit Public et de la Science Politique*, LGDJ, 1964, pp. 443-444).

Da mesma forma, impõe-se a indicação, na Portaria de instauração do processo disciplinar, das infrações a serem averiguadas.

Não se trata de mera formalidade, mas de pressuposto essencial para a concretização da garantia da plena defesa do acusado, insculpida na Constituição (art. 153, § 15, da CF de 1969; art. 5º, LV, da CF de 1988). Impende, pois, que a Portaria descreva o ato ou atos a apurar, indicando-se as infrações a serem punidas.

Realmente, ao fixar o alcance do art. 5º, LV, da CF, não cabe ao intérprete distinguir onde a lei não o faz (Carlos Maximiliano, *in Hermenêutica e Aplicação do Direito*, 6ª ed., Freitas Bastos, 1957, p. 306, n. 300), notadamente quando se trata de interpretação constitucional.

A respeito, pertinente o magistério sempre autorizado de Pontes de Miranda, *verbis*:

> "Na interpretação das regras jurídicas gerais da Constituição, deve-se procurar, de antemão, saber qual o interesse que o texto tem por fito proteger. É o ponto mais rijo, mais sólido; é o conceito central, em que se há de apoiar a investigação exegética. Com isso não se proscreve a exploração lógica. Só se tem de adotar critério de interpretação restritiva quando haja, na própria regra jurídica ou noutra, outro interesse que passe à frente. Por isso, é erro dizer-se que as regras jurídicas constitucionais se interpretam sempre com restrição. De regra, o procedimento do intérprete obedece a outras sugestões, e é acertado que se formule do seguinte modo: se há mais de uma interpretação da mesma regra jurídica inserta na Constituição, tem de preferir-se aquela que lhe insufle a mais ampla extensão jurídica; e o mesmo vale dizer-se quando há mais de uma interpretação de que sejam suscetíveis duas ou mais regras jurídicas consideradas em conjunto, o de que seja suscetível proposição extraída, segundo os princípios, de duas ou mais regras. A restrição, portanto, é excepcional" (*in Comentários à Constituição de 1967 com a Emenda n. 1 de 1969*, t. I, 3ª ed., Forense, Rio de Janeiro, 1987, p. 302, n. 14).

Outra não é a lição de Henry Campbell Black, em obra clássica, *verbis*:

> "Where the meaning shown on the face of the words is definite and intelligible, the courts are not at liberty to look for another meaning, even though it would seem more probable or natural, but they must assume that the constitution means just what it says" (*in Handbook of American Constitutional Law*, 2ª ed., West Publishing Co., St. Paul, Minn., 1897, p. 68).

Ademais, recorde-se antigo aresto do saudoso Ministro Hannemann Guimarães ao julgar o RE n. 9.189, *verbis*:

> "Não se deve, entretanto, na interpretação da lei, observar estritamente a sua letra. A melhor interpretação, a melhor forma de interpretar a lei não é, sem dúvida, a gramatical. A lei deve ser interpretada pelo seu fim, pela sua finalidade. A melhor interpretação da lei é, certamente, a que tem em mira o fim da lei, é a interpretação teleológica" (*in Revista Forense* 127/397).

Ora, inobservada tal formalidade, resta comprometida a garantia constitucional prevista no art. 5º, LV, da CF/88.

Ademais, a jurisprudência do Supremo Tribunal Federal é firme no sentido de que sendo inconstitucional, a regra jurídica é nula, não produzindo qualquer efeito jurídico, sendo a declaração de inconstitucionalidade ex tunc (*in RTJ* 102/671; 143/859; 146/461 e 147/985-986).

A respeito, pronunciou-se o eminente Ministro Thompson Flores, quando Presidente da Suprema Corte, ao votar no julgamento da Rp 1.014-RJ, *verbis*:

"A lei ou o ato atingido, porque inconstitucionais são nulos desde o nascedouro; são eles, como afirmava Ruy, como se nunca tivessem existido; seu efeito dessarte, pelo nosso sistema, é sempre *ex tunc*. E esta é a jurisprudência indiscrepante e reiterada do Supremo Tribunal Federal" (*in RTJ* 91/776).

Da mesma forma, manifesta-se a melhor doutrina, *verbis*:

"The general rule is that an unconstitutional statute, though having the form and name of law, is in reality no law, but is wholly void, and in legal contemplation is as inoperative as if it had never been passed. Since an unconstitutional law is void, it imposes no duties and confers no power or authority on any one; it affords protection to no one, and no one is bound to obey it, and no courts are bound to enforce it.

"When a judgment of any court is based on an unconstitutional law, it has been said that it has no legitimate basis at all, and is not to be treated as a judgment of a competent tribunal, and courts of other states are not required to give to it the full faith and credit commanded by the provisions of the United States Constitution as to the public acts records and judicial proceedings of other states" (*in Constitutional Law – Ruling Case Law*, The Lawyers Co-operative Publishing Company, Rochester, NY, 1915, v. 6, pp. 117-118, n. 117).

"An unconstitutional act is not a law. It confers no rights; it imposes no duties; it affords no protection; it creates no office. It is, in legal contemplation, as inoperative as though it had never been passed" (Henry Campbell Black, *in Handbook of American Constitutional Law*, 2ª ed., West Publishing Co., St. Paul, Minn., 1897, p. 66, n. 46).

A respeito, ainda, deliberou o Pretório Excelso que é nulo o processo administrativo disciplinar que omitir a substância de fato das acusações na portaria de sua instauração (RE 120.570-BA, rel. Min. Sepúlveda Pertence, *in RTJ* 138/658).

No mesmo sentido, inclina-se a doutrina, consoante o magistério de Cino Vitta, em obra clássica, *verbis*:

"La giurisprudenza ha ripetutamente affermato che l'imputato deve conoscere tutti i punti essenziali sui quali poggia l'accusa, e l'aver trascurato di notificargliene taluno è motivo di nullità del procedimento" (Cino Vitta, *in Il Potere Disciplinare Sugli Impiegati Pubblici*, Società Editrice Libraria, Milano, 1913, p. 477).

Da mesma forma, entre outros, o ensinamento de Marcel Waline, *in Traité Élémentaire de Droit Administratif*, 6ª ed., Sirey, Paris, 1952, p. 348, 4º, bem como o de Hely Lopes Meirelles, *in Direito Administrativo Brasileiro*, 37ª ed., Malheiros Editores, 2011, p. 742.

Concluindo, podemos afirmar, com fulcro na melhor doutrina e na jurisprudência: I) o art. 172 da Lei n. 8.112/90 – que corresponde ao art. 231 da Lei n. 1.711/52 – não viola qualquer dispositivo da Carta de 1988; II) para resguardar a garantia insculpida no art. 5º, LV, da CF, a portaria que instaurar o processo administrativo disciplinar deve conter todos os fatos pelos quais é investigado o servidor; III) na composição da Comissão de Sindicância não pode figurar servidor com posição hierárquica inferior a do sindicado; IV) a instrução do processo administrativo disciplinar deve ser realizada no local onde está lotado o servidor; V) e, finalmente, enfatizar a importância da ouvida do servidor no processo administrativo disciplinar, bem como a sua presença na inquirição das testemunhas, consoante assinalado pelo Mestre Waline na lição antes transcrita. A respeito, ainda, é de todo pertinente recordar o magistério do saudoso Ministro Carlos Thompson Flores acerca do direito de defesa no processo administrativo, expresso em palavras lapidares, *verbis*:

"9.2 É lamentável que a Egrégia Corte tenha procedido contra a lei, realizando o ato impugnado, deslembrada de assegurar o direito de defesa à concorrente, máxime nas circunstâncias em que o fez. Dito direito é inato à criatura humana.

"O próprio Deus, o mais sábio e justo dos juízes, assim o entendeu, apesar do seu poder total, desde o princípio do mundo. Externou-o ao ser cometido o primeiro homicídio ocorrido sobre a Terra, quando Caim, levado pela inveja, matou seu irmão Abel.

"São palavras do Senhor, segundo a Bíblia Sagrada, Genesis, cap. 4, n. 9:

"'E o Senhor disse a Caim: onde está teu irmão Abel ao que Caim respondeu. Eu não sei. Acaso sou eu guarda do meu irmão?'.

"E consta do mesmo livro e capítulo, n. 10:

"'Disse-lhe o Senhor: Que é o que fizeste? A voz do sangue de teu irmão clama desde a terra até mim'.

"E, só então, o Senhor o puniu. Não se animou, o maior Juiz, a aplicar-lhe a sanção, como o fez, sem ouvi-lo para que se defendesse.

"E assim seguiu-se na marcha das gerações.

"Entre nós, o direito de defesa jamais foi ignorado e deixou de ser reconhecido. Desde o regime republicano, conforme a Constituição de 1891, resultou expresso, art. 72, § 16. Integrou, ele, as demais Constituições que àquela se seguiram: 1934, 1937, 1946, 1967 e Emenda n. 1/69, art. 153, § 15, em pleno vigor.

"9.3 Por certo os fatos mais comuns ocorrem nos procedimentos criminais. Mas sempre se reconheceu a necessidade de observar-se o direito de defesa nos processos administrativos, quando do seu exame se imputa falta grave ao servidor. No presente procedimento, a toda evidência, ele é de aplicar-se, eis que trata de processo semelhante ao qual incidem normas decorrentes do Direito Administrativo.

"9.4 Cabe assinalar que mesmo no regime revolucionário instaurado no País em 1964, os Atos Institucionais, embora sobranceiros à própria Constituição, reconheceram o direito de defesa, deixando-o expresso. Assim ocorreu com o primeiro deles, AI n. 1/64, art. 7º, § 4º, com a regulamentação que lhe atribuiu o Decreto n. 53.897, de 27.4.1964, art. 5º (*in RF* 206/434), ao impor graves sanções.

"No S.T.F. concorri com meu voto para anular diversas sanções impostas com base no citado art. 7º, § 4º. E o fundamento central das nulidades dos procedimentos referidos assentou na falta de audiência dos imputados, como o impunha a citada legislação. Destaco de tais julgamentos os primeiros deles, publicados na *RTJ*, v. 47/211; v. 50/67; e v. 53, pp. 120 e 379.

"Inegavelmente o princípio em comentário, direito de defesa, aplica-se ao procedimento do concurso quando, é certo, ocorre acusação sobre o concorrente já admitido em definitivo, depois de procedido o seu respectivo exame, discricionariamente, pelo Tribunal. Certo ele não vem expresso, apesar dos detalhes introduzidos na regulamentação do concurso, seja no edital, seja em leis outras a ele referentes.

"Dito direito, que o Padre Vieira acentuava em seus 'Sermões' ser 'sagrado', está implícito na sua disciplinação, eis que a Constituição sobre ele incide, projetando-se com toda a força e intensidade" (*in Revista de Direito Administrativo*, v. 225, pp. 420-425).

PARECERES

ACERVO TÉCNICO DE ENGENHARIA DE PESSOA JURÍDICA NÃO SE CONFUNDE COM ACERVO TÉCNICO DE PROFISSIONAL. OBRAS REALIZADAS EM MOMENTO ANTERIOR À LEGISLAÇÃO QUE INSTITUIU O CONFEA, O CREA E A ART. VALIDADE E APTIDÃO DAS ANTIGAS CERTIDÕES PARA COMPROVAR A CAPACIDADE TÉCNICA DA EMPRESA. DIREITO DE A PESSOA JURÍDICA OBTER O REGISTRO DE ACERVO TÉCNICO PARA FINS DE COMPROVAÇÃO DE CAPACITAÇÃO OPERACIONAL

ADILSON ABREU DALLARI
Professor da PUC/SP

Consulta

CETENCO Engenharia S.A. honra-nos com a formulação de consulta, cujos aspectos fáticos que caracterizam seu objeto encontram-se consubstanciados no histórico apresentado pela Consulente, transcrito na sequência, acompanhado, ao final, de formulação de quesitos específicos sobre o tema.

Segundo relata a consulta formulada, a empresa CETENCO Engenharia S.A. é sucessora das empresas CONSTERRA-Construção e Pavimentação S.A., Sociedade Construtora e Pavimentadora-CONSPAVI S.A., TENCO Construtora de Usinas Hidroelétricas S.A. e Companhia Construtora Centenário.

O Grupo de empresas acima citado iniciou suas atividades comerciais em meados de 1930/1940, tendo executado obras de porte, tais como: Aeroporto de Congonhas, Aeródromo da Base Aérea de Santa Cruz, Usina Hidrelétrica de Itaipu, Usina de Paulo Afonso, Rodovia dos Imigrantes, Hidrelétrica de Guri (Venezuela), Metrô de Caracas, Rodovia Presidente Castelo Branco, fábrica da Volkswagen (São Bernardo do Campo), fábrica da Goodyear (Americana), Caixa Econômica Federal em Brasília e Rio de Janeiro, diversas linhas de transmissão, hospitais, conjuntos residenciais, escolas, etc. Sua experiência técnica pode ser comprovada cabalmente pelo rol de atestados expedidos ao longo de sua história.

Quanto à regularização dos atestados técnicos, temos a seguinte cronologia:

a) a Lei federal 5.194 de 24.12.66, regulou o exercício das profissões de engenheiro, arquiteto e agrimensor, determinando que referidos profissionais, para exercício de suas profissões, deveriam ser registrados perante os Conselhos Regionais de Engenharia e Arquitetura. Nesta mesma Lei, em seu art. 8º, ficou determinado que as pessoas jurídicas só poderiam exercer suas atividades com a participação efetiva e autoria declarada de profissional registrado no CREA;

b) a Lei Federal 6.496, de 7.12.77, por sua vez, instituiu a Anotação de Responsabilidade Técnica-ART, que, desde então, passou a definir, para os efeitos legais, a responsabilidade técnica pelos empreendimentos de engenharia, arquitetura e agronomia;

c) em 31.10.86, o CONFEA publicou a Resolução 317, disciplinando o Registro do Acervo Técnico dos profissionais. Nesta Resolução, seu art. 4º, trata do Acervo Técnico da Pessoa Jurídica, e o mesmo tem o seguinte teor:

"Art. 4º. O Acervo Técnico de uma pessoa jurídica é representado pelos Acervos Técnicos dos profissionais do seu quadro técnico e de seus consultores técnicos devidamente contratados.

"Parágrafo único. O Acervo Técnico de uma pessoa jurídica variará em função de alteração do Acervo Técnico do seu quadro de profissionais e consultores" (grifos nossos).

d) quando da publicação da Lei 8.666, de 21.6.93, que instituiu as normas para licitações e contratos da Administração Pública, o legislador manteve as obrigações constantes da Resolução 317 acima citada, determinando no art. 30 da referida Lei o seguinte:

"Art. 30. A documentação relativa à qualificação técnica limitar-se-á a:

"I – registro ou inscrição na entidade profissional competente;

"II – comprovação de aptidão para desempenho de atividade pertinente e compatível em características, quantidades e prazos com o objeto da licitação, e indicação das instalações e do aparelhamento e do pessoal técnico adequados e disponíveis para a realização do objeto da licitação, bem como da qualificação de cada um dos membros da equipe técnica que se responsabilizará pelos trabalhos; [*atestado operacional da pessoa jurídica – observação nossa*]

"(...)

"§ 1º. A comprovação de aptidão referida no inciso II do *caput* deste artigo, no caso das licitações pertinentes a obras e serviços, será feita por atestados fornecidos por pessoas jurídicas de direito público ou privado, devidamente registrados nas entidades profissionais competentes, limitadas as exigências a:

"I – capacitação técnico-profissional: comprovação do licitante de possuir em seu quadro permanente, na data prevista para entrega da proposta, profissional de nível superior ou outro devidamente reconhecido pela entidade competente, detentor de atestado de responsabilidade técnica por execução de obra ou serviço de características semelhantes, limitadas estas exclusivamente às parcelas de maior relevância e valor significativo do objeto da licitação, vedadas as exigências de quantidades mínimas ou prazos máximos; (...)" (grifos nossos).

Em atendimento à Lei 8.666/93, vigente até hoje, para participação nas concorrências públicas, as empresas devem apresentar os atestados devidamente registrados no CREA.

Mas, o que poderá ser feito no caso em tela, quando as empresas iniciaram suas atividades em meados de 1930/1940, e naquela época não existia qualquer legislação que obrigasse as empresas construtoras a qualquer tipo de registro?

Entendemos que não só os engenheiros que atuaram como Responsáveis Técnicos são detentores de Atestados de Experiência Profissional, mas também as empresas são detentoras de experiência operacional, e este fato não pode ser contestado. É a história da empresa, suas obras, suas realizações!

A título exemplificativo, a INFRAERO publicou no *DOU* em 21 e 23.5.2008, respectivamente, os Editais das licitações abaixo:

• **Concorrência**: 014/DALC/SBFL/2008 – **Objeto**: Contratação das obras de terraplenagem e execução de pistas de táxi e pátio de aeronaves, do Aeroporto Internacional de Florianópolis. **Data de entrega**: 15.7.2008.

• **Concorrência**: 008/DALC/SBGR/2008 – **Objeto**: Contratação das obras e serviços de engenharia para construção do pátio de aeronaves e terraplenagem do TPS-3 do Aeroporto Internacional de Guarulhos. **Data de entrega**: 21.7.2008.

A CETENCO tem interesse em participar dos certames, mas os atestados que comprovam a execução dos serviços não foram acervados no CREA. Primeiro porque datam de 1976 e 1959, respectivamente, e segundo porque os Responsáveis Técnicos já faleceram, são eles:

• Atestado do aeródromo da base aérea de Santa Cruz – RJ (1976) – Órgão: Ministério da Aeronáutica.

• Atestado do aeroporto de congonhas – SP (1959) – Órgão: DAESP.

Uma vez apresentadas todas as informações acima descritas, a Consulente propõe nesta consulta a análise jurídica em relação às seguintes questões:

a) A pessoa jurídica é efetivamente detentora do Acervo Técnico Operacional das obras que realizou, seja em que tempo for?

b) A legislação protege o direito adquirido desta pessoa jurídica?

c) A pessoa jurídica pode utilizar os atestados comprobatórios da prestação de serviços técnicos profissionais de engenharia não acervados no CREA, em razão da data de execução das obras e do falecimento de seus Responsáveis Técnicos, nas licitações que estão em vias de se realizar?

d) O CREA deve fazer algum tipo de registro validando os atestados técnicos operacionais para utilização pela Pessoa Jurídica nas licitações?

Parecer

I Síntese das questões postas para exame

Inicialmente, cumpre destacar, do rol dos fatos relatados pela Consulente, os pontos essenciais para a análise dos aspectos jurídicos da questão.

Da exposição feita, fica perfeitamente entendido que a CETENCO é sucessora das empresas que a precederam, todas elas voltadas para a prestação de serviços e execução de obras de engenharia, sendo certo que algum atestado emitido em nome de alguma dessas empresas pode ser exibido pela CETENCO, exatamente por força de sua condição de sucessora.

A CETENCO, portanto, é uma empresa notoriamente reconhecida pela sua ilibada reputação e experiência técnica no mercado de engenharia, desenvolvendo suas atividades ao longo de vários anos, desde a década de 1930.

Dada a antiguidade da empresa, aliada ao alto nível de prestação dos serviços a que se propõe, é perfeitamente compatível com seu histórico a existência das inúmeras obras de grande porte por ela realizadas ao longo do tempo, conforme relatado na consulta.

Essa sequência de obras constitui um patrimônio inalienável da CETENCO que, além de comprovar a participação da empresa em programas de elevada complexidade, denota sua efetiva competência nas atividades que desempenha. Esse acervo técnico é extremamente valioso para a empresa, que tem inegável interesse em sua preservação.

Os dois atestados citados no histórico apresentado, que se reportam a obras realizadas nos primeiros quarenta anos de existência da Consulente, são essenciais para a configuração desse acervo.

Naquela época, todavia, o ordenamento jurídico não contava com a normatização atualmente existente, voltada para a regulação do exercício da profissão do engenheiro e muito menos contemplava a exigência de registro de documentos prestantes a definir a responsabilidade do profissional diretamente envolvido nas obras então efetuadas.

Conforme lembrado no texto da consulta, a atual disciplina legal do exercício da profissão de engenheiro somente passou a existir a partir do ano de 1966 com o advento da Lei federal 5.194. De outro lado, a instituição da denominada "Anotação de Responsabilidade Técnica-ART" se deu onze anos depois, no ano de 1977, com a expedição da Lei federal 6.496/77.

Ambas as obras das quais se pretende fazer prova para fins de participação em certames a serem realizados ainda no mês corrente, são anteriores à instituição da ART.

Não se pode cogitar, todavia, que obras datadas de momento anterior à legislação em apreço estejam perdidas, por não terem sido registradas nos termos da legislação superveniente. Uma hipotética interpretação jurídica, no sentido de que a superveniência de um novo arcabouço legal e regulamentar, teria aniquilado a experiência operacional anterior de uma empresa consolidada no mercado de engenharia há tantos anos, se evidencia como inaceitável, por ser patentemente absurda.

Logicamente não é esse o resultado que se alcançaria no caso em exame através de uma interpretação inteligente do ordenamento jurídico.

Essa orientação, inclusive, constitui uma lição basilar da autoria de Carlos Maximiliano (*Hermenêutica e Aplicação do Direito*, 9ª ed., Forense, 1984, p. 166) para quem pretende interpretar textos normativos:

> "Deve o Direito ser interpretado inteligentemente: não de modo que a ordem legal envolva um absurdo, prescreva inconveniências, vá ter a conclusões inconsistentes ou impossíveis".

No caso em exame, temos que a CETENCO dispõe de atestados oficiais, regularmente formalizados, fornecidos pelos clientes que na época contrataram os seus serviços de engenharia, os quais, em face da realidade prática e segundo o senso comum, já se mostram suficientes para o fim de atestar a inegável experiência adquirida até o momento da edição das leis em apreço, dado que, até então, não havia qualquer outro mecanismo legal previsto no sistema reservado para tal finalidade.

À luz dessas considerações de ordem prática, a participação da Consulente em licitações que tenham por exigência a execução de obras compatíveis com aquelas realizadas em momento anterior à legislação em vigor, jamais poderá ser negada sob a alegação de que a mesma não possui atestados registrados no CREA.

Resta saber se esse entendimento, praticamente intuitivo, segundo o senso comum, tem efetivo respaldo no sistema jurídico vigente.

II – Considerações iniciais

Agora, já adentrando o campo da análise jurídica, cabe lembrar que o direito não briga com o bom-senso. Muito ao contrário, o bom-senso ingressou no campo do direito com a designação de princípio da razoabilidade:

> "O princípio da razoabilidade, na origem, mais que um princípio jurídico, é uma diretriz de senso comum ou, mais exatamente, de bom-senso, aplicada ao direito. Esse "bom-senso jurídico" se faz necessário à medida que as exigências formais que decorrem do princípio da legalidade tendem a reforçar mais o texto das normas, a palavra da lei, que o seu espírito. A razoabilidade formulada como princípio jurídico, ou como diretriz de interpretação das leis e atos da Administração, é uma orientação que se contrapõe ao formalismo vazio, à mera observância dos aspectos exteriores da lei, formalismo esse que descaracteriza o sentido finalístico do direito" (Maria Paula Dallari Bucci, "O princípio da razoabilidade em apoio à legalidade", *Cadernos de Direito Constitucional e Ciência Política* 16, Ed. RT, São Paulo, 1996, p. 173).

O texto acima transcrito é bastante robustecido com o aval de um dos mais renomados administrativistas brasileiros, Celso Antônio Bandeira de Mello, que confirma ser o princípio da razoabilidade um princípio fundamental de Direito Administrativo, cujo significado é assim por ele explicado:

> "Enuncia-se com este princípio que a Administração, ao atuar no exercício de discrição, terá de obedecer a critérios aceitáveis do ponto de vista racional, em sintonia com o senso normal de pessoas equilibradas e respeitosa das finalidades que presidiram a outorga da competência exercida. Vale dizer: pretende-se colocar em claro que não serão apenas inconvenientes, mas também ilegítimas – e, portanto, jurisdicionalmente invalidáveis – as condutas desarrazoadas, bizarras, incoerentes ou praticadas com desconsideração às situações e circunstâncias que seriam atendidas por quem tivesse atributos normais de prudência, sensatez e disposição de acatamento às finalidades da lei atributiva da discrição manejada" (Celso Antônio Bandeira de Mello, *Curso de Direito Administrativo*, 25ª ed. Malheiros Editores, 2008, pp. 108-109 [*28ª ed., 2011, p. 108*])

Mas, além da doutrina, também o direito positivo contém mandamento expresso no sentido de que não se pode exigir de ninguém aquilo que a própria lei não previu ao tempo da prática do ato.

Tal mandamento tem nível constitucional, pois figura no âmbito das garantias fundamentais da Constituição Federal, em seu artigo 5º, inciso II, segundo o qual "ninguém será obrigado a fazer ou deixar de fazer alguma coisa senão em virtude de lei".

Esse dispositivo constitucional, reforçado com a invocação do princípio da razoabilidade, poderia ser lembrado cada vez que a consulente fosse participar de alguma licitação, mas, certamente, dada a competitividade inerente ao certame, em cada caso teria que enfrentar todo um tortuoso processo de impugnações, defesas e recursos, em sede administrativa ou judicial, acarretando um elevado desgaste.

Diante disso, parece mais conveniente adotar outro caminho, consistente no reconhecimento formal, pelo CREA, de suas experiências anteriores, de maneira a que seus antigos atestados sejam pacificamente aceitos pelas Comissões Julgadoras, em situações futuras, afastando qualquer possível desconforto proveniente de uma postura inflexível e burocrática não raramente adotada pela Administração em meio a processos de habilitação.

Realmente é importante que se diga que, conquanto os atestados antigos de que dispõe a Consulente prestem-se perfeitamente ao pleno cumprimento do quesito relativo à demonstração de seu acervo técnico, é certo que a empresa goza de pleno direito à obtenção de documentos previstos na legislação posterior de modo a comprovar a sua experiência técnica antiga nos moldes das exigências atuais.

Basicamente são três os expedientes introduzidos pela legislação anteriormente citada, os quais, a partir da década de 1970 passaram a constituir prova de experiência técnica tanto do profissional, como da pessoa jurídica, no campo da engenharia. Trata-se da "Anotação de Responsabilidade Técnica-ART", do "Registro de Acervo Técnico-RAT" e da "Certidão de Acervo Técnico-CAT", os quais serão objeto de minuciosa análise mais adiante.

Permita-se a redundância em esclarecer, caso possa ainda restar alguma dúvida, que das afirmações apresentadas não resulta concluir que, ausente ambos os documentos, a empresa restaria impedida de participar de licitações que demandem experiência técnica desenvolvida em momento anterior à legislação especificada. Muito pelo contrário, como já se disse e cumpre repisar, é absolutamente claro que a simples existência de atestados fornecidos pelos próprios clientes indicando as tarefas então realizadas, bastaria para o cumprimento do quesito relativo à qualificação técnica relativa à atuação anterior da Consulente no mercado.

Apenas pretende-se fixar o direito que compete a uma pessoa jurídica, detentora de documentos comprobatórios de sua atuação profissional no passado, de se adequar à legislação superveniente, ainda que assim não lhe seja exigível, mas sim por zelo, cautela, boa-fé e, muito especialmente, por razões de ordem prática, visando a aniquilar de vez a possível ocorrência de questionamentos em cada licitação da qual vier a participar.

O caminho para a afirmação desse direito passa por uma necessária distinção entre o *acervo técnico pertencente à pessoa jurídica* e o *acervo técnico pertencente à pessoa física*.

Isso porque a execução de serviços e obras de engenharia (especialmente quando de grande porte) deve-se não apenas ao profissional envolvido, mas, também, à empresa contratada para essa finalidade. Um profissional não age sozinho, de modo independente, isolado. Está atrelado a uma organização, que, por sua vez, impõe regras de conduta, estratégia, gerenciamento. Cabe ao profissional executá-las com rigor. A parceria entre essas duas frentes – pessoa jurídica contratada e pessoa física a ela vinculada – é que faz a diferença no resultado final pretendido.

Não é por outra razão que a legislação vigente alude – e sequer poderia agir de outra forma – a dois acervos distintos: um pertinente à pessoa física e outro relacionado à pessoa jurídica.

É certo e induvidoso que qualquer serviço ou obra de engenharia somente pode ser executada com o necessário e indispensável concurso de um profissional (pessoa física) de engenharia, mas quando tal profissional atua como integrante de uma empresa de engenharia, também é certo que esta empresa concorre para a obtenção do resultado e passa a ser, também, detentora de um acervo técnico.

Logo, cumpre ao intérprete bastante cautela quando da análise do conjunto de regras que disciplinam a matéria, de forma que não incorra em equivocada conclusão de que tão-somente a pessoa física é detentora do acervo técnico resultante das obras realizadas e apenas a ela caberia o pedido de registro do acervo resultante dos trabalhos efetuados.

Nesse passo, acrescente-se outro fato importante relatado na consulta. Trata-se do falecimento dos profissionais envolvidos nas duas obras realizadas nas décadas de 1950 e 1970, ambas imprescindíveis para a comprovação de qualificação técnica para fins de participação de duas licitações que se tem a frente, assim como em possíveis outras futuras que apresentem objetos descritos em moldes semelhantes.

A situação descrita indica, na verdade, a existência de um falso dilema. Falso dilema porque eventual obstáculo que se possa vislumbrar em relação ao registro de acervo de profissionais falecidos pode ser facilmente resolvido quando se tem em vista novamente a mesma premissa anteriormente abordada, qual seja, a absoluta diferenciação entre a experiência técnica da empresa e do engenheiro.

Diante dessa distinção, o falecimento das pessoas físicas se apresenta como um fator inteiramente irrelevante para fins de comprovação da experiência técnica inerente à empresa.

Vale dizer: os engenheiros faleceram, mas a empresa sobreviveu e juntamente com ela o seu acervo técnico. Mais que isso, *ambos os acervos*, tanto da pessoa falecida, como da empresa de que fez parte, possuem *caráter permanente*. O falecimento do profissional não apaga seu passado. Por isso mesmo, sempre caberá indistintamente ao profissional (por meio de seus familiares ou antigos sócios) ou à empresa o pedido de registro do acervo.

É basicamente em torno dos elementos brevemente delineados nessa primeira etapa do estudo que se fundamenta a abordagem a ser feita na sequência e que demandará, como primeiro passo rumo ao enfrentamento dos quesitos formulados, o tratamento da legislação aplicável. É o que se passa a expor.

III – As normas legais e regulamentares pertinentes à disciplina do exercício profissional

A afirmação anteriormente destacada de que a morte da pessoa física responsável pela obra não extingue o seu próprio acervo técnico, nem, muitíssimo menos, o acervo técnico da pessoa jurídica, constitui fato que pode ser diretamente extraído da própria legislação vigente aplicável à espécie.

Dito de outro modo, a análise das normas seguintes indicará, de forma imperativa, a existência dos dois acervos técnicos distintos aos quais se fez constante referência até o momento.

Para tanto, inicie-se com a transcrição de dois dispositivos constantes da Lei 5.194/66 que, conforme abordado anteriormente, regula o exercício de algumas profissões, dentre elas a de engenheiro:

> "Art. 8º. (...)
>
> "Parágrafo único. As pessoas jurídicas e organizações estatais só poderão exercer as atividades discriminadas no art. 7º, com exceção das contidas na alínea 'a', com a participação efetiva e autoria declarada de profissional legalmente habilitado e registrado pelo Conselho Regional, assegurados os direitos que esta lei lhe confere."

A título de esclarecimento, registre-se que o citado artigo 7º reporta-se, em suas respectivas alíneas, a atribuições profissionais específicas que competem ao arquiteto, engenheiro e engenheiro-agrônomo.

Ainda vale destacar os termos do artigo 59 que inaugura o capítulo destinado ao "registro de firmas e entidades":

"Art. 59. As firmas, sociedades, associações, companhias, cooperativas e empresas em geral, que se organizem para executar obras ou serviços relacionados na forma estabelecida nesta lei, só poderão iniciar suas atividades depois de promoverem o competente registro nos Conselhos Regionais, bem como o dos profissionais do seu quadro técnico" (itálico nosso).

O teor dos dispositivos acima transcritos demonstra que a partir da vigência dessa lei, as pessoas jurídicas somente restarão autorizadas a executar obras e serviços de engenharia na medida em que estejam devidamente registradas para isso e que, indispensavelmente, possuam em seu quadro os profissionais (pessoas físicas) que se responsabilizarão tecnicamente pelos trabalhos.

Onze anos depois da edição do referido diploma, foi emitida lei que dispõe especificamente sobre a responsabilidade técnica do profissional de engenharia. Aqui é preciso transcrever o disposto nos artigos iniciais da Lei 6.496/77, que cuidou de instituir a "Anotação de Responsabilidade Técnica", simplesmente denominada "ART", na prestação de serviços de engenharia:

"Art. 1º. Todo contrato, escrito ou verbal, para a execução de obras ou prestação de quaisquer serviços profissionais, referentes à Engenharia, à Arquitetura e à Agronomia fica sujeito à 'Anotação de Responsabilidade Técnica' (ART).

"Art. 2º. A ART define para os efeitos legais os responsáveis técnicos pelo empreendimento de Engenharia, Arquitetura e Agronomia.

"§1º. *A ART será efetuada pelo profissional ou pela empresa* no Conselho Regional de Engenharia, Arquitetura e Agronomia (CREA), de acordo com Resolução própria do Conselho Federal de Engenharia, Arquitetura e Agronomia (CONFEA). (...)" (itálico nosso).

Veja-se que o texto legal é cristalino em dois pontos cruciais: primeiro, o pedido de emissão da ART passa a ser obrigatório para qualquer contrato de engenharia e, segundo, o que ainda é mais importante para os termos da presente consulta, o registro é passível de ser efetuado pelo profissional *OU* pela *empresa* encarregada da obra.

Ao dispor que a emissão da ART pode se dar, indistintamente, por iniciativa do profissional ou da empresa, a lei está nos dizendo textualmente que existem duas figuras absolutamente apartadas entre si que fazem jus, cada uma delas, ao seu próprio acervo.

Posteriormente, o Conselho Federal de Engenharia, Arquitetura e Agronomia-CONFEA cuidou de regulamentar e complementar a matéria em destaque. Por meio da Resolução 317, de 31.10.86, dispôs, dentre outros assuntos, sobre o Registro de Acervo Técnico-RAT dos profissionais de engenharia e da decorrente expedição da respectiva Certidão de Acervo Técnico-CAT, reconhecendo, indiretamente, num "considerando" justificativo, que empresas podem exercer atividades de engenharia, desde que o façam mediante a participação de profissionais habilitados a elas vinculados:

"Considerando que as pessoas jurídicas só poderão exercer atividades de Engenharia, Arquitetura e Agronomia se contarem com a participação efetiva e autoria declarada de profissional, legalmente habilitado, conforme preceitua o artigo 8º, parágrafo único, da Lei n. 5.194/66; (...)

"*Resolve*:

"Art. 1º. Considera-se Acervo Técnico do profissional toda a experiência por ele adquirida ao longo de sua vida profissional, compatível com suas atribuições, desde que anotada a respectiva responsabilidade técnica nos Conselhos Regionais de Engenharia, Arquitetura e Agronomia.

"Art. 2º. Fica instituído nos Conselhos Regionais de Engenharia, Arquitetura e Agronomia-CREAs, a partir da data de publicação desta Resolução, o Registro de Acerto Técnico-RAT – dos profissionais devidamente registrados em dia com suas anuidades.

"§ 1º. O RAT se comporá inicialmente de todas as Anotações de Responsabilidade Técnica-ART anotadas na Regional onde o profissional estiver registrado ou estiver exercendo suas atividades sob o regime de visto.

"(...).

"Art. 4º. O Acervo Técnico de uma pessoa jurídica é representado pelos Acervos Técnicos dos profissionais do seu quadro técnico e de seus consultores técnicos devidamente contratados.

"Parágrafo único. O Acervo Técnico de uma pessoa jurídica variará em função de alteração do Acervo Técnico de seu quadro de profissionais e consultores.

"(...).

"Art. 5º. Ficam os CREAs, com base neste Registro do Acervo Técnico, obrigados a expedir, quando requerida por qualquer profissional, a competente Certidão de Acervo Técnico-CAT – mediante pagamento pelo interessado das taxas devidas."

Da leitura dos dispositivos acima, é possível extrair uma série de informações que explicam o procedimento relativo à comprovação do acervo técnico.

O primeiro dado que cumpre novamente ressaltar, conforme já preliminarmente destacado no âmbito da Lei 5.194/66, é de que as pessoas jurídicas só poderão exercer atividades de engenharia se contarem com a participação efetiva e autoria declarada de profissional legalmente habilitado, o qual será o responsável técnico pelo trabalho.

Tal fato não significa que o acervo técnico pertença somente à pessoa física; o texto legal e regulamentar apenas nos diz que a empresa depende necessariamente de um profissional habilitado para exercer suas atividades no ramo da engenharia.

É importante que se afirme novamente: a realização da obra presta-se à formação de capacitação técnica para fins de comprovação de experiência tanto para a empresa, como para a pessoa física diretamente envolvida na execução dos serviços.

Tanto é assim que o conceito de "Acervo Técnico" previsto no pré-citado artigo 1º aplica-se perfeitamente à empresa; afinal esta também adquire *experiência ao longo da vida profissional*, o que pode ser comprovado por meio das informações constantes na ART, conforme dispõe o dispositivo, documento passível de ser emitido por iniciativa da pessoa jurídica, nos termos da Lei 6.496/77 anteriormente destacada.

O art. 2º se refere ao Registro de Acervo Técnico-RAT, que é um repositório do conjunto de ARTs existentes em nome do profissional. Entretanto, é muito importante salientar que cada ART consigna o nome do profissional responsável, mas, também, o nome da empresa de engenharia à qual o profissional é vinculado. Na verdade, a ART serve de base para o registro de dois distintos acervos técnicos: o do profissional (pessoa física) e o da empresa (pessoa jurídica).

O artigo 4º corrobora a afirmação, na medida em que se refere expressamente ao acervo técnico da pessoa jurídica, o qual, por sua vez, é representado pelo conjunto de Acervos Técnicos de seus profissionais.

Merece destaque o parágrafo único desse artigo. Ele afirma que o acervo técnico da empresa é variável, conforme a variação de seu quadro de profissionais. Isso significa que o Acervo Técnico Profissional (das pessoas físicas) vai repercutir na empresa, conforme a saída ou o ingresso de determinados profissionais. Mas o Acervo Técnico Operacional (da empresa) vai sempre se alargando, a cada serviço ou obra de engenharia realizada, mesmo que os profissionais que se responsabilizaram por determinada obra, já não mais estejam vinculados à empresa.

Resta evidente, portanto, que embora o acervo técnico da empresa seja necessariamente derivado do acervo técnico das pessoas físicas a ela vinculadas, um não se confunde com o outro. Cada parte, a empresa, de um lado, e o profissional, de outro, detém sua própria capacitação técnica passível de comprovação através da ART, RAT, CAT e dos atestados fornecidos pelos contratantes de seus serviços.

Vale também trazer à baila uma transcrição parcial da Resolução 425 de 18.12.98, que, especificamente, dispõe sobre a Anotação de Responsabilidade Técnica-ART, contendo, em seu preâmbulo uma significativa consideração:

"*Considerando que a responsabilidade técnica é própria do profissional, não podendo ser exercida por pessoa jurídica*".

Em pouquíssimas palavras está dito o essencial, ou seja, que uma coisa é a *responsabilidade técnica* (que somente pode ser atribuída à pessoa física do profissional) e outra coisa é o *acervo técnico* de engenharia, que pertence tanto ao profissional quanto à empresa.

Os dispositivos dessa Resolução 425, abaixo transcritos, corroboram plenamente a ilação acima efetuada:

"Art. 2º. *A ART define, para os efeitos legais, os responsáveis técnicos* pela execução de obras ou prestação de quaisquer serviços de Engenharia, Arquitetura e Agronomia, objeto do contrato.

"(...)

"Art. 3º. Nenhuma obra ou serviço poderá ter início sem a competente Anotação de Responsabilidade Técnica, nos termos desta Resolução.

"Art. 4º. (...)

"Parágrafo único. *Quando a obra ou serviço for objeto de contrato com pessoa jurídica, a esta cabe a responsabilidade pelo recolhimento da taxa de ART e o registro de ART*, devidamente preenchida pelo profissional responsável.

"Art. 5º. Quando se tratar de profissional com vinculo empregatício de qualquer natureza, *cabe à pessoa jurídica empregadora providenciar o registro perante o CREA da Anotação de Responsabilidade Técnica-ART*, devidamente preenchida pelo profissional responsável pelo serviço técnico ou obra a serem projetados e/ ou executados."

As disposições acima reforçam a afirmativa contida no texto da Lei 5.194/66 no sentido de que o registro da ART não cabe tão-somente à pessoa física, representada pelo profissional habilitado, mas reserva à pessoa jurídica uma participação ativa nesse sentido.

Mais recentemente, a Resolução 1.023 de 30.5.2008 foi expedida pelo CONFEA, trazendo regras ainda mais detalhadas no tocante a registro, retificação, baixa, cancelamento e anulação da ART; registro de atestado emitido pelo contratante e, por fim, emissão da CAT.

Muitos dispositivos integrantes da Resolução 317/86 foram repetidos no âmbito da nova normatização. Em contrapartida, outras regras foram introduzidas, tornando mais claras certas situações não previstas anteriormente.

Ganham relevo para o presente exame, por exemplo, a previsão de procedimentos a serem observados em casos de falecimento do profissional; capacitação operacional da empresa; registro de obras sem anotação de responsabilidade técnica, dentre outros temas, conforme segue:

"Art. 22. Deverá ser objeto de baixa automática pelo CREA:

"I – a ART que indicar como responsável técnico profissional falecido ou que teve o seu registro cancelado, suspenso ou interrompido."

Veja-se que em caso de falecimento, a resolução cuidou de estabelecer a baixa da ART de modo automático. Ou seja, independe de ato de terceiro a realização de baixa nesse caso. O mesmo raciocínio deve se aplicar analogicamente a pedido de registro de ART e outros documentos que se prestem a comprovar o acervo técnico do profissional eventualmente falecido, principalmente porque tal acervo não pertence somente a essa pessoa, mas também à pessoa jurídica que sempre terá o interesse em comprovar suas habilidades técnicas.

A norma reforça a diretriz primeiramente traçada pela própria Lei 6.496/77, que dispõe sobre a ART, de que o documento pode e deve ser solicitado pela empresa quando o contrato envolver a contratação de pessoa jurídica.

De outra banda, a resolução em tela traz, de modo ainda mais direto a definição de capacitação técnica da pessoa jurídica e da CAT:

"Art. 52. A capacitação técnico-profissional de uma pessoa jurídica é representada pelo conjunto dos acervos técnicos dos profissionais integrantes de seu quadro técnico.

"(...)

"Art. 54. A Certidão de Acervo Técnico-CAT é o instrumento que certifica, para os efeitos legais, que consta dos assentamentos do CREA a anotação de responsabilidade técnica pelas atividades consignadas no acervo técnico profissional."

Mais uma vez resta evidenciada a existência apartada de capacitação técnica da pessoa jurídica em relação àquela detida pela pessoa física.

O que a regulamentação indica é que o ***meio*** através do qual se dá a comprovação da capacitação técnica de uma pessoa jurídica é representado pelo conjunto dos acervos técnicos dos profissionais integrantes de seu quadro técnico. Isso significa que toda e qualquer obra de engenharia sempre e indispensavelmente dependerá da efetiva participação e da assunção da correspondente responsabilidade técnica por um profissional (pessoa física).

Não existe responsabilidade técnica da empresa, nem acervo técnico somente da empresa. Um profissional que atue de maneira autônoma, isoladamente, poderá ser responsável por uma obra e detentor exclusivo do correspondente acervo técnico. Uma empresa jamais poderá ser detentora exclusiva de um acervo técnico de engenharia, pois sempre dependerá da efetiva atuação de um profissional de engenharia, a ela vinculado, para a formação desse acervo, ao longo do tempo.

Daí porque, no caso concreto, para fins de participaçao de licitaçoes, caberá à empresa comprovar sua qualificação técnica através de atestados que comprovem haver sido ela a pessoa jurídica contratada para a execução das obras, mesmo que tais obras tenham sido executadas por pessoas já falecidas, em momentos anteriores à vigência de toda a legislação e regulamentação referida.

Porém, o certo é que nenhum dos fatores – obras antigas não registradas no CREA e profissionais falecidos impede a CETENCO de requerer, ela própria, registro da ART e a emissão da CAT concernentes às duas obras que comprovam plenamente sua experiência para a execução do objeto a ser licitado nos dois certames referidos na consulta, experiência essa já comprovada através de atestados fornecidos pelo cliente à época da execução dos serviços.

Sobre esse último ponto, registre-se que a própria Resolução 1.023 de 30.5.2008 classifica esse tipo de documento como meio de prova da experiência técnica para execução do objeto a ser contratado:

> "Art. 63. É facultado ao profissional requerer o registro de atestado fornecido por pessoa física ou jurídica de direito público ou privado contratante *com o objetivo de fazer prova de aptidão para desempenho de atividade pertinente e compatível em características, quantidades e prazos*".

Por fim, é interessante notar que especificamente a respeito de obras que tenham sido realizadas sem a emissão da ART, a Resolução indicou a seguinte alternativa:

> "Art. 70. É facultado ao profissional que executou obra ou prestou serviços ou desempenhou cargo ou função sem a anotação de responsabilidade técnica na época devida requerer sua inclusão ao acervo técnico por meio do registro de ART correspondente, no CREA em cuja circunscrição foi desenvolvida a atividade".

Ora, se o instrumento normativo abriu espaço para o registro tardio da ART e consequente inserção na CAT para aqueles que não o tenham feito na época devida, não obstante a lei seja clara que se trata de um pré-requisito obrigatório antes do início de toda e qualquer obra, há mais razão ainda para se permitir que uma empresa adote esse procedimento em relação a obras antigas não regidas pela legislação e regulamentação atualmente vigente.

Imaginar qualquer coisa diferente disso remeteria ao absurdo de se admitir que a Resolução estaria a privilegiar aqueles que agem em desacordo com a lei, em detrimento daqueles que sempre agiram de acordo com o sistema jurídico então aplicável.

Vale esclarecer, ainda, que não obstante a Resolução remeta a prática de tal saneamento ao "profissional" que executou a obra, lembre-se que a própria lei federal aplicável permite que a pessoa jurídica proceda ao registro da ART, sendo que esta solução se torna ainda mais evidente na hipótese de falecimento do profissional responsável.

Tudo isso porque, retorne-se à afirmação central na qual se prende a matéria em debate, está-se a tratar de dois acervos distintos: um pertinente à pessoa física, outro vinculado à pessoa jurídica.

Aliás, a existência de dois acervos distintos, constantemente reiterada no presente estudo, é facilmente demonstrada não apenas pelo arcabouço legal e regulamentar exposto neste tópico, mas também, com ainda maior clareza, através do disposto na Lei de Licitações e Contratos Administrativos, conforme se passa a expor no tópico seguinte.

IV – As exigências feitas pela lei de licitações

Conquanto os dispositivos legais que repercutem na presente consulta, constantes da Lei federal 8.666, de 21.6.93, que disciplina as licitações e contratações públicas, tenham sido transcritos pela Consulente, é importante trazê-los à tona novamente, pedindo-se especial atenção para este importantíssimo detalhe: A lei de licitações não cuida de *responsabilidade técnica*, mas sim de *qualificação ou aptidão técnica*, que deve ser demonstrada exatamente por meio de um *acervo técnico*:

> "Art. 30. A documentação relativa à qualificação técnica limitar-se-á a:

"I – registro ou inscrição na entidade profissional competente;

"*II – comprovação de aptidão para desempenho de atividade pertinente e compatível em características, quantidades e prazos com o objeto da licitação, e indicação das instalações, do aparelhamento e do pessoal técnico adequados e disponíveis para a realização do objeto da licitação, bem como da qualificação de cada um dos membros da equipe técnica que se responsabilizará pelos trabalhos.*

"(...).

"§ 1º. A comprovação de aptidão referida no inciso II do caput deste artigo, no caso das licitações pertinentes a obras e serviços, será feita por atestados fornecidos por pessoas jurídicas de direito público ou privado, devidamente registrados nas entidades profissionais competentes, limitadas as exigências a:

"*I – **capacitação técnico-profissional**: comprovação do licitante de possuir em seu quadro permanente, na data prevista para entrega da proposta, profissional de nível superior ou outro devidamente reconhecido pela entidade competente, detentor de atestado de responsabilidade técnica por execução de obra ou serviço de características semelhantes,* limitadas estas exclusivamente às parcelas de maior relevância e valor significativo do objeto da licitação, vedadas as exigências de quantidades mínimas ou prazos máximos;

"*II – vetado*" (grifamos).

Como se vê, a lei permite a exigência de atestados que demonstrem duas coisas: experiência anterior (no passado) e aptidão para desempenho (no futuro) daquilo que será o objeto em disputa. Conforme dispõe o § 1º do art. 30, essa demonstração de aptidão será feita por meio de atestados.

O exame de tais atestados tem por escopo avaliar duas modalidades distintas de capacidade técnica: *profissional* e *operacional*. Essas duas espécies, entretanto, já geraram, no passado, grandes controvérsias que já estão, agora, superadas.

Explica-se: o inciso I, acima transcrito, cuida da *capacidade técnica profissional*, que pertence à pessoa física, profissional de nível superior, que realizou serviços correlatos no passado e que poderá executar os mesmos serviços no futuro.

Já o vetado inciso II daquele parágrafo se referia à ***capacidade técnica operacional***, que não é desta ou daquela pessoa, mas, sim, da empresa, da organização, daquele conjunto de pessoas e equipamentos que, no passado, executou serviço correlato.

Assim é que, seguindo a linha de raciocínio traçada no presente estudo, não se confundem a experiência técnica do profissional (pessoa física), com a capacidade gerencial da empresa, para conjugar, harmonicamente, a multiplicidade de fatores essenciais à realização de uma obra pública ou de um serviço técnico especializado.

A antiga controvérsia, acima referida, se travou em torno da possibilidade jurídica de exigência de capacidade técnica operacional, diante do veto ao inciso II (entendiam alguns que isso nem poderia ser exigido), mas, atualmente, a jurisprudência já se fixou no sentido de que o edital pode, sim, exigir tal comprovação e, de fato, assim procede-se na prática.

No mesmo sentido, ou seja, de que os atestados devem prestar-se a comprovar dois tipos de aptidão técnica, a melhor doutrina assim já se posicionou:

"Assim é que, acertadamente, tem-se entendido que o Estatuto das Licitações e Contratos Administrativos em vigor, ao tratar das exigências de qualificação técnica dos licitantes, preconiza, de maneira simultânea, as duas espécies de exigência de capacitação: técnico-profissional e técnico-

-operacional" (Carlos Ari Sundfeld, e outros, "Os atestados técnicos na licitação e o problema da cisão de empresas", in *Revista Brasileira de Direito Público- RBDP* 4, jan./mar./2004, Fórum, p. 61).

Saliente-se que a capacidade técnica operacional é da empresa, e permanece com ela, mesmo que os antigos técnicos já não mais integrem seus quadros, ou, como no caso concreto, tenham falecido, pois o que importa, nesta modalidade de aptidão técnica, é saber se o conjunto empresarial (instalações, equipamentos, conjunto de pessoal) tem capacidade gerencial, competência para conduzir uma obra ou serviço a bom termo.

Não se pretende aqui ignorar o inegável fato de que a responsabilidade técnica de uma grande obra executada por uma empresa de engenharia exige a participação de diversos profissionais, pessoas físicas, que serão os responsáveis técnicos. Mas tal fato não elide a capacitação técnica operacional afeta à empresa. Trata-se de duas coisas distintas e ao mesmo tempo inseparáveis.

Tendo isso ficado bem claro, a questão a ser agora ressaltada, para os fins do presente estudo, diz respeito à inexistência de registro da ART e CAT em relação às obras executadas em momentos anteriores à vigência das leis que obrigam a adoção de tais expedientes, pois a lei de licitações, no § 1º de seu art. 30, menciona, expressamente, que as certidões comprobatórias das obras executadas devem estar "devidamente registrados nas entidades profissionais competentes".

Para tratar do assunto, inevitavelmente há de se ter em mente os efeitos do princípio denominado no latim *tempus regit actum*, expressão traduzida para o português como "o tempo rege o ato", significando que a correção, a licitude ou a validade dos atos jurídicos deve ser avaliada segundo a lei vigente no momento de sua produção.

O princípio visa essencialmente a garantir respaldo ao ato jurídico perfeito, ao direito adquirido e à coisa julgada, através da irretroatividade de leis novas que possam de alguma forma prejudicar quaisquer dos três institutos calcados em cláusulas pétreas em sede constitucional.

Na verdade o que se pretende afirmar com fulcro na máxima segundo a qual "o tempo rege o ato" é que não se pode exigir do interessado que este cumpra regra sequer prevista no ordenamento no momento da prática do ato, até porque uma ideia como essa chega às raias do contrassenso, já que envolveria um impossível exercício de futurologia.

Ainda que elementar a constatação, façamos a tradução do raciocínio para o caso em tela: não se pode exigir que na década de 1950 e 1970, momento em que foram expedidos os atestados mencionados na consulta, tivesse a CETENCO registrado o respectivo acervo perante o Conselho Profissional competente, posto que não havia até então qualquer lei que disciplinasse obrigação nesse sentido.

Ao mesmo tempo, a inexistência desse registro obviamente não significa que tais obras possam ser repudiadas ou desconsideradas do universo jurídico. Elas existiram, fazem parte do acervo da empresa e do profissional diretamente envolvido na execução dos serviços e, portanto, devem necessariamente ser consideradas a título de experiência anterior e de comprovação de aptidão para a execução de objetos idênticos ou semelhantes.

O mesmo raciocínio garante, de outro lado, que não pode ser negado à empresa o direito de pleitear a emissão de ART (que é a porta de entrada do processo de registro) e expedição de CAT relativa a essas obras, de modo a assegurar plenamente que a experiência seja comprovada nos moldes da legislação agora vigente, em complementação aos atestados de que já dispõe a Consulente.

Isso porque a ausência de normatização anterior apenas presta-se a justificar a razão pela qual tal registro não foi feito no passado, mas não significa que a empresa reste impedida de optar, posteriormente, por se curvar às novas regras que entraram em vigor, se assim entender necessário.

Entretanto, diante de licitações em andamento ou a serem realizadas em curto prazo, caso em que não haveria tempo hábil para desenvolver todo o procedimento administrativo que vai da emissão da ART até a expedição do CAT, vale reiterar, diante de tudo que se expôs anteriormente, notadamente em benefício do princípio *tempus regit actum*, que os atestados antigos são perfeitamente capazes de legitimamente comprovar a experiência técnica operacional da pessoa jurídica.

Nesse ponto, acrescente-se que tais atestados existentes foram passados por pessoas jurídicas integrantes da Administração Pública, sendo, portanto, dotados de fé pública, não podendo ser ignorados ou recusados por outras entidades integrantes da Administração Pública direta ou indireta, por força de expressa disposição da Constituição Federal nesse sentido:

> "Art. 19. É vedado à União, aos Estados, aos Distrito Federal e aos Municípios:
>
> "(...);
>
> "II – Recusar fé aos documentos públicos;"

Tais atestados, produzidos segundo a lei do tempo (a legislação então vigente, que não exigia registro na entidade profissional) são perfeitamente válidos, e seu conteúdo ideológico deve ser havido como verdadeiro, salvo prova em contrário.

Entretanto, se porventura a comissão julgadora da licitação estiver em dúvida, deverá lançar mão de diligências no sentido de esclarecimento quanto à documentação apresentada, conforme reza o mandamento legal contido no art. 43, § 3º, da Lei de Licitações.

Sobre o conteúdo de dito dispositivo, seja permitido reproduzir aqui (até para evidenciar a isenção e a coerência) um trecho de uma obra que já está em sua 7ª edição:

> "O dispositivo legal mencionado afirma, textualmente, que a promoção de diligencia é uma 'faculdade' da comissão julgadora ou da autoridade superior. Evidentemente não se pode aceitar que o agente administrativo possa decidir livremente se deseja ou não promover uma diligencia esclarecedora. Se assim fosse, sempre haveria risco de tratamento não igualitário; de condescendência com relação a algum licitante e de rigor em relação a outro. Portanto, a previsão legal estabelece um dever de promover diligências esclarecedoras, e não uma faculdade. Esclarecer eventual duvida quanto a sua proposta é um direito do licitante" (Adilson Abreu Dallari, *Aspectos Jurídicos da Licitação*, 7ª ed., Saraiva, 2006, p. 138).

Agregue-se ao direito que cabe ao licitante de esclarecer o conteúdo de documento que possa ensejar dúvida à Comissão, o fato de que na fase da habilitação, tendo em vista que se tem como finalidade precípua a reunião do maior universo de proponentes possível, de modo a se privilegiar o princípio da competição, a Comissão deve evitar rigorismos exacerbados que possam acabar desvirtuando o maior objetivo da licitação, qual seja, a seleção da proposta mais vantajosa para a Administração.

Esse tema já foi tratado à saciedade pela doutrina administrativista, valendo trazer à lume trecho de decisão proferida no âmbito judicial, transcrita na mesma obra anteriormente citada, cujos termos traduzem de forma clara o raciocínio feito acima:

"Na jurisprudência, já é clássico o acórdão proferido pelo Tribunal de Justiça do Rio Grande do Sul AGP 11.363 (publicado na *RDP*, 14:240), neste sentido:

"'Visa a concorrência pública fazer com que maior número de licitantes se habilitem para o objetivo de facilitar aos órgãos públicos a obtenção de coisas e serviços mais convenientes a seus interesses. Em razão desse escopo, exigências demasiadas e rigorismos inconsentâneos com a boa exegese da lei devem ser arredados. Não deve haver nos trabalhos nenhum rigorismo e na primeira fase da habilitação deve ser de absoluta singeleza o procedimento licitatório'.

"Em resumo, resulta claro de todo o exposto que não há vedação legal ou constitucional a uma certa benevolência da Administração no momento de fixar critérios para a habilitação em uma dada concorrência pública. Diante do caso concreto, atentando para as circunstâncias de mercado, ponderando os riscos próprios do específico contrato a ser celebrado, buscando satisfazer da melhor forma possível o interesse público, a Administração definirá, 'conforme o caso', o universo de proponentes, sendo certo apenas que não pode vedar ou dificultar a participação de possíveis licitantes, restringindo artificialmente a amplitude do certame.

"(...).

"A doutrina e a jurisprudência indicam que, no tocante à fase de habilitação, como o objetivo dessa fase é verificar se aquelas pessoas que pretendem contratar têm ou não condições para contratar (essa é a essência, isto é, o fundamental), interessa para a Administração receber o maior número de proponentes, porque, quanto maior a concorrência, maior será a possibilidade de encontrar condições vantajosas.

"Portanto, existem claras manifestações doutrinárias e já existe jurisprudência no sentido de que, na fase de habilitação, não deve haver rigidez excessiva; deve-se procurar a finalidade da fase de habilitação, deve-se verificar se o proponente tem concretamente idoneidade. Se houver um defeito mínimo, irrelevante para essa comprovação, isso não pode ser colocado como excludente do licitante. Deve haver uma certa elasticidade em função do objetivo, da razão de ser da fase de habilitação; interessa, consulta ao interesse público, que haja o maior número possível de participantes" (Adilson Abreu Dallari, ob. cit., p. 136).

Conforme foi dito no texto acima transcrito, a interpretação e aplicação dessas normas legais, bem como das correlatas normas contidas no edital, deve ser feita com benevolência, sem formalismos inúteis: em caso de dúvida, habilite-se o proponente.

E justamente a habilitação de um interessado, especialmente no quesito técnico, traz à baila à seguinte reflexão: *qual a real finalidade a que se presta a exigência de atestados em sede de uma licitação pública?*

Respondendo-se a essa pergunta, obteremos o caminho que efetivamente deve ser perquirido pelo Poder Público quando da análise desses documentos. A resposta para tal quesito e que, portanto, deverá induzir a conduta do administrador é simples: ***a finalidade da exigência dos atestados técnicos numa licitação é garantir a eficiente e adequada realização do objeto a ser contratado. Este é o interesse público buscado***.

Desta forma, os atestados, para atingirem este fundamental objetivo, devem ilustrar fielmente a realidade técnica de uma empresa, deve demonstrar as reais aptidões da empresa para a realização de uma obra de determinada característica, de determinada quantidade e num prazo pré-estipulado. Constituem esses documentos, portanto, um dos principais meios de comprovação de que a empresa é (ou não) capaz de bem executar, do ponto de vista técnico, o objeto proposto.

Aplicando-se o raciocínio à realidade prática, temos que os atestados emitidos em nome da CETENCO no passado, por pessoas jurídicas integrantes da Administração Pública direta ou indireta, são plenamente passíveis de traduzir as condições acima.

Logo, não resta dúvida: tais documentos são perfeitamente compatíveis com a finalidade a que se presta o exame da qualificação técnica de um proponente no procedimento licitatório e, indubitavelmente, devem ser aceitos pela Comissão julgadora.

V – O acervo técnico das pessoas jurídicas perante o CREA

Nessa última etapa do estudo, cumpre examinar o direito da Consulente em proceder ao registro das obras, executadas anteriormente à legislação atual, no cadastro de acervos técnicos do CREA.

Deveras, conforme reiteradamente alertado, nada impede que esse registro seja feito, pois as obras estão devidamente comprovadas por atestados dotados de fé pública. Se houver concordância do CREA, não haverá problema algum. Porém, caso o CREA se recuse a proceder ao tal registro, é preciso saber se a Consulente tem, efetivamente, o direito de providenciar o enquadramento de suas experiências antigas aos moldes atualmente exigidos pela legislação em vigor.

Não se trata de uma questão de fundo, pois não há dúvida quanto à efetiva execução das obras. Trata-se, apenas, de um problema de ordem formal: está o CREA obrigado a proceder ao mencionado registro?

Nesse sentido, é importante consignar o primeiro dado que corrobora a existência dessa garantia para a empresa Consulente e que está relacionado à natureza jurídica dos Conselhos Profissionais, dentre os quais se inclui o CREA.

Embora esses Conselhos não integrem diretamente a Administração Pública em sentido estrito, a natureza jurídica pública inerente às funções que exercem é patente.

Exatamente por isso os Conselhos Profissionais estão afetos ao regime de direito público, notadamente quando estão lidando diretamente com questões que repercutem no evidente interesse público que reveste sua atividade. É o que nos ensina a doutrina a respeito da matéria:

> "Os conselhos profissionais tem natureza jurídica pública, mas não integram a estrutura administrativa do Estado. Isso não significa a submissão dessas entidades ao regime de direito privado, mas a sua exclusão de regras cuja aplicação apenas se justifica em se tratando de órgão da Administração Pública. Aplicam-se somente as normas de direito administrativo que se justifiquem tendo em vista o caráter público das tarefas que exercem.
>
> "Em contrapartida, as tarefas públicas exercidas pelos conselhos profissionais por delegação deverão seguir o correspondente regime de direito público. Assim, o manejo de verbas de origem pública (contribuições compulsórias) acarreta a submissão ao controle de contas (art. 70, parágrafo único, da Constituição) e a responsabilidade de seus dirigentes. E, em paralelo, o exercício de poder de autoridade implica a possibilidade de impugnação por mandado de segurança, verificada a ilegalidade ou abuso de poder (art. 5º, LXIX, da Constituição)" (Carla Osmo, "Os conselhos profissionais integram a estrutura orgânica do Estado?", *in*

Revista de Direito Público da Economia 21, jan.-mar./2008, Fórum, Belo Horizonte, pp. 64 e 65).

No mesmo sentido é o brilhante magistério de Carlos Ari Sundfeld:

"*1. As entidades corporativas incumbidas por lei da fiscalização de profissões* regulamentadas receberam personalidade jurídica de direito público, mas não integram a estrutura do Estado. Apresentam, portanto, natureza jurídica de entidade pública não-estatal.

"2. Nessa condição, possuem um regime jurídico de natureza híbrida. São a elas aplicáveis as regras constitucionais que derivam da sua natureza pública (como a sujeição ao controle do Tribunal de Contas e a imunidade de impostos), mas não se lhes aplica as regras cujo objetivo é disciplinar a atuação dos entes do Estado" (Carlos Ari Sundfeld e Jacintho Arruda Câmara, "Conselhos de fiscalização profissional: entidades públicas não estatais", *in Revista de Direito do Estado* 4, outubro-dezembro/2006, Renovar, Rio de Janeiro, p. 332).

Dizendo mais claramente: nos atos de gestão interna, por exemplo, com relação ao regime jurídico de seu pessoal, o CREA não está submetido ao regime estatutário, dos servidores públicos. Mas no tocante aos atos de autoridade, de controle do exercício profissional, o CREA está submetido a um regime de direito público, devendo pautar-se pelos princípios da Administração Pública constantes do art. 37 da Constituição Federal e deve observar as garantias que a Constituição confere aos cidadãos em seu relacionamento com os agentes do Poder Público.

A relevância das colocações acima está em demonstrar que o CREA, na qualidade de ente incumbido de fiscalização profissional, cuja atividade acha-se subordinada ao regime de direito público, está *obrigado* a cumprir a função que lhe foi designada. Ele não tem a faculdade de controlar (ou não) as atividades deste ou daquele profissional; o CREA tem o dever jurídico de controlar o exercício profissional de todos os profissionais que atuem em sua área de jurisdição.

No âmbito das funções que o CREA exerce sob a égide de regime público, incluem-se, dentre outros serviços, a edição da ART, a manutenção do RAT e a emissão da CAT, na medida em que todos esses documentos integram a atividade fiscalizatória reservada ao órgão, conforme amplamente demonstrado no tópico que cuidou da análise da legislação aplicável à matéria.

Disso resulta não ser permitido ao CREA decidir, a seu talante, pela execução ou não de referidas atividades. Trata-se de procedimentos a serem obrigatoriamente observados pelo Conselho Profissional, posto tratar-se de função pública, de cumprimento obrigatório, da qual não compete se despojar aquele que a exerce.

Afora isso, é certo que a CETENCO, no caso vertente, detém legítimo interesse para postular o registro de seu acervo.

A Lei 9.784, de 29.1.99, diploma regedor dos Processos Administrativos no âmbito federal, que estabelece normas gerais a serem seguidas por todos os entes federativos nessa seara, abrangendo a Administração Pública direta e indireta, inclusive as entidades dotadas de especial autonomia, revela quem é detentor da qualidade de "interessado" em sede de processos administrativos:

"Art. 9º. São legitimados como interessados no processo administrativo:

"I – pessoas físicas ou jurídicas que o iniciem como titulares de direitos ou interesses individuais ou no exercício do direito de representação."

Não há dúvida de que por se tratar de órgão que se submete, mesmo que parcialmente, às normas de direito público, todo e qualquer pleito iniciado perante o CREA que envolva o exercício de sua atividade fiscalizatória, de exercício de Poder Público, constitui um processo administrativo sujeito integralmente aos mandamentos principiológicos e procedimentais constantes desse diploma.

E tendo em vista que a CETENCO se apresenta como legítima detentora de direito e interesse individual no sentido de proceder ao registro de seu acervo técnico, afigura-se a empresa como "interessada" nos termos da lei processual, tendo, assim, o direito de pleitear o registro de seu acervo técnico, perante o CREA, com base na Lei 9.784/99.

Nem se diga que o registro de atividades constantes do acervo técnico operacional de uma empresa estaria vedado pelo disposto no art. 61 da Resolução 1.023, de 30.5.2008, do CONFEA, que tem o seguinte teor: "Art. 61. É vedada a emissão de CAT em nome da pessoa jurídica contratada".

De imediato, cabe ressaltar que a mencionada Resolução faz tal assertiva ao dispor sobre o "acervo técnico do profissional", conforme fica perfeitamente claro em seu art. 54, que abre o capítulo destinado a esse específico assunto. Conforme já foi dito e repetido, acervo técnico profissional, da pessoa física, não se confunde com o acervo técnico operacional, da empresa.

Além dessa evidência imediata, pode-se ir mais além, aprofundando-se nos princípios e métodos de interpretação das normas jurídicas, a partir da consideração de que nenhuma disposição normativa tem vida fora do contexto em que está necessariamente inserida. O universo normativo não é um amontoado caótico de prescrições, mas, sim, um sistema, organizado, articulado e hierarquizado, no qual as contradições são apenas aparentes.

Nunca se pode apreender a totalidade do conteúdo normativo de um dispositivo legal isolado, sem relacioná-lo com outros dispositivos e, muito especialmente, com princípios contidos no ordenamento jurídico do qual ele é apenas uma parte. A correta elaboração desse relacionamento exige conhecimentos científicos específicos. A ciência que cuida da interpretação das normas jurídicas é a hermenêutica.

Entre os cultores dessa ciência destaca-se a figura exponencial de Carlos Maximiliano, de cuja obra *Hermenêutica e Aplicação do Direito* (Forense, Rio, 1984, pp. 128 e 129), foi extraída a seguinte passagem:

> "O Direito objetivo não é um conglomerado caótico de preceitos; constitui vasta unidade, organismo regular, sistema, conjunto harmônico de normas coordenadas, em interdependência metódica, embora fixada cada uma no seu lugar próprio. De princípios jurídicos mais ou menos gerais deduzem corolários; uns e outros se condicionam e restringem reciprocamente, embora se desenvolvam de modo que constituem elementos autônomos operando em campos diversos.
>
> "Cada preceito, portanto, é membro de um grande todo; por isso do exame em conjunto resulta bastante luz para o caso em apreço.
>
> "Confronta-se a prescrição positiva com outra de que proveio, ou que da mesma dimanaram; verifica-se que o nexo entre a regra e a exceção, entre o geral e o particular, e deste modo se obtém esclarecimentos preciosos. O preceito, assim submetido a exame, longe de perder a própria individualidade, adquire realce maior, talvez inesperado. Com esse trabalho de síntese é melhor compreendido.
>
> "O hermeneuta eleva o olhar, dos casos especiais para os princípios dirigentes a que eles se acham submetidos; indaga se, obedecendo a uma, nao viola outra; inquire das consequências pos-

síveis de cada exegese isolada. Assim, contemplados do alto os fenômenos jurídicos, melhor se verifica o sentido de cada vocábulo, bem como se um dispositivo deve ser tomado na acepção ampla, ou na estrita, como preceito comum, ou especial.

"Já se não admitia em Roma que o juiz decidisse tendo em mira apenas uma parte da lei; cumpria examinar a norma em conjunto: *Incivile est, nisi tota lege perspecta, una aliqua particula ejus proposita, judicare, vel respondere* – 'é contra Direito julgar ou emitir parecer, tendo diante dos olhos, ao invés da lei em conjunto, só uma parte da mesma'."

Em síntese, não é possível interpretar um fragmento de lei, um artigo isolado de uma resolução, pois todo e qualquer mandamento normativo faz parte de um sistema, sendo, assim, de rigor, que se proceda a uma interpretação sistemática, especialmente quando, aparentemente (apenas aparentemente) possa haver uma contradição, uma antinomia, um conflito de normas, na medida em que uma norma confere um direito enquanto outra norma nega esse mesmo direito.

Veja-se o que diz a mais atualizada e respeitável doutrina:

"Destarte, assumindo ótica mais elucidativa, a interpretação sistemática deve ser entendida como uma operação que consiste em atribuir, topicamente, a melhor significação, dentre várias possíveis, aos princípios, às normas estritas (ou regras) e aos valores jurídicos, hierarquizando-os num todo aberto, fixando-lhes o alcance e superando antinomias em sentido amplo, tendo em vista bem solucionar os casos sob apreciação" (Juarez Freitas, *A Interpretação sistemática do Direito*, 3ª ed., Malheiros Editores, 2003, p. 80)

No caso em exame, é fácil solucionar a aparente contradição tanto pelo argumento de ordem lógica acima referido (o art. 61 não cuida do acervo técnico operacional), quanto pela invocação da hierarquia das normas jurídicas, na medida em que a simples Resolução de uma entidade administrativa subalterna não pode contrariar um mandamento de Lei ordinária federal, aprovada pelo Congresso Nacional e sancionada pelo Presidente da República.

Diante disso, afigura-se como patentemente inaceitável qualquer decisão do CREA em que eventualmente se alegue a inviabilidade do pedido por supostamente haver apenas acervos de pessoas físicas, posto que a própria legislação, conforme amplamente demonstrado, reconhece a existência de duas capacitações técnicas distintas.

Na medida em que a ART, bem como a própria CAT, contemplam em seu bojo todas as informações inerentes à obra que descrevem, como a denominação do cliente-contratante, dos profissionais envolvidos e da empresa que gerenciou toda a atividade de engenharia, resta-nos concluir que a certificação do acervo técnico operacional de determinada empresa de engenharia pode ser resolvido através de uma mera e simples questão técnica de informática.

Ou seja, pouco importa se aquele que se apresenta perante o CREA para a emissão do registro é o profissional ou a empresa. Uma vez registrado o acervo, a informação sempre poderá ser acessada através da busca eletrônica de qualquer um dos caracteres mencionados.

Evidencia-se, assim, que nenhuma empresa jamais poderá ser prejudicada por eventual omissão do CREA em adequar as experiências anteriores aos registros atualmente exigidos das empresas de engenharia.

Competirá ao CREA definir apenas o *modus operandi*, ou, melhor dizendo, o caminho procedimental a ser seguido com o fito de atingir o resultado final objetivado por um possível pleito de registro de acervos anteriores à vigência do arcabouço legal e regulamentar em vigor, cujos profissionais envolvidos são falecidos. Essa é a única margem de liberdade que se apresenta no limitado campo de decisão do CREA.

Uma vez definido qual o trâmite a ser seguido, qual a solução procedimental para esse caso, ao órgão restará um único passo: ***o dever de registrar as obras executadas pela empresa, as quais passam a ser integrantes de seu acervo técnico operacional***.

Não se contesta que, em caso de dúvida, sempre poderá o CREA exigir a apresentação dos elementos necessários para comprovar a efetiva realização da obra cujo registro esteja sendo postulada, ensejando, porém, à empresa interessada a utilização de todos os meios de prova em direito admitidas, com a fiel observância do devido processo legal, garantido pelo art. 5º, LIV e LV, da Constituição Federal e especificado pelos termos da Lei 9.784, de 29.1.99.

Também é induvidoso que caberá o CREA decidir sobre a forma de efetuar o registro dos atestados apresentados como comprobatórios da execução de obras de engenharia em tempos pretéritos, podendo optar tanto pela inserção deles no cadastro geral, quanto pelo simples registro isolado, especial, de cada atestado. O que não pode ocorrer é a negativa pura e simples, pois, como foi dito, o CREA tem o dever legal e irrecusável de proceder ao controle do exercício profissional na área de engenharia.

V – Conclusões

Diante de tudo quanto foi acima exposto, com base nos fundamentos fáticos, legais, regulamentares e doutrinários apresentados, pode-se, agora, responder direta e objetivamente aos quesitos formulados, os quais passam a ser recapitulados na sequência:

a) *A pessoa jurídica é efetivamente detentora do Acervo Técnico Operacional das obras que realizou, seja em que tempo for?*

Resposta: Sim. Embora toda e qualquer obra de engenharia deva ser executada sob a responsabilidade técnica de um profissional de engenharia (pessoa física) o acervo técnico correspondente pertence, em caráter permanente, tanto ao profissional (acervo técnico profissional) quanto à empresa (acervo técnico operacional) à qual ele estava vinculado. O acervo técnico profissional o engenheiro leva com ele no caso de se desvincular de uma empresa e passar a trabalhar para uma outra. Mas é absolutamente irrelevante, no caso do acervo técnico operacional, o fato de ter o profissional deixado os quadros da empresa ou mesmo que já tenha falecido.

b) *A legislação protege o direito adquirido desta pessoa jurídica?*

Resposta: Sim. O acervo técnico profissional é um bem jurídico extremamente importante para uma empresa especializada na execução de obras públicas, pois a legislação disciplinadora das licitações e contratações administrativas determina que ele deve ser apresentado como elemento comprobatório da qualificação técnica da empresa licitante. Diante disso, toda e qualquer obra comprovadamente realizada pela empresa, a qualquer tempo, integra seu acervo técnico operacional, que é protegido pela ordem jurídica, a partir da própria Constituição Federal.

c) *A pessoa jurídica pode utilizar os atestados comprobatórios da prestação de serviços técnicos profissionais de engenharia não acervados no CREA, em* *razão da data de execução das obras e do falecimento de seus Responsáveis Técnicos, nas licitações que estão em vias de se realizar ?*

Resposta: Sim. Atestados comprobatórios de execução de obras públicas, passados por entidades da Administração Pública direta e indireta, são documentos públicos, dotados de fé pública, que não podem ser recusados, conforme expressa determinação contida no art. 19, II, da Constituição Federal, ensejando até mesmo a impetração de mandado de segurança, em caso de violação do direito da empresa detentora desses atestados. A exigência de registro de tais atestados nas entidades de controle do exercício não se aplica a obras executadas antes da instituição do cadastro técnico por parte dessas mesmas entidades. O falecimento dos profissionais que atuaram como responsáveis técnicos das obras realizadas no passado é totalmente irrelevante para a configuração do acervo técnico operacional da empresa.

***d)** O CREA deve fazer algum tipo de registro validando os atestados técnicos operacionais para utilização pela pessoa jurídica nas licitações?*

Resposta: Sim. Na medida em que a legislação federal exige o registro, perante o CREA, dos atestados passados pelas entidades que contrataram as empresas executantes das obras e que a legislação federal confere ao CREA o poder/dever de exercer o controle do exercício profissional, é certo que essa entidade pública não pode se recusar a exercer a função que lhe foi atribuída por lei, cabendo a ela, entretanto, decidir sobre a forma de proceder ao irrecusável registro.

S.M.J. é o parecer.

São Paulo, 22 de julho de 2008

AÇÃO DIRETA DE DECLARAÇÃO DE INCONSTITUCIONALIDADE. RECLAMAÇÃO. DESCONSTITUIÇÃO DE ATOS DE PROMOÇÃO DE JUÍZES DO TRIBUNAL DE ALÇADA AO TRIBUNAL DE JUSTIÇA. QUINTO CONSTITUCIONAL. DESCABIMENTO

Carlos Thompson Flores

Ministro aposentado e ex-Presidente do STF

Parecer

O Egrégio Tribunal de Justiça do Estado do Rio Grande do Sul, por intermédio de um de seus procuradores, solicitou-me o exame da possibilidade de emitir parecer jurídico a respeito, especialmente, da Reclamação ajuizada perante o Egrégio Supremo Tribunal Federal pela Procuradoria-Geral da República, visando a desconstituir os atos de promoção de juízes integrantes do quinto constitucional do Tribunal de Alçada ao Tribunal de Justiça.

Para tanto, encaminhou-me xerocópias extraídas dos autos da ADI 29, já julgada pelo Pretório Excelso.

Examinei, com a devida atenção, o material enviado, e, do estudo a que procedi a respeito, dispus-me a atender a solicitação. É o que, a seguir, passo a fazer.

I – Os fatos

1. Em 16.2.89, o Cdo. Tribunal de Justiça editou o Assento Regimental n. 5/89, disciplinando o provimento das vagas do seu quinto constitucional, através de promoção dos juízes das respectivas classes do Tribunal de Alçada.

Inconformado, o Conselho Federal da Ordem dos Advogados ajuizou perante o Egrégio Supremo Tribunal Federal Ação Direta de Inconstitucionalidade contra a Resolução referida. Foi ela julgada procedente por seis votos a cinco. Opostos Embargos Infringentes, foram eles rejeitados, por igual votação, desprezados, por fim, os Declaratórios.

2. Sucedeu que, em 25.3.92, segundo Boletim de 14/92, foram promovidos para o Tribunal de Justiça, em vagas do quinto constitucional reservado ao Ministério Público, dois juízes do Tribunal de Alçada, da mesma classe.

3. Contra os atos de promoção referidos é que a Procuradoria-Geral da República, acolhendo representação do Ministério Público local, ajuizou Reclamação. Visa ela a desconstituir tais atos de acesso, sustentando terem eles manifesta desatenção aos julgados antes referidos, da Egrégia Suprema Corte.

Pelo seu eminente Relator, foi deferida medida liminar, suspendendo a eficácia dos atos impugnados.

II – O Direito

1. Em princípio, cabe esclarecer que um dos juízes promovidos através de um dos atos impugnados na Reclamação, Dr. Luiz Felipe de Azevedo Gomes, obteve parecer do eminente Professor e Desembargador aposentado Galeno Lacerda, a respeito dos efeitos do julgamento proferido na ADI 29, notadamente, *verbis*:

> "(...) se a Corte Suprema chegou a julgar a questão relativa à situação jurídica desses Juízes; e se existe coisa julgada que impeça o reconhecimento de seus direitos individuais à promoção dentro da respectiva classe".

Após longa fundamentação, concluiu o eminente parecerista, *verbis*:

> "(...) que a situação jurídica dos Juízes classistas do Tribunal de Justiça do Rio Grande do Sul, relativa ao direito à promoção ao Tribunal de Justiça, dentro da respectiva classe, não foi julgada pelo Supremo Tribunal Federal na ADIN n. 29. Inexistente, assim, coisa julgada na espécie, nada impede que os interessados postulem por seus direitos subjetivos, nas vias administrativa ou jurisdicional.
>
> "Assim procedendo, ensejarão, até, à Corte Suprema, se o entender, a revisão do julgado anterior, proferido em tese, tendo em vista não só o empate ocorrido, senão que, ainda, a mudança de composição do egrégio Plenário."

Considero, por isto, que os atos impugnados defluíram de postulação administrativa, e afastam, assim, qualquer propósito do Tribunal de Justiça de descumprir o julgado da Suprema Corte.

2. Impende, pois, antes de mais nada e, preliminarmente, bem apreciar o sentido e o alcance do veredicto proferido na ADI 29, o qual, porque se sustenta descumprido, originou a Reclamação, objeto desta consulta.

2.1 Acentuam os doutrinadores e afirmam os julgados que as decisões em apreço são de índole eminentemente política, têm elas o caráter normativo, impessoal e quase se equiparam às leis, decorrendo daí sua eficácia *erga omnes*.

Não afetam elas, diretamente, por isso mesmo, direitos individuais, por acaso existentes, os quais somente em procedimentos próprios podem ser solvidos.

2.2 Do exposto, deflui, necessariamente, a inviabilidade do uso da ação rescisória para invalidar o veredicto considerado. Assim o reconheceu o Eg. Supremo Tribunal Federal ao julgar a AR 878, de SP, e para o qual concorri com o meu voto. Sua ementa é expressiva. Dispõe:

> "Ação Rescisória. Cabimento. Declaração de inconstitucionalidade de lei em tese. Não cabe ação rescisória contra decisão de declaração de inconstitucionalidade de lei em tese, falecendo legitimidade ao particular para intentá-la. Ação rescisória inadmissível (*in RTJ*, 94/49)."

3. Ocorre que, inobstante os fundamentos atrás deduzidos, os quais afinam, e por inteiro, com aqueles invocados no parecer do Professor Galeno Lacerda, houve por bem a douta Procuradoria-Geral da República, atendendo representação do Chefe do Ministério Público local, ingressar perante o Eg. Supremo Tribunal Federal com a Reclamação, objeto da presente consulta.

Visa ela, a reclamação, como se acentuou antes, a desconstituir os atos administrativos do Tribunal de Justiça de promoção de dois juízes do Tribunal de Alçada, integrantes do quinto constitucional, originários do Ministério Público, para duas vagas, da mesma classe daquela Corte.

E, para tanto, fundada no art. 156 do Regimento Interno do Supremo Tribunal Federal, sustenta que os citados atos de acesso comprometeram a autoridade da Suprema Corte expressada no julgamento da ADI 29.

4. Cumpre, a esta altura, antes de considerações outras, bem caracterizar a índole da Reclamação, introduzida no Regimento citado, a órbita em que opera e os efeitos das decisões nela proferidas.

Conhecida é a orientação, limitativa, que a tal instituto tem atribuído o Supremo.

Antes de ser ela, a Reclamação, introduzida no Regimento, deliberou o Pretório Excelso em julgado de 11.10.50, do qual foi relator o saudoso Ministro Orozimbo Nonato (*RF*, 135/94), *verbis*:

> "A reclamação pode caber em casos excepcionais, quando, inadmissível o mandado de segurança, corre risco a hierarquia do Supremo Tribunal Federal, em face da decisão da instância local ou quando o Supremo Tribunal Federal vê as raias de sua competência invadidas pela Justiça local".

Incorporada ao Regimento, ainda assim tem sido admitida com as mesmas restrições e limitações como, com propriedade, acentuado ficou na Rcl 831-DF, e da qual foi relator o saudoso Ministro Amaral Santos. Sua ementa bem exprime a orientação da jurisprudência. Dispõe (*RTJ*, 56/539):

> "1. A finalidade da reclamação é a de preservar a integridade da competência do Supremo Tribunal Federal ou assegurar a autoridade do seu julgado.
>
> "2. Terminada a instância, isto é, entregue a prestação jurisdicional e posto termo à relação processual, não se há como falar em reclamação.
>
> "3. São pressupostos da reclamação:
>
> "a) a existência de uma relação processual em curso; e
>
> "b) um ato que se ponha contra a competência do Supremo Tribunal ou contrarie decisão deste proferida nessa relação processual ou em relação processual que daquela seja dependente.
>
> "4. Não cabe reclamação uma vez que não haja ato processual contra o qual se recorra, mas um ato administrativo, que, se violento ou ilegal, tem por remédio ação própria, inclusive o mandado de segurança."

Antes, o mesmo critério limitativo norteou o julgamento da Rcl 642, da Guanabara, da qual foi relator originário o saudoso Ministro Pedro Chaves (*RTJ* 35/103-10).

5. Embora a Egrégia Corte tenha, posteriormente, acolhido conceituação menos rígida na admissão de tal procedimento, como se verifica dos julgamentos proferidos nas Rcls 22-SP, e 134-RJ, *in RTJ* 68/501 e 131/19, respectivamente, o certo é que jamais a admitiu em casos emergentes das Ações Diretas de Inconstitucionalidade.

Nessas hipóteses, como vezes várias acentuou o eminente Ministro Moreira Alves, o julgado nela proferido se exaure com sua decisão.

Por isso, afirmou, e com o maior acerto, em voto manifestado na Rcl 173-DF (*RTJ* 131/19), *verbis*:

"Sempre sustentei que a representação se exaure com sua decisão, que não comporta execução".

E, adiante (p. 20), acrescentou:

"Aliás, reclamação para garantir a autoridade de decisão desta Corte só cabe quando há execução, e, nela, se desrespeita o decidido por este Tribunal. Em representação de inconstitucionalidade não há execução, pois a eficácia do seu julgado se exaure com a declaração nela proferida".

No mesmo sentido o julgado proferido na Rcl 224-AL (*RTJ* 124/411).

Concluo, pois, como juridicamente inviável o procedimento do qual se valeu a douta Procuradoria-Geral da República, Reclamação, por sua manifesta inidoneidade jurídica, pretendendo com ela desconstituir os atos administrativos, quais sejam promoção de juízes.

6. Quando, porém, se viesse a desprezar a fundamentação antes deduzida, o que se faz simplesmente para argumentar, sem, contudo, consentir, não teria a Reclamação força suficiente para atender a pretensão nela formulada.

É que situação invencível obstaria o êxito do procedimento.

Refiro-me a *fato novo e relevante* que ocorreu antes do deferimento da liminar concedida por seu eminente Relator, o qual não constou do pedido: os magistrados promovidos não somente tomaram posse nos cargos para os quais tiveram acesso, mas entraram em exercício e participaram, como desembargadores, de vários julgamentos.

Titulares dos cargos em questão e forrados pela garantia maior que a Constituição lhes assegura (art. 95, I) – a vitaliciedade – somente poderiam deles ser despojados através de "sentença judiciária, transitada em julgado" (Castro Nunes, *Teoria e Prática do Poder Judiciário*, Forense, 1943, p.100).

7. Quiçá se pudesse argumentar que nulos seriam os atos de promoção em comentário porque fundados em critério reconhecido como inconstitucional pela Corte Suprema.

7.1 Ainda assim não reconheço que o julgado do Excelso Pretório, porque proferido em Ação Direta de Inconstitucionalidade, se projete sobre as situações jurídicas individuais já constituídas.

7.2 É conhecida a doutrina a respeito dos efeitos das decisões proferidas em tais procedimentos. O ilustre Procurador da República Gilmar Ferreira Mendes, em sua preciosa monografia – *Controle de Constitucionalidade*, Saraiva, 1990 – com clareza versa o assunto, invocando, também, julgados do Supremo Tribunal Federal. Deles destacou o RE 79.343, do qual foi Relator o eminente Ministro Leitão de Abreu, transcrevendo parte de seu substancioso voto (*RTJ* 82/795 e ss.).

No mesmo sentido os julgados proferidos no RE 78.594 (*RTJ* 71/570) e no RMS 17.976 (*RDA* 105/111-113).

É possível, pois, reconhecer que a jurisprudência, ainda que atribua efeitos *ex tunc* e *erga omnes* a tais decisórios, os aplica com *temperamentos*, sensível a situações especiais verificadas.

7.3 A propósito convém lembrar alentado parecer emitido pelo conhecido constitucionalista José Afonso da Silva, publicado na *Revista da Procuradoria-Geral do Estado de São Paulo* 13-15/513/536.

Versa sobre promoção de juízes em desatenção à disciplina prevista na Constituição. Embora admitindo que os atos de acesso fossem nulos, opinou contrariamente por seu desfazimento. E invoca, para tanto, dois julgados do Supremo, de um dos quais tornei-me Relator. Refiro-me ao RMS 18.170-SE, apreciado pela extinta 3ª Turma, em 19.4.68 (*RTJ* 47/81-87).

Em ambos, ainda que atendidos os magistrados preteridos com promoções efetivadas em desatenção ao critério estatuído pela Constituição, não os invalidaram, todavia.

Reconhecendo o acerto de tais julgados, assim conclui o douto parecerista:

> "A primeira solução [*refere-se àquela adotada no RMS 18.170, o qual assegurou ao magistrado preterido, o direito à disponibilidade, caso não fosse recusado, mantido, no exercício do cargo no qual se encontrava, o juiz mal provido, já integrando a composição do TJ*] é, sem sombra de dúvida, a mais razoável, porque satisfaz o princípio da legalidade, reparando o direito violado, sem criar situação embaraçosa para o magistrado antes nomeado. Apesar de tudo, deve-se evitar o retorno ao *status quo ante* (...)".

A propósito, anota Paul Roubier, *in Droits subjectifs et situations juridiques*, Dalloz, Paris, 1963, pp. 241-242, *verbis*:

> "Selon les règles de la pure logique juridique, la nullité du titre juridique, dès qu'elle est reconnue, doit entraîner la suppression de tous ses effets, par conséquent non seulement la disparition de la situation dans l'avenir et l'arrêt de ses effets à partir de ce moment, mais encore la disparition rétroactive de tous les effets qu'on en avait déjà tirés: *Quod nullum est, nullum producit effectum.* Cependant le jeu de cette rétroactivité peut avoir des conséquences très graves pour les tiers, qui ont toujours paru difficiles à supporter".

E, à p. 243, acrescenta, *verbis*:

> "Quant aux remèdes que le droit a prévus pour régler le sort des situations apparentes, ils consistent généralement dans la suppression, ou la limitation, de l'effet rétroactif de la nullité. L'annulation de l'acte n'atteint plus ses effets dans le passé, mais seulement pour l'avenir, à la manière dont la dissolution fait disparaïte un contrat seulement *in futurum*".

8. Para encerrar o assunto, não me posso furtar de transcrever a observação de Gilmar Mendes, autor da monografia citada, tendo presente o decidido no RMS 17.976, também já considerado antes, p. 280, nota 20, por sua perfeita adequação:

> "Esse exemplo parece demonstrar que a doutrina da nulidade *ex tunc* contempla temperamentos, tendo em vista critérios de segurança jurídica. Essa limitação de efeitos mostra-se possível em virtude da autonomia jurídica dos atos individuais, o que enseja uma diferenciação entre a *validade* da lei e do ato individual. Tais considerações permitem uma disciplina legal dos efeitos da nulidade, seja mediante a adoção de *fórmulas de preclusão*, seja através de expressa regulamentação das consequências jurídicas da nulidade".

Nesse sentido, também, a lição do eminente Professor João Leitão de Abreu, Ministro aposentado do Supremo Tribunal Federal, *in A validade da Ordem Jurídica*, Livraria do Globo, Porto Alegre, 1964, pp. 162-163, *verbis*:

> "Certas situações, criadas em razão da norma inconstitucional, são, por isso, às vezes, reputadas intangíveis, apesar de se dar pela inconstitucionalidade da lei. A mesma tutela que a ordem jurídica, em determinados casos, confere ao ato aparente, na órbita do direito privado, é estendida, desta sorte, pela doutrina que não qualifica como nula e nenhuma a lei inconstitucional, ao ato desconforme com a Constituição. Múltiplos são os argumentos que se alinham para defender o princípio de que cumpre proteger certos efeitos, produzidos pelo ato irregular ou viciado. Alega-se, na ordem privatista, entre outras razões, que é imperioso proteger-se a boa-fé dos que tiveram como perfeito ou regular o ato que se veio a declarar nulo. Raciocina-se, no direito público, com a presunção de legitimidade dos atos que, nessa esfera, são emanados.

"Quaisquer que sejam, porém, as explicações articuladas, a verdade é que, no fundo, são todas influenciadas, conscientemente ou não, pela ideia de que os fatos, em virtude da sua própria energia, impõem-se ao reconhecimento da ordem jurídica. Se é indiscutível que esta, pelas injunções normativas, influi nos comportamentos, sujeitando-os aos seus esquemas, é irrecusável, por outro lado, que os próprios comportamentos, reagindo, por vezes, contra as pautas, que lhe são prescritas pela ordem jurídica, seguem o seu próprio caminho, indiferentes às diretrizes que esta lhes assina. Pode a ordem jurídica, sem dúvida, hostilizar esses comportamentos e até perseguir, com medidas drásticas, os seus protagonistas. É o sistema jurídico levado, no entanto, a admiti-los como criadores de situação que merece tutela, quando a negativa de proteção for prejudicial à tranquilidade da ordem, que o direito, antes de tudo, quer garantir nas relações sociais. Nesse caso, a proteção da ordem jurídica não lhes é dispensada, porque tenham sido os indivíduos, nos seus comportamentos, autorizados a criar tais situações, mas porque, estas, pela sua própria energia, forçaram o sistema jurídico a admitir-lhes os efeitos. As normas jurídicas instituídas de maneira irregular não tiram, pois, a sua eficácia de habilitação recebida pelo órgão que as editou para desviar-se das regras estabelecidas, de modo expresso, no direito positivo, quanto ao desempenho da sua atividade. A sua eficácia jurídica resulta, antes, dos próprios fatos, não sendo impróprio afirmar-se, para usar a expressão romana, que o direito, nessa hipótese, é criado *rebus ipsis et factis*."

III – Conclusões

Ante o que acaba de ser longamente exposto, por vezes até com certa insistência, com o propósito único de bem esclarecer possíveis dúvidas, ***concluo*** que a Reclamação ajuizada pelo douto Procurador-Geral da República perante o Egrégio Supremo Tribunal Federal, visando a desconstituir atos administrativos de promoção de juízes integrantes do quinto constitucional (classistas) do Tribunal de Alçada para preencher vagas existentes no Tribunal de Justiça e reservadas a idêntico quinto, não tem condições de prosperar, porque:

1º) juridicamente inidônea e inadequada, eis que se origina da Ação Direta de Inconstitucionalidade 29, e decorre do julgamento nela proferido, o qual, por sua própria natureza, não a comporta; e

2º) ainda que, em tese, pudesse caber, não seria procedimento dotado de força suficiente para desconstituir referidos atos administrativos de promoção de juízes, ora já empossados e no exercício da atividade nos cargos para os quais tiveram acesso; por isso, no pleno gozo da garantia da vitaliciedade que a Constituição lhes assegura e que, nos seus expressos termos, somente perderiam "(...) por sentença judicial passada em julgado" (art. 95, I).

É o parecer.

Porto Alegre, 16 de maio de 1992.

IMPOSSIBILIDADE DE INCIDÊNCIA DE IMPOSTO DE RENDA SOBRE BOLSAS DE ESTUDO OBTIDAS POR MEIO DE CONVENÇÕES COLETIVAS

GEORGHIO TOMELIN

Consultor em Direito Público

I – Das bolsas de estudo e sua finalidade constitucional. II – Natureza jurídica das bolsas de estudo e sua previsão em benefício dos próprios professores. III – As bolsas de estudo configuram instrumento de estímulo à educação. IV – Uma extrafiscalidade perversa. V – As bolsas não podem ser base de cálculo de IR, sob pena de ocorrer bitributação. VI – CLT versus *CTN. VII – Uma originária não-incidência de contribuições traduzida em isenção legal. VIII – O Imposto sobre a Renda diante dos desafios que lhe impõe o princípio da capacidade contributiva. IX – De como,* in extremis, *o empregador poderia,* motu proprio, *colaborar mais ainda com o Estado-Fisco e com a família. X – Nossa conclusão.*

Consulta-nos o Sindicato dos Professores de São Paulo-SINPRO--SP,[1] acerca da procedência do posicionamento que vem sendo adotado por órgãos fiscalizadores do Imposto sobre a Renda

1. O texto final da presente consulta foi revisto pelos advogados e consultores Ricardo José de Assis Gebrim (direito do trabalho), Jean Keiji Uema (direito constitucional), Marcelo da Silva Prado (direito tributário), Mariane Konder Comparato (direito comparado) e José Antônio de Andrade Martins (direito financeiro e tributário). Somente a partir das discussões e apontamentos feitos por todos é que foi possível antever os diferentes cenários, uma vez que se tratava de estudo antecipatório sobre posição ainda não declarada do Fisco. Assumimos sozinhos eventuais erros, ao mesmo tempo em que gostaríamos de dividir com os mencionados juristas os acertos na avaliação global do tema.

e da Contribuição Social do Trabalhador (atualmente com as respectivas atuações integradas na Receita Federal do Brasil). Tal procedimento consiste em fazer recair ambos os mencionados gravames sobre o valor econômico representativo de bolsas de estudo desfrutadas por afiliados e/ou seus respectivos dependentes (bolsas-dissídio), as quais são previstas em acordos coletivos do trabalho firmados pela categoria e os vários estabelecimentos de ensino.

A presente consulta tem todo o cabimento, pois o Sindicato dos Professores, perfeitamente sensível aos desideratos que nortearam tais acordos coletivos, antevê cenário nefasto para os direitos da categoria, na medida em que, entre agentes fiscalizadores, começam a surgir focos tendentes a desdenhar da especificidade do caso – bolsas de estudo concedidas por instituições de ensino a seus próprios docentes ou a dependentes econômicos destes – e a abraçar, desde logo, o caminho fácil das interpretações simplificadas. Um exemplo pode clarificar bem a preocupação.

Imagine-se que um professor de Universidade perceba, brutos, 2.500 reais por mês, e que seja pai de três estudantes, da mesma instituição, beneficiários de bolsas de estudo no valor de 1.500 reais cada. Veja-se, desde logo, como é capaz de nos espantar, a todos, um escancarado absurdo. A entendermos que tais "bolsas" configuram salário – salário-utilidade – o seu valor deveria ser considerado como integrante da base de cálculo do imposto de renda. Uma conta simplista (abstração feita, por ora, da referida contribuição social e outros consectários legais) pode clarificar o que é importante ter presente em situações tributárias que tais, a serem a seguir analisadas. Abatendo-se o Imposto de Renda dos 2.500 brutos de salário, resulta, em princípio, um valor líquido de R$ 2.393,84 (sempre, abstraindo quaisquer outros gravames).

Se considerarmos as três bolsas de 1.500, o salário bruto sobe para 7.000 reais. Assim, teremos que abater daqueles mesmos 2.500 reais de salário, o imposto de 1.262,06 reais, restando um líquido (deduzido apenas o IR, é claro) de 1.237,94. Percebe-se que aqui somente o IR já retirou metade do valor do estipêndio (e ainda faltam as outras exações).

Os demais descontos legais certamente darão conta do resto, sendo certa a possibilidade de, por essa vereda, tropeçar-se em casos do dia a dia em que alguns professores acabariam recebendo menos do que o salário mínimo.

A presente opinião não procurará mais do que isto: mostrar quais são os tipos de erros de interpretação e aplicação do direito positivo que lastreiam a tentativa de tributar as mencionadas bolsas de estudo. Tem esta opinião o objetivo de oferecer um estudo que permita ao SINPRO apresentar os argumentos jurídicos da categoria em quaisquer órgãos públicos em que tal debate esteja em curso, antecipando riscos e cenários possíveis.

I – Das bolsas de estudo e sua finalidade constitucional

1. Existem os serviços públicos exclusivos e os não-exclusivos. Há serviços que a legislação reputa que apenas o Estado está apto a prestar, e há outros que os particulares também podem executar. Os exemplos clássicos de serviços públicos não-exclusivos são justamente educação e saúde.

2. É por esta razão que existem instituições de ensino públicas e privadas, sendo esta uma atividade autorizada pelo Poder Público. Daí o art. 205 da Constituição dizer que a educação é direito de todos e dever do Estado e da família, devendo ser incentivada. Nesse sentido, diz Murillo José Digiácomo na obra coletiva *Direito à*

Educação: uma questão de justiça (obra org. por Wilson Donizeti Liberati, Malheiros Editores, 2004, p. 279):

"A análise conjunta dessa norma constitucional, que dita os fundamentos do que vem a ser a supramencionada Doutrina da Proteção Integral à Criança e ao Adolescente e do art. 205 da CF, anteriormente transcrito, deixa claro que a educação, em especial de nossas crianças e adolescentes, é responsabilidade de *todos* – família, sociedade e Poder Público – devem exercer com a mais *absoluta prioridade*, não podendo se limitar ao *ensino formal* das disciplinas curriculares tradicionais e/ou ser tarefa exclusiva da escola".

3. Assim, para tais atividades é sempre possível ao Estado oferecer parcelas substantivas dos seus Tesouros, para promover incentivo público mediante convênios, renúncia fiscal, subvenções diretas e quejandos. Do ponto de vista do direito financeiro, as transferências correntes e as subvenções estão definidas nos parágrafos do art. 12 da Lei federal 4.320/64, para que se possa bem "atender à manutenção de outras entidades de direito público ou privado" ou para "cobrir despesa de custeio das entidades beneficiadas", sobretudo versando subvenções sociais "que se destinem a instituições públicas ou privadas de caráter assistencial ou cultural". Ou seja, o Estado tem possibilidades caleidoscópicas de dispender sua própria pecúnia, ou de se abster, parcialmente, de extrair a pecúnia alheia por meio de seus tributos, para cumprir o seu dever político, moral e jurídico-constitucional de garantir, a todos, educação e cultura de qualidade.

4. Vale dizer: em matéria de ensino, o Estado – seja pela União, pelas Unidades Federadas ou pelos Municípios – tem obrigação de incentivar e fomentar o acesso aos direitos subjetivos constitucionalizados, mas jamais se lhe permite restringi-los. Eis aqui a finalidade maior ínsita no texto da Constituição. Por esta razão, uma lei que viesse a impor, afirmativa e explicitamente, tributação específica, gravando bolsas de estudo, só por isso já seria lei inconstitucional. Ao contrário, faria todo o sentido uma norma legal que, inspirada na Constituição, dissesse: "ficam as pessoas jurídicas que concedam bolsas de estudo autorizadas a deduzir parcela (ou a totalidade) do seu valor de IRPJ devido". É impensável, pois, que venha a lei a onerar, gravar ou restringir, a fruição de bolsas de estudo. É tão absurda uma tal hipótese que é justamente para estes casos que a insuperável tributarista e administrativista Regina Helena Costa fala em "tributação obstativa ao exercício de direito fundamental":

"O direito à saúde, direito de todos e dever do Estado, assegurado pelo art. 196, CR, deve ser tutelado pela tributação, não cabendo, por exemplo, que os valores referentes às despesas médicas e ao seguro-saúde sejam considerados renda tributável para efeito de Imposto sobre a Renda.

"A educação, por sua vez, 'direito de todos e dever do Estado e da família, será promovida e incentivada com a colaboração da sociedade, visando ao pleno desenvolvimento da pessoa, seu preparo para o exercício da cidadania e sua qualificação para o trabalho' (art. 205, CR).

"Do mesmo modo, *as despesas com educação, do contribuinte e seus dependentes, não podem integrar a renda tributável, sob pena de violar-se direito fundamental*" (*Curso de Direito Tributário – Constituição e Código Tributário Nacional*, Saraiva, 2009, no item 3.2.2.5, p. 72, grifamos).

II – Natureza jurídica das bolsas de estudo e sua previsão em benefício dos próprios professores

5. Bolsas de estudo, quando concedidas como consectário de uma relação jurídica de natureza laboral, em tese, podem configurar aquilo que os ingleses denominam *fringe benefit* e os franceses de *avantages en nature* ou *annexes au salaire*:

"**Fringe benefit.** A benefit (other than direct salary or compensation) received by an employee from an employer, such as insurance, a company car, or a tuition allowance" (*Black's Law Dictionary*, 8th Edition, Bryan A. Gardner, Thomson West, p. 167).

"**Avantage en nature (trav.).** Prestations complémentaires (nourriture, logement, chauffage, habillement, etc.) qui, fournies par l'employeur au salarié en tant qu'accessoire, font partie de son salaire" (Gérard Cornu, Ass. Henri Capitant, *Vocabulaire juridique*, PUF, 2005, p. 97).

6. Após a leitura dos conceitos genéricos acima precisamos verificar como o ponto é tratado no direito positivo brasileiro. É que o art. 458 da Consolidação das Leis do Trabalho-CLT, qualifica o que exatamente deve ser lido como salário, além do estipêndio pago em dinheiro. Isto, para evitar que alguma parcela de "valor", escondida nos desvãos dos fatos do dia a dia empresarial, pudesse acabar não sendo levada em consideração no momento de uma imotivada rescisão da relação laboral. Assim, diz o art. 458 que "além do pagamento em dinheiro, compreendem-se no salário, para todos os efeitos legais, a alimentação, habitação, vestuário ou outras prestações *in natura* que a empresa, por força do contrato ou do costume, fornecer habitualmente ao empregado".

7. O mesmo artigo, entretanto, ao ganhar fôlego nos seus sucessivos parágrafos e incisos, exclui do campo semântico de salário as utilidades concedidas pelo empregador para "educação, em estabelecimento de ensino próprio ou de terceiros, compreendendo os valores relativos a matrícula, mensalidade, anuidade, livros e material didático" (art. 458, § 2º, II, CLT). Da leitura integral do artigo decorre que há utilidades reconhecidas pela lei como salário e outras que não o são. Vejamos:

"Art. 458. Além do pagamento em dinheiro, compreende-se no salário, para todos os efeitos legais, a alimentação, habitação, vestuário ou outras prestações *in natura* que a empresa, por força do contrato ou do costume, fornecer habitualmente ao empregado. Em caso algum será permitido o pagamento com bebidas alcoólicas ou drogas nocivas.

"§ 1º. Os valores atribuídos às prestações *in natura* deverão ser justos e razoáveis, não podendo exceder, em cada caso, os dos percentuais das parcelas componentes do salário-mínimo (arts. 81 e 82).

"§ 2º. Para os efeitos previstos neste artigo, *não serão consideradas como salário* as seguintes utilidades concedidas pelo empregador:

"I – vestuários, equipamentos e outros acessórios fornecidos aos empregados e utilizados no local de trabalho, para a prestação do serviço;

"II – *educação, em estabelecimento de ensino próprio ou de terceiros, compreendendo os valores relativos a matrícula, mensalidade, anuidade, livros e material didático*;

"III – transporte destinado ao deslocamento para o trabalho e retorno, em percurso servido ou não por transporte público;

"IV – assistência médica, hospitalar e odontológica, prestada diretamente ou mediante seguro-saúde;

"V – seguros de vida e de acidentes pessoais;

"VI – previdência privada; (...)."

8. O fato concreto é que o direito às bolsas para professores e seus dependentes foi construído no seio das lutas sindicais, e sua força normativa (que decorre também do art. 7º, inc. VI, da CF) não poderia ser destruída por interpretações com aparente feição "tributarística", mas que não primam pela consideração da especificidade dos fatos em presença e, ainda, evitam a ponderação dos princípios constitucionais e constitucionais-tributários envolvidos. Sobre a força normativa das convenções coletivas leciona Maurício Godinho Delgado:

> "A convenção coletiva resulta, pois, de negociações entabuladas por *entidades sindicais*, quer a dos empregados, quer a dos respectivos empregadores. Envolve, portanto, o âmbito da categoria, seja a profissional (obreiros), seja a econômica (empregadores). Seu caráter coletivo e genérico é, assim, manifesto.
>
> "As convenções coletivas, embora de origem privada, criam regras jurídicas (normas autônomas), isto é, preceitos gerais, abstratos e impessoais, dirigidos a normatizar situações *ad futurum*. Correspondem, consequentemente à noção de *lei em sentido material*, traduzindo *ato-regra* (Duguit) ou *comando abstrato*. São, desse modo do ponto de vista substantivo (ou seja, de seu conteúdo), diplomas desveladores de inquestionáveis *regras jurídicas* (embora existam também no seu interior *cláusulas contratuais*, como se verá no item IV.2.B, a seguir).
>
> "Do ponto de vista formal, porém, despontam as convenções coletivas de trabalho como *acordos de vontade entre sujeitos coletivos sindicais* (pactos, contratos). Desse modo, inscrevem-se na mesma linha genérica dos negócios jurídicos privados bilaterais ou plurilaterais.
>
> "Guardam, assim, na sua conformação estrutural dubiedade instigante: são contratos sociais, privados, mas que produzem regra jurídica – e não apenas cláusulas obrigacionais" (*Curso de Direito do Trabalho*, 3ª ed., LTr, 2004, p. 1.376)

9. O caráter normativo das convenções coletivas, reconhecido por nosso sistema constitucional, está previsto textualmente na CLT:

> "Art. 611. Convenção Coletiva de Trabalho é o acordo de caráter normativo, pelo qual dois ou mais Sindicatos representativos de categorias econômicas e profissionais estipulam condições de trabalho aplicáveis, no âmbito das respectivas representações, às relações individuais de trabalho".

10. Tudo isso para dizer que, não bastasse o dever constitucional das entidades de ensino, públicas ou privadas, de fomentar o ensino (até pela concessão de bolsas), existe para os afiliados do SINPRO a força normativa das suas convenções coletivas que estabelecem tal direito. É esse direito que corre o risco de ser amesquinhado por meio de uma interpretação fiscal incorreta. Isto não teria sentido jurídico, pois não podemos dar com uma mão e tirar com a outra, já que, como sempre nos lembra Caio Tácito, "a Constituição é mais de dar do que de tirar".

III – As bolsas de estudo configuram instrumento de estímulo à educação

11. Para entender a importância do sistema de incentivos públicos à educação basta ler o que diz a Lei de Diretrizes e Bases da Educação Nacional (LDB) – Lei federal 9.394, de 20.12.96:

> "Art. 68. Serão recursos públicos destinados à educação os originários de:
>
> "I – receita de impostos próprios da União, dos Estados, do Distrito Federal e dos Municípios;
>
> "II – receita de transferências constitucionais e outras transferências;
>
> "III – receita do salário-educação e de outras contribuições sociais;
>
> "IV – receita de incentivos fiscais;
>
> "V – outros recursos previstos em lei."

12. O que a LDB faz é aumentar o espectro dos recursos públicos, para que os incentivos ao setor sejam amplos. Para o bom cumprimento desta finalidade constitucional, diz a mesma Lei o que pode e o que não pode ser considerado como válida despesa com ensino. Vejamos:

"Art. 70. *Considerar-se-ão como de manutenção e desenvolvimento do ensino as despesas realizadas* com vistas à consecução dos objetivos básicos das instituições educacionais de todos os níveis, compreendendo as que se destinam a:

"(...)

"VI – *concessão de bolsas de estudo a alunos de escolas públicas e privadas*;

"VII – amortização e custeio de operações de crédito destinadas a atender ao disposto nos incisos deste artigo;

"VIII – aquisição de material didático-escolar e manutenção de programas de transporte escolar.

"Art. 71. *Não constituirão despesas de manutenção e desenvolvimento do ensino* aquelas realizadas com:

"(...)

"II – subvenção a instituições públicas ou privadas *de caráter assistencial, desportivo ou cultural*; (...)."

13. Com alguma liberdade, recortaram-se acima os trechos da LDB que mais interessavam. A partir deles não é necessário nenhum esforço para perceber que tal lei agasalha o entendimento de que: *as bolsas e suas subvenções para alunos de escolas públicas ou privadas são enquadradas como manutenção e desenvolvimento do ensino, desde que ofertadas em instituições de caráter estritamente educacional.*

14. É integralmente acertada a LDB. Patente insanidade seria dizer que as bolsas não configuram verba de desenvolvimento e que seu valor mereça ser tributado. Seria incorreta e inconstitucional a lei que assim estabelecesse, pois estaria criando verdadeiro ônus para a realização e prestação de um serviço público, e restaria configurada a tributação obstativa ao exercício de direito fundamental rechaçada por Regina Helena Costa (citada no item 4 acima). Uma tal tributação esbarraria ainda no princípio da eficiência, inserido no *caput* do art. 37 da Constituição Federal:

"Art. 37. A administração pública direta e indireta de qualquer dos Poderes da União, dos Estados, do Distrito Federal e dos Municípios obedecerá aos princípios de legalidade, impessoalidade, moralidade, publicidade e *eficiência* e, também, ao seguinte: (...)".

15. Se *a Constituição é mais de dar do que de tirar* (Caio Tácito), seria contrário aos seus princípios reconhecer os acordos coletivos como forma de luta prestante a reforçar direitos constitucionais, e ao mesmo tempo permitir que a interpretação dos capítulos tributários da mesma possa servir para amesquinhar o direito elastecido. Uma tal insanidade seria atacável até por Arguição de Descumprimento de Preceito Fundamental-ADPF. Para estes casos é que se previu "a hipótese de o STF promover a interpretação autêntica da CF por meio da ADPF (art. 102, § 1º, CF), sempre que estejamos a ampliar direitos e garantias decorrentes do regime ou dos princípios adotados pela nossa Constituição (art. 5º, § 2º)" (cf. texto de nossa autoria publicado na obra *Estudos de Direito Constitucional – em Homenagem a José Afonso da Silva*, coordenada por Eros Roberto Grau e Sérgio Sérvulo da Cunha, Malheiros Editores, 2003, p. 678).

IV – Uma extrafiscalidade perversa

16. Denominamos extrafiscalidade a utilização dos tributos com a finalidade de estimular boas práticas e desestimular aqueles valores não prestigiados pelo sistema jurídico. Sobre extrafiscalidade diz Roque Antônio Carrazza:

"Extrafiscalidade é o emprego dos meios tributários para fins não fiscais, mas *ordinatórios*, isto é, para disciplinar comportamentos de virtuais contribuintes, induzindo-os a fazer ou a deixar de fazer alguma coisa)" (*ICMS*, 4ª ed., 1998, p. 222, nota de rodapé 1 do capítulo VI [*p. 487 da 15ª ed., Malheiros Editores, 2011*]).

17. Para entender a verdadeira utilidade da função extrafiscal dos tributos, vale a lição de Ricardo Lobo Torres:

"A extrafiscalidade, diluída na fiscalidade, exerce variadíssimas tarefas de política econômica, competindo-lhe, entre outras: o desestímulo ao consumo de certos bens nocivos à saúde, como o álcool e o fumo, objeto de incidência seletiva do IPI e do ICMS; o incentivo ao consumo de algumas mercadorias, como álcool carburante após a crise do petróleo; a inibição da importação de bens industrializados e o incentivo à exportação, através de impostos aduaneiros etc." (*Curso de Direito Financeiro e Tributário*, 9ª ed., Renovar, Rio de Janeiro, 2002, p. 167).

18. As leis tributárias, por certo, são leis necessárias. E assim também sua função extrafiscal, para inibir determinadas condutas ou externalidades negativas e deseconomias. Onde estaria, entretanto, a necessidade de tributar as bolsas de estudo? E mais: onde estaria a base constitucional para uma tributação desta natureza? Ao se conceder bolsa de estudo, são fabricadas economias para o Estado e não deseconomias. Neste sentido, alerta Roque Antônio Carraza:

"Por outro lado, ao utilizar o mecanismo de extrafiscalidade para estimular comportamentos (comissivos ou omissivos) dos contribuintes o Estado quase sempre obtém vantagens maiores do que se previamente arrecadasse os tributos para, depois, aplicá-los aos gastos públicos. Realmente, com a supressão das instâncias burocráticas encarregadas de controlar a destinação do dinheiro obtido mediante o exercício da tributação a despesa pública tende a diminuir, sem prejuízo do atendimento das exigências de estabilidade e o progresso sociais" (*Imposto sobre a Renda (perfil constitucional e temas específicos)*, Capítulo V, em que trata do "Imposto sobre a Renda (IR) e extrafiscalidade", 2005, Malheiros Editores, p. 131 [*p. 143 da 3ª ed., 2011*]).

19. A partir disso, pode-se perceber, com facilidade, o sem-sentido que seria tributar o valor das bolsas de estudo. Isto, pois, nunca será possível fazer com que o terço do seu valor (27,5% no máximo), em tese arrecadável, sirva para suportar o "valor inteiro" do custo de um estudante numa universidade. É neste ponto que a questão principiológica se traduz em números bem completos. Isso sem falar no custo administrativo de transmudar o dinheiro em prestações de serviço público fruíveis pelos cidadãos.

V – As bolsas não podem ser base de cálculo de IR, sob pena de ocorrer bitributação

20. Muita tinta já se gastou discutindo se tais bolsas poderiam ou não ter seu valor incluído na base de cálculo do imposto sobre a renda. Quer-nos parecer que não, uma vez que se estaria a tributar uma não-renda, um não-acúmulo de capital. O problema fica mais grave quando um agregado do professor recebe o incentivo. Neste caso, é evidente que o professor nada agregou ao seu patrimônio pessoal.

21. Nesse sentido é que doutrina e jurisprudência são unânimes em considerar que renda envolve acréscimo. Diz Ricardo Mariz de Oliveira em *Fundamentos do Imposto de Renda* (Quartier Latin, 2008, p. 42):

"Como dito anteriormente, em nossos dias, tanto a doutrina quanto a jurisprudência concordam em que o fato gerador do imposto de renda seja a existência de acréscimo patrimonial e, para mera ilustração, recorramos a algumas menções jurisprudenciais já que boa doutrina está citada em I.1.

"Assim, em decisão proferida em 3.10.1978 no recurso extraordinário n. 89.791-7-RJ, que se transformou em referência tanto para a jurisprudência quanto para a doutrina, a 1ª Turma do Supremo Tribunal Federal proclamou pelas palavras do Ministro Cunha Peixoto:

"'Na verdade, por mais variado que seja o conceito de renda, todos os economistas, financistas e juristas se unem em um ponto: renda é sempre um ganho ou acréscimo do patrimônio' (*RTJ* 96/781).

"E logo a seguir naquele recurso, prosseguindo, na abordagem do art. 43 do CTN, Cunha Peixoto reportou-se ao voto do Ministro Oswaldo Trigueiro no célebre julgamento do recurso extraordinário n. 71.758-GB, pelo Tribunal Pleno em 14.6.1972, do qual transcreveu o seguinte:

"'Quaisquer que sejam as nuanças doutrinárias sobre o conceito de renda, parece-me acima de toda dúvida razoável que, legalmente, a renda pressupõe ganho, lucro, receita, crédito, acréscimo patrimonial, ou, como diz o preceito transcrito, aquisição de disponibilidade econômica ou jurídica' (*RTJ* 66/140).

"Há muito tempo também, a Câmara Superior de Recursos Fiscais do Ministério da Fazenda, pelo voto do Conselheiro Wagner Gonçalves, relatando o acórdão n. CSRF/01-0186, de 26.11.1981, manifestou-se de maneira bem expressiva, 'in verbis':

"'De fato, a disponibilidade econômica ou jurídica da renda produzida por esse direito pertence ao usufrutuário – recorrente. É com ele que nasce o fato gerador do imposto de renda. É nas mãos dele que aparece o *plus*, o *quid*, o algo a mais, que dá origem à obrigação tributária'.

"São inúmeros os precedentes jurisprudenciais neste mesmo sentido, dos quais impende citar o recurso extraordinário n. 117.887-6-SP, relatado pelo Ministro Carlos Velloso perante o Tribunal Pleno em 11.2.1993 e por este decidido unanimemente, julgado este que também se transformou em referência em cuja ementa se lê, após a alusão ao conceito de renda sob o ponto de vista constitucional:

"'Rendas e proventos de qualquer natureza: o conceito implica reconhecer a existência de receita, lucro, proveito, ganho, acréscimo patrimonial, que ocorrem mediante o ingresso ou auferimento de algo, a título oneroso' (*RTJ* 150/585, *Supl IOB* 05/93).

22. Aliás, neste ponto convém abrir um parêntese. É evidente a presença da figura da doação, como quer que se disponha o intérprete a perquirir grande número de variáveis e casos possíveis. Por mais que faça girar o caleidoscópio, o fragmento fático invariável de tudo quanto se examina apresenta-se com a compostura de uma doação do titular para o dependente.

23. A doação precisará ser encarada, nesta opinião, em face das normas tanto do imposto de renda como da contribuição social do trabalhador. Mas, de passagem, não se poderá deixar de referir a possibilidade de uma vastíssima linha de colisão – ou, digamos, faixa de concorrência entre poderes tributantes já a resvalar para uma bitributação provavelmente inconstitucional. A bitributação é vedada pelo princípio da discriminação constitucional das competências tributárias impositivas, pelo qual a competência atribuída a uma pessoa política exclui automaticamente a competência das demais. Nesta matéria, portanto, não se admite nenhuma ampliação das delimitações constitucionais.

24. Ora, surge o risco desse conflito porque, exatamente, vêm se consolidando e desenvolvendo, cada vez mais, nos Estados-membros, o aparelhamento de uma competência tributária relativamente nova (nova, em termos, porquanto atingirá agora, em 5 de outubro de 2009, respeitáveis vinte e uma primaveras), tal seja a que se exerce sobre "doação de quaisquer bens ou direitos" no bojo do chamado Imposto sobre Transmissão *Causa Mortis* e Doação de Quaisquer Bens ou Direitos", o ITCMD.

25. Pois bem, a mencionada espécie tributária apresenta, na sua modalidade incidente sobre "doação de quaisquer bens ou direitos", condições estruturais capazes de impor, ao IR, no âmbito de tal fenomenologia, um poderoso *handicap*. Vejamos cuidadosamente, em primeiro lugar, como será dificílimo, senão impossível, admitir, em matéria de doações, duas competências em copresença.

26. Tecnicamente, doação nada tem a ver com os conceitos de rendimento e de renda. Para fins de classificação, trata-se de riqueza, sim, assujeitável em tese à tributação. Mas não de riqueza submissível ao imposto de renda, uma vez que o fenômeno econômico em presença traduz-se por uma simples transferência de capital.

27. Não se configura a doação como rendimento do capital, uma vez que o acréscimo que surge na esfera jurídica do donatário resulta exclusivamente da recepção, por ele, suposto contribuinte, de riqueza nova consistente em capital que se lhe transfere, oriundo de patrimônio de terceiro.

28. No caso das bolsas de estudo que são o objeto da presente analise, é forçada a interpretação que, como se diz, "dá de barato" que há o "pagamento" de algo. É tecnicamente arbitrária a agregação, ao salário, do valor das bolsas como se também fosse valor de "renda *in natura* auferida pelo beneficiário", isto é, como rendimento deste. Ganhos de capital não são agregáveis ao salário como se salário-utilidade constituíssem, simplesmente porque salário é rendimento: rendimentos e ganhos de capital não se somam numa unidade lógica, a menos que isso decorresse de um explícito enunciado normativo, já com leve aroma de ficção jurídica.

29. Sabe-se que o direito tributário é estruturado normativamente sobre signos de riqueza real, os quais ele aprisiona em tipificações exaurientes (tipos cerrados), não sendo, mormente em matéria de imposto de renda, plausível incluir doações recebidas pelo contribuinte, e respectivos dependentes, na vala comum dos rendimentos, como se, em meio a estes, se pudesse incluir algo "obtido indiretamente" (a fruição da bolsa) por meio de uma doação que permanece, enquanto tal, na penumbra, em função e na esteira de suposta analogia com a figura do salário *in natura* para fins trabalhistas. Esta, em princípio – dados os arquétipos em que se funda a sua teleologia de proteção ao trabalhador –, é legítima, embora tenha sido firmemente excepcionada no tocante às concessões de bolsas de estudo. Neste caso, certamente, em conspícua homenagem à ordem constitucional instaurada em 1988.

30. A melhor análise desse viés fiscal, de pretender tributar doações (heranças e doações) como se se tratasse de rendimentos, é da lavra de Misabel Abreu Machado Derzi. A eminente tributarista, atualizadora de um dos maiores legados de Aliomar Baleeiro – tal seja o *Direito Tributário Brasileiro* – esculpiu a seguinte nota, em que o tema das doações em face do imposto de renda ganha tratamento irretocável:

> "9. IMPOSTO 'CAUSA MORTIS' E GANHO DE CAPITAL
>
> "O imposto de renda tem como fato gerador o excedente de riqueza relativamente à comparação entre ganhos e despesas de determinado período ou pode ser definido como acréscimo de valor ou de poder econômico ao patrimônio, apurada a renda pela

comparação dos balanços de abertura e encerramento de determinado período. A teoria do acréscimo foi defendida por George Shwanz, desde 1894, aperfeiçoada por Haig e Simons. Essa concepção foi adotada também, em parte, pelo Código Tributário Nacional. A teoria, amplamente aceita na doutrina, não autoriza a tese equivocada de supor que qualquer acréscimo de valor – advindo de doação ou herança por exemplo, que é simples capital transferido, e subtraído ao campo de competência federal – configure renda (cf. Aliomar Baleeiro, *Direito Tributário Brasileiro*, 10ª ed., Rio de Janeiro, Ed. Forense, p. 183, Também Bulhões Pedreira, *Imposto de Renda*, Rio de Janeiro, Ed. Justea, 1971, pp. 2-10).

"De fato, as aquisições por causa morte e por meio de doação configuram espécie *sui generis* de acréscimos patrimoniais (embora provenientes de fonte estranha e não do próprio patrimônio da pessoa, como é o caso da renda). Sendo acréscimos ao patrimônio do beneficiado, não poderiam, também, configurar fato tributável por meio do imposto de renda (lucro, ganho de capital)? A Constituição Federal responde que não. Seguindo o modelo de sistema tributário mais usual, tal como ocorre na Europa e Américas, ela autonomizou essas formas de aquisição (por causa da morte e por meio de doação), para isso criando espécie independente que entregou à competência tributária do Estado. Efetivamente, nenhum dos países que adota modelo de sistema como o nosso admite submeter simultaneamente tais transmissões *causa mortis* e doações ao imposto de renda. A rigor, nesses modelos, o imposto sobre a transmissão por causa de morte e doação é complementar ao imposto de renda. Daí a pessoalidade e a progressividade conferidas a ambos. Ao contrário, somente naqueles em que inexiste como espécie independente o imposto de heranças e doações, é que o imposto de renda alcança os ganhos de capital que as aquisições gratuitas representam.

"A Fazenda Pública já tentou insistentemente tributar, por meio de imposto de renda, 'ganhos de capital' auferidos em transmissões por causa de morte ou doação, mas o STF afastou vigorosamente a tentativa" (11ª ed., atualizada por Misabel Abreu Machado Derzi, 1999, Rio de Janeiro, p. 267).

31. Com tudo isso, queremos demonstrar que a concessão de bolsas aos dependentes de professores jamais poderia ser tributada por meio de imposto de renda, ao duplo fundamento de que (i) não há acréscimo patrimonial e (ii) estar-se-ia laborando em sede de bitributação, ao invadir-se a competência de outras pessoas federadas. E pior ainda seria bitributar uma "não-renda", com mero apoio em interpretação extensiva de normas legais, dificultando o exercício de direito fundamental via exação fiscal, em sede de verdadeira fraude à Constituição.

VI – CLT "versus" CTN

32. Questionamos: faria sentido utilizar aqui os conceitos de norma geral e norma especial? Em verdade, estamos diante de uma falsa aporia, pois não faz sentido aplicar os conceitos de norma geral e norma especial no presente caso. O problema é, *tout court*, de campo de incidência de normas.

33. Até porque teríamos um conflito entre a CLT alterada em 2001 (art. 458, § 2º, inc. II, incluído pela Lei federal 10.243/2001) e as regras sobre renda do CTN de 1966. Qual seria o critério para solução da antinomia? Valeria a "norma especial tributária anterior" ou a "norma geral trabalhista posterior"?

34. Ou seja, uma solução a partir dos critérios gerais de composição de antinomias (hierárquico, cronológico e da especialidade) apenas traria mais instabilidade para o assunto. Ensina Maria

Helena Diniz sobre este tipo de antinomia de segundo grau:

"Em caso de antinomia entre o critério de especialidade e o cronológico, valeria o metacritério *lex posterior generalis non derogat priori speciali*, segundo o qual a regra de especialidade prevaleceria sobre a cronológica. Esse metacritério é parcialmente inefetivo, por ser menos seguro que o anterior. A meta-regra *lex posterior generalis non derogat priori speciali* não tem valor absoluto, dado que, às vezes, *lex posterior generalis derogat priori speciali*, tendo em vista certas circunstâncias presentes. A preferência entre um critério e outro não é evidente, pois se constata uma oscilação entre eles. Não há uma regra definida; conforme o caso, haverá supremacia ora de um, ora de outro critério" (em *Conflito de Normas*, Saraiva, 7ª ed., 2007, p. 50).

35. É que na verdade não estamos diante de antinomia real, e é justamente para evitar esta sorte de pseudo-conflito normativo que existe o art. 110 do CTN:

"Art. 110. A lei tributária não pode alterar a definição, o conteúdo e o alcance de institutos, conceitos e formas de direito privado, utilizados, expressa ou implicitamente, pela Constituição Federal, pelas Constituições dos Estados, ou pelas Leis Orgânicas do Distrito Federal ou dos Municípios, para definir ou limitar competências tributárias".

36. Em síntese, o conceito de salário (tirado do direito laboral) instrumentaliza aquilo que pode ser (ou não ser) considerado renda para fins tributários. Seria um erro entender que a norma tributária pode incidir além do campo do direito laboral, já que estamos falando de uma relação jurídica oriunda deste campo do direito. Se a única relação entre professores e empregadores é salarial (cujo conceito está na CLT) não há espaço para a norma tributária além da norma trabalhista (esse é o comando do artigo 110 do CTN).

37. O Pleno do Supremo Tribunal Federal ao julgar questão semelhante decidiu pela inconstitucionalidade da cobrança que ultrapassa o conceito técnico usado em outro ramo do direito, firmando a seguinte diretriz:

"*Interpretação – Carga construtiva – Extensão.* Se é certo que toda interpretação traz em si carga construtiva, não menos correta exsurge a vinculação à ordem jurídico-constitucional. O fenômeno ocorre a partir das normas em vigor, variando de acordo com a formação profissional e humanística do intérprete. No exercício gratificante da arte de interpretar, descabe 'inserir na regra de direito o próprio juízo – por mais sensato que seja – sobre a finalidade que *conviria* fosse por ela perseguida' – Celso Antonio Bandeira de Mello – em parecer inédito. Sendo o Direito uma ciência, o meio justifica o fim, mas não este àquele.

"*Constituição – Alcance político – Sentido dos vocábulos – Interpretação.* O conteúdo político de uma Constituição não é conducente ao desprezo do sentido vernacular das palavras, muito menos ao do técnico, considerados institutos consagrados pelo Direito. Toda ciência pressupõe a adoção de escorreita linguagem, possuindo os institutos, as expressões e os vocábulos que a revelam conceito estabelecido com a passagem do tempo, quer por força de estudos acadêmicos quer, no caso do Direito, pela atuação dos Pretórios.

"(...)

"*Contribuição Social – Tomador de serviços – Pagamentos a administradores e autônomos – Regência.* A relação jurídica mantida com administradores e autônomos não resulta de contrato de trabalho e, portanto, de ajuste formalizado à luz da Consolidação das Leis do Trabalho. Daí a impossibilidade de se dizer que o tomador de serviços qualifica-se como empregador e que a satisfação do que devido ocorra via folha de salários.

Afastado o enquadramento no inciso I do artigo 195 da Constituição Federal, exsurge a desvalia constitucional da norma ordinária disciplinadora da matéria. A referência contida no § 4º do artigo 195 da Constituição Federal ao inciso I do artigo 154 nela insculpido, impõe a observância de veículo próprio – a lei complementar. Inconstitucionalidade do inciso I do artigo 3º da Lei n. 7.787/89, no que abrangido o que pago a administradores e autônomos. Declaração de inconstitucionalidade limitada pela controvérsia dos autos, no que não envolvidos pagamentos a avulsos" (RE 166.772-9-RS, Rel. Min. Marco Aurélio).

38. Nesse julgamento o Colendo STF firmou o entendimento pela interpretação técnica, ou seja, a interpretação das normas tributárias quando baseada em conceito oriundo de outro ramo do direito não pode modificá-lo. Muito pelo contrário, deve, sim, fiar-se no entendimento firmado nesse ramo e nunca ampliá-lo ou modificá-lo, que é exatamente o que pretende o Fisco com a tributação das bolsas de estudo como se salário fosse.

39. Assim, caso admitíssemos que a concessão das bolsas de estudos fossem consideradas como sendo salário, teríamos então um conceito de salário para fins do direito do trabalho e outro para fins tributários, o que tornaria a ordem jurídica uma "babel normativa" e implodiria por completo a divisão de competências tributárias feita pela Constituição Federal.

VII – Uma originária não-incidência de contribuições traduzida em isenção legal

40. Diz a Lei Básica da Previdência Social – Lei federal 8.212, de 24.7.91:

"Art. 28. Entende-se por salário de contribuição:

"(...).

"§ 9º. Não integram o salário de contribuição para os fins desta Lei, exclusivamente:

"(...);

"t) o valor relativo a plano educacional que vise à educação básica, nos termos do art. 21 da Lei n. 9.394, de 20 de dezembro de 1996, e a cursos de capacitação e qualificação profissionais vinculados às atividades desenvolvidas pela empresa, desde que não seja utilizado em substituição de parcela salarial e que todos os empregados e dirigentes tenham acesso ao mesmo; (...)."

41. Ou seja, a legislação previdenciária especificamente excluiu do campo de incidência das contribuições aqueles "valores" relacionados à educação. Uma tal solução *de lege lata* encerra qualquer debate em matéria previdenciária. O que não podemos fazer é interpretar a falta de norma de mesma índole, em matéria de Imposto de Renda, para concluir que ali a solução seria diametralmente oposta. Não existe em direito um "silêncio eloquente heterônomo". Em outras palavras: a existência de uma isenção em matéria previdenciária não serve para "destruir" a não-incidência eventualmente ocorrente no direito tributário geral. São fenômenos diferentes. Em direito previdenciário-tributário há uma isenção textual na lei, o que não pode servir para dar azo ao argumento simplista de que a falta de isenção equipolente em matéria de IR impediria a tese da não-incidência.

42. Em comentário ao referido dispositivo previdenciário conclui Wladimir Novaes Martinez:

"Está-se diante de adução subjetiva e imaterial, incapaz de ser restituída ou subtraída; trata-se de incorporação à personalidade e esta poderá utilizar tal progresso para toda a vida, naquela ou em outra empresa, em diferentes fins. Pretender-se a inclusão na remuneração trabalhista ou no salário de contribuição desse valor corresponde a desejar a agregação de todo o crescimento individual ou profissional do trabalhador ensejados pela empresa" (*Comentários à Lei Básica da Previdência Social – Plano de Custeio*, t. I, 6ª ed., LTr, 2008, p. 355).

43. É assim enorme o descompasso da postura da fiscalização com o sentido e o alcance da declaração que a Constituição faz em seu art. 205. O que devemos fazer é aproveitar uma interpretação finalística da lei previdenciária para ter as mesmas conclusões em relação à legislação básica de imposto sobre a renda. O que temos no presente caso é a legislação previdenciária criando uma "isenção redundante".

44. É regra de boa hermenêutica que onde está a mesma razão, que ali esteja o mesmo direito (*ubi eadem ratio, ibi eadem iuris dispositio*). Ou seja, ao dizer o que incide e o que não incide em matéria de contribuições previdenciárias a norma nada mais fez do que repetir aquilo que normalmente ocorre. Tudo para garantir que a administração vai, micrometricamente, realizar aquilo que normalmente se faz: *id quod plerumque fit*.

45. Assevera o grande jurista Carlos Maximiliano a presunção de que "a lei, disposição, frase ou cláusula se refere – ao que é vulgar, ao que mais comumente acontece – *quod plerumque fit*, ou *quod plerumque accidit*; não a casos raros, excepcionais" (*Hermenêutica e Aplicação do Direito*, Freitas Bastos, 4ª ed., 1947, p. 314, § 313-E).

46. Nesse sentido é que seria equivocado defender que a norma previdenciária teria criado uma exceção, um caso raro a ser tratado em apartado. Se assim pensássemos passaríamos a ter que defender que apenas uma futura alteração legislativa poderia vir blindar o valor das bolsas da incidência do imposto de renda. Isto não é certo, pois tais valores "recebidos" a título de incentivo ao ensino são *per se* isentos (*rectius*: não-incidência) de tributação, pois já preexistia uma *não-incidência originária*.

47. Em verdade, o que faz a norma previdenciária é simplesmente consagrar o que já está previsto de modo disperso em todo o sistema jurídico (em especial nas normas laborais e de direito educacional). O dispositivo inserido no art. 28, § 9º, "t", da Lei federal 8.212/91, declara o mais amplo desejo da norma constitucional: que a tributação *não seja* utilizada para destruir o acesso à educação.

48. A produção de mais normas, com outras isenções e exclusões, no mesmo sentido, é inegável que serviria para eliminar questionamentos sobre a incidência de impostos e contribuições em geral. Isso, porém, não significa dizer que a ausência de tais normas específicas poderia servir para "forçar" uma interpretação mais gravosa aos bolsistas, e, menos ainda, o contrário: que apenas uma lei especial poderia encerrar o debate. A não-incidência no presente caso decorre já, autonomamente, da não configuração como "renda, salário-utilidade ou salário-contribuição" dos pretensos "valores" que se poderiam atribuir a tais bolsas.

VIII – O imposto sobre a renda diante dos desafios que lhe impõe o princípio da capacidade contributiva

49. No § 1º do seu art. 145 a Constituição exorta os fiscos de todas as latitudes e longitudes a graduar os tributos segundo a capacidade econômica do contribuinte. Fácil de pedir (norma que tem anacrônico perfil de regra constitucional programática), mas sempre difícil de atender! O mesmo governo que já limita rigorosamente as deduções com gastos anuais em educação quer agora tributar bolsas de estudo recebidas por professores do estabelecimento de ensino a que se vinculam. Isto é mais grave se considerarmos que o próprio Regulamento do Imposto de Renda-RIR trata como isentas as bolsas de estudo "em espécie" recebidas como doação (art. 39, VII, Decreto 3.000/99 e art. 26 da Lei federal 9.250/95)

50. Sabe-se que, em matéria de direito tributário, "onde não há riqueza, até mesmo o imperador perdeu o seu direito". A máxima, de remota origem germânica, pode e deve ser adaptada para, em lugar de imperador, falar-se de Estado, Fisco, ou Estado-Fisco.

51. Sabe-se também que, ao lado das favelas estão os mais luxuosos condomínios. Se ali a riqueza não se apresenta, inibindo-se a tributação, evidentemente o contrário ocorre acolá, onde tem lugar o majestoso intercâmbio de enormes fluxos financeiros, bem como a formação de fortunas imensas amealhadas do dia para a noite, até mesmo mediante o uso de práticas eletrônicas. Ora, sobre essa privilegiada faixa dos grandes, evidentemente, a tributação deveria nortear-se por filosofia econômica de feição fortemente distributivista.

52. Financistas, economistas e políticos tanto especularam acerca do assunto que acabaram formatando a chamada técnica da progressividade: um escalonamento dos níveis de renda pessoal numa curva ascendente, de sorte a permitir um progressivo aumento das alíquotas do Imposto sobre a Renda. Isto na medida em que esta se vai tornando mais expressiva, sendo certo que o modelo de progressividade jamais se confunde com o da proporcionalidade. Inspirada nas doutrinas da utilidade marginal, a progressividade chegou também ao nosso País.

53. Começando pela chamada faixa de isenção, na qual a alíquota do imposto sobre a renda é zero, tal escalonamento, a partir da segunda faixa vai-se tornando mais e mais progressivo, chegando a alcançar, em algumas legislações, quase um caráter punitivo, o que é incisivamente combatido por setores ditos neoliberais. Mais uma vez é de se ouvir a lição abalizada de Misabel Abreu Machado Derzi. Eis o que diz sobre este ponto:

> "A progressividade nos tributos é a única técnica que permite a personalização dos impostos, como determina, expressamente, o art. 145, § 1º, da Constituição de 1988. É que, na medida em que o legislador considera as necessidades pessoais do contribuinte, passa, também, a conceder reduções e isenções. Tais renúncias de receitas, ocorrentes em favor do princípio da igualdade, têm de ser compensadas por meio da progressividade, a fim de que o montante da arrecadação se mantenha o mesmo no total" (ob. cit., § 9º do item 4 dos comentários ao art. 43 do CTN, p. 293).

54. Com a devida vênia, faria um acréscimo a essas palavras, até mesmo para melhor solidificar a sua verdade: se é certo que por meio da progressividade se compensam as renúncias de receitas em favor do princípio da igualdade, por certo, também, em contrapartida, poder-se-ia pensar em implementar um mais alentado número de reduções e isenções (o que equivale a dizer: deduções, abatimentos etc.). Isto como técnica para compensar certos abusos cometidos em nome da progressividade, tal como *possivelmente* detectado no tratamento que o Estado-Fisco *pretenderia* dar ao "rendimento" representado pela concessão das bolsas.

55. Pois bem, vamos de volta aos casos das bolsas de estudo. Já examinamos, no início destas linhas, o que poderia acontecer com a renda dos professores bolsistas que, por infortúnio, tivessem também, de cambulhada, em sua companhia, um, dois ou três filhos também bolsistas. Embora em exemplificação simplista, o perfil matemático da iniquidade lá está.

56. Mas a iniquidade que ali se entreviu, não se permite conter naquela numerologia. Detecta-se, alhures, aspecto muito mais gravoso na injusta e inconstitucional tributação que se pretende impor aos bolsistas, a pretexto de tributação da "renda".

57. Pergunta-se: como foi possível, até hoje, nos escalões do fisco federal, não se haver atentado para o fato de que "oferecer" o valor das bolsas à tributação seria atitude que não se poderia impor aos detentores do benefício? Acaso não equivaleria isto a uma verdadeira autoimolação ou suicídio econômico-financeiro destes? Sim, pois a Constituição a todos exorta, no seu art. 205: "A educação, direito de todos e dever do Estado e da família, será promovida e incentivada com a colaboração da sociedade, visando ao pleno desenvolvimento da pessoa, seu preparo para o exercício da cidadania e sua qualificação para o trabalho".

58. Como compatibilizar, com a postura dos órgãos fiscalizadores do imposto de renda em relação a bolsas de estudo concedidas a professores e seus dependentes, a exortação constitucional, posta no sentido de que todos ajudem o Estado e a família a cumprir o seu dever de prestar educação? A qual, de seu turno, é direito de todos. Ao tributar o benefício concedido ficaria parecendo que o "Estado" deseja agir em sentido contrário ao da norma, "buscando" prejudicar os que necessitam de mais educação.

59. Definitivamente, não há como escapar. O fisco federal, se insistisse em desestimular a concessão de bolsas, estaria a demonstrar não saber dosar suas medidas. Não teria sido capaz de realizar ponderações. O inc. I do § 2º do art. 153 da Constituição impõe a progressividade do imposto sobre a renda, e o fisco obedece. Mas indaga-se: não teria o art. 205 da Carta a força para influir na elaboração das posturas fiscais no sentido de que se abster de punir os beneficiários das bolsas de estudo com uma tributação estruturada como imposto progressivo? Tudo inconstitucional e imoral. Bastaria interpretar em conformidade com a Constituição, para chegar-se à mesma conclusão aqui esboçada.

60. A tributação da concessão de bolsas de estudos aos filhos dos professores deveria implicar um resultado neutro em matéria de arrecadação, uma vez que as despesas com educação dos dependentes podem e devem ser deduzidas da base de cálculo do Imposto de Renda da pessoa física. Gastos com educação própria ou dos dependentes são inegavelmente despesas que se enquadram naquilo que a doutrina chama de "despesa essencial" ou ainda "mínimo vital" para fins de legitimar a dedução no imposto de renda, ou seja, a totalidade dos gastos com educação própria ou de dependentes do contribuinte devem ser abatidas, sob pena de se tributar o que não é renda. Sob pena de a União estar promovendo, sim, uma tributação meramente obstativa ao exercício de um direito fundamental à educação, num ponto em que o Estado falhou e o particular supriu por suas próprias forças.

61. Nem se alegue que tal raciocínio é aqui excogitado meramente *de lege ferenda*, pelo só fato de que tais despesas com educação são hoje limitadas em R$ 2.592,00 (para fins de dedução), e que, por isso, tudo o aquilo que exceder esse valor devesse trazer mais arrecadação aos cofres federais. Isso é o que normalmente nasceria dos exageros de uma *fiscalização atrabiliária* (o que não é o caso).

62. Na verdade, o que neste ponto se argui é que tal limite, há muito tempo, é objeto de pesada crítica da doutrina e da jurisprudência brasileira, sendo inclusive alvo de recente decisão da 7ª Vara da Justiça Federal do Ceará em ação promovida pelo Ministério Público Federal (processo 97.0009198-8), na qual, por sentença de mérito, determinou-se que todos os contribuintes residentes no Estado do Ceará podem deduzir *integralmente* as despesas com educação própria e de dependentes na declaração de imposto de renda.

63. Dessa forma, caso não se aceite que tais bolsas de estudos concedidas pelo empregador sejam isentas do tributo, as mesmas deverão ser deduzidas integralmente da base de cálculo do IRPF, resultando em zero de arrecadação ao governo. Nunca é demais lembrar que nada obsta que a Receita Federal, com apoio na legislação já existente, prolate ato interpretativo no sentido de que fique estreme de dúvida a não-incidência de imposto de renda ou contribuições nas hipóteses aqui debatidas.

IX – De como, "in extremis", o empregador poderia, "motu próprio", colaborar mais ainda com o Estado-Fisco e com a família

64. Como se viu ao longo destas linhas, todas as instituições de ensino sentaram-se à mesa de negociações, juntamente com os representantes dos afiliados do SINPRO, e o que se produziu foi um acordo intersindical, cujo teor negocial é dotado de força normativa.

65. Tais instituições comprometeram-se a doar bolsas de estudo, nos seus próprios bancos escolares, aos professores que, em regime trabalhista, lhes estavam afetos. Concordaram em estender o acesso ao benefício em direção aos dependentes dos mesmos professores, abrindo, assim, às famílias destes, campo propício à efetivação, também de sua parte, de esforços condizentes com o dever que a elas e ao Estado-Fisco a Constituição atribuiu, no multicitado art. 205.

66. Entretanto, em que pese a massa de encargos que o referido acordo intersidical lhes acarretou, ainda há espaço para a atuação das instituições de ensino (IEs) envolvidas, caso a insensibilidade continue a prevalecer nos escalões do fisco federal. Trata-se do seguinte.

67. Dispõe o art. 725 do Regulamento do Imposto de Renda-RIR:

> "**Art. 725.** Quando a fonte pagadora assumir o ônus do imposto devido pelo beneficiário, a importância paga, creditada, empregada, remetida ou entregue, será considerada líquida, cabendo o reajustamento do respectivo rendimento bruto, sobre o qual recairá o imposto, ressalvadas as hipóteses a que se referem os arts. 677 e 703, parágrafo único".

68. Devidamente lastreado pelo art. 5º da Lei 4.154, de 1962, e pelo art. 63, § 2º da Lei 8.981, de 1995, o dispositivo regulamentar pode perfeitamente ser utilizado pelas Instituições de Ensino (IEs) concessoras das bolsas, diante de uma incansável (e inconstitucional, e imoral) persistência do Fisco, mesmo em face das evidências apontadas nestas linhas em relação a tais tentativas de cobrança de imposto de renda e imposição de multas aos professores bolsistas e aos seus respectivos dependentes econômicos.

69. A persistir o presente estado de coisas, uma saída honrosa (mais que isso, positivamente honrosa) por parte das IEs seria a adoção, como remédio provisório, de uma estratégia fundada no permissivo do art. 725 do RIR. Do mesmo passo em que estariam evitando qualquer espécie de rescisão do pacto firmado no bojo do préfalado acordo intersindical, as instituições de ensino assumiriam espontaneamente, como obrigação própria, o imposto de renda de fonte (IRF), deixando de o descontar dos salários dos professores e, sucessivamente, recolhendo-o em nome (e não por conta) de mestres.

70. Por certo, arcariam com o peso dos pagamentos do IR devido sobre o valor de cada uma das bolsas, massa de prestações toda impregnada de incompatível progressividade, além de matematicamente reajustada "por dentro" segundo a regra-de-três implicitamente preconizada no referido art. 725. Tudo isso para a obtenção de novas expressões de valor para os respectivos rendimentos brutos, após o que se aplicariam as alíquotas progressivas previstas em lei.

71. Nem tudo, porém, há de ser desfavorável para a instituição de ensino que opte por não se afastar do que ficou estabelecido a respeito de bolsas concedidas aos próprios professores e seus dependentes. Após abster-se de descontar o IRPF do salário dos contribuintes bolsistas, e sem dar curso, portanto, a nenhuma retenção e a nenhum recolhimento do respectivo montante à custa do salário que lhes pagaram ou irão pagar, as IEs poderão deduzir, como custo ou despesa, nos termos do art. 344, § 3º, do RIR, o valor do imposto de renda que elas, como fontes pagadoras que são, tiverem o dever legal de reter e recolher, aí compreendidas as verbas correspondentes às assunções do ônus do imposto, lastreadas no art. 725 do RIR. Eis os termos do permissivo contido no art. 344, § 3º, do Regulamento do Imposto de Renda:

> "§ 3º. A dedutibilidade, como custo ou despesa, de rendimentos pagos ou creditados a terceiros abrange o imposto sobre rendimentos que o contribuinte, como fonte pagadora, tiver o dever legal de reter e recolher, ainda que assuma o ônus do imposto".

72. Tal norma regulamentar tem também lastro em lei (Lei 8.981, de 1995, art. 41):

> "Art. 41. Os tributos e contribuições são dedutíveis, na determinação do lucro real, segundo o regime de competência.
>
> "(...)
>
> "§ 3º. A dedutibilidade, como custo ou despesa, de rendimentos pagos ou creditados a terceiros abrange o imposto sobre os rendimentos que o contribuinte, como fonte pagadora, tiver o dever legal de reter e recolher, ainda que assuma o ônus do imposto".

73. Enfim, quem sabe se um tal caminho pode, por ora provisoriamente, (i) permitir que boa parte dos bolsistas consiga levar a bom termo o acompanhamento dos cursos frequentados, (ii) que as IEs deixem por enquanto de pensar na propositura de algum acordo alternativo para substituir o vigente, e (iii) que o Estado-Fisco tenha tempo e espaço para melhor sopesar o sentido e o alcance das normas legais que vem aplicando, submetendo-as também ao lume do texto constitucional e dos princípios jurídicos que norteiam a tributação (incidente sobre atividades de ensino) no País.

74. Nesse exato ponto, ressalte-se, caberia também a edição de um ato interpretativo da Receita, especificando a possibilidade de utilização do art. 725 do RIR em casos como os aqui descritos. Isso certamente daria maior conforto ao departamento contábil de cada uma das IEs para operacionalizar internamente tal solução, a partir do plano de custos de cada instituição individualizada. Neste ato interpretativo a Receita poderia sanar quaisquer dúvidas sobre o *modus operandi* de tais deduções já hoje permitidas.

X – Nossa conclusão

75. Muito nos honra o consulente com o presente pedido de oferecimento de opinião jurídica, e estamos seguros em afirmar que:

a) Não incide imposto de renda sobre o valor das bolsas-dissídios deferidas a professores e dependentes.

b) As doações deferidas aos dependentes dos professores não poderiam, também elas, ser objeto de exação fiscal da União, porque isto buliria na competência tributária impositiva dos Estados e configuraria bitributação sobre fatos geradores consistentes em doação.

c) A União tem a obrigação constitucional de fornecer gratuitamente, a todos, educação e cultura, e, assim, jamais poderia exercer sua competência tributária impositiva de molde a dificultar o acesso a tais direitos, pois isto configuraria exercício de competência tributante com vistas a dificultar a fruição de um direito fundamental.

d) A função extrafiscal dos tributos impõe que sejam estimulados todos os mecanismos de acesso aos direitos constitucionalmente estabelecidos. Utilizar a extrafiscalidade em sentido contrário ao direito de todos à educação seria fraude à Constituição.

e) Jamais teria sentido impor tributos sobre o *quantum* de valor de um direito que consagra um serviço público não exclusivo.

f) Os direitos previstos na Constituição podem ser elastecidos por quaisquer mecanismos de tutela coletiva, cabendo ADPF, Mandado de Segurança individual ou coletivo e Ação Civil Pública, com vistas a tutelar tentativas de restringir o acesso ao ensino e ao direito à educação.

g) Uma solução que tem sido utilizada em muitos casos é a representação ao Ministério Público Federal, a fim de que este promova Ação Civil Pública para a tutela do direito, o que certamente não será necessário caso a própria Administração Pública fixe, de antemão, a correta interpretação por meio de parecer normativo ou qualquer outro ato interpretativo.

h) Nosso sistema jurídico prestigia os acordos coletivos como instrumentos legítimos para o estabelecimento de novos mecanismos de acesso aos direitos sociais. Interpretar normas não trabalhistas com vistas a destruir direitos laborais legítimos equivale a desrespeitar toda a principiologia constitucional, aceita à unanimidade por nossos Tribunais.

É a nossa opinião, *s.m.j.*

São Paulo, 28 de abril de 2009.

A ISONOMIA E A ECONOMICIDADE NA LICITAÇÃO SUSTENTÁVEL OU NAS COMPRAS GOVERNAMENTAIS ECOLÓGICAS

Eduardo Fortunato Bim

Procurador Federal. Bolsista da CAPES

1. Introdução

A recente consciência de que o Estado deve proteger o meio ambiente quando realiza licitações públicas, adquirindo ou fornecendo bens e serviços, despertou uma prática chamada de *licitação sustentável*.

Em parte essa prática advém da consciência ambiental e da do dever do Estado de proteger o meio ambiente com algo mais do que repressão às infrações ambientais, mas também do fato de que o Estado é um importante comprador do mercado, podendo direcioná-lo ao exigir certos padrões ambientais. Embora o alcance da licitação sustentável possa ocorrer tanto na compra quanto na venda de produtos ou serviços, certamente é na aquisição que ela tem seu maior potencial, uma vez que o Estado compra infinitas vezes mais do que vende.

A licitação sustentável traduz a prática de inserir cláusulas que prestigiam o consumo sustentável no edital do certame.

Ocorre que a efetiva implementação da licitação sustentável sofre restrições pelo receio de suposta violação da isonomia e da economicidade, em parte pela possível amplitude que a inserção de critérios ambientais nas compras governamentais pode alcançar.

Embora a Lei 12.349/2010 tenha modificado a Lei 8.666/93 para dar base legal à licitação sustentável,[1] ver-se-á que

1. A Lei 12.349/2010, ao preceituar que a licitação se destina à "promoção do desenvolvimento nacional sustentável" (Lei 8.666/93, art. 3º, *caput*), encampou de maneira expressa o que já estava implícito na Constituição, em diversos

ela era desnecessária – embora desejável – do ponto de vista normativo, eis que já existiam elementos que imprimem validade à licitação sustentável.

Como os elementos normativos à sua aplicação já existem, são válidos os atos infralegais que tratam das licitações sustentáveis, ainda que em parte. Nessa linha se destacam a Instrução Normativa 02/08, de 30.4.2008, da Secretaria de Logística e Tecnologia da Informação (SLTI) do Ministério do Planejamento, Orçamento e Gestão (MPOG) (arts. 15, I, "e", e 42, III); Portaria 61/2008, de 15.5.2008, do Ministério do Meio Ambiente (MMA); e a Instrução Normativa 01/10 da SLTI/MPOG, esta com significativo impacto na matéria ao se aplicar a toda a Administração Pública federal. Mesmo a aprovação das Leis 12.187/2009 (art. 6º, XII), que instituiu a Política Nacional sobre Mudança do Clima (PNMC), e 12.305/2010 (art. 7º, XI), que institui a Política Nacional de Resíduos Sólidos, não altera muito esse quadro.

2. *A licitação sustentável, ambiental, ecológica ou verde*

Licitação sustentável, também conhecida como ecoaquisição, licitação ecológica, verde ou ambiental,[2] é a licitação influenciada por parâmetros de consumo menos agressivos ao meio ambiente. É a licitação que integra critérios ambientais de acordo com o estado da técnica, ou seja, com o melhor para o meio ambiente de acordo com a atual ciência/tecnologia com um preço razoável, como analisado infra.

É um esforço governamental, com base jurídica, propiciado não apenas por esta, mas, principalmente, pela consciência institucional do consumo sustentável (educação ambiental), para adquirir bens, serviços e obras com reduzido impacto ambiental em comparação com os outros que servem à mesma finalidade. Tal comparação poderá, por exemplo, considerar o material bruto, a produção, o fabrico, o empacotamento, a distribuição, o reuso, a operação, a manutenção ou a disposição/eliminação do produto ou serviço.[3]

Essa consciência ambiental é recente no Brasil, dando-se destaque ao reconhecimento pelo Conselho Nacional de Justiça (CNJ) da importância do consumo ambientalmente responsável, tanto que em uma das *consideranda* da Recomendação 11/2007 admite que a "Administração Pública tem papel preponderante na criação de novos padrões de consumo e produção, na condição de grande consumidora e usuária dos recursos naturais". O Ministério do Meio Ambiente também consignou como uma das *consideranda* da Portaria 61/2008 que a Administração Pública, ao exercer o seu poder de compra e de contratação, desempenha papel de destaque na orientação dos agentes econômicos, na adoção de padrões no sistema produtivo e no consumo de produtos e serviços ambientalmente sustentáveis, incluindo o estímulo à inovação tecnológica. Em nível

diplomas normativos e na própria Lei 8.666/93, como será analisado nesse artigo.

2. O elenco de nomes não para por aí. Usam-se ainda as expressões compra governamental verde (*green public procurement*) ou sustentável (*sustainable public procurement*), além de *Environmental Procurement, Environmentally Friendly Purchasing, Buying Green, Eco-efficient Procurement* (estas citadas por Brígida Raquel Coelho da Fonseca Pires em sua dissertação de mestrado: *Environmental Criteria in Public Procurement of Construction Work in Portugal*, 2008, p. 11, nota 12).

3. Cf. *Executive Order* 13.101/98, Seção 201.

estadual são dignas de nota as *consideranda* do Decreto paulista 53.336/08.[4]

No direito comparado tem-se a exposição de motivos da Lei da Cidade de Nova York (*Local Law* 86/2005), que alterou a carta da cidade (*New York City Charter*), inserindo a Seção 224.1 (*Green building Standards*). Depois de dizer que nenhuma outra atividade urbana é tão impactante ao meio ambiente como a construção civil, estimando que 40% da matéria-prima global é consumida em construções, aduz que o critério de construção sustentável (*green building criteria*) tem aptidão para reduzir o consumo de energia elétrica, a poluição e o uso da água da cidade de Nova York, bem como melhorar a saúde de seus habitantes e a produtividade do trabalhador, incentivando a transformação do mercado.

Na *Executive Order* 13.514/2009 se fala que o governo federal deve liderar pelo exemplo (Seção 1) e que é política estadunidense, dentre outras coisas, que as compras governamentais fomentem tecnologias sustentáveis e materiais, produtos e serviços ambientalmente amigáveis, além de projetar, construir, manter e operar edifícios de alto desempenho sustentável em locais sustentáveis e informar e envolver os servidores públicos federais da Administração Pública na consecução desses objetivos.

4. "Premência de implementação de ações de consumo sustentável por parte da Administração Pública"; "necessidade de observância de critérios sócio-ambientais nas contratações do Estado"; "o artigo 170 da Constituição Federal estabelece competir ao Poder Público a defesa e preservação do meio ambiente, conferindo tratamento diferenciado conforme o impacto ambiental dos produtos e serviços, assim como de seus processos de elaboração e prestação" e "o poder de compra do Estado é o meio eficaz para promover o desenvolvimento sustentável".

O planejamento das licitações sustentáveis deve considerar uma ampla gama de fatores. A *Executive Order* 13.101/98 ilustra alguns desses fatores: a eliminação do consumo de materiais não reciclados, o uso de produtos naturais, o uso de materiais reciclados, o reuso do produto, o custo do ciclo de vida, a prevenção do desperdício e a disposição final. Poder-se-ia acrescentar, sem nenhuma intenção de esgotar o rol, elaboração do projeto da obra, métodos de produção, logística e manutenção.

Entretanto, como essa concepção é muito ampla, dando azo a inúmeros tipos de exigências que o Estado pode fazer ao adquirir ou vender bens, produtos e serviços, a licitação sustentável não é termo consolidado ou de fácil compreensão.

Muitas das críticas que provêm da sua adoção residem exatamente na amplitude que pode ser dada aos parâmetros protetores do meio ambiente quando o Estado consome produtos ou serviços. Ela seria aplicável aos produtos (bens e serviços) adquiridos ou ao fornecedor/fabricante desse produto? No caso dos serviços, exigir-se-iam certificações ou determinadas técnicas para executá-lo (empregos de materiais específicos etc.)?

A importância da discussão sobre os limites da licitação sustentável é vital para a sua correta compreensão/implantação no quadro do consumo ambientalmente responsável. Poderia parecer que a licitação sustentável autorizaria qualquer compra, qualquer critério subjetivo, qualquer preço – na contramão da regra que privilegia o menor preço, mero desdobramento do princípio constitucional da economicidade –, mas não é isso o que ocorre, embora em alguns casos o Poder Público possa efetivamente pagar mais.

A inserção dos critérios de consumo ambientalmente amigáveis não deve ser praticada a qualquer custo, seja econômico ou jurídico. Por isso, é fundamental analisar a validade e os limites da licitação sustentável, especialmente sob a óptica da isonomia e da economicidade, como se verá adiante.

A *Executive Order* 13.101/98 é elucidativa ao demonstrar que o uso da licitação sustentável não é absoluto. Ela cita, em algumas passagens, cláusula de exceção ao emprego impositivo das compras sustentáveis, quando preceitua que ela é obrigatória, "a menos que uma justificativa por escrito seja fornecida dizendo que o produto não está competitivamente disponível dentro de um prazo razoável, não tem padrões de desempenho apropriados ou está disponível somente por um preço desarrazoado".[5]

Antes, porém, ressalte-se que a licitação sustentável não se expressa apenas nos critérios de bens ou serviços adquiridos, mas também nos próprios projetos a serem efetuados. Na concepção, na forma etc., do que será construído já se pode falar em licitação sustentável porque o contratado terá de seguir as especificações do projeto.

Os critérios sustentáveis devem estar claros no objeto do edital, uma vez que a descrição precisa e suficiente do objeto licitado constitui regra indispensável para prestigiar a competitividade na licitação, bem como a igualdade dos licitantes (Súmula 177 do TCU). Devem constar a descrição e a definição clara dos parâmetros relativos ao objeto que a entidade pública pretende adquirir ou alienar.

Embora na maioria das vezes a licitação sustentável se relacione com a aquisição de bens e serviços, isso não impede que ela exista nos casos de alienação de bens ou mesmo nas concessões, permissões ou autorizações. Quando o Estado aliena bens, ele pode exigir critérios ambientais para os adquirentes ou mesmo para a destinação do bem, criando ônus e encargos adequados à proteção do meio ambiente.

Os parâmetros utilizados para implementar a licitação sustentável podem ser variados. Especificações técnicas do produto, especificações de desempenho, método de produção/prestação do serviço e projetos estruturalmente sustentáveis podem ser utilizados, separada ou conjuntamente, para tornar sustentável o consumo governamental.

As *especificações técnicas* podem variar segundo os materiais a serem utilizados, realçando, por exemplo, o custo do ciclo de vida do bem ou dos produtos de limpeza a serem empregados, até a exigência de certificações ou cadastros legalmente exigíveis.[6] Embora a exigência de licenças e certificados legalmente exigíveis possa parecer uma redundância legal, uma vez que eles teriam que ser apresentados de qualquer maneira, elas são pouco (ou nunca foram) exigidas, contribuindo

5. Tradução livre.

6. Uma das mais tormentosas questões da licitação sustentável reside nas certificações que podem ser obtidas. Recorde-se que o TCU admitiu certificações que constem de norma ABNT NBR (no caso era a 15.247) desde que fundamentada tecnicamente no processo licitatório. Tais certificações podem ser feitas por qualquer entidade acreditada pelo INMETRO para tanto, devendo a autoridade administrativa se abster de exigir o cumprimento de procedimentos que sejam inerentes apenas ao organismo certificador (TCU, Plenário, Ac. 1.846/2010, TC-020.870/2008-1, rel. Min.-Subst. André Luís de Carvalho, j. 28.7.2010). Para um panorama mais amplo sobre a exigência de certificações, cf. Eduardo Fortunato Bim, "Considerações sobre a juridicidade e os limites da licitação sustentável", *in* Murillo Giordan Santos e Teresa Villac Pinheiro Barki (Coords.), *Licitações e contratações públicas sustentáveis*, Belo Horizonte, Fórum, 2011, pp. 200-245.

para, por exemplo, a recepção de madeira sem origem (ausência do DOF).

Exigir o uso de certa quantidade de borracha reciclada de pneus no asfalto, não comprar produtos com amianto (*v.g.*, Portaria MMA 43/2009), preferir carros a álcool ou exigir licenças para a atividade a ser contratada são alguns exemplos de especificações técnicas que visam ao consumo ambientalmente responsável.

O Projeto de Lei da Câmara (PLC 32/07)[7] objetiva a adoção de critérios ambientais referentemente ao "bem a ser adquirido"; entretanto apenas aborda parte das especificações técnicas que podem ser exigidas nas contratações públicas. Ele não prevê a utilização de certos produtos quando da prestação de serviços ou mesmo certificados ou licenças. Em um estágio inicial é melhor o uso de cláusulas abertas, como a introduzida no *caput* do art. 3º da Lei 8.666/93 (promover o desenvolvimento nacional sustentável), porque elas possibilitam maior margem de adequação à polimorfia da licitação sustentável. A IN SLTI 01/2010 lista alguns atributos relacionados às especificações do bem ou serviço (*v.g.*, arts. 5º, incs. I e IV, e 6º, I) que podem ser exigidos. Embora as medidas da IN SLTI 01/2010 sejam exemplificativas, elas podem ser obrigatórias,[8] como na previsão do art. 6º, ou facultativas, como consta no art. 5º ("poderão exigir").

A especificação do bem a ser adquirido, ou mesmo dos critérios de certificação, por exemplo, deve ser (i) tecnicamente justificada e (ii) completa/precisa e suficiente (Lei 8.666/93, arts. 7º, § 5º, c/c 15, § 7º, I; Súmula 177 do TCU). As especificações técnicas dos produtos a serem adquiridos podem ter a sua justificação técnica no bojo da própria licitação, mediante laudo ou arrazoado, por exemplo, ou estar predeterminadas em decretos, instruções normativas etc.

As *especificações de desempenho* se referem à cobrança de resultados ambientais, deixando os meios livres aos licitantes. Pode-se, então, exigir maior economia ou eficiência em um determinado processo (*v.g.*, distribuição de energia, coleta e eliminação de lixo com menor prejuízo ao meio ambiente etc.) ou na escolha de um bem (*v.g.*, aparelhos elétricos que gastem menos energia, veículos que consumam menos combustível ou equipamentos hidráulicos/sanitários que gastem menos água). Segundo o *Comprar Ecológico! – Manual de Contratos Públicos Ecológicos*, da Comissão Europeia, a especificação de desempenho geralmente dá maior margem à criatividade do mercado, podendo desafiá-lo a desenvolver soluções técnicas inovadoras, além de exigir menos detalhamento nas especificações técnicas.

As *especificações de método de produção ou prestação de serviço* são aquelas nas quais o poder público impõe aos licitantes determinados modos de produção ou prestação de serviços ambientalmente defensáveis. Pode-se recusar a compra de bens fabricados sem seguir determinadas especificações de produção,[9] tal como comprar energia produzida a partir de energias reno-

7. O PLC 32/2007 (Projeto de Lei da Câmara) adiciona o inciso VI no art. 15 da Lei 8.666, com a seguinte redação: "adotar especificação do bem a ser adquirido que considere critérios ambientais". O projeto foi arquivado.

8. A obrigatoriedade das normas expedidas pelo Ministério do Planejamento, Orçamento de Gestão (MPOG) para toda a Administração Pública está longe de ser pacífica, mas a redação da IN não deixa dúvidas em preceituar a obrigatoriedade, quando possível a aplicação das exigências do art. 6º na licitação.

9. Não de composição, que está abrangida na categoria de especificações técnicas.

váveis[10] (*v.g.*, eólica, solar, geotérmica, onda das marés, gases dos aterros), bem como rechaçar a prestação de serviços que não atendam a determinadas técnicas (*v.g.*, uso de dosadores, uso de protetores facultativos pela legislação em vigência). Por exemplo, na IN SLTI/MPOG 02/2008 (art. 42, III) existe a previsão de que o projeto básico na contratação de serviços de limpeza e conservação atenda às exigências de sustentabilidade ambiental na execução do serviço, conforme o disposto no seu anexo V.[11]

A *Declaração do Rio*, em seu Princípio 8, aduz que os Estados devem reduzir e eliminar padrões insustentáveis de produção, não apenas de consumo. O próprio art. 170, VI, da CF parece encampar essa forma de licitação sustentável ao dar tratamento diferenciado conforme o impacto ambiental dos processos de elaboração e prestação dos produtos e serviços, conforme analisado no próximo item.

A elaboração de *projetos sustentáveis* pode ser outra forma de se implantar a licitação sustentável. Embora este critério se mescle com os anteriores, pode ser visto como uma espécie à parte porque que se origina da estrutura da obra, da sua concepção.[12] A IN STLI 01/2010 trata do projeto sustentável sob a rubrica "obras públicas sustentáveis" (art. 4º).

O projeto básico ou o executivo para contratação de obras e serviços de engenharia "devem ser elaborados visando à economia da manutenção e operacionalização da edificação, a redução do consumo de energia e água, bem como a utilização de tecnologias e materiais que reduzam o impacto ambiental" (IN STLI 01/2010, art. 4º). O uso de energia solar, o reuso da água, o tratamento de efluentes gerados e o aproveitamento da água da chuva são apenas alguns exemplos deste tipo de concepção sustentável.

3. A constitucionalidade da licitação sustentável: o desenvolvimento sustentável como dever estatal (CF, art. 225) e da livre iniciativa (CF, art. 170, VI)

O Estado e a coletividade têm o dever de proteger o meio ambiente para a presente e futuras gerações (CF, art. 225). Em suas atividades típicas ou atípicas o Estado precisa perceber que a preservação do meio ambiente não é apenas a imediata, mas também de longo prazo. Como frisou Édis Milaré, o Poder Público assume as funções de gestor qualificado no caso do meio ambiente.[13]

O dever de todos os entes federativos de "proteger o meio ambiente e combater

10. O que foi decidido como válido no caso C-448/01 (*Wienstrom case*) pelo Tribunal de Justiça da União Europeia.

11. O anexo V prevê uma série de critérios que podem ser classificados como sustentáveis, tais como a racionalização/substituição do uso de substâncias potencialmente tóxicas ou poluentes, racionalização/economia de energia, treinamento periódico dos empregados sobre boas práticas de redução de desperdícios/poluição, utilizar lavagem com água de reuso ou outras fontes, sempre que possível (águas de chuva, poços cuja água seja certificada de não contaminação por metais pesados ou agentes bacteriológicos, minas e outros), encaminhar os pneumáticos inservíveis abandonados ou dispostos inadequadamente, aos fabricantes para destinação final, ambientalmente adequada etc.

12. Sobre licitações sustentáveis na construção civil, cf. Brígida Raquel Coelho da Fonseca Pires e José Manuel Teixeira, *Environmental criteria in public procurement of construction work in Portugal: a Portuguese analysis,* Saarbrücken, VDM Verlag, 2009.

13. Édis Milaré, *Direito do ambiente: doutrina, jurisprudência, glossário*, 3ª ed., São Paulo, Ed. RT, 2004, p. 93.

a poluição em qualquer de suas formas" (CF, art. 23, VI) certamente exige a necessária inserção de critérios sustentáveis nas políticas públicas e ações estatais, nas quais estão incluídas as aquisições de bens e serviços, bem como as suas obras. O dever de combater a degradação ambiental/poluição é algo concreto do ponto de vista constitucional. Por isso, é meramente explicativa a Constituição bandeirante quando determina que a execução de obras, atividades, processos produtivos etc., somente serão admitidas se "houver resguardo do meio ambiente ecologicamente equilibrado", quer seja pelo setor público, quer pelo privado (art. 192). Por tal motivo, a Recomendação 11/2007 do CNJ, que sugeriu práticas sustentáveis, usou como fundamento o disposto no *caput* do art. 225 da CF, enquanto o Decreto paulista 53.336/2008 usou o art. 170 da CF. Note-se que uma visão mais integrada está na Portaria MMA 61/2008 e na IN SLTI/MPOG 01/2010, que usam ambos os dispositivos constitucionais.

O mesmo ocorre na ordem econômica constitucional, que, além de ter como fim propiciar a todos uma existência digna, observa a defesa do meio ambiente como princípio. Não por outro motivo, a iniciativa privada também pode receber do Estado tratamento diferenciado com base no impacto ambiental dos produtos e serviços por aqueles disponibilizados, além dos respectivos processos de elaboração e prestação (CF, art. 170, VI, com a redação dada pela EC 42/2003). A "proteção do meio ambiente deve estar aliada ao progresso econômico, e vice-versa, constituindo por esse caminho, a noção do chamado desenvolvimento sustentável".[14] Não existe proteção constitucional à ordem econômica que sacrifique o meio ambiente.[15]

Os particulares não somente foram citados no *caput* do art. 225 da Constituição ("coletividade"),[16] como também estão submetidos à "defesa do meio ambiente, inclusive mediante tratamento diferenciado conforme o impacto ambiental dos produtos e serviços e de seus processos de elaboração e prestação" (art. 170, inc. VI). O próprio Supremo Tribunal Federal reconhece a vinculação da iniciativa privada ao meio ambiente ao decidir:

> "A incolumidade do meio ambiente não pode ser comprometida por interesses empresariais nem ficar dependente de motivações de índole meramente econômica, ainda mais se se tiver presente que a atividade econômica, considerada a disciplina constitucional que a rege, está subordinada, dentre outros princípios gerais, àquele que privilegia a 'defesa do meio ambiente' (CF, art. 170, VI), que traduz conceito amplo e abrangente das noções de meio ambiente natural, de meio ambiente cultural, de meio ambiente artificial (espaço urbano) e de meio ambiente laboral".[17]

Tais considerações são importantes porque a licitação sustentável poderia

14. Luiz Alberto David Araujo e Vidal Serrano Nunes Junior, *Curso de Direito Constitucional*, 8ª ed., São Paulo, Saraiva, 2004, p. 426.

15. Cristiane Derani, *Direito Ambiental Econômico*, 3ª ed., São Paulo, Saraiva, 2008, p. 226.

16. Paulo Affonso Leme Machado parece não concordar que a coletividade citada no art. 225, *caput*, da CF se aplique ao particular indivíduo, mas tão somente ao particular coletividade (ONGs, associações e fundações etc.), que ele equipara a sociedade civil (Paulo Affonso Leme Machado, *Direito Ambiental Brasileiro*, 19ª ed., São Paulo, Malheiros Editores, 2011, pp. 133-134). Entretanto, a nosso ver, coletividade está em oposição ao estatal, referindo-se a todos, pessoas naturais ou jurídicas.

17. STF, Pleno, ADI-MC 3.540-DF, rel. Min. Celso de Mello, j. 1.9.2005, *DJU* 3.2.2006, p. 14.

ser considerada espécie de regulação da atividade econômica, que se imporia ao particular que fosse contratar com a Administração Pública. Caso tal assertiva procedesse, seria a licitação sustentável constitucional, em face do que dispõe o art. 174, que preceitua a regulação na atividade econômica, indicativa para o setor privado?

Não existe incompatibilidade entre a licitação sustentável e o art. 174 da CF porque ela seria somente indicativa ao setor privado, não o obrigando a nada. Se este não quiser fabricar os produtos com as especificações ambientais que interessam ao Estado, ele não o fará e não sofrerá nenhuma represália estatal. Apenas não participará das compras ou vendas governamentais.

Cabe ao Estado promover, em primeiro lugar, o interesse público. A licitação sustentável, sem dúvida alguma, vem atender a essa função estatal basilar. Em uma das *considerandas* da revogada *Executive Order* 12.873/93 fica claro que o interesse nacional é realizado quando o governo pode fazer uso mais eficiente dos recursos naturais, maximizando a reciclagem e a prevenção do desperdício sempre que possível.

Fazer uso mais eficiente dos recursos naturais é política pública diretamente ligada ao fim do Estado de promover o bem comum, também conhecido como interesse público, nacional etc. No preâmbulo da *Executive Order* 13.101/98, que revogou a 12.873/93 (que tratava anteriormente da matéria), essa relação entre o bem comum e o uso eficiente dos recursos naturais é expressa, de forma clara, ao se preceituar que a prevenção da poluição faz parte da política nacional, sempre que praticável. Se tal prevenção não for praticável, deve-se reciclar e, não sendo possível fazê-lo a poluição deve ser tratada de uma maneira ambientalmente segura.

O desenvolvimento sustentável não contraria o pilar econômico, mas o sustenta, uma vez que esse não subsiste sem aquele.

Embora o desenvolvimento sustentável abranja aspectos sociais e econômicos, ele tem como fundamento a manutenção da biosfera, uma vez que essa "pode existir sem os humanos, mas os humanos certamente não podem existir sem a biosfera".[18] Por isso, compete ao homem mudar os seus padrões, não o meio ambiente. Gerd Winter doutrinou que os "sacrifícios da natureza, utilizados para o destaque na economia a curto prazo ou para interesses sociais, podem tornar-se destrutivos para a própria economia e sociedade, a longo prazo".[19]

Certamente o desenvolvimento sustentável não é fórmula de fácil apreensão, carecendo de definição precisa, mas, genericamente, ele é definido pela solidariedade intergeracional:[20] o desenvolvimento de uma geração não pode prejudicar o da próxima. Como decidiu o STF ao consagrar a fórmula da solidariedade intergeracional:

18. Gerd Winter, *Desenvolvimento sustentável, OGM e responsabilidade civil na União Europeia*, trad. Carol Manzoli Palma, Campinas, Millennium, 2009, p. 4.

19. Gerd Winter, *Desenvolvimento Sustentável, OGM e Responsabilidade Civil na União Europeia*, cit., p. 5.

20. Paolo Dell'Anno, *Principi del Diritto Ambientale Europeo e Nazionale*, Milão, Giufrrè, 2004, p. 74. No mesmo sentido: TRF da 4ª Região, 3ª S., v.u., AC 2000.70.08.001184-8-PR, rela. Desa. Fed. Maria Lúcia Luz Leiria, j. 8.6.2010, *DE* 24.6.2010: "(...) estabeleceu a definição de 'desenvolvimento sustentável', que seria aquele capaz de suprir as necessidades da geração atual, sem comprometer a capacidade de atender as necessidades das futuras gerações. Nesta tendência, o desenvolvimento ideal é aquele que não promove o esgotamento dos recursos para o futuro".

"O princípio do desenvolvimento sustentável, além de impregnado de caráter eminentemente constitucional, encontra suporte legitimador em compromissos internacionais assumidos pelo Estado brasileiro e representa fator de obtenção do justo equilíbrio entre as exigências da economia e as da ecologia, subordinada, no entanto, a invocação desse postulado, quando ocorrente situação de conflito entre valores constitucionais relevantes, a uma condição inafastável, cuja observância não comprometa nem esvazie o conteúdo essencial de um dos mais significativos direitos fundamentais: o direito à preservação do meio ambiente, que traduz bem de uso comum da generalidade das pessoas, a ser resguardado em favor das presentes e futuras gerações".[21]

O desenvolvimento sustentável nada mais é do que o desdobramento do direito ao meio ambiente ecologicamente equilibrado, como reconhece a Constituição argentina (art. 41), ao prever:

"Todos los habitantes gozan del derecho a un ambiente sano, equilibrado, apto para el desarrollo humano y para que las actividades productivas satisfagan las necesidades presentes sin comprometer las de las generaciones futuras; y tienen el deber de preservarlo".

A Constituição suíça é expressa em prever, sob a rubrica "Desenvolvimento duradouro", que o Estado deve agir para o estabelecimento de uma relação equilibrada e duradoura entre a natureza e sua capacidade de regeneração, de um lado, e sua utilização pelo homem, do outro (art. 73). A Constituição francesa foi recentemente alterada para incluir em seu preâmbulo, que já constava a adesão aos direitos humanos, o respeito aos direitos e deveres constantes da Carta do Meio Ambiente de 2004, que prevê o desenvolvimento sustentável como meta das políticas públicas (art. 6º).

A Carta dos Direitos Fundamentais da União Europeia estabeleceu que "todas as políticas da União devem integrar um elevado nível de proteção do ambiente e a melhoria da sua qualidade, e assegurá-los de acordo com o princípio do desenvolvimento sustentável" (art. 37), o que foi recepcionado pelo Tratado da UE (art. 6º, 1), municiando a decisão do Tribunal de Justiça da União Europeia pela validade da licitação sustentável (cf. C-513/99), como analisado infra.

Quando a nossa Constituição impõe a defesa do meio ambiente ecologicamente equilibrado para a presente e para as futuras gerações, ela acata o princípio do desenvolvimento sustentável, uma vez que também exprime a "exigência de proteção dos recursos ambientais na sua capacidade de regeneração e de sustento dinâmico do equilíbrio ecológico".[22]

O desenvolvimento sustentável é, pois, um dos fundamentos constitucionais da validade da licitação sustentável, ao nortear a interpretação da legislação infraconstitucional e mesmo da constitucional. Tal orientação não exclui o fato de que a proteção ao meio ambiente, incluída no desenvolvimento sustentável, é "parte integrante do processo de desenvolvimento e não poderá considerar-se de forma isolada" (Princípio 4 da Declaração do Rio sobre Meio Ambiente e Desenvolvimento).

21. STF, Pleno, ADI-MC 3.540-DF, rel. Min. Celso de Mello, j. 1.9.2005, *DJU* 3.2.2006, p. 14.

22. Paolo Dell'Anno, *Principi del Diritto Ambientale Europeo e Nazionale*, cit., p. 74 – tradução livre.

4. A licitação sustentável e sua compatibilidade com a isonomia

Não é fácil falar de isonomia, nem mesmo quando o tema é licitação sustentável. Memorável a advertência de Walter Claudius Rothenburg: "Por mais que se desenvolva a especulação teórica a respeito da igualdade, provavelmente, não se conseguirá prever de antemão o resultado de sua aplicação na prática. Uma dimensão importante da igualdade somente saberá ser revelada em concreto em sintonia com as particularidades de cada situação."[23]

Viu-se que existem valores a serem prestigiados no ordenamento brasileiro que sustentam a constitucionalidade da licitação sustentável. Entretanto, faz-se necessário aprofundar um pouco o tema em relação à isonomia porque ela é um dos pilares da licitação, incluindo às sustentáveis, junto com a busca da proposta mais vantajosa para a administração e da promoção do desenvolvimento nacional (Lei 8.666/93, art. 3º).

Apesar de ter sido em boa hora que o legislador alterou o *caput* do artigo 3º da Lei 8.666/93 para preceituar expressamente que a licitação se destina a promoção do desenvolvimento nacional sustentável, além de resguardar a isonomia e a seleção da melhor proposta para a Administração Pública, tal alteração ainda não elimina uma dúvida que existia antes da Lei 12.349/2010, e que persistiu a ela, tendo em vista o status constitucional da discussão.

4.1 Inexistência de violação ao princípio da competitividade: inexistência de cláusula anti-isonômica

Um receio em face da licitação sustentável consiste na violação do art. 3º, § 1º, I, da Lei 8.666/93, ou, em última instância, na violação do princípio da isonomia, uma vez que este princípio se relaciona estreitamente com a competitividade,[24] a ponto de ser um desdobramento deste na licitação.[25]

Ao se especificarem critérios sustentáveis haveria a inserção de cláusulas que restringiriam a competitividade do certame, estabelecendo requisito "impertinente ou irrelevante para o específico objeto do contrato" (Lei 8.666/93, art. 3º, § 1º, I). Quanto mais condicionantes na licitação, como é o caso da licitação sustentável com suas condicionantes ambientais, menor o número de licitantes aptos a participar da disputa.

Antes da alteração promovida pela Lei 12.349/2010 excepcionando da aplicação do § 1º do art. 3º da Lei 8.666/93 o disposto nos "§§ 5º a 12 deste artigo e no art. 3º da Lei n. 8.248, de 23 de outubro de 1991", as condições ambientais poderiam ser impertinentes e irrelevantes, atentando à competitividade, ainda que na redação dada pela MP 495/2010. Ocorre que mesmo antes dessas alterações não existia afronta à competitividade, conforme se verá.

Haveria violação ao princípio da competitividade e, consequentemente, da isonomia porque a inserção de critérios

23. Walter Claudius Rothenburg, "O problema da igualdade real: comentário de algumas decisões do Supremo Tribunal Federal", *Revista Direito GV* 5/107.

24. José dos Santos Carvalho Filho, *Manual do Direito Administrativo*, 16ª ed., Rio de Janeiro, Lumen Juris, 2006, p. 200.

25. Odete Medauar, *Direito Administrativo Moderno*, 2ª ed., São Paulo, Ed. RT, 1998, p. 199.

ambientais nas licitações provocaria a exclusão do certame dos fornecedores que não tivessem os produtos com esses padrões ambientais. Tal entendimento parte do princípio de que o critério ambiental não seria importante a ponto de comprometer, ou poder comprometer, a competitividade da licitação.

A própria Constituição, além da Lei 8.666/93, não tolera a violação à isonomia quando prevê que o processo de licitação pública deve assegurar a igualdade de condições de todos os concorrentes (art. 37, XXI).

Ocorre que a medida estatal somente viola a igualdade quando é desarrazoada, quando é arbitrária.[26] Robert Alexy doutrina que o enunciado da igualdade somente é violado se o tratamento desigual é arbitrário, citando a seguinte decisão do Tribunal Constitucional alemão: "O enunciado da igualdade é violado se não é possível encontrar um fundamento razoável, que decorra da natureza das coisas, ou uma razão objetivamente evidente para a diferenciação ou para o tratamento igual feitos pela lei; em resumo, se a disposição examinada tiver que ser classificada como arbitrária".[27]

Em outras palavras, o princípio que refuta a restrição ao caráter competitivo não é absoluto. Como bem decidiu o TCU, "a invalidade não reside na restrição em si mesma, mas na incompatibilidade dessa restrição com o objeto da licitação. Assim, o que importa saber é se a restrição é desproporcional às necessidades da Administração, ou seja, se ela atende ou não ao interesse público, este considerado sempre indisponível".[28]

A tradução de tal crítica para o contexto da licitação sustentável equivaleria a dizer que a isonomia/competitividade seria ferida porque o critério de discriminação não seria razoável.

Por isso se doutrina que "o que se veda é a adoção de exigência desnecessária ou inadequada, cuja previsão seja orientada não a selecionar a proposta mais vantajosa, mas a beneficiar alguns particulares. Se a restrição for necessária para atender ao interesse coletivo, nenhuma irregularidade existirá em sua previsão".[29] Não por outro motivo a lei veda condições impertinentes e irrelevantes; ao vedar essas condições ela *a contrario senso* admite as condições pertinentes e relevantes.

Entretanto o critério ambiental não é apenas razoável, ele é pertinente e relevante, sendo obrigatório quando aplicável. Isso não significa que ele possa aniquilar a competitividade, que deve ser preservada como regra (IN STLI 01/2010, art. 2º), mas pode ser excepcionalmente superada (derrotabilidade).[30] Em alguns casos

26. Alessandro Pizzorusso, *Lecciones de Derecho Constitucional*, vol. I, trad. Javier Jimenez Campo, Madri, Centro de Estudios Constitucionales, 1984, p. 166.

27. Robert Alexy, *Teoria dos Direitos Fundamentais*, 2ª ed., São Paulo, Malheiros Editores, 2011, pp. 403-404.

28. TCU, Plenário, Ac. 1.890/2010 (Proc. 018.017/2010-0), rel. Min. Valmir Campelo, j. 4.8.2010, *DOU* 11.8.2010.

29. Marçal Justen Filho, *Comentários à Lei de Licitações e Contratos Administrativos*, 13ª ed., São Paulo, Dialética, 2009, p. 80.

30. Sobre a derrotabilidade, cf. Eduardo Fortunato Bim e Marcio Manoel Maidame, "A imunidade parlamentar e a legitimidade passiva na ação popular", *Interesse Público* 55/97-120 (mai./jun. 2009), item 4; Fernando Andreoni Vasconcellos, "A derrotabilidade da norma tributária", *Revista Tributária e de Finanças Públicas* 77/121-149 (nov./dez. 2007). Advirta-se que alguns excessos na derrotabilidade vêm transformando a exceção em regra a tal ponto que a regra virou a exceção.

extremos a sustentabilidade pode levar à inexigibilidade, mas os valores envolvidos devem ser sopesados para que a exceção não se torne a regra, instaurando-se uma ditadura verde a qualquer preço, sacrificando importantes valores envolvidos na constitucional exigência de procedimento licitatório.

A própria Lei de Licitações prevê que o projeto básico leve em conta diversos aspectos que sustentam a inserção de critérios ambientais nas licitações. A Lei 8.666/93 (art. 12) prevê que nos projetos básicos e executivos de obras ou serviços serão considerados os seguintes requisitos: "I – segurança; (...) III – economia na execução, conservação e operação; (...) VI – adoção das normas técnicas, de saúde e de segurança do trabalho adequadas; VII – impacto ambiental". O artigo 6º, IX, da mesma Lei, ao definir projeto básico, diz que ele deve assegurar "adequado tratamento do impacto ambiental do empreendimento".

Embora tal dispositivo não exija, em regra, EIA/RIMA para os projetos básicos ou executivos, ela expressa a preocupação com as normas ambientais, o que pode desaguar na exigência de qualquer estudo exigido pela legislação ambiental.[31] Este estudo, ainda que seja um EIA/RIMA, obviamente é mutável porque a mutabilidade dos estudos ambientais é a regra, mormente na fase do projeto básico, na qual somente existem prospecções das alterações a serem causadas. A própria Resolução CONAMA 01/86 (art. 6º) fala em "projeção das prováveis alterações".

Sabe-se que a leitura da legislação infraconstitucional deve ser feita sob tal óptica, da filtragem constitucional. O dever de proteção do meio ambiente, tanto do Estado, quanto do particular, mostra que *a preocupação da Lei 8.666/93 com o respeito ao meio ambiente não é apenas exigência de esparsos artigos legais, mas integra toda uma política pública de proteção ao meio ambiente.*

Quando se fala em segurança, não é apenas a segurança estrutural da obra a que se refere à legislação, mas a do homem, incluindo o meio no qual ele vive. Se a obra não inspira confiança do ponto de vista ambiental, porque, por exemplo, os materiais não são ambientalmente seguros, embora até recentemente tenham sido largamente utilizados na construção civil, o projeto não deve incluí-los.

Outro critério é a economia na execução, conservação e operação. Essas exigências também abrem espaço para a licitação sustentável. A economia na conservação ou operação da obra ou serviço, por exemplo, pode estar atrelada ao passivo ambiental a ser gerado. Para evitar tal passivo, nada mais correto do que, em uma visão prospectiva, escolher determinados materiais ou técnicas com menor impacto ambiental, não somente na execução da obra ou serviço, mas na sua manutenção e operação.

31. Existe divergência se tal estudo ambiental deveria ser feito antes ou depois da licitação, existindo entendimento de que ele somente seria necessário antes de as obras se iniciarem: "*Ação Civil Pública. Suspensão de liminar. Licitação para concessão de uso de hidrelétrica. Audiência pública e manifestação do IBAMA quanto ao EIA-RIMA.* I – O procedimento licitatório para concessão de uso de hidrelétrica prescinde de audiência pública e manifestação do IBAMA quanto ao Estudo de Impacto Ambiental-EIA e ao Relatório de Impacto do Meio Ambiente-RIMA. O que não se pode permitir é o início das obras sem esses relatórios e audiência. II – Agravo Regimental provido" (TRF da 1ª Região, CE, SS 2002.01.00.017953-1, rel. Des. Carlos Fernando Mathias, j. 15.7.2002, *DJU* 16.12.2002, p. 40).

Sabe-se que o meio ambiente não inclui apenas o meio natural, mas o construído também, como o do trabalho, o cultural e o urbano.[32] Nesse sentido, quando se determina que o projeto básico e o executivo adotem "normas técnicas, de saúde e de segurança do trabalho adequadas" também demonstra que critérios ambientais são bem-vindos nas licitações. Tanto são bem-vindos que também existe a previsão dos projetos contemplarem o *impacto ambiental* da obra ou serviço (Lei 8.666/93, art. 12, inc. VII). Obviamente esse impacto deve ser globalmente considerado. Não apenas na execução da obra, mas na sua manutenção e operação (incluindo ainda eventual desativação/ desmobilização).

A Lei Nacional da Política do Meio Ambiente preceitua que o Poder Executivo deve incentivar as atividades voltadas ao meio ambiente, visando a "iniciativas que propiciem a racionalização do uso de recursos ambientais" (art. 13, III). O incentivo deve ser para os particulares, a medida é cogente quando o próprio Estado puder tomar alguma medida que racionalize o uso dos recursos ambientais, embora ela seja temperada pelo estado da técnica, ausência de custo excessivo etc.[33]

No plano internacional, cuja exigência de isonomia nas licitações é uma constante, destaca-se a jurisprudência do Tribunal de Justiça da União Europeia, com os seus dois *leading cases* admitindo a licitação sustentável (*Concordia Bus Finland* ou C-513/99, de 17.9.2002, e *Wienstrom case* ou C-448/01, de 4.12.2003).

O primeiro precedente (*Concordia Bus Finland* ou *Helsinki Bus case* – C-513/99) tratou de licitação para renovação da frota de ônibus de Helsinki. O vencedor seria aquele que fizesse a oferta mais favorável sob o ponto de vista econômico global, que envolve três critérios: preço global, qualidade dos veículos e a organização do licitante em matéria de qualidade e meio ambiente. A *Concordia Bus Finland Oy Ab* interpôs recurso de anulação contra esses critérios porque a previsão de pontos adicionais, por veículos cuja emissão de óxidos de nitrogênio e ruídos fossem inferiores a determinados limites, não seria equitativa e resultaria discriminatória. Afirmava que atribuíram pontos adicionais pela utilização de um tipo de ônibus que, na realidade, um único licitante (HKL) podia oferecer.

O primeiro julgamento destacou que a deliberação da cidade de Helsinki de dar preferência aos ônibus menos poluidores fazia parte da política ecológica cujo objetivo consiste em reduzir os danos ao meio ambiente decorrentes da circulação dos ônibus. Embora tenha deixado consignado que tal critério ambiental não poderia ser aplicado de maneira não equitativa, não reconheceu a violação da isonomia no caso (§ 29).

Na apelação contra tal decisão, o Tribunal local entendeu que a possibilidade de elencar critérios para a oferta economicamente mais vantajosa somente poderia recair sobre critérios econômicos, não admitindo os ambientais, por exemplo (§ 33). Entretanto, como a questão envolvia disposições de direito comunitário, submeteu a questão ao Tribunal de Justiça da União Europeia (§ 35).

O Tribunal de Justiça da União Europeia decidiu que as disposições de direito comunitário envolvidas – embasadas pelo

32. STF, Pleno, ADI-MC 3.540-DF, rel. Min. Celso de Mello, j. 1.9.2005, *DJU* 3.2.2006, p. 14.

33. Cf. Eduardo Fortunato Bim, "Considerações sobre a juridicidade e os limites da licitação sustentável", *in* Murillo Giordan Santos e Teresa Villac Pinheiro Barki (Coords.), *Licitações e contratações públicas sustentáveis*, Belo Horizonte, Fórum, 2011, pp. 200-245.

Tratado da EU, que estabelece em seu art. 6º que as exigências de proteção ao meio ambiente deverão se integrar na definição e na realização das políticas e ações da União – não excluem a possibilidade de que se usem critérios relativos à conservação do meio ambiente para a apreciação da oferta economicamente mais vantajosa, embora isso não signifique que se possa tem em conta qualquer critério de natureza ambiental (§§ 55 a 58).

Em outras palavras, no caso *Concordia Bus Finland* o Tribunal de Justiça da União Europeia entendeu que a licitação sustentável era válida, mas não autorizaria qualquer medida protetora do meio ambiente, devendo haver razoabilidade para garantir a isonomia.

Impôs as seguintes condições para a validade da licitação sustentável: (i) ligação dos critérios ambientais com o objeto do contrato; (ii) não atribuição de irrestrita liberdade de escolha da entidade contratante, ou seja, os critérios ambientais devem ser específicos e objetivamente aferíveis; (iii) os critérios ambientais devem estar expressos no edital e no contrato; e (iv) respeito a todos os princípios fundamentais do direito comunitário, especialmente, a isonomia (parágrafo 64).

Depois dessas condições, ainda aduziu, separadamente, que a igualdade de tratamento não se opõe à consideração de critérios relacionados à proteção ambiental, pelo mero fato de que a própria empresa de transportes da entidade contratante seja uma das poucas empresas que pode oferecer veículos que cumpram os critérios mencionados (§ 85).

Também expressou categoricamente que "o princípio da igualdade não se opõe a que se levem em consideração critérios relacionados com a proteção do meio ambiente" (§ 86).

Por fim, consignou que as quatro considerações supra, bem como a ausência de violação à isonomia por poucos poderem participar da licitação, não seriam diferentes caso o objeto da licitação estivesse compreendido no âmbito da Diretiva 93/38/CEE (contratação pública nos setores de água, energia, transportes e telecomunicações), com o que estendeu a validade da licitação sustentável para além do *Helsinki Bus case*.

O segundo precedente, caso C-448/01 (*Wienstrom case*), é analisado adiante, por estar mais relacionado à economicidade, embora o C-513/99 também faça considerações sobre a economicidade.

Com a inclusão da promoção do desenvolvimento nacional sustentável como uma das finalidades da licitação (Lei 8.666/93, art. 3º, *caput*), foi posta uma pá de cal na viabilidade da licitação sustentável, bem como a sua compatibilidade em tese com a isonomia.

O § 1º do art. 3º da Lei de Licitações foi alterado pela MP 495/2010 para preceituar que não configuraria condição discriminatória o disposto nos §§ 5º a 12 do mesmo artigo e no art. 3º da Lei 8.248/91. Nada se falava no *caput* do art. 3º sobre promover o desenvolvimento nacional sustentável, o que somente veio a ocorrer com a Lei 12.349/10.

Entretanto, essa cláusula de exceção do § 1º do art. 3º (§§ 5º a 12 do art. 3º da Lei de Licitações e no art. 3º da Lei 8.248/91) não tinha força para impedir a licitação sustentável antes da MP 495/2010 e continuou não tendo após a Lei 12.349/2010. É que essa lei foi categórica em inserir como objetivo da licitação a promoção do desenvolvimento sustentável, o que somente a licitação sustentável viabiliza, mesmo após a inserção da exceção pela MP 495/2010. Reconheceu o legislador nacional o que estava implícito na Lei 8.666/93, que a licitação sustentável não é incompatível com a isonomia, não instituindo cláusulas impertinentes ou irrelevantes.

4.2 A obediência ao julgamento objetivo

A obediência ao julgamento objetivo seria outra forma de prestigiar a isonomia.

O respeito ao julgamento objetivo das propostas foi bem retratado por Eros Grau como sendo "aquele cuja aplicação não permita a consumação de agressão à isonomia".[34] Prossegue o publicista complementando o conceito de julgamento objetivo: "É que o dado ou elemento definido como critério para julgamento das propostas, na licitação, deve ser certo e determinado. Não pode estar sujeito à *alea* ou à deliberação de terceiro; se expresso em um número, a quantidade por ele representada há de ser determinada ou, no mínimo, determinável".[35]

Poder-se-ia dizer que a inserção dos critérios ambientais levaria ao subjetivismo licitatório, violando o princípio do julgamento objetivo. A licitação sustentável não viola o julgamento objetivo das propostas porque os padrões devem estar claros no edital, inclusive os de julgamento, se as exigências ambientais contarem pontos.[36] Não devem ser claros apenas no sentido de descreverem o objeto do contrato, mas também no de claramente balizar a atribuição de pontos.

Por isso o Tribunal de Justiça da União Europeia asseverou que a isonomia dos licitantes, constantemente sustentada pela jurisprudência da corte, implica, em primeiro lugar, que os licitantes estejam em posição de igualdade no momento da formulação das propostas e no de avaliação destas propostas pela autoridade contratante. Mais especificamente, isso significa que os critérios licitatórios devem ser aplicados objetiva e uniformemente a todos os licitantes (C-448/01, §§ 47 e 48). Em segundo lugar, defende que deve haver transparência (§ 49).

De qualquer modo, o julgamento objetivo, com sua objetividade/clareza, uniformidade e transparência, não elimina algum subjetivismo. O julgamento sempre pressupõe algum subjetivismo, sob pena de descaracterizá-lo e ignorá-lo como atividade humana. Celso Antônio Bandeira de Mello é enfático ao dizer que a "objetividade *absoluta* só se pode garantir previamente nos certames decididos unicamente pelo preço. Quando entram em causa qualidade, técnica, rendimento – muitas vezes *indispensáveis para a aferição das propostas* –, nem sempre será possível atingir-se o ideal da objetividade extrema, pois, quando os bens ou serviços são fortemente aparentados nestes atributos, a primazia de um ou de outro depende

34. Eros Roberto Grau, "Critério objetivo para efeito de julgamento das propostas", *RTDP* 25/70.

35. Eros Roberto Grau, "Critério objetivo para efeito de julgamento das propostas", *RTDP* 25/71.

36. Elucidativo exemplo português: "Para a 'Construção de edifícios destinados à educação ou à investigação' foram adoptados como critérios o preço, os consumos energéticos estimados no Verão e no Inverno, e materiais de construção com componentes reciclados de forma a garantir uma relação qualidade-preço suportável pela entidade adjudicante. Para efeitos de ponderação foi atribuída uma pontuação máxima de 60 (em 100) pontos à proposta com o menor preço. Para a experiência na construção definiu-se que seriam atribuídos 20 (em 100) pontos ao concorrente que revelasse os melhores consumos estimados. Quanto aos materiais de construção definiu-se que seriam atribuídos 20 (em 100) pontos à oferta com a maior percentagem de material reciclado" (Ana Catarina Abreu dos Santos Rovisco, *Compras públicas ecológicas – Desenvolvimento de uma metodologia para promover a sua implementação em Portugal*, Dissertação de Mestrado em Engenharia do Ambiente, Perfil Engenharia do Ambiente, Lisboa, 2008, p. 40).

de apreciações irredutíveis a um plano excludente de opiniões pessoais".[37]

5. *A compatibilidade da licitação ambiental com o princípio da economicidade*

Antes de se analisar o princípio da economicidade em si, deve-se levar em conta que nos custos da licitação sustentável devem ser incluídos, por exemplo, aspectos ligados ao custo do ciclo de vida.

Este é um exemplo típico de análise relativa do princípio da economicidade. Ele leva em consideração a amortização anual do custo do produto, o que inclui custos de capital, instalação, operação, manutenção e eliminação, tudo isso sob a perspectiva do tempo de vida útil do produto.

Não adianta o produto custar mais barato na hora de adquiri-lo se ele será mais caro em um segundo momento, na hora de instalá-lo, mantê-lo ou mesmo eliminá-lo. Não se esquecer que a manutenção também é um importante passivo financeiro, e que no seu ciclo de vida o produto pode gerar passivos ambientais nessas operações, o que lhe adicionaria um sobrepreço. Esse sobrepreço normalmente costuma ficar oculto.

Um exemplo não ambiental de sobrepreço é o clássico caso da manutenção ou da reposição de peças. O produto aparenta custar menos do que outros da mesma categoria, mas na primeira revisão, manutenção ou troca de peça percebe-se que ele tinha embutido um preço não calculado. O descarte do produto ou a técnica usada para prestar um serviço ao Estado pode gerar o mesmo problema, mas na seara ambiental.

De qualquer forma, o princípio da economicidade não necessariamente induz à escolha da melhor vantagem econômica, ainda que se analise o custo do ciclo de vida: ele é limitado "pela relevância de outros valores, de conteúdo não econômico, que possam estar em jogo. Nem sempre a Administração se depara apenas com critérios patrimoniais. O critério de seleção da melhor alternativa não é sempre a maior vantagem econômica. Deve-se examinar se a busca pela maior vantagem não colocará em risco outros valores, de hierarquia superior".[38]

No caso C-448/01 (*Wienstrom case*), julgado em 4.12.2003, o Tribunal de Justiça da União Europeia entendeu válida a exigência de que parte da energia a ser fornecida viesse de fonte renovável. Uma das questões decididas é se a Diretiva 93/36 (art. 26) permitiria que a autoridade contratante instituísse critérios que perseguissem vantagens que não podem ser objetivamente atribuídas a valores econômicos diretos, como as vantagens relativas à proteção do meio ambiente.

Foi lembrado que o Tribunal, no caso C-513/99 (§ 55), reconheceu que a legislação da Comunidade Europeia não podia ser interpretada como se cada critério de contratação usado pela autoridade contratante para identificar a proposta economicamente mais vantajosa deva necessariamente ser de natureza puramente econômica (§ 32).

Prosseguiu entendendo que não apenas a autoridade contratante é livre para

37. Celso Antônio Bandeira de Mello, *Curso de Direito Administrativo*, 28ª ed., São Paulo, Malheiros Editores, 2011, p. 542.

38. Marçal Justen Filho, *Comentários à Lei de Licitações e Contratos Administrativos*, 13ª ed., p. 65. No mesmo sentido: Paulo Soares Bugarin, *O Princípio constitucional da economicidade na jurisprudência do Tribunal de Contas da União*, 2ª tir., Belo Horizonte, Fórum, 2004, p. 138.

escolher o critério de adjudicação da licitação, mas também para determinar o peso de tal critério, desde que este permita uma avaliação global a ser feita dos critérios aplicados a fim de identificar a proposta economicamente mais vantajosa (§ 39).

Em suma, no caso C-448/01 (*Wienstrom case*) o Tribunal de Justiça da União Europeia entendeu que seria possível usar critérios ambientais na licitação sustentável, ainda que fosse de método de produção, atribuindo a este critério um peso especial no certame.

Em outras palavras, o princípio da economicidade ou do melhor preço não é suficiente por si só e *prima facie* para barrar exigências ambientais nas licitações, o que está longe de significar que a licitação sustentável possa ter custos exorbitantes ou desarrazoados. Mesmo o princípio BATNEEC (*Best Available Technology Not Entailing Excessive Cost*), do licenciamento ambiental, não admite o pagamento de preços exorbitantes ou de custos excessivos. Na mesma linha preceitua a *Executive Order* 13.101/98, ao afastar os critérios ambientais quando a justificativa escrita disser que o produto somente está disponível por um preço desarrazoado (*unreasonable price*).

5.1 A inexistência de ofensa à proposta mais vantajosa ou ao menor preço

Uma das finalidades da licitação seria cumprida com a licitação sustentável, a da *proposta mais vantajosa*, porque apresenta "as melhores condições de atender a reclamos do interesse coletivo".[39]

A característica de ser vantajosa (Lei 8.666/93, art. 3º, *caput*) significa obter a melhor qualidade possível, bem como o menor preço. Até mesmo o tipo de licitação de menor preço não prescinde de requisitos mínimos de qualidade.[40] Como aduz Lucas Rocha Furtado, é evidente que outros elementos, que não o menor preço, "tais como qualidade, durabilidade, garantia ou aparência do produto ou serviço etc., devem ser considerados ao ser realizada a licitação, ainda que se trate de licitação do tipo menor preço".[41] Entretanto, o critério para se considerar uma proposta vencedora, *desde que atendida as especificações da Administração Pública contida no edital*, é o menor preço.

É a competição que preordena a proposta mais vantajosa à Administração Pública, mas a competição nos termos do edital, que definirá qual proposta interessa à Administração. Em outras palavras, *o melhor preço só existe quando atendido os interesses da Administração, expressos de forma clara no edital.* Não existe melhor preço desvinculado do objeto a ser contratado. É o melhor preço de algo; esse algo deve estar definido no edital.

Se os padrões ambientais interessam ao Estado, eles devem ser inseridos nas licitações e descritos nos editais de maneira clara e precisa, evitando-se o indesejado aumento da subjetividade.

Entre esses aspectos qualitativos está o respeito ao meio ambiente, seja ele o natural, o urbano ou o do trabalho, apenas para exemplificar.

A própria Lei de Licitações (art. 45, § 1º), ao definir os tipos de licitação,

39. Marçal Justen Filho, *Comentários à Lei de Licitações e Contratos Administrativos*, 13ª ed., São Paulo, Dialética, 2009, p. 63.

40. Marçal Justen Filho, *Comentários à Lei de Licitações e Contratos Administrativos*, cit., p. 64.

41. Lucas Rocha Furtado, *Curso de Licitações e Contratos Administrativos*, 2ª ed., Belo Horizonte, Fórum, 2009, pp. 268-269.

preceituou que, no tipo menor preço, será vencedor aquele que "apresentar proposta de acordo com as especificações do edital ou convite" e cumulativamente o menor preço. Ela mesma reconhece que o menor preço não é suficiente, ainda que obviamente necessário. Mesmo no pregão, onde indubitavelmente o menor preço detém a primazia, devem ser observadas as especificações técnicas, os parâmetros mínimos de desempenho e qualidade definidos no edital.

Como bem frisou José Augusto Delgado, nem sempre se dá preferência ao menor preço: "Escolhe-se a proposta mais vantajosa, seleciona-se quem melhores condições oferece, *nem sempre se dando preferência ao melhor preço*, pois, outros fatores como o de melhor técnica, maior potencialidade de idoneidade financeira, podem preponderar".[42]

A obediência ao edital ou convite, que traduz o interesse público perseguido pelo Estado, é fundamental. Consumir com responsabilidade ambiental, ou seja, levando em conta os impactos ambientais, atende ao interesse público primário.

6. Conclusão

O caminho faz-se ao andar. A inserção de critérios ambientais nas compras governamentais está apenas começando, não estando ainda absolutamente claros os caminhos que a licitação sustentável tomará, mesmo com diversos diplomas legais prevendo-a de forma mais ou menos ampla (IN SLTI/MPOG 02/2008, arts. 15, I, "e", e 42, III; Portaria MMA 61/2008; IN SLTI/MPOG 01/2010; Leis 12.187/2009, art. 6º, XII, 12.305/2010, art. 7º, XI, e 8.666/93, art. 3º, *caput*).

Indubitavelmente a licitação sustentável tem o mérito de incentivar o desenvolvimento de tecnologias ecológicas e de aumentar os debates em torno do tema. Mas nada é melhor que o uso. Por mais que se teorize sobre a licitação sustentável, ela somente se aperfeiçoará, incorporando-se à prática estatal, quando começar a ser implementada e contestada/debatida. A IN SLTI 01/2010 e as práticas já adotadas por alguns Estados e Municípios certamente ajudarão a delinear a fisionomia da licitação sustentável, assim como a participação dos setores interessados em fornecer os bens e serviços ao Estado. A dialética, mormente técnica, trazida pelos que vendem produtos que poderiam ser usados se não fosse os parâmetros ambientais escolhidos pela Administração, moldarão a busca dos melhores padrões ambientais que não impliquem custos excessivos.

A licitação sustentável não é incompatível com a isonomia, não merecendo repúdio por inserir critérios ambientais nas compras ou vendas governamentais. Entretanto, as exigências ambientais não devem ser caprichosas ou desarrazoadas para que mantenham a compatibilidade com a isonomia. Elas têm que ser motivadas; os critérios específicos escolhidos para diminuir o impacto sobre o meio ambiente devem ser justificados. Essa justificação é que vai garantir no caso concreto que a igualdade seja respeitada porque revelará a sintonia das exigências com o dever de proteger o meio ambiente e demais valores envolvidos na exigência de licitação.

Também não há que se falar em incompatibilidade da licitação sustentável com o princípio da economicidade. Primeiro, porque não raramente as análises do menor preço, a principal tradução da

42. José Augusto Delgado, "Do conceito de licitação ao seu objeto", *BDJur*, Brasília, DF, disponível em: *http://bdjur.stj.gov.br/dspace/handle/2011/9542*, acesso em 19.6.2007.

economicidade na licitação, desconsideram o custo do ciclo de vida do bem ou serviço a ser adquirido – esse problema estrutural na análise do menor preço impede a sua real mensuração. Em segundo lugar, o princípio da economicidade não necessariamente induz à escolha da melhor vantagem econômica, ainda que se analise o custo do ciclo de vida. Ele é limitado por outros valores que podem estar em jogo, como a proteção ao meio ambiente. Por isso, o Tribunal de Justiça da União Europeia, nos casos *Wienstrom case* (C-448/01) e *Concordia Bus Finland* (C-513/99), reconheceu que a legislação da Comunidade Europeia não podia ser interpretada como se cada critério de contratação usado pela autoridade contratante para identificar a proposta economicamente mais vantajosa deva necessariamente ser de natureza puramente econômica (respectivamente §§ 32 e 55), admitindo a consideração de critérios ambientais.

A proposta mais vantajosa para a Administração Pública deve ser vista como aquela na qual se acha um preço razoável, ainda que não o menor, justificado pela proteção ao meio ambiente de acordo com o critério contido e expresso de maneira clara no edital.

Entretanto, a ausência de violação à economicidade está longe de significar que a licitação sustentável possa ter custos exorbitantes ou desarrazoados, o que é reconhecido no direito comparado (*Executive Order* 13.101/98) e em outros temas do direito ambiental, como no princípio BATNEEC (*Best Available Technology Not Entailing Excessive Cost*).

OS EFEITOS DAS SANÇÕES DA LEI DE PREGÃO EM FACE DOS QUE CONTRATAM COM O PODER PÚBLICO SOBRE AS SANÇÕES PREVIAMENTE EXISTENTES NA LEI 8.666/93

FÁBIO MAURO DE MEDEIROS

Doutorando em Direito Administrativo pela PUC/SP.
Mestre em Direito Administrativo pela PUC/SP.
Prof. de Direito Administrativo e Tributário da Universidade Paulista-UNIP.
Procurador da Fazenda Nacional.
Diretor Regional do Centro de Altos Estudos da Procuradoria-Geral da Fazenda Nacional

Em período recente, em contrato resultante de pregão, houve a proposta de aplicação do art. 7º da Lei 10.520/2002 a uma empresa. Duas dúvidas surgiram: 1) em todas as contratações públicas resultantes de licitações na modalidade pregão, usa-se, exclusivamente, o art. 7º da Lei de Pregão? Quem tem competência legal para aplicar tal sanção?

Para enfrentar a questão há necessidade de apreciação dos dispositivos legais administrativos acerca das sanções aplicáveis a contratados em nosso ordenamento, iniciando-se pela Lei 8.666/93:

"Art. 87. *Pela inexecução total ou parcial do contrato a Administração* poderá, garantida a prévia defesa, aplicar ao contratado as seguintes sanções:

"I – advertência;

"II – multa, na forma prevista no instrumento convocatório ou no contrato;

"III – suspensão temporária de participação em licitação e impedimento de contratar com a Administração, por prazo não superior a 2 (dois) anos;

"IV – declaração de inidoneidade para licitar ou contratar com a Administração Pública enquanto perdurarem os motivos determinantes da punição ou até que seja promovida a reabilitação perante a própria autoridade que aplicou a penalidade, que será concedida sempre que o contratado ressarcir a Administração pelos prejuízos resultantes e após decorrido o prazo da sanção aplicada com base no inciso anterior.

"§ 1º. Se a multa aplicada for superior ao valor da garantia prestada, além da perda desta, responderá o contratado pela sua diferença, que será descontada dos pagamentos eventualmente devidos pela Administração ou cobrada judicialmente.

"§ 2º. As sanções previstas nos incisos I, III e IV deste artigo poderão ser aplicadas juntamente com a do inciso II, facultada a defesa prévia do interessado, no respectivo processo, no prazo de 5 (cinco) dias úteis.

"§ 3º. A sanção estabelecida no inciso IV deste artigo é de competência exclusiva do Ministro de Estado, do Secretário Estadual ou Municipal, conforme o caso, facultada a defesa do interessado no respectivo processo, no prazo de 10 (dez) dias da abertura de vista, podendo a reabilitação ser requerida após 2 (dois) anos de sua aplicação."

Segue o dispositivo da Lei do Pregão (Lei 10.520/2002):

"Art. 7º. Quem, convocado dentro do prazo de validade da sua proposta, não celebrar o contrato, deixar de entregar ou apresentar documentação falsa exigida para o certame, ensejar o retardamento da execução de seu objeto, não mantiver a proposta, falhar ou fraudar na execução do contrato, comportar-se de modo inidôneo ou cometer fraude fiscal, ficará impedido de licitar e contratar com a União, Estados, Distrito Federal ou Municípios e, será descredenciado no SICAF, ou nos sistemas de cadastramento de fornecedores a que se refere o inciso XIV do art. 4º desta Lei, pelo prazo de até 5 (cinco) anos, sem prejuízo das multas previstas em edital e no contrato e das demais cominações legais".

A primeira análise feita pelo proponente da sanção foi: nos pregões e contratos resultantes, não se aplicam as regras sancionatórias da Lei 8.666/93 (art. 87), mas só o art. 7º da Lei 10.520/2002; além disso, por sua gravidade, a sanção se assemelha à declaração de inidoneidade, logo, competente seria o Ministro de Estado, ou os Secretários Estaduais e Municipais.

Numa rápida apreciação, as conclusões parecem razoáveis. O critério de análise seria a especialidade da lei de pregão em relação à aparente Lei Geral de Licitação e Contratos (Lei 8.666/93). Dando-se a competência ao ministro ou secretário de Estado, teoricamente, dão-se também maiores garantias aos particulares. Mas tal análise pode gerar distorções: a aplicação da penalidade máxima a toda e qualquer infração, independentemente da gravidade da infração; e a apreciação pela autoridade máxima de cada Pasta Ministerial por cada atraso de entrega de bens comuns (lápis, papel, material de limpeza etc.).

Começou-se, então, a verificar a necessidade de aprimorar o entendimento a fim de não gerar processos desnecessários e não impor ao particular penalidades administrativas irrazoáveis e desproporcionais.

1. Diálogo das fontes, proporcionalidade de sanções e restabelecimento da coerência do sistema pela aplicação simultânea das leis

A apreciação do caso enseja a atualização da concepção de Estado e a apreciação deste ente público como um Estado complexo. O Estado complexo exige formas de interpretação à luz das finalidades das normas em questão. Abre-se, então, a perspectiva do uso da teoria difundida por Erik Jayme, mestre de Heidelberg, cujo pensamento é amplamente divulgado no Brasil por Claudia Lima Marques:

"Em seu curso geral de Haia, de 1995, o mestre de Heidelger, Erik Jayme, ensinava que, diante do atual 'pluralismo pós-moderno' de um direito com fontes legislativas plúrimas, ressurge a necessidade de coordenação entre as leis no mesmo ordenamento, como *exigência para um sistema ju-*

rídico eficiente e justo. Efetivamente, cada vez mais se legisla, nacional ou internacionalmente, sobre temas convergentes. *A pluralidade de leis é o primeiro desafio do aplicador contemporâneo*. A expressão usada comumente era a de 'conflito de leis no tempo', a significar que haveria uma 'colisão' ou conflito entre os campos de aplicação destas leis. Assim, por exemplo, uma lei anterior, como o Código de Defesa do Consumidor de 1990, e uma lei posterior, como o novo Código Civil brasileiro de 2002, estariam em 'conflito', daí a necessária 'solução' do 'conflito' através da prevalência de uma lei sobre a outra e a consequente exclusão da outra do sistema (ab-rogação, derrogação, revogação).

"*Em outras palavras, nesta visão 'perfeita' ou 'moderna', teríamos a 'tese' (lei antiga), a 'antítese' (lei nova) e a consequente 'síntese' (a revogação), a trazer clareza e certeza ao sistema (jurídico). Os critérios para resolver os conflitos de leis no tempo seriam assim apenas três – anterioridade, especialidade e hierarquia –*, a priorizar-se, segundo Bobbio, a hierarquia. *A doutrina atualizada, porém, está à procura hoje mais da harmonia e da coordenação entre as normas do ordenamento jurídico (concebido como sistema) do que da exclusão*. É a denominada 'coerência derivada ou restaurada' (*cohérence dérivée ou restaurée*), que, em um momento posterior à decodificação, à tópica e à micro-recodificação, *procura uma eficiência não só hierárquica, mas funcional do sistema plural e complexo de nosso direito contemporâneo, a evitar a 'antinomia', a 'incompatibilidade' ou a 'não-coerência'*.

"(...)

"Erik Jayme alerta-nos para os tempos pós-modernos, onde a pluralidade, a complexidade, a distinção impositiva dos direitos humanos e do *droit à la différence* (direito a ser diferente e a ser tratado diferentemente, sem necessidade mais de ser 'igual' aos outros) não mais permitem este tipo de clareza ou de 'mono-solução'. *A solução sistemática pós-moderna deve ser fluida, mais flexível, a permitir maior mobilidade e fineza de distinções. Nestes tempos, a superação de paradigmas é substituída pela convivência dos paradigmas, a revogação expressa pela incerteza da revogação tácita indireta através da incorporação (v. art. 2.043 do CC/2002), e há por fim a convivência de leis com campos de aplicação diferentes, campos por vezes convergentes e, em geral, diferentes, em um mesmo sistema jurídico, que parece ser agora um sistema (para sempre) plural, fluido, mutável e complexo*. Não deixa de ser um paradoxo que o 'sistema', o todo construído, seja agora plural...

"O grande mestre de Heidelberg *propõe então a convivência de uma segunda solução ao lado da tradicional: a cooperação das fontes. Propõe uma coordenação flexível e útil (*effet utile*) das normas em conflito no sistema, a fim de se restabelecer sua coerência, isto é, uma mudança de paradigma: da retirada simples (revogação) de uma das normas em conflito do sistema jurídico (ou do 'monólogo' de uma só norma possível a 'comunicar' a solução justa) à convivência destas normas, ao diálogo das normas para alcançar a* ratio, *à finalidade 'narrada' ou 'comunicada' em ambas*.

"Na belíssima expressão de Erik Jayme, é o atual e necessário *'diálogo das fontes' (dialogue des sources), a permitir a aplicação simultânea, coerente e coordenada das plúrimas fontes legislativas convergentes. 'Diálogo' porque há influências recíprocas, 'diálogo' porque há aplicação conjunta das duas normas ao mesmo tempo e ao mesmo caso, seja complementarmente, seja subsidiariamente*, seja permitindo a opção voluntária das partes sobre a fonte prevalente (especialmente em matéria de convenções internacionais e leis-modelo), ou mesmo permitindo uma opção por uma das leis em conflito abstrato. Uma solução flexível e aberta, de interpretação, ou mesmo a solução mais favorável ao mais fraco da relação (tratamento diferente dos diferentes).

"(...)

"Repita-se, pois, que, se o espírito do diálogo das fontes aqui destacado prevalecer, é necessário superar a visão antiga dos conflitos e dar efeito útil às leis novas e antigas! *Mister é preservar a* ratio *de ambas as leis* e dar preferência ao tratamento diferenciado dos diferentes concretizado nas leis especiais, como no CDC, e assim respeitar a hierarquia dos valores constitucionais, sobretudo coordenando e adaptando o sistema para uma convivência coerente!" (destaques nossos).[1]

O método acima foi exposto para a resolução de problema no ambiente do direito privado, no entanto, seu contexto é amplamente aplicável ao setor público do direito e potencializa a construção de respostas que não são possíveis nos chamados métodos tradicionais. Logo, seria possível a aplicação do diálogo das fontes no aparente conflito entre a Lei 10.520/2002 e a Lei 8.666/93 com as ponderações que serão desenvolvidas, sempre à luz dos princípios do direito administrativo e da Constituição Federal.

Embora se trabalhe com a "teoria do diálogo das fontes", nada mais faz o mestre germânico que ler duas normas que tratam de um mesmo tema, encontrar sua *ratio* ou princípio geral do direito que o informa, e recodificar as normas à luz de sua finalidade. O "diálogo das fontes" é tão somente a prevalência da combinação das interpretações sistemáticas e teleológicas à luz do caso concreto, em detrimento da interpretação literal e do uso das máximas jurídicas entre conflitos de normas.

Também é possível chegar a este resultado empregando-se outras regras de interpretação: "uma lei pode restringir ou ampliar um determinado assunto, já disciplinado anteriormente, sem que a preexistente seja revogada tacitamente, daí se não presumir a revogação, e, na dúvida, se julga uma lei compatível com a outra".[2]

Cumpre dizer que este método já foi utilizado para ressistematizar as normas da Lei de Execução Fiscal às alterações recentes do Código de Processo Civil, resultando em um novo procedimento reformulado em virtude do novo tratamento legislativo dado à execução, inclusive execução fiscal. Ressalta-se que muitos pontos da nova leitura contam com a concordância do Superior Tribunal de Justiça.

A combinação da Lei 10.520/2002 com as normas sancionatórias da Lei 8.666/93 é sustentável no nosso ordenamento jurídico e viabiliza a recodificação de ambos os regramentos legais simultaneamente, reconstruindo a coerência do sistema e permitindo a sua aplicação, sem vícios, ao caso concreto.

Inicia-se a adaptação da interpretação pela negação da relação norma geral/norma especial e pela negação da relação hierárquica entre as Leis 8.666/93 e 10.520/2002. Isto se depreende da própria Constituição:

"Art. 22. Compete privativamente à União legislar sobre:

"(...)

"XXVII – *normas gerais de licitação* e contratação, *em todas as modalidades*, para as administrações públicas diretas, autárquicas e fun-

1. Claudia Lima Marques, *Comentários ao Código de Defesa do Consumidor*, 2ª ed., São Paulo, Ed. Revista dos Tribunais, 2006, pp. 26-58.

2. Oswaldo Aranha Bandeira de Mello, *Princípios Gerais do Direito Administrativo*, vol. I, 3ª ed., 2ª tir., Malheiros Editores, 2010, p. 305.

dacionais da União, Estados, Distrito Federal e Municípios, obedecido o disposto no art. 37, XXI, e para as empresas públicas e sociedades de economia mista, nos termos do art. 173, § 1º, III; (...)".

Logo, quando a Lei 10.520/2002 cria uma nova modalidade de licitação não cria norma especial, mas uma norma geral que disciplina uma nova modalidade licitatória que apenas não foi inserida no corpo da Lei 8.666/93. Não há relação de norma geral e especial; ambas as normas são gerais por sua finalidade, objeto e função constitucional. Ora, a nova modalidade não rompe com a sistemática da lei anterior, mas a complementa. Se isto pode ser dito da modalidade licitatória, que é o escopo principal da lei, pode ser aplicado às disposições sancionatórias, que têm o condão de dar efetividade aos comandos legais no âmbito das licitações e dos contratos.

Em desfavor da aplicação isolada da Lei 10.520/2002, na ideia tradicional de aplicá-la como norma especial, estaria o nítido desbalanceamento de sanções quanto à gravidade do comportamento, ou melhor, romper-se-iam os princípios da razoabilidade e proporcionalidade. Aplicar uma mesma sanção ao mero atraso na execução do objeto, que na Lei de pregão seria o fornecimento de produtos ou serviços comuns, com a fraude fiscal, que também é crime, seria uma nítida injustiça e ausência de critério de punição. A interpretação literal faria com que todas as faltas fossem punidas com o impedimento de licitar e contratar com a União, ferindo o princípio da proporcionalidade. Assim, demonstra-se não se tratar apenas de "injustiça", mas de ilegalidade.

Entre os juristas notórios, destacam-se as duas seguintes lições doutrinárias acerca da razoabilidade e, principalmente, da proporcionalidade:

"Com efeito, o fato de *a lei* conferir ao administrador certa liberdade (margem de discrição) significa que lhe *deferiu o encargo de adotar, ante a diversidade de situações a serem enfrentadas, a providência mais adequada a cada qual delas*. Não significa, como é evidente, que lhe seja outorgado o poder de agir ao sabor exclusivo de seu líbito, de seus humores, paixões pessoais, excentricidades ou critérios personalíssimos, e muito menos significa que liberou a Administração para manipular a regra de Direito de maneira a sacar dela efeitos não pretendidos e nem assumidos pela lei aplicanda. Em outras palavras: *ninguém poderia aceitar como critério exegético de uma lei que esta sufrague as providências insensatas que o administrador queira tomar; é dizer, que avalize previamente condutas desarrazoadas*, pois isto corresponderia a irrogar dislates à própria regra de Direito.

"Deveras: se *com outorga de discrição administrativa pretende-se evitar a prévia adoção em lei de uma solução rígida, única* – e por isso incapaz de servir adequadamente para satisfazer, em todos os casos, o interesse público estabelecido na regra aplicanda –, é *porque através dela visa-se à obtenção da medida ideal, ou seja, da medida que, em cada situação, atenda de modo perfeito a finalidade da lei*.

"*É óbvio que uma providência administrativa desarrazoada, incapaz de passar com sucesso pelo crivo da razoabilidade, não pode estar conforme à finalidade da lei*.

"(...)

"Parece-nos que o princípio da proporcionalidade não é senão faceta do princípio da razoabilidade. (...) Posto que se trata de um aspecto específico do princípio da razoabilidade, compreende-se que sua matriz constitucional seja a mesma. Isto é, assiste nos próprios dispositivos que consagram a submissão da Administração ao cânone da legalidade. *O conteúdo substancial desta, como visto, não pre-*

dica a mera coincidência da conduta administrativa com a letra da lei, mas reclama adesão ao espírito dela, à finalidade que a anima. Assim, o respaldo do princípio da proporcionalidade não é outro senão o art. 37 da Lei Magna, conjuntamente com o art. 5º, II, e 84, IV" (destaques nossos).[3]

Destaca-se, ainda, a seguinte lição:

"Ainda quando se insista acerca da legalidade e da ausência de discricionariedade, é pacífico que o sancionamento ao infrator deve ser compatível com a gravidade e a reprovabilidade da infração. *São inconstitucionais os preceitos normativos que imponham sanções excessivamente graves, tal como é dever do aplicador dimensionar a extensão e a intensidade da sanção aos pressupostos de antijuridicidade apurados.* O tema traz a lume o princípio da proporcionalidade.

"Aliás, a incidência do princípio da proporcionalidade no âmbito do processo administrativo foi objeto de explícita consagração por parte do art. 2º, parágrafo único, inc. VI, da Lei n. 9.784, *que exigiu 'adequação entre os meios e fins, vedada a imposição de obrigações, restrições e sanções em medida superior àquelas estritamente necessárias ao atendimento do interesse público'.*

"(...).

"Então, o instrumento jurídico fundamental para a elaboração de uma teoria quanto às sanções atinentes à contratação administrativa reside na proporcionalidade. Isso significa que, tendo a Lei previsto um elenco de quatro sanções, dotadas de diverso grau de severidade, impõe-se adequar as sanções mais graves às condutas mais reprováveis. A reprovabilidade da conduta traduzir-se-á na aplicação da sanção proporcionada e correspondente" (destaques nossos).[4]

Ainda acerca da proporcionalidade, podem-se conferir outras lições de tese sobre sanções:

"O *princípio da proporcionalidade em sentido estrito* veda a utilização excessiva ou desproporcional da competência outorgada ao agente estatal. Uma vez definida a medida adequada e necessária ao atendimento do fim desejado, deve, ainda, *o Estado praticá-la na exata proporção exigida pela situação.* Em outras palavras, o meio empregado deve ser proporcional ao fim desejado. Há aqui, também, um limite quantitativo ao exercício do poder estatal: *a competência deve ser exercida na 'justa medida' para atingir o objetivo a ela relacionado.* Trata-se de identificar a 'quantità di potere esercitabile nella dinamica degli interessi', na lição de Aldo Sandulli.

"Enfim, o princípio da proibição do excesso ou da proporcionalidade exige que o ato estatal seja adequado ao alcance do fim pretendido e cause o menor gravame possível aos particulares. Reza, ainda, o princípio que o ato adequado e necessário seja praticado na medida exata para o alcance do seu fim. (...).

"As sanções administrativas são um mal imposto pela Administração Pública aos indivíduos que praticam infração administrativa. (...) Para que seja válida, a sanção deve ser adequada, necessária e proporcional. (...) É preciso que a competência punitiva seja exercida na 'justa medida', utilizando-se novamente a expressão de Gomes Canotilho. *A intensidade da sanção administrativa deve corresponder à gravidade da conduta ilícita praticada pelo infrator: quanto mais*

3. Celso Antônio Bandeira de Mello, *Curso de Direito Administrativo*, 28ª ed., São Paulo, Malheiros Editores, 2011, pp. 108 a 112.

4. Marçal Justen Filho, *Comentários à Lei de Licitações e Contratos Administrativos*, 13ª ed., São Paulo, Dialética, 2009, p. 849.

grave a conduta, mais intensa deve ser a sanção. (...)

"Para definir a 'justa medida' da sanção administrativa é preciso sopesar as circunstâncias fáticas de cada infração. *É arbitrária a sanção aplicada sem consideração às peculiaridades do caso concreto, essenciais à definição da intensidade da medida sancionadora a ser aplicada e, de consequência, à observância do princípio da proporcionalidade.* (...)

"Em casos tais, o exercício da competência discricionária deve atentar para a gravidade da conduta praticada e suas particularidades. (...)

"Serve *também o princípio da proporcionalidade em sentido estrito para evitar que o legislador crie sanções administrativas excessivamente graves. Tendo força constitucional, o princípio da proporcionalidade impõe limites à criação legislativa de sanções administrativas*.

"Ora, a finalidade da sanção administrativa é a prevenção de ocorrência de novas infrações administrativas. Como já relatado, a punição em que consiste a sanção administrativa tem finalidade preventiva: de futuras infrações. A finalidade preventiva tem em mira a pessoa do infrator (prevenção especial) e os demais membros da sociedade (prevenção geral): o infrator não mais praticará o ilícito por receio de receber nova sanção, além de servir de exemplo para os demais potenciais infratores"[5] (destaques nossos).

Depreende-se, então, que no Estado de Direito, é vedado o excesso de punição, por ser indício de arbítrio da autoridade, sendo que, para ser válida, a sanção, necessariamente, será graduada conforme a gravidade dos danos e das circunstâncias do caso. Se isto é aplicável ao administrador pela teleologia da Constituição, justamente por emanar da Carta Magna também atinge o próprio legislador que não poderá criar sanções demasiadamente graves a toda e qualquer infração. A forma de correção deste vício, até tempos recentes, seria apenas a declaração da inconstitucionalidade da lei. No entanto, visando à efetividade da concretização das normas constitucionais, pode o Poder Judiciário repudiar apenas a aplicação abusiva da norma utilizando-se da declaração de inconstitucionalidade sem redução de texto (declarando a inconstitucionalidade de uma certa interpretação que contrarie o espírito do constituinte) ou a interpretação conforme à constituição (declara constitucional apenas a interpretação que se coadune melhor ao ambiente do Estado Social de Direito). Se isto é tecnicamente possível pelos tribunais, por que esperar a declaração, nos casos em que a Administração pode prevê-la? Basta a recodificação da lei para dar-lhe a interpretação conforme à Constituição. E é isto o que o diálogo das fontes permite em relação ao art. 7º da Lei de Pregão.

Rapidamente pode passar pela mente do leitor o questionamento: se o administrador, a Administração ou o Poder Executivo, tem competência para aplicar a interpretação conforme à Constituição, visto que sua previsão está na Lei que disciplina o processo no Supremo Tribunal Federal?[6] Responde-se com outra

5. Rafael Munhoz de Mello, *Princípios Constitucionais de Direito Sancionador – As sanções administrativas à Luz da Constituição Federal de 1988*, São Paulo, Malheiros Editores, 2007, pp. 170 e 177.

6. Lei 9.868/99, art. 28, parágrafo único: "A declaração de constitucionalidade ou de inconstitucionalidade, inclusive a interpretação conforme a Constituição e a declaração parcial de inconstitucionalidade sem redução de texto, têm eficácia contra todos e efeito vinculante em relação aos órgãos do Poder Judiciário e à Administração Pública federal, estadual e municipal".

pergunta: pode a Administração aplicar a lei que sabe irrazoável e desproporcional tendo opção de compatibilizá-la com a Constituição?

Fora do elemento meramente argumentativo, analisa-se, brevemente, o que a doutrina entende ser interpretação conforme à Constituição e seu caráter de mera interpretação:

"Afirma-se que, enquanto a interpretação conforme à Constituição traduziria a pronúncia de inconstitucionalidade de uma ou algumas possibilidades de interpretação, a declaração de inconstitucionalidade sem redução de texto limitaria as hipóteses de aplicação de texto, sem afetar, estruturalmente, a sua interpretação literal. (...)

"*A interpretação conforme a Constituição*, praticada pelos juízes e tribunais, *configura simples interpretação* (*blosse Auslegung*)"[7] (destaques nossos).

Ainda sob o tema:

"Pode ocorrer, entretanto, de existirem interpretações distintas com relação à mesma norma, e a interpretação conforme à Constituição significa a escolha de um sentido normativo que se concilie com a Lei Maior, rechaçando as demais hipóteses interpretativas que pelejam com a Constituição. (...)

"Diante do princípio de que as leis carregam a presunção de constitucionalidade, e que a declaração de inconstitucionalidade das mesmas só deve ser emitida quando o vício extremo e insanável se apresente com toda a evidência, *o método da interpretação conforme à Constituição atende ao objetivo de manutenção ou conservação das normas do ordenamento jurídico, pois o texto legal é preservado, fixando-se, não obstante, dentre as interpretações possíveis, a que é compatível com a Constituição, eliminando-se as alternativas interpretativas que antagonizam o Texto Magno*"[8] (destaques nossos).

Ora, se todos os entes públicos devem cumprir a Constituição[9] e o Chefe do Poder Executivo pode perder o mandato se realizar ato atentatório à Carta Maior,[10] não faria sentido a Administração dar interpretação nitidamente contrária ao espírito da Constituição para que o Poder Judiciário viesse a se manifestar futuramente sobre a inconstitucionalidade da lei ou de sua aplicação. Cabe sim ao Poder Executivo dar a interpretação dos imperativos legais mais aproximada ao cumprimento dos fins do Estado Social de Direito na sua atividade regular.

Voltando ao caso das leis, ao mesmo tempo, tanto a Lei 8.666/93 como a Lei 10.520/2002, nas punições mais sérias (suspensão e declaração de inidoneidade), têm um único propósito que é sancionar aquele que, violando a oportunidade dada por um dos maiores consumidores do mercado (o Estado), rompe com a responsabilidade e compromete a continuidade do serviço público ao inadimplir o contrato administrativo. Portanto, a sanção tem caráter preventivo ao desestimular a inadimplência total ou parcial do contrato e também de evitar que a mesma empresa

7. Gilmar Ferreira Mendes, *Controle de Constitucionalidade – Aspectos Jurídicos e Políticos*, São Paulo, Saraiva, 1990, pp. 286 e 287.

8. Zeno Veloso, *Controle Jurisdicional de Constitucionalidade*, 2ª ed., Belo Horizonte, Del Rey, 2000, p. 169.

9. Art. 23 da Constituição Federal: "É competência comum da União, dos Estados, do Distrito Federal e dos Municípios: I – zelar pela guarda da Constituição, das leis e das instituições democráticas e conservar o patrimônio público; (...)".

10. "Art. 85. São crimes de responsabilidade os *atos do Presidente da República que atentem contra a Constituição Federal* e, especialmente, contra (...)."

causadora de comprometimento da regularidade funcional da Administração venha a ameaçar, com seu comportamento doloso ou desidioso, o funcionamento de outro órgão da Administração, comprometendo sucessiva ou simultaneamente vários órgãos públicos (acepção ampla e não técnica do termo).

Assim, a Administração pode recodificar o art. 7º da Lei 10.520/2002 e usá-lo para o preenchimento de incertezas da Lei 8.666/93. É o que se passa a explorar a partir de agora.

2. Ressistematização das normas sancionatórias da Lei 8.666/93 e da Lei 10.520/2002

Como já dizia Oswaldo Aranha Bandeira de Mello, a inovação legislativa inicial força o jurista a refundir "as instituições jurídicas, impostas pelo desenvolvimento da vida social e do progresso".[11] Necessário, então, o esforço de refusão dos institutos diante da novidade legislativa.

Percebe-se como técnica de redação do teor do art. 7º da Lei 10.520/2002 que, de seu início ao término, há uma ampliação da gravidade dos comportamentos administrativamente puníveis. Logo, se, aparentemente, há uma única punição extraída da literalidade de seu texto, o raciocínio empregado na redação foi de crescimento da gravidade. Tal fato é um indício que pode ser explorado para a recombinação de normas.

Como dito acima, no esforço que cabe ao operador de presumir a constitucionalidade das leis e interpretação conforme à Constituição, propõe-se a seguinte leitura sistemática das sanções, com o foco na integração de normas.

2.1 Advertência

Segundo os defensores do critério da especialidade, não se aplicariam advertências nas licitações promovidas na modalidade pregão e nem nos contratos dela resultante. Isto, no entanto, não pode prosperar. Seria irrazoável aplicar-se ao pregão a ausência de sanção (entendimento de não punição em ausência de previsão expressa na modalidade) ou unicamente a aplicação da penalidade mais séria, que seria o impedimento de licitar e contratar com a Administração. Ou melhor, a ausência da sanção mais leve não pode impor necessariamente uma das mais sérias de todas. Ainda que desejada pelo legislador, a aplicação somente de penas draconianas seria desproporcional ou arbitrária e, em consequência, ofenderia o próprio Estado de Direito.

Advertência é a admoestação por escrito. Tem ela, como principal consequência, a demonstração pelo ente público de sua insatisfação perante o comportamento do contratado. É utilizada para faltas simples e que não causam danos ou simplesmente postergam a execução do objeto. Não haveria qualquer argumento lógico para que um serviço licitado por pregão não tivesse previsão de advertência.

Nesta parte, o diálogo das fontes funciona para a aplicação coordenada das duas normas – Lei 10.520/2002 e Lei 8.666/93, sendo proporcional e razoável manter a advertência nos contratos resultantes de pregão para faltas leves.

2.2 Multa

Já a multa é sanção pecuniária disciplinada na lei, em linhas gerais, e espe-

11. Oswaldo Aranha Bandeira de Mello, *Princípios Gerais de Direito Administrativo*, vol I, cit., p. 328.

cialmente desenvolvida no texto do edital e do contrato. Aplicam-se as mesmas ponderações da advertência a este tipo de penalidade. Se não houver um tipo de sanção mais amena, como a multa, diante de um caso concreto em que haja algum prejuízo para a Administração, o administrador iria, então, ter que impor a séria medida de suspensão de licitar, ainda que por prazo curto. Nesta parte, o diálogo das fontes também funciona para a aplicação coordenada das duas normas – Lei 10.520/2002 e Lei 8.666/93, admitindo a multa como sanção viável em contrato resultante de pregão.

Além da racionalidade recomendar o uso da multa em contratos decorrentes de pregão, a parte final do art. 7º da Lei 10.520/2002 traz a seguinte previsão: "sem prejuízo das multas previstas em edital e no contrato e das demais cominações legais". Ora, a remissão à multa no final do artigo, na prática, confirma a intenção da legislação de aplicação conjunta de leis e torna inequívoca a existência de multa em pregão e nos contratos decorrentes. Na atualidade, as "demais cominações legais", são os dispositivos atinentes ao contratado inadimplente da Lei 8.666/93. Destarte, deduz-se da própria Lei do Pregão que não se deve aplicar isoladamente o dispositivo sancionatório, mas sempre se deve lê-lo em conjunto com a Lei 8.666/93.

Argumento em favor da aplicação combinada das leis foi apresentado por Daniel Silva Passos, procurador da União membro da equipe do Consultor-Geral da União, em exposição feita no dia 1.6.2010, no bojo do III Seminário Regional de Advocacia Pública Federal na 3ª Região.[12]

12. Página da Escola da Advocacia Geral da União, <http://www.agu.gov.br/sistemas/site/TemplateTexto.aspx?idConteudo=142571&ordenacao=1&id_site=1114>, acesso em 11.7. 2010.

Portanto, também se aplica multa a contratados selecionados em pregão.

2.3 Suspensão de licitar e impedimento de contratar "versus" impedimento de licitar e contratar com a União

A legislação administrativa usa expressões diferentes para distinguir sanções administrativas similares: suspensão de licitar e impedimento de contratar (art. 87, III, da Lei 8.666/93) e impedimento de licitar e contratar (art. 7º, da Lei 10.520/2002). Substancialmente, consistem na mesma penalidade: perda do contrato em que o particular cometera o ilícito e mais a suspensão de participar de outras licitações ou celebrar novos contratos (por exemplo, em dispensa de licitação). Se substancialmente são a mesma coisa, não há razão para não integrar a redação de ambos os dispositivos e tratá-lo como uma unidade de significado e sanção.

Nem se alegue que a Lei de Pregão previu o descredenciamento do fornecedor no SICAF como elemento diferencial, pois a função do banco de dados sobre fornecimento é justamente registrar fatos relevantes que venham a impedir a habilitação em licitação e a contratação do particular pelo Poder Público. Deve-se entender o "descredenciamento" do banco de dados como um aviso para inabilitação do particular e, assim, evitar que outros órgãos venham a celebrar novos contratos com o apenado pelo prazo da sanção. Este registro em banco de dados públicos, aliás, é informação obrigatória no histórico do particular-fornecedor nos termos do art. 1º, § 2º do Decreto 3.722/2001. Mais um ponto em comum entre as sanções, portanto.

No caso da suspensão do direito de licitar e contratar com a Administração, o diálogo das fontes tem como efeito a influência recíproca dos conceitos normativos, pois ambos utilizam conceituação incompleta. Repete-se o dispositivo para fim didático:

> "Art. 87. Pela inexecução total ou parcial do contrato a Administração poderá, garantida a prévia defesa, aplicar ao contratado as seguintes sanções:
>
> "(...);
>
> "III – suspensão temporária de participação em licitação e impedimento de contratar *com a Administração*, por prazo não superior a 2 (dois) anos; (...)."

A Lei 8.666/93 seria a norma a individualizar o nome da penalidade – suspensão de participação e impedimento de contratar com o Poder Público – e a fixação do prazo máximo de aplicação da penalidade – 2 anos.

Neste diploma legal, ficariam em aberto: o âmbito de aplicação da lei (o termo Administração não esclarece quais órgãos se submetem à proibição de contratar com os apenados), os parâmetros mínimos de condutas sérias que ensejariam a aplicação da penalidade e qual seria a autoridade competente para aplicar a sanção.

Apesar da concepção do Superior Tribunal de Justiça de identificar as expressões Administração e Administração Pública[13] e de outros respeitáveis autores,[14] a Lei 8.666/93 faz definições para o seu próprio fim:

> "Art. 6º. Para os fins desta Lei, considera-se:
>
> "(...);
>
> "XI – Administração Pública – a administração direta e indireta da União, dos Estados, do Distrito Federal e dos Municípios, abrangendo inclusive as entidades com personalidade jurídica de direito privado sob controle do poder público e das fundações por ele instituídas ou mantidas;
>
> "XII – *Administração – órgão, entidade ou unidade administrativa pela qual a Administração Pública opera e atua concretamente*; (...)."

Fazendo a leitura sistemática do diploma legal, tem-se que "Administração" é termo que está definido no art. 6º, XII, abrangendo órgão, entidade ou unidade administrativa. Como a definição legal traz fórmula alternativa e excludente, duas concepções poderiam surgir: inviabilidade técnica do uso da sanção *ou* discricionariedade do Administrador na definição da abrangência.[15]

13. STJ, REsp 151.567-RJ, Rel. Min. Francisco Peçanha Martins: "Administrativo – Mandado de Segurança – Licitação – Suspensão temporária – Distinção entre Administração e Administração Pública – Inexistência – Impossibilidade de participação de licitação pública – Legalidade – Lei 8.666/93, art. 87, inc. III".

14. Interpretação extensiva a toda a Administração Pública, tanto Federal como Estadual e Municipal: Marçal Justen Filho, *Comentários à Lei de Licitações e Contratos Administrativos*. 13ª ed., São Paulo, Dialética, 2009, p. 856; José dos Santos Carvalho Filho, *Manual de Direito Administrativo*, 22ª ed., Rio de Janeiro, Lumen Juris, 2009, p. 213.

15. "Como em caso de lacuna de conflito, de antinomia de segundo grau, ou mesmo de simples conflito entre duas normas existem várias soluções incompatíveis, não há uma solução unívoca, por isso há a discricionariedade do órgão aplicador que, hoje, pode aplicar uma delas, amanhã, outra" (Maria Helena Diniz, *Conflito de Normas*, 4ª ed., São Paulo, Saraiva, 2001, p. 55). "Pois bem, a norma jurídica, ao estabelecer os efeitos jurídicos que decorrem de determinada conduta, pode deixar ou não certa margem de discricionariedade para a Administração. Isso ocorre quando ela confere mera *faculdade* de agir e quando dá à Administração mais de uma opção para agir. É a discricionariedade situada no *mandamento* da norma" (Maria Sylvia Zanella Di Pietro, *Discri-*

A primeira concepção não é possível, pois todos os elementos para a decisão estão na lei, logo o agente público seria conivente com a falta se não aplicasse uma das sanções ou a sanção mais adequada.

A segunda concepção dá ao administrador um dos deveres-poderes de escolher entre o âmbito de sua atuação (órgão[16] – posicionamento do TCU antes da Lei 10.520/2002[17]) e a aplicação da sanção a toda a pessoa jurídica a que pertence (entidade[18]). Antes do advento da Lei 10.520/2002, o momento para dissipar tal discricionariedade seria a redação do edital, oportunidade em que ponderada a importância do objeto para o Poder Público, a gravidade da situação em caso de sua falta e o histórico do setor econômico em que se enquadra, poderia o administrador propor, imparcialmente, sem conhecer o vencedor do certame, o âmbito de aplicação da sanção – órgão ou entidade.[19]

cionariedade Administrativa na Constituição de 1988, 2ª ed., São Paulo, Atlas, 2001, pp. 80 e 81). "A Discricionariedade, finalmente, pode defluir do mandamento da lei. Isto sucede, quer hajam sido utilizados conceitos práticos ou teoréticos na hipótese legal ou até mesmo em aspecto do mandamento (e independentemente da fluidez encontradiça no enunciado da finalidade), quando a norma facultar um comportamento, ao invés de exigi-lo (que é o caso de 'liberdade' discricionária mais ampla) ou, ainda, quando confere ao administrador o encargo de decidir sobre a providência a ser obrigatoriamente tomada, de maneira a que tenha que eleger entre pelo menos duas alternativas" (Celso Antônio Bandeira de Mello, *Curso de Direito Administrativo,* 28ª ed., São Paulo, Malheiros Editores, 2011, p. 980).

16. Art. 1º, § 2º, I, da Lei 9.784/99: "I – órgão – a unidade de atuação integrante da estrutura da Administração direta e da estrutura da Administração indireta".

17. Decisão anterior à Lei 10.520/2002 do TCU: Decisão 36/2001, Plenário, Min. Relator Walton Alencar Rodrigues.

18. Art. 1º, § 2º, II, da Lei 9.784/99: "II – entidade – a unidade de atuação dotada de personalidade jurídica"; e art. 4º, I, do Decreto-lei 200/67: "A Administração Federal compreende: (...) II – A Administração indireta, que *compreende as seguintes categorias de entidades, dotadas de personalidade jurídica própria*: a) Autarquias; b) Empresas públicas; c) Sociedades de economia mista. d) Fundações públicas".

19. "No que concerne à sanção de suspensão temporária, a interpretação sistemática do art. 87, III, com o art. 6º, XII, leva à absurda situação em que a aplicação desta sanção ao contratado no âmbito do Ministério da Saúde, por exemplo, não gera qualquer reflexo para tal infrator nas licitações e contratos ocorridos nos demais órgãos da Administração Pública Federal. Ora, sabe-se que a desconcentração é um fenômeno existente para otimização do exercício das competências administrativas. Tanto assim, que os órgãos que compõem a Administração Direta são desprovidos de personalidade jurídica. Com efeito, pode-se comparar a estrutura da Administração Pública Direta com o corpo humano. Assim, a Administração Direta seria o corpo e as unidades pelas quais atua seriam os órgãos que compõem este corpo. Um órgão sozinho não tem qualquer razão de ser, pois existe em função do conjunto. Indo mais adiante, comparando o contratado infrator com uma célula cancerígena, questionamos como pode a mesma ser considerada maléfica a um órgão e admitida a sua permanência na estrutura de outro órgão? *Desta forma, pensamos que aplicada a sanção de suspensão temporária ao contratado em virtude de falta contratual perpetrada na estrutura de um Ministério, a nível federal, ou Secretaria, na esfera estadual ou municipal, os efeitos desta sanção deverá repercutir no âmbito de toda a Administração Direta. Aplicada na Administração Indireta, não produzirá efeitos na Administração Direta, em razão da sua autonomia administrativa*". Rita Tourinho, "Ponderações sobre infrações e sanções administrativas no âmbito das licitações e contratos administrativos", disponível em:< http://www.editoraforum.com.br/bid/bidConteudoShow.aspx?idConteudo=39776>, Belo Horizonte, n. 16, ano 5, Janeiro 2007, acesso em 21.9.2010. "Com sustentáculo nas considerações precedentes, parece-nos certo asseverar que *a suspensão produzirá efeito perante a personalidade jurídica*

Uma das funções da Lei 10.520/2002 dentro do diálogo das fontes é o esclarecimento do âmbito de aplicação da penalidade. Ao elencar "União, Estado, Município *ou* Distrito Federal", na prática, a nova lei retira a discricionariedade do Administrador e faz a opção de uma das alternativas no art. 6º, XII, da Lei 8.666/93, impondo sempre a penalidade de suspensão de licitar ao particular com a entidade pública ou pessoa jurídica à qual pertence a autoridade. Numa análise precipitada, aprofundando a técnica empregada pela Lei de Pregão, seria possível sustentar que o âmbito da palavra União não seria apenas a pessoa jurídica política União, mas abrangeria também sua administração indireta (o mesmo se daria com Estados, Municípios e Distrito Federal). Todavia, esta generalização não é possível na aplicação de sanções, pois, na omissão da lei, deve-se dar a interpretação mais branda ao comando.[20] Assim, exemplificativamente, o efeito da Lei 10.520/2002 é que imposta a suspensão de licitar por um órgão do Ministério da Cultura por um certo período, toda a pessoa jurídica a que pertence, toda a União, estará proibida de contratar com o particular, incluindo outros Ministérios, Poder Legislativo e Poder Judiciário. Mas, tal imposição não atingirá suas autarquias, fundações, sociedades de economia mista ou empresas públicas, pois seriam pessoas jurídicas diversas da que aplicou a sanção. O inverso também seria verdadeiro: a suspensão aplicada no âmbito da autarquia INSS restringir-se-á àquela autarquia, não atingindo outros entes da Administração indireta e nem a pessoa pública chamada União.

Note-se que se uma empresa fornecedora é adjudicada ao final de um processo licitatório, assina contrato e impõe dano injustificado a um órgão público qualquer dentro de uma mesma pessoa jurídica, não seria razoável permitir que esta mesma empresa que age inconsequentemente venha a causar os mesmos prejuízos, quiçá até maiores, a outros órgãos da mesma pessoa jurídica que venham a licitar. A razão de tal penalidade é simples: a empresa se esforçará para não ser punida em tão elevado grau. A consequência para a coletividade e, em especial, para o Poder Público que contrata é a efetividade de suas decisões e o constante respeito aos termos do contrato. A medida tomada é razoável para qualquer entidade. Qualquer pessoa jurídica deixaria de contratar com empresa que, a despeito do bom preço que pratica, não cumpre com os deveres contratuais (o preço torna-se elevado pela não realização da prestação a que se comprometeu).

sancionadora, enquanto a pena de inidoneidade produzirá efeitos perante toda a Administração Pública, tal qual a pena decorrente do pregão" (Antônio Cecílio Moreira Pires, "Contrato Administrativo", in *Direto Administrativo*, Sonia Yuriko Kanashiro Tanaka (Coord.), São Paulo, Malheiros Editores, 2008, p. 348).

20. Fazem as vezes de norma geral de direito administrativo alguns dos dispositivos do CTN: "Art. 112. A lei tributária que define infrações, ou lhe comina penalidades, interpreta-se da maneira mais favorável ao acusado, em caso de dúvida quanto: I – à capitulação legal do fato; II – à natureza ou às circunstâncias materiais do fato, ou à natureza ou extensão dos seus efeitos; III – à autoria, imputabilidade, ou punibilidade; IV – à natureza da penalidade aplicável, ou à sua graduação". Para os que não são adeptos desta tese, regras de hermenêutica: "Estritamente se interpretam as disposições que restringem a liberdade humana, ou afetam a propriedade; consequentemente, com igual reserva se aplica os preceitos tendentes a agravar qualquer penalidade" (*Hermenêutica e Aplicação do Direito*, Carlos Maximiliano, 19ª ed., 9ª tir., Rio de Janeiro, Forense, 2005, p. 263).

Ademais, a Lei 10.520/2002 organiza rol exemplificativo de algumas circunstâncias que, no grau grave, impõem suspensão:

1) não celebrar o contrato dentro do prazo de validade da sua proposta;

2) ensejar o retardamento da execução de seu objeto;

3) não manter a proposta; e

4) falhar na execução do contrato.

Há, praticamente, uma tipificação de algumas das causas de suspensão.

Embora a questão da competência para aplicar a penalidade não esteja expressa na Lei 10.520/2002, assim como na Lei 8.666/93, a interpretação de ambos os diplomas pode ser considerada a reiteração daquilo definido na Lei de Processo Administrativo (Lei 9.784/99):

> "Art. 17. Inexistindo competência legal específica, o processo administrativo deverá ser iniciado perante a autoridade de menor grau hierárquico para decidir".

Logo, diante de um problema que envolva a suspensão de licitar e impedimento de contratar, competente para aplicar a sanção será a autoridade que abriu a licitação ou veio a, nas hipóteses legais, dispensá-la ou inexigi-la.

Sendo assim, na suspensão, a interpretação conjunta das normas retira a discricionariedade do âmbito de aplicação da sanção em qualquer modalidade licitatória, aplicável sempre à entidade ou pessoa jurídica toda; fixa, exemplificativamente, elementos de tipificação de hipóteses de suspensão e, pela nova omissão, reitera que a autoridade que decide a licitação, salvo disposição legal posterior ou regimental, também impõe a sanção suspensão de licitar e impedimento de contratar.

2.4 Declaração de inidoneidade

A Lei de Pregão não cria uma figura mais grave que a suspensão, mas impõe a penalidade ao administrado que agir de forma inidônea. A inidoneidade é declaração cujos regramentos encontram-se na Lei 8.666/93:

> "Art. 87. *Pela inexecução total ou parcial do contrato a Administração poderá*, garantida a prévia defesa, aplicar ao contratado as seguintes sanções:
>
> "(...);
>
> "IV – ***declaração de inidoneidade para licitar ou contratar com a Administração Pública*** enquanto perdurarem os motivos determinantes da punição ou até que seja promovida a reabilitação perante a própria autoridade que aplicou a penalidade, que será concedida sempre que o contratado ressarcir a Administração pelos prejuízos resultantes e após decorrido o prazo da sanção aplicada com base no inciso anterior.
>
> "(...).
>
> "§ 3º. A sanção estabelecida no inciso IV deste artigo é de competência exclusiva do Ministro de Estado, do Secretário Estadual ou Municipal, conforme o caso, facultada a defesa do interessado no respectivo processo, no prazo de 10 (dez) dias da abertura de vista, *podendo a reabilitação ser requerida após 2 (dois) anos de sua aplicação.*"

Seu conteúdo e extensão estão expressos na Lei 8.666/93: o inidôneo não tem condições de prestar serviços a qualquer entidade que vise ao atendimento do cidadão, por isso a sua aplicação abrange a União, os Estados, o Distrito Federal, os Municípios e suas respectivas Administrações indiretas simultaneamente (toda a Administração Pública nacional). O prazo mínimo de aplicação é de dois anos (combinação do art. 87, IV, da Lei 8.666/93, com seu § 3º), fixado na referência ao inciso anterior. Passado o prazo de dois anos, poderá o apenado promover sua reabilitação reparando os danos causados; ou o exaurimento do prazo de sanção cominada teria o condão de apagar a penalidade. O prazo máximo não está expresso na lei original, o que dá azo a interpretações no sentido da aplicação perpétua ou sem prazo determinado.

Novamente a Lei 10.520/2002 vem a resolver o problema de criar uma sanção com efeitos por prazo indeterminado,[21] estabelece dentre as hipóteses crescentes em potencialidade danosa as de maior gravidade com o prazo máximo de 5 anos de penalidade, é o que se extrai do excerto de seu art. 7º:

"(...) *apresentar documentação falsa exigida para o certame,* (...) *comportar-se de* ***modo inidôneo*** *ou cometer* ***fraude fiscal****, ficará* ***impedido de licitar e contratar*** *com a União, Estados, Distrito Federal ou Municípios e, será descredenciado no SICAF, ou nos sistemas de cadastramento de fornecedores a que se refere o inciso XIV do art. 4º desta Lei, pelo* ***prazo de até 5 (cinco) anos***; (...)".

A inidoneidade seria a atividade que poderia ser considerada num paralelo, crime, improbidade administrativa ou dano doloso, daí poder-se deduzir que nesta escalada de gravidade do rol do art. 7º, a fraude fiscal seria causa de tipificação de inidoneidade cuja aplicação será de, no mínimo, 2 anos e, no máximo, 5 anos. Para qualificá-la em relação à mera suspensão, há a ampliação da abrangência para todas as entidades públicas, não só à entidade prejudicada diretamente.

A falsificação de documentos é tão grave que pode ensejar processo criminal em razão da tipificação contida nos arts. 293, § 3º, 297 e 298 do Código Penal.

Estas atividades dolosas passíveis de qualificação como crime ou improbidade são também causas para demissão do servidor público, o que demonstra coerência legislativa em seu estabelecimento pela gravidade.

Na perspectiva administrativa, se os comportamentos nefastos ao interesse público forem cometidos por agente público, aplica-se a demissão; se realizada por contratado do Poder Público, aplica-se a declaração de inidoneidade. Ressalte-se que, em algumas atividades a ação deletéria do particular pode ter potencial mais devastador do que a realizada por qualquer servidor.

Na específica situação da fraude fiscal, que também pode ser crime, há uma série de implicações prejudiciais ao Poder Público. Em primeiro lugar, porque impede a contratação de empresas idôneas pela Administração. Em segundo lugar, porque promove uma concorrência abusiva e desleal em relação aos demais licitantes, pois quem regularmente paga a tributação, assumindo seu grau de responsabilidade na manutenção da coletividade, terá preço superior ao do fraudador. Ademais, se o Estado contrata com fraudadores, incentiva a que seus concorrentes façam o mesmo e, em escala, tal comportamento pode levar à destruição do Estado ou de suas finanças. A fraude é indício de má-fé na execução do contrato, cuja relação já se estabelece numa inverídica situação, podendo progredir potencialmente para algo pior. Quando a fraude se dá no âmbito da previdência social ou das contribuições sociais em geral, tal fraude tem reflexos e atinge não só as contas públicas, mas nega direitos sociais a terceiros – empregados da empresa fraudadora ou prestadores de

21. No sentido de sanção por prazo indeterminado: Marçal Justen Filho, *Comentários à Lei de Licitações e Contratos Administrativos*, 13ª ed., São Paulo, Dialética, 2009, p. 857; José dos Santos Carvalho Filho, *Manual de Direito Administrativo*, 22ª ed., Rio de Janeiro, Lumen Juris, 2009, p. 212.

serviços. Além dos danos mediatos arrolados, como se trata de tributação social, atrai a responsabilidade subsidiária da Administração no pagamento de direitos trabalhistas e previdenciários, impondo prejuízo maior à Administração. É fato público que muitos magistrados entendem a responsabilidade subsidiária da Administração como responsabilidade direta, responsabilidade solidária ou responsabilidade preferencial, aumentando o risco de endividamento injusto do Poder Público. Além dos não menos importantes aspectos ético, criminal e contrário à legislação que dispõe sobre licitação.

Logo, a fraude pode ser diretamente arrolada como hipótese de inidoneidade na Lei 8.666/93 – proibição de licitar e contratar com qualquer ente público da Federação pelo prazo de até 5 anos pela gravidade do comportamento.

Note-se que, tanto a intenção da Lei 10.520/2002 é promover a integração de leis, que usa em meio à redação de uma sanção (suspensão na Lei de Pregão) a referência à outra penalidade constante da Lei 8.666/93: é o que se extrai da expressão "comportar-se de modo inidôneo" cujo desenvolvimento normativo é o disposto no artigo 87, IV, da Lei de Licitações.

Mas, mesmo sendo a penalidade de inidoneidade uma sanção administrativa drástica, a teoria do diálogo das fontes permite a limitação do prazo de aplicação da sanção, o que corrige o sistema anterior, em qualquer das modalidades licitatórias geradoras de contratos administrativos.

3. Como ficaria a redação de uma cláusula contratual que adote o diálogo das fontes?

Para fins de ilustração, traçam-se os elementos mínimos de uma cláusula inspirada na teoria sustentada neste artigo:

"Claúsula [*xxx*] – CONTRATADA que cometer qualquer das infrações aos deveres contratuais ou realizar as infrações discriminadas no art. 78 da Lei 8.666/93 ficará sujeita às seguintes sanções administrativas resultantes da combinação do art. 7º da Lei 10.520/2002 e dos arts. 86 e 87 da Lei 8.666/93:

"1) advertência por faltas leves;

"2) multa:

"2.1) moratória de [*valor diário ou percentual baixo sobre o valor do contrato*] por dia de atraso injustificado;

"2.2) cominatória de [*percentual mais elevado que o anterior com o fim de fazer-se cumprir o contrato dependendo do ramo do fornecedor*] sobre o valor total do contrato, no caso de inexecução total ou parcial da obrigação assumida, podendo ser cumulada com a multa moratória;

"3) suspensão de licitar e impedimento de contratar com [*União/Estado/Município/Distrito Federal ou entidade da Administração indireta*], pelo prazo de até 2 (dois) anos, entre outros comportamentos e em especial quando:

"3.1) convocado dentro do prazo de validade da sua proposta, não celebrar o contrato;

"3.2) ensejar o retardamento da execução de seu objeto,

"3.3) não mantiver a proposta,

"3.4) falhar na execução do contrato;

"4) declaração de inidoneidade para licitar ou contratar com a Administração Pública, por no mínimo 2 (dois) anos e no máximo pelo prazo de até 5 (cinco) anos, entre outros comportamentos e em especial quando:

"4.1) apresentar documentação falsa exigida para o certame;

"4.2) comportar-se de modo inidôneo;

"4.3) cometer fraude fiscal;

"4.4) fraudar na execução do contrato."

Conclusão

Em síntese, a questão do aparente conflito entre as sanções previstas na Lei de Pregão e na Lei 8.666/93 pode ser resolvida não por meio da aplicação tradicional de interpretação, que encontraria uma dificuldade grande, pois ambas as leis têm função constitucional de normas gerais de licitação (art. 22, XXVII, da CF); mas pelo método do diálogo das fontes que, baseado nos princípios constitucionais, analisa a finalidade das normas e reconstrói a coerência do sistema com a aplicação simultânea das leis. A complementação de uma por outra lei afasta a aplicação desproporcional ou arbitrária de penalidades (inconstitucionalidade potencial pela aplicação de uma só sanção grave a qualquer dos comportamentos elencados na Lei 10.520/2002, seja qual for a extensão do dano ou circunstâncias em que se encontram os fatos) e permite, inclusive conforme o espírito que deve informar o Estado Social de Direito, amenizar penalidades, visando ao fim preventivo da cominação de sanções administrativas. A combinação de sanções permite que as sanções resultantes sejam aplicadas a contratos decorrentes de quaisquer modalidades licitatórias e não só do Pregão.

Especificamente, à proposição inicial, visto o aqui desenvolvido, poder-se-ia dizer que não se usa somente o previsto no artigo 7º da Lei de Pregão nos contratos resultantes daquela modalidade licitatória. Pode-se aplicar ao particular (em razão da proporção dos danos e gravidade da situação) a advertência, a multa, a suspensão ou a declaração de inidoneidade. Exceto na última sanção (competência de Ministros de Estado ou Secretários Estaduais, Municipais ou Distritais), a aplicação da penalidade pode ser imposta pela autoridade competente para a abertura da licitação.

Bibliografia

BANDEIRA DE MELLO, Celso Antônio. *Curso de Direito Administrativo*. 28ª ed. São Paulo: Malheiros Editores, 2011.

BANDEIRA DE MELLO, Oswaldo Aranha. *Princípios Gerais do Direito Administrativo*, vol. I. 3ª ed., 2ª tir. São Paulo: Malheiros Editores, 2011.

CARVALHO FILHO, José dos Santos. *Manual de Direito Administrativo*. 22ª ed. Rio de Janeiro: Lumen Juris, 2009.

DI PIETRO, Maria Sylvia Zanella. *Discricionariedade Administrativa na Constituição de 1988*. 2ª ed. São Paulo: Atlas, 2001.

DINIZ, Maria Helena. *Conflito de Normas*. 4ª ed. São Paulo: Saraiva, 2001.

JUSTEN FILHO, Marçal. *Comentários à Lei de Licitações e Contratos Administrativos*. 13ª ed. São Paulo: Dialética, 2009.

MARQUES, Claudia Lima. *Comentários ao Código de Defesa do Consumidor*. 2ª ed. São Paulo: Ed. RT, 2006.

MAXIMILIANO, Carlos. *Hermenêutica e Aplicação do Direito*. 19ª ed. 9ª tir. Rio de Janeiro: Forense, 2005.

MELLO, Rafael Munhoz de. *Princípios Constitucionais de Direito Sancionador – As sanções administrativas à Luz da Constituição Federal de 1988*. São Paulo: Malheiros Editores, 2007.

MENDES, Gilmar Ferreira. *Controle de Constitucionalidade – Aspectos Jurídicos e Políticos*. São Paulo, Saraiva, 1990.

TANAKA, Sonia Yuriko Kanashiro (Coord.); PIRES, Antônio Cecílio Moreira; COSTA, Cícero Germano da; JUCÁ, Francisco Pedro; PAOLI, Fulvia Helena Gioia; REIGOTA, João Manuel dos Santo; SIQUEIRA NETO, José Francisco. *Direto Administrativo*. São Paulo, Malheiros Editores, 2008.

TOURINHO, Rita. "Ponderações sobre infrações e sanções administrativas no âmbito das licitações e contratos administrativos". Disponível em: <http://www.editoraforum.com.br/bid/bidConteudoShow.aspx?idConteudo=39776>. Belo Horizonte, ano 5, n. 16, janeiro/2007; acesso em 21.9.2010

VELOSO, Zeno. *Controle Jurisdicional de Constitucionalidade*, 2ª ed. Belo Horizonte: Del Rey, 2000.

CONCESSÃO ESPECIAL PARA FINS DE MORADIA – O CASO DAS FAVELAS[1]

MARCELLA QUERINO MANGULLO

Pós-Graduanda em Direito Administrativo pela PUC/SP.
Advogada

I. Introdução. II. Do Direito à moradia. III. Da função social da propriedade. IV. Da Concessão Especial de Uso para Fins de Moradia. V. Considerações finais.

I. Introdução

A Concessão Especial de Uso para Fins de Moradia é instrumento urbanístico que atende aos princípios da dignidade humana e da função social da propriedade e, também, ao direito fundamental à moradia prescrito na Constituição Federal.

Sendo assim, procuramos neste breve artigo, elucidar os supra referidos temas para melhor definirmos o instrumento em estudo.

II. Do direito à moradia

O direito à moradia já estava presente, em 1948, na Declaração Universal dos Direitos Humanos, resolução da Assembleia Geral das Nações Unidas que prescreve o direito de todos os cidadãos a um padrão de vida capaz de garantir, entre outras coisas, a habitação, nos seguintes termos:

> "Considerando que o reconhecimento da dignidade inerente a todos os membros da família humana e de seus direitos iguais e inalienáveis é o fundamento da liberdade, da justiça e da paz no mundo,
>
> "Considerando que o desprezo e o desrespeito pelos direitos humanos resultaram em atos bárbaros que ultrajaram a consciência da Humanidade e que o advento de um mundo em que os

1. Artigo baseado em monografia apresentada como trabalho de conclusão de curso de Direito da PUC/SP, em 2009, a qual obteve menção honrosa em banca formada pelos professores Carolina Zancaner Zockun e Luis Manuel Fonseca Pires.

homens gozem de liberdade de palavra, de crença e da liberdade de viverem a salvo do temor e da necessidade foi proclamado como a mais alta aspiração do homem comum,

"Considerando essencial que os direitos humanos sejam protegidos pelo Estado de Direito, para que o homem não seja compelido, como último recurso, à rebelião contra a tirania e a opressão,

"Considerando essencial promover o desenvolvimento de relações amistosas entre as nações,

"Considerando que os povos das Nações Unidas reafirmaram, na Carta, sua fé nos direitos humanos fundamentais, na dignidade e no valor da pessoa humana e na igualdade de direitos dos homens e das mulheres, e que decidiram promover o progresso social e melhores condições de vida em uma liberdade mais ampla,

"Considerando que os Estados-Membros se comprometeram a desenvolver, em cooperação com as Nações Unidas, o respeito universal aos direitos humanos e liberdades fundamentais e a observância desses direitos e liberdades,

"Considerando que uma compreensão comum desses direitos e liberdades é da mais alta importância para o pleno cumprimento desse compromisso,

"A Assembleia Geral proclama

"A presente Declaração Universal dos Diretos Humanos como o ideal comum a ser atingido por todos os povos e todas as nações, com o objetivo de que cada indivíduo e cada órgão da sociedade, tendo sempre em mente esta Declaração, se esforce, através do ensino e da educação, por promover o respeito a esses direitos e liberdades, e, pela adoção de medidas progressivas de caráter nacional e internacional, por assegurar o seu reconhecimento e a sua observância universais e efetivos, tanto entre os povos dos próprios Estados-Membros, quanto entre os povos dos territórios sob sua jurisdição.

"(...).

"Artigo XXV

"1. Toda pessoa tem direito a um padrão de vida capaz de assegurar a si e a sua família saúde e bem estar, inclusive alimentação, vestuário, habitação, cuidados médicos e os serviços sociais indispensáveis, e direito à segurança em caso de desemprego, doença, invalidez, viuvez, velhice ou outros casos de perda dos meios de subsistência fora de seu controle. (...)."

No Brasil, a Constituição de 1988 não trouxe em seu texto original a garantia do direito à moradia. Este só foi inserido mais tarde, em 2000, com a Emenda Constitucional 26, modificando o artigo 6º da Lei Magna: "Art. 6º. São direitos sociais a educação, a saúde, o trabalho, *a moradia*, o lazer, a segurança, a previdência social, a proteção à maternidade e à infância, a assistência aos desamparados, na forma desta Constituição".[2]

No entanto, acentua Carolina Zancaner Zockun que o direito à moradia já estava resguardado pela Constituição Federal antes mesmo da edição da Emenda 26, em razão da garantia do direito à vida digna, pois aquele está integrado neste por ser o "primeiro dos instrumentos necessários para a garantia da dignidade humana e para o fim da exclusão social".[3]

Parece-nos acertada a opinião da referida professora, uma vez que o lar representa espaço de repouso e convívio familiar. A conotação afetiva aqui acen-

2. O artigo em pauta foi modificado pela Emenda Constitucional 64/2010 e apresenta a seguinte redação atualmente: "Art. 6º. São direitos sociais a educação, a saúde, a alimentação, o trabalho, a moradia, o lazer, a segurança, a previdência social, a proteção à maternidade e à infância, a assistência aos desamparados, na forma desta Constituição".

3. Carolina Zancaner Zockun, *Da intervenção do Estado no domínio social*, São Paulo, Malheiros Editores, 2009, p. 134.

tuada busca demonstrar que a habitação supera o fato de ser um teto que protege de eventos climáticos e de terceiros, e representa para a pessoa espaço de intimidade e, até mesmo, de fuga de situações cotidianas ou profissionais.

Nessa esteira, aponta Daniela Campos Libório Di Sarno a importância da moradia: "Percebe-se no direito à moradia, a real possibilidade de realização da família, de autoestima e de cidadania".[4]

Desta forma, apesar de só ter sido constitucionalmente reconhecido o direito à moradia com o advento da Emenda 26, é possível dizer que este já estava albergado por outros direitos na Constituição Federal.

No que tange à natureza jurídica do direito à moradia, vê-se que na Lei Magna este está inserido no Capítulo "Dos Direitos Sociais" (arts. 6º a 11), capítulo este inscrito no Título II, "Dos Direitos e Garantias Fundamentais".

Por este motivo, explica José dos Santos Carvalho Filho que, "numa visão sistêmica do quadro constitucional vigente, os direitos sociais se qualificam como uma das categorias integrantes dos direitos e garantias fundamentais".[5]

José Roberto Pimenta ensina, no que tange aos direitos fundamentais na atividade administrativa, que:

> "A estatuição de direitos fundamentais individuais e coletivos no Texto Maior, que direta ou indiretamente, gravitam em torno do princípio fundamental da dignidade da pessoa humana – que lhes fornece unidade de sentido –, na medida em que incorporam normas jurídicas que demandam a máxima realização segundo as possibilidades fáticas e jurídicas nas diversas situações em que a ação administrativa lhes seja ofensiva (*i.e.*, por juridicamente cristalizar princípios jurídicos constitucionais), representa, para o exercício da função administrativa, um vetor a indicar seu atrelamento à observância dos mandamentos de razoabilidade (e de proporcionalidade) no curso do desempenho da atividade. Neste contexto, a persecução do interesse público pela Administração só se legitima quando resguarda a otimização dos direitos fundamentais".[6]

Aludida opinião demonstra claramente o enlace existente entre os direitos fundamentais, o princípio da dignidade humana, e a necessidade da razoabilidade e proporcionalidade na busca da realização completa do interesse público.

Entende-se, diante disto, que a persecução, no caso em tela, do interesse público referente à moradia só estará em completa harmonia com o ordenamento jurídico se da Administração forem proferidos atos pautados na razoabilidade e proporcionalidade e, ainda, em consonância com a concretização do princípio da dignidade humana.

Como veremos adiante, o direito à moradia é fundamento dos instrumentos urbanísticos que procuram melhorar e garantir habitação aos cidadãos brasileiros.

No entanto, faz-se imperioso ressaltar a desnecessidade de regulamentação do direito à moradia para que qualquer brasileiro esteja apto a reivindicar esse direito,

4. Daniela Campos Libório Di Sarno, *Elementos de Direito Urbanístico*, Barueri, Manole, 2004, p. 17.

5. José dos Santos Carvalho Filho, "O princípio da efetividade e os direitos sociais urbanísticos", in Emerson Garcia (Coord.), *A Efetividade dos Direitos* Sociais, Rio de Janeiro, Lumen Juris, 2004, p. 306.

6. José Roberto Pimenta Oliveira, *Os princípios da razoabilidade e da proporcionalidade no Direito Administrativo Brasileiro*, São Paulo, Malheiros Editores, 2006, pp. 222-223.

haja vista a aplicação imediata dos direitos fundamentais.

Isto é, para que o cidadão requeira que o poder público tome medidas como melhorias em sua habitação, sem que estas ultrapassem o limite da necessidade real, calcadas no princípio da dignidade humana, este não precisa se pautar em determinados instrumentos jurídicos[7] para que tal requerimento surta efeito.

O simples fato de estar o direito à moradia assegurado pela Constituição já garante direito subjetivo ao povo de persegui-lo.

Divergindo dessa opinião, explica José dos Santos Carvalho Filho que o mandamento constitucional não é autoexecutável, dependendo de uma lei posterior, nos termos do art. 182[8] do mesmo diploma.

Não nos parece correta tal assertiva, pois pleitear o direito à moradia independe, a nosso ver, de regramentos de direito urbanístico. Explicamo-nos: o *status* de direito fundamental dá àquele direito ali inserido tal relevância que não seria correto que este ficasse na dependência de atos do Legislativo para que tivesse aplicabilidade. Muito pelo contrário, esta importância dada faz com que o citado direito tenha que ser cumprido sempre que pleiteado e, até mesmo, como obrigação da Administração sem qualquer requerimento prévio do cidadão.

Assim é que surge a obrigatoriedade para os Municípios, Estados, e até para a União, de regularizar as áreas de favelas, sem que haja provocação do munícipe.

Importante se faz assinalar que nos parece ser competência primordial dos Municípios, pois o Estatuto da Cidade, embora seja lei federal, volta-se à consecução de políticas públicas a serem realizadas pelos Municípios.

No entanto, como tratamos neste trabalho da Concessão Especial para Fins de Moradia, que pressupõe imóveis públicos tomados por favelas, resta-nos evidente a possibilidade de cada ente, proprietário do determinado bem em questão, realize a regularização fundiária da área.

Ademais, temos que as favelas construídas em imóveis públicos vão de encontro com a legalidade e são danosas ao meio ambiente por lhes faltar estrutura necessária, e, por esse motivo, pautado no poder de polícia da Administração Pública, é dever desta aboli-las. Para corroborar tal assertiva, vale-se do entendimento de Renato Alessi:

7. Usamos, aqui, instrumentos jurídicos como "sinônimo" de instrumentos urbanísticos.

8. "Art. 182. A política de desenvolvimento urbano, executada pelo Poder Público municipal, conforme diretrizes gerais fixadas em lei, tem por objetivo ordenar o pleno desenvolvimento das funções sociais da cidade e garantir o bem-estar de seus habitantes. § 1º. O plano diretor, aprovado pela Câmara Municipal, obrigatório para cidades com mais de vinte mil habitantes, é o instrumento básico da política de desenvolvimento e de expansão urbana. § 2º. A propriedade urbana cumpre sua função social quando atende às exigências fundamentais de ordenação da cidade expressas no plano diretor. § 3º. As desapropriações de imóveis urbanos serão feitas com prévia e justa indenização em dinheiro. § 4º. É facultado ao Poder Público municipal, mediante lei específica para área incluída no plano diretor, exigir, nos termos da lei federal, do proprietário do solo urbano não edificado, subutilizado ou não utilizado, que promova seu adequado aproveitamento, sob pena, sucessivamente, de: I – parcelamento ou edificação compulsórios; II – imposto sobre a propriedade predial e territorial urbana progressivo no tempo; III – desapropriação com pagamento mediante títulos da dívida pública de emissão previamente aprovada pelo Senado Federal, com prazo de resgate de até dez anos, em parcelas anuais, iguais e sucessivas, assegurados o valor real da indenização e os juros legais."

> "La tutela dell'integrità materiale dei Beni demaniali si ottiene essenzialmente mediante l'attività di *polizia demaniale*,[9] la quale tende a reprimere qualunque arbitraria occupazione o modificazione delle cose demaniali, ovvero qualunque attività del singolo dannosa per l'integrità delle cose stesse, in contravvenzione delle norme le quali tutelano l'integralità dei beni stessi".[10]

Entretanto, aludido poder não retira o direito à moradia garantida constitucionalmente às pessoas que habitam as referidas favelas, de modo que deve haver a ponderação de tais princípios – interesse público na manutenção da ordem e dignidade da pessoa humana – para que não se desrespeite a legalidade à qual se submetem as relações jurídicas no ordenamento brasileiro e, também, os direitos fundamentais ao quais também devemos obediência.

De todo modo, como veremos a seguir, o direito constitucional à moradia deve ser sempre assegurado.

Além disso, de acordo com os ensinamentos de José Afonso da Silva,[11] o direito à moradia apresenta duas acepções: a primeira no sentido de que os indivíduos têm o direito de não serem privados arbitrariamente de habitação ou de terem acesso a esta; e, em segundo lugar, significa o direito a obter uma moradia através de programas sociais estatais, estes nos termos do artigo 23, IX, da CF.

Dada a importância deste direito social, vimos que este é tratado em diversos artigos da Constituição Federal, tais como o 6º e o 7º, já citados e, também, o art. 5º, quando trata da inviolabilidade da casa; o art. 23, o qual preceitua a competência comum dos entes federativos em promover programas de construção de moradias e a melhoria de condições habitacionais; o art. 230, § 1º, que garante aos índios direitos sobre as terras por eles habitadas em caráter permanente, entre outros.

Nesta esteira, conclui o Professor Marcio Cammarosano:

> "falar em *habitação*, *moradia*, *casa*, *lar*, é falar em necessidade vital básica do ser humano, que a Constituição assegura como direito social, impondo-se ao legislador e ao administrador público dar-lhe densidade normativa e implementar políticas que lhe assegurem a mais plena eficácia".[12]

Desta forma, encontramos o fundamento específico para a realização da concessão de uso para fins de moradia para habitantes das "favelas" no conceito aludido, enfatizando que moradia não pode ser tida apenas como um espaço físico, mas deve conter requisitos básicos, tais como, saneamento básico, abastecimento de água, mínimo de conforto etc., para assegurar a "dignidade humana", fundamento da República Federativa brasileira, o que não é encontrado na realidade das áreas de favelização.

III. Da função social da propriedade

É de grande importância para o tema abordado no presente que sejam feitas

9. O autor se vale da expressão "polizia demaniale", que pode ser traduzida como polícia que cuida dos bens públicos, o que nós traduziremos como órgão administrativo responsável por zelar os bens públicos.

10. Renato Alessi, *Principi di Diritto Amministrativo*, Milão, Giuffrè, 1966, p. 492.

11. José Afonso da Silva, *Direito Urbanístico Brasileiro*, 6ª ed., São Paulo, Malheiros Editores, 2010, pp. 376-377.

12. Márcio Cammarosano, "Fundamentos Constitucionais do Estatuto da Cidade", in Adilson Abreu Dallari e Sérgio Ferraz (Coords.), *Estatuto da Cidade (Comentários à Lei Federal 10.257/2001)*, São Paulo, Malheiros Editores, 2006, p. 25.

algumas considerações acerca da função social da propriedade.

Desta feita, mister salientar que a função social da propriedade não é uma inovação da Constituição Federal vigente, mas aparece pela primeira vez na Lei Magna brasileira de 1934, que prescrevia em seu art. 113, n. 17, o seguinte:

"Art. 113. A Constituição assegura a brasileiros e a estrangeiros residentes no País a inviolabilidade dos direitos concernentes à liberdade, à subsistência, à segurança individual e à propriedade, nos termos seguintes:

"(...);

"17) É garantido o direito de propriedade, que não poderá ser exercido contra o interesse social ou coletivo, na forma que a lei determinar. A desapropriação por necessidade ou utilidade pública far-se-á nos termos da lei, mediante prévia e justa indenização. Em caso de perigo iminente, como guerra ou comoção intestina, poderão as autoridades competentes usar da propriedade particular até onde o bem público o exija, ressalvado o direito à indenização ulterior."

Já a Carta de 1937, Constituição Brasileira subsequente à de 1934, era silente no que tange à função social da propriedade, matéria que ressurgiu com a Constituição Federal de 1946.

Para Celso Antônio Bandeira de Mello, tal diploma constitucional trouxe um marco jurídico em seu art. 147, uma vez que previa a possibilidade de justa distribuição da propriedade, "buscando mais que a tradicional igualdade perante a lei, igualdade perante o acesso a oportunidade à propriedade".[13]

Ademais, outro avanço ocorreu no que diz respeito à linguagem normativa com o advento das Constituições de 1967/1969: esta declarava ser *finalidade* da ordem social brasileira realizar o princípio da função social da propriedade. Nesse sentido, explica o supramencionado autor que "não se trata apenas de coibir o uso antissocial da propriedade, mas o de fazer com que cumpra tal função".[14]

Na Constituição Federal de 1988, a matéria é tratada de maneira específica, em capítulos próprios. Referem-se à função social os seguintes artigos: 5º, inciso XXIII; 170, inciso III; 182, § 2º, e 186.

Quanto ao conceito, Sílvio Luís Ferreira da Rocha traz diversas acepções da função social da propriedade em seu livro *Função Social da Propriedade Pública*.[15] Dentre elas, cabe citar:

• León Duguit, jurista francês, que defendeu que a propriedade não pode ser tida como direito subjetivo, mas sim, um dever-poder, no qual o "poder" surge da possibilidade de empregar a coisa que possui para sua satisfação pessoal e o "dever" surge da necessidade de empregar a coisa possuída para satisfação de necessidades comuns, de uma coletividade nacional inteira ou de coletividades secundárias.

O professor Sílvio Luís, apesar de discordar da posição acima exposta no que tange à propriedade como direito subjetivo, afirmando que esta o é, atesta que a função social pode ser tida como um dever-poder do proprietário de exercer o seu direito de propriedade sobre o bem em consonância com o fim ou interesse coletivo.

• Já Pedro Escribano Collado, jurista espanhol, entende que a função social

13. Celso Antônio Bandeira de Mello, "Novos aspectos da função social da propriedade no Direito Público", *RDP* 84/40.

14. Idem, ob. cit., p. 41.

15. Sílvio Luís Ferreira da Rocha, *Função social da propriedade pública*, São Paulo, Malheiros Editores, 2005, pp. 70-77.

constitui um princípio ordenador da propriedade privada, de modo que se insere na ordem constitucional com eficácia imediata para o legislador.

Explica o autor que a aceitação da função social como princípio ordenador traz duas consequências ao direito de propriedade: a primeira é a de que, sendo este um princípio constitucional, as obrigações impostas aos proprietários podem se fundamentar em outros diversos dispositivos constitucionais espalhados em diferentes títulos da Lei Magna; a segunda é a de que o princípio terá caráter interpretativo, incidindo sobre todo o conteúdo de direito, de modo que o legislador deverá determinar referido conteúdo de acordo com o princípio em tela.

Derivando da explicação do caráter interpretativo de função social acima exposto, o professor Sílvio Luís conclui que a função social não pode ser tida como exterior ao conceito de propriedade.

Explica-nos, ainda, que esta é uma lição de Francisco Eduardo Loureiro, o qual, por sua vez, prescreve que a função social é elemento integrante do conceito de propriedade, isto é, é característica do direito de propriedade e de seu exercício, de tal forma que não se pode restringir tal função como sendo limites e restrições ao mencionado direito.

Nessa esteira, Francisco Eduardo Loureiro:

> "Há sério desvio de perspectiva daqueles que confundem função social da propriedade com simples limitações ou restrições. Basta lembrar que a mesma figura da função social serve para proteger com incentivos a pequena e média empresa. Serve para subsidiar a instalação de indústrias em determinadas regiões do país. Serve para isentar do pagamento de tributos propriedades de valor histórico, preservadas ou tombadas. Serve para concessão de crédito em condições privilegiadas para a aquisição da casa própria ou para a instalação de indústrias geradoras de empregos. Serve para impedir a penhora sobre imóveis residenciais e suas pertenças. Em suma, fácil perceber que a função social pode servir de incremento e de incentivo a diversas formas proprietárias, ou de estímulo a determinadas condutas socialmente relevantes".[16]

Nesse sentido, também, Fabio Konder Comparato:

> "Quando se fala em função social da propriedade não se indicam as restrições ao uso e gozo dos bens próprios. (...) Mas a noção de função, no sentido que é empregado o termo nessa matéria significa um poder, mas especificamente, o poder de dar ao objeto da propriedade destino determinado, de vinculá-lo a certo objetivo. O adjetivo social mostra que esse objetivo corresponde ao interesse coletivo (...)".[17]

Igualmente, Clóvis Beznos:

> "[*se*] não cumprida pelo proprietário a função social estabelecida pelo ordenamento positivo, deve o direito de propriedade extinguir-se, nas condições previstas na Constituição e nas leis, passando das mãos de seu titular ou para o Estado, ou para quem lhe dê a função almejada".[18]

E, ainda, corrobora tal posicionamento, José Afonso da Silva:

> "[*O princípio da função social da propriedade*] condiciona a propriedade como um todo, não apenas seu exercício, possibilitando ao legislador entender com os modos de sua aqui-

16. *A Propriedade como relação jurídica complexa*, Dissertação (Mestrado), PUC/SP, 2001, p. 94.

17. "Função social da propriedade dos bens de produção", in *Revista de Direito Mercantil* 63/63-67.

18. *Aspectos jurídicos da indenização na desapropriação*, Belo Horizonte, Fórum, 2006, p. 110.

sição em geral ou com certos tipos de propriedade, com seu uso, gozo e disposição".[19]

Diante das breves considerações trazidas de importantes trabalhos jurídicos acerca da função social, conclui-se que esta é a norma constitucional norteadora para criação de regras acerca do direito de propriedade, deste modo, voltada ao legislador, bem como do exercício deste direito, de tal forma que se volta também ao proprietário e ao poder executivo, para os momentos em que se faz necessária a sua intervenção.

Importante ressaltar que as propriedades não cumpridoras da função social não estão isentas de proteção jurídica como pode parecer. Celso Antônio Bandeira de Mello explica que "existe proteção também para a propriedade que contrarie a função social, conquanto tal proteção seja menos completa (...)". É por este motivo que se justifica a indenização àqueles que sofrem a desapropriação haja vista o descumprimento da função social da propriedade. Logo, a propriedade não é, em si, uma função social, já que seu descumprimento não gera o confisco, mas pode ensejar a desapropriação.

A nosso ver, a propriedade em si não é uma função social, como ensina Celso Antônio Bandeira de Mello, pois restou claro que o nosso ordenamento jurídico protege, inclusive, as propriedades não cumpridoras desse princípio, o que retira a ideia de que este seja intrínseco ao conceito de propriedade.

Nesse sentido, cabe-nos trazer o pensamento de Agustín Gordillo:

> "(...) sempre existirá o problema da medida de cada um dos direitos: se exacerbamos os direitos individuais, em detrimento extremo dos sociais (por exemplo, negando a possibilidade de expropriar terras para realizar uma reforma agrária), estaremos desvirtuando o Estado de Bem-Estar; e se exacerbamos os direitos sociais em prejuízo excessivo e não razoável dos direitos individuais estaremos violando o regime de Estado de Direito. Trata-se de uma questão de equilíbrio, a ser resolvida de forma justa e razoável em cada caso; que pode, pela humana falibilidade, decidir-se em alguns casos erroneamente, num ou noutro sentido mas nem por isso configura antítese, direta ou indiretamente".[20]

Aludido entendimento demonstra que a função social não pode ser intrínseca à noção de propriedade, sob pena de anular o direito individual de ser proprietário, o qual, obviamente, não foi extinto pelo Estado do Bem-Estar Social.

Confirmando a conclusão de que a função social é regra constitucional norteadora e, por esse motivo, aplicável a todo conteúdo de direito, o professor Sílvio Luís Ferreira da Rocha sustenta que a propriedade pública também está sujeita a esta:

> "O fim obrigatório que informa o domínio público não acarreta sua imunização aos efeitos emanados do princípio da função social da propriedade, de modo que o princípio da função social da propriedade incide sobre o domínio público, embora haja a necessidade de harmonizar o referido princípio com outros.
>
> "O princípio da função social da propriedade incide sobre os bens de uso comum mediante a paralisação da pretensão reintegratória do Poder Público, em razão de interesses juridicamente relevantes, sobretudo o princípio da

19. *Direito Urbanístico Brasileiro*, 6ª ed., cit., p. 74.

20. *Princípios Gerais de Direito Público*, trad. de Marco Aurélio Grecco, São Paulo, Ed. RT, 1977, p. 78.

dignidade da pessoa humana; incide também sobre os bens de uso comum mediante paralisação da pretensão reivindicatória do Poder Público com fundamento no art. 1.228, § 4º, do Código Civil.

"O princípio da função social incide, também, sobre os bens de uso especial mediante submissão dos referidos bens aos preceitos que disciplinam a função social dos bens urbanos, especialmente ao atendimento da função social das cidades.

O princípio da função social incide, outrossim, sobre os bens dominicais conformando-os à função social das cidades e do campo e viabilizando a aquisição da propriedade dos referidos bens pela usucapião urbana, rural e coletiva".[21]

Desta forma, resta claro que, seja propriedade privada, seja pública, todas devem estar em consonância com o princípio em estudo, caso contrário estão sujeitas a sanções, que serão diferentes umas das outras de acordo com a natureza da propriedade. Nesse sentido, temos que as propriedades públicas sofrem suas limitações conforme explicado acima, e as propriedades privadas, quando desrespeitam a função social, devem se sujeitar às sanções previstas nos arts. 182, 183 e 186 da Constituição Federal.

Superada a questão conceitual, temos que a interpretação do art. 182 da Constituição Federal pode sugerir entendimento diverso do que o que a Lei Maior prescreve no que tange ao respeito à função social e os municípios com menos de 20.000 habitantes.

O dispositivo constitucional acima mencionado, em seu § 1º,[22] prevê que as cidades com mais de 20.000 habitantes são obrigadas a ter plano diretor, aprovado pela Câmara, como instrumento básico da política de desenvolvimento e de expansão urbana.

Já o parágrafo seguinte do mesmo artigo[23] explica que a propriedade urbana é cumpridora de sua função social caso atenda às expressas exigências inseridas no plano diretor do município.

Da leitura destes dois parágrafos é possível chegar a uma conclusão errônea de que as cidades com menos de vinte mil habitantes, por não serem obrigadas a ter plano diretor como instrumento de política urbana, não devem respeito ao princípio da função social da propriedade.

Por óbvio que esta conclusão não está correta. Como visto neste trabalho, todas as propriedades, sejam elas privadas ou públicas; sejam grandes, médias ou pequenas, devem obediência ao princípio de sua função social.

O que a Constituição Federal assinala é que os municípios com menos de 20.000 habitantes não são obrigados a ter plano diretor como instrumento político, o que não significa dizer que referidos entes não se devam preocupar com tal política, ou que não devam ter instrumentos jurídicos regulamentando a política urbana.

Desta feita, corrobora mais uma vez a ideia exposta neste trabalho de que toda e qualquer propriedade deve estar em consonância com a sua função social.

21. *Função social da propriedade pública*, cit., pp. 159-160.

22. Art. 182, § 1º, da Constituição Federal: "O plano diretor, aprovado pela Câmara Municipal, obrigatório para as cidades com mais de vinte mil habitantes é o instrumento básico da política de desenvolvimento e de expansão urbana".

23. Art. 182, § 2º, da Constituição Federal: "A propriedade urbana cumpre sua função social quando atende às exigências fundamentais da ordenação da cidade expressas no plano diretor".

Percebemos, além do mais, após os breves comentários sobre a função social da propriedade, que esta está intimamente ligada ao direito à moradia.

Nesse esteira, Rômolo Russo Júnior transcreve[24] a primeira diretriz-meta legal de política urbana, qual seja, o art. 2º, inciso I, do Estatuto da Cidade, *in verbis*:

"(...) garantia do direito a cidades sustentáveis, entendido como direito à terra urbana, à moradia, ao saneamento ambiental, à infraestrutura urbana, ao transporte, e aos serviços públicos, ao trabalho e ao lazer, para as presentes e a futuras gerações".

O autor explica que o artigo acima aludido é o que deve servir de "norte" para toda a aplicação do Estatuto da Cidade, diploma legal responsável por dar concretude à função social da propriedade.

Ademais, a publicização de direitos é um fenômeno que ocorreu justamente para tentar remediar as diferenças sociais que existem no país – a exemplo disso, temos o *direito do consumidor*, a *função social do contrato* etc.

Sendo assim, resta claro que a mudança ocorrida com a propriedade, isto é, sua "funcionalização", foi uma forma de diminuir as diferenças sociais e garantir, deste modo, que os objetivos fundamentais da República, constantes do art. 3º da CF, tornem-se concretos: construção de uma sociedade livre, justa e solidária; garantia do desenvolvimento nacional; erradicação da pobreza e marginalização e redução das desigualdades sociais e regionais; e promoção do bem de todos sem preconceitos de origem, raça, sexo, cor, idade e quaisqucr outras formas de discriminação.

24. Rômolo Russo Júnior, *Direito à moradia: um direito social*, Dissertação (Doutorado), PUC/SP, 2006, p. 113.

IV. Da Concessão Especial de Uso para fins de Moradia

A promulgação da Lei 10.257/2001 – Estatuto da Cidade – deu-se com a finalidade de regular o uso do solo urbano, tal qual previsto no art. 182 da Constituição Federal de 1988.

Os objetivos do Estatuto da Cidade foram exaustivamente descritos em seu art. 2º, incisos I a XVI.

"O inciso I garante cidades sustentáveis que, na lição de Odete Medauar, significa 'aquelas em que o desenvolvimento urbano ocorre com ordenação, sem caos e destruição, sem degradação, *possibilitando uma vida urbana digna para todos*', *mediante o direito à terra urbana, à moradia*, ao saneamento ambiental, à infraestrutura urbana, ao transporte e aos serviços públicos, ao trabalho e ao lazer, para as presentes e futuras gerações"[25] (destaque não constante do original).

No entanto, ao sancionar supracitada Lei, o Presidente à época vetou os artigos que previam a Concessão de Uso Especial para Fins de Moradia, por razões de interesse público, sem que deixasse de reconhecer a importância deste instituto:

"Razões do veto:

"O instituto jurídico da concessão de uso especial para fins de moradia em áreas públicas é um importante instrumento para propiciar segurança da posse – fundamento do direito à moradia – a milhões de moradores de favela e loteamento irregulares. Algumas imprecisões do projeto de lei trazem, no entanto, riscos à aplicação desse instrumento inovador, contrariando o interesse público.

"O *caput* do art. 15 do projeto de lei assegura o direito à concessão de uso especial para fins de moradia

25. Idem, p. 85.

àquele que possuir como sua área ou edificação de até duzentos e cinquenta metros quadrados situado em imóvel público. A expressão 'edificação urbana' visaria permitir a regularização de cortiços em imóveis públicos, que no entanto é viabilizada pela concessão a título coletivo, prevista no art. 16. Ela se presta, por outro lado, a outra leitura, que poderia gerar demandas injustificadas do direito em questão por parte de ocupantes de habitações individuais de até duzentos e cinquenta metros quadrados de área edificada em imóvel público.

"Os arts. 15 a 20 do projeto de lei contrariam o interesse público sobretudo por não ressalvarem no direito à concessão de uso especial os imóveis públicos afetados ao uso comum do povo, como praças e ruas, assim como áreas urbanas de interesse da defesa nacional, da preservação ambiental ou destinadas a obras públicas. Seria mais do que razoável, em caso de ocupação dessas áreas, possibilitar a satisfação do direito à moradia em outro local, como prevê o art. 17 em relação à ocupação de áreas de risco.

"O projeto não estabelece uma data-limite para aquisição do direito à concessão de uso especial, o que torna permanente um instrumento só justificável pela necessidade imperiosa de solucionar o imenso passivo de ocupações irregulares gerado em décadas de urbanização desordenada.

"Por fim, não há no art. 18 a definição expressa de um prazo para que a Administração Pública processe os pedidos de concessão de direito de uso que, previsivelmente, virão em grande número a partir da vigência deste instrumento. Isto traz o risco de congestionar o Poder Judiciário com demandas que, num prazo razoável, poderiam e deveriam ser satisfeitas na instância administrativa. Pelas razões expostas, propõe-se o veto aos arts. 15 a 20 do projeto de lei. Em reconhecimento à importância e validade do instituto da concessão de uso especial para fins de moradia, o Poder Executivo submeterá sem demora ao Congresso Nacional um texto normativo que preencha essa lacuna, buscando sanar as imprecisões apontadas."[26]

Diante do compromisso assumido de fazer valer os direitos dos possuidores de terras em áreas urbanas, foi editada Medida Provisória 2.220, em 4.9.2001.

Importante salientar que, em primeiro lugar, é fundamento constitucional da Concessão Especial o direito à moradia, este garantido pelo art. 6º da Lei Magna, nos moldes já estudados neste artigo.

Ademais, é o art. 183 da Constituição Federal que prevê, especificamente em seu § 1º, a possibilidade de concessão de uso às pessoas possuidoras de terras em área urbana, nos termos que estabelece seu *caput*:

"Art. 183. Aquele que possuir como sua área urbana de até duzentos e cinquenta metros quadrados, por cinco anos, ininterruptamente e sem oposição, utilizando-a para sua moradia ou de sua família, adquirir-lhe-á o domínio, desde que não seja proprietário de outro imóvel urbano ou rural.

"§ 1º. O título de domínio e a concessão de uso serão conferidos ao homem ou à mulher, ou a ambos, independentemente do estado civil.

"§ 2º. Esse direito não será reconhecido ao mesmo possuidor mais de uma vez.

"§ 3º. Os imóveis públicos não serão adquiridos por usucapião.

Contudo, o Professor Adilson Abreu Dallari critica a utilização do artigo acima como fundamento constitucional, haja vista a impossibilidade de se conceder

26. Odete Medauar e Fernando Dias Menezes de Almeida (Coords.), *Estatuto da Cidade – Lei 10.257, de 10.07.2001 – Comentários*, São Paulo, Ed. RT, 2004, pp. 304-305.

domínio ao possuidor da terra através do instituto jurídico em estudo.[27] Segundo o jurista, a concessão de uso não deveria estar mencionada no artigo acima aludido.

O próprio doutrinador explica que se deve ler tal artigo com cuidado, atentando-se ao conceito tradicional de concessão especial, de modo que se consegue, então, identificar duas figuras jurídicas distintas: a da usucapião, no caso de imóveis particulares, uma vez que os imóveis públicos não podem ser adquiridos através deste instituto (art. 183, § 3º, CF); e a concessão especial, quando forem as terras possuídas de natureza pública.

Quanto à disciplina contida na suprareferida Medida Provisória é muito parecida com a contida nos artigos vetados no Estatuto da Cidade, limitando-se a corrigir as falhas apontadas pelo Presidente em seu veto, deixando expresso que tal direito à concessão de uso pode ser exercido perante imóveis públicos da União, Estados e Municípios e, ainda, prevendo a autorização de uso de imóveis públicos para fins comerciais.

Considerando a necessidade de preencher os mesmos requisitos, tanto para forma singular de concessão de uso para fins de moradia, como para forma coletiva, será realizada a análise do instituto na sua maneira mais simples, para depois examinarmos suas especificidades do caso em estudo, qual seja, concessão coletiva. Senão vejamos.

O art. 183 da Constituição Federal brasileira prevê o instituto da Concessão de Uso. Este está inserido no Título VII desse diploma, o qual se refere à ordem econômica e financeira, mais especificamente no Capítulo II desse título, acerca da política urbana.

O citado artigo traz a possibilidade de ser conferido ao requerente título de domínio ou concessão de uso de imóveis.

O título de domínio refere-se à possibilidade de usucapião do imóvel em que a pessoa vive, sendo que este não pode ser público, uma vez que é impossível a usucapião de bens públicos, de acordo com o § 3º do mesmo artigo, pois este direito acarreta na transferência de propriedade.[28]

Desta forma, temos que o artigo em tela restou confuso, uma vez que misturou os requisitos da usucapião com a possibilidade de a Administração conferir título de concessão de uso para aqueles que residem em terras públicas.

27. Adilson Abreu Dallari e Sérgio Ferraz (Coords.), *Estatuto da Cidade (Comentários à Lei Federal 10.257/2001)*, São Paulo, Malheiros Editores, 2006, p. 157: "A redação do dispositivo, no que diz respeito à concessão de uso, é lamentável. A toda evidência, o art. 183 prevê a usucapião em área urbana como direito à aquisição de domínio assegurado àquele que possuir como sua área urbana de até duzentos e cinquenta metros quadrados, por cinco anos, ininterruptamente e sem oposição, utilizando-a para sua moradia ou de sua família, desde que não seja proprietário de outro imóvel urbano ou rural. Todos os requisitos exigidos para o usucapião estão aí delineados".

Dallari prossegue dizendo: "Contudo, embora o *caput* se refira à aquisição do *domínio*, o § 1º fala em *título de domínio* e em *concessão de uso*. Esta não constitui forma de transferência de domínio. Em consequência, não deveria estar mencionada no dispositivo (...)".

28. Ressalve-se o entendimento de Sílvio Luís Ferreira da Rocha acerca da possibilidade de usucapião de bem público, *Função social da propriedade pública*, p. 153: "No caso dos bens dominicais, semelhantes aos bens privados, o princípio da função social da propriedade comporta o efeito de submetê-los à força aquisitiva da posse contínua e pacífica, não bastando para impedir este efeito uma proposição genérica que subtrai os bens públicos do raio de ação da prescrição aquisitiva".

Interpretando-se de maneira razoável, buscando a *mens legis* inserida em tal dispositivo, vê-se que este visou a conciliar o direito de moradia previsto na Constituição com a realidade brasileira, de modo a reduzir a miserabilidade da população. Para tanto, utilizou-se de requisitos já existentes em outro instituto, sem se atentar às diferenças cruciais entre um e outro.

Portanto, em relação aos imóveis privados, aplica-se a usucapião previsto no art. 183, da Constituição Federal e aos imóveis públicos aplica-se a concessão de uso especial.

A regulamentação da concessão de uso especial prevê as seguintes características para o instituto:

a) direito oponível à Administração Pública, por via administrativa, sendo que, em caso de recusa, se dará por via judicial;[29]

b) é assegurado aos possuidores de imóvel público, situado em área urbana, de até duzentos e cinquenta metros quadrados, que tenham a posse ininterrupta e sem oposição por pelo menos cinco anos até 30.6.2001, e se utilizem de tal área com a finalidade de moradia ou de sua família;[30]

c) o possuidor não pode ser proprietário ou concessionário, a qualquer título, de outro imóvel, urbano ou rural.[31]

O art. 2º da citada Medida Provisória traz a possibilidade de concessão de uso de imóveis urbanos públicos para a população de baixa renda que resida em imóveis com mais de duzentos e cinquenta metros quadrados, de forma coletiva, quando não for possível a identificação dos terrenos ocupados por cada família.

"Art. 2º. Nos imóveis de que trata o art. 1º, com mais de duzentos e cinquenta metros quadrados, que, até 30 de junho de 2001, estavam ocupados por população de baixa renda para sua moradia, por cinco anos, ininterruptamente e sem oposição, onde não for possível identificar os terrenos ocupados por possuidor, a concessão de uso especial para fins de moradia será conferida de forma coletiva, desde que os possuidores não sejam proprietários ou concessionários, a qualquer título, de outro imóvel urbano ou rural."

Nesta modalidade de concessão, os possuidores devem preencher os mesmos requisitos daquele que requer tal direito sozinho.

Maria Sylvia Zanella Di Pietro, analisando o instituto em tela, na modalidade coletiva, preocupou-se com a redação do art. 2º, § 2º da MP 2.220/2001[32] no que tange à falta de identificação dos terrenos para a concessão, o que para a jurista, nesse caso, não sustentaria a aplicação do instituto em estudo, haja vista que a posse implica na possibilidade de se localizar o terreno ocupado com seu possuidor.

29. "Art. 6º. O título de concessão de uso especial para fins de moradia será obtido pela via administrativa perante o órgão competente da Administração Pública ou, em caso de recusa ou omissão deste, pela via judicial."

30. "Art. 1º. Aquele que, até 30 de junho de 2001, possuiu como seu, por cinco anos ininterruptamente e sem oposição, até duzentos e cinquenta metros quadrados de imóvel público situado em área urbana, utilizando-o para sua moradia ou de sua família, tem o direito à concessão de uso especial para fins de moradia em relação ao bem objeto da posse, desde que não seja proprietário ou concessionário, a qualquer título, de outro imóvel urbano ou rural."

31. Cf. nota de rodapé 20.

32. Art. 2º, § 2º: "Na concessão de uso especial de que trata este artigo, será atribuída igual fração ideal de terreno a cada possuidor, independentemente da dimensão do terreno que cada um ocupe, salvo hipótese de acordo escrito entre os ocupantes, estabelecendo frações ideais diferenciadas".

"(...) melhor seria se a medida provisória tivesse se limitado a estabelecer a concessão de uso de forma coletiva como uma *possibilidade* para o Poder Público regularizar a situação das favelas sem a observância do módulo estabelecido para a zona urbana e sem *imposição* de resolver ocupações pretéritas, não planejadas e, por isso, de difícil comprovação. Se não houver como comprovar a posse contínua por cinco anos os interessados não terão como obter concessão."[33]

Referida observação feita pela jurista, em nosso entendimento, apesar de válida, não deve ser levada à risca, uma vez que, em última instância, o que deve ser preservado é o direito à moradia, de modo que, mesmo sem a identificação prévia dos espaços ocupados pelas famílias habitantes das favelas, estes serão determinados quando houver a concessão, para todos, de forma igual, salvo a presença de acordo entre os moradores.

Outra crítica feita refere-se à utilização do termo "população de baixa renda", pois este é muito vago. Sem a identificação de um critério objetivo para identificar os beneficiados, é possível que se afaste a aplicação da concessão daqueles que realmente necessitam e se acabe por privilegiar pessoas que não são os verdadeiros destinatários da norma.

Crítica com a qual concordamos e, conforme se verá adiante, propomos a utilização de cadastramento das famílias que vivem nas áreas de favelas para melhor identificação daqueles que devam ser beneficiados com a Concessão de Uso.

O artigo 4º[34] garante a concessão em outra área, na forma individual ou coletiva, no caso de a ocupação acarretar risco à vida ou à saúde. Esta norma reafirma o compromisso do Estado em buscar a efetivação do direito à moradia.

Ademais, tanto na modalidade individual ou coletiva, aquele que der destinação diversa da moradia ao imóvel em uso ou receber concessão de uso de outro imóvel, urbano ou rural, terá sua concessão revogada.[35]

Ainda, no ordenamento jurídico brasileiro encontramos várias formas similares à Concessão de Uso Especial. Por esse motivo, cabe-nos compará-los para melhor elucidar o instituto objeto desse estudo.

A usucapião, de forma geral, é meio de aquisição da propriedade pela posse prolongada do bem somada à inércia do proprietário.

É o art. 183 da Constituição Federal (regulamentado, mais tarde, pelos arts. 9º a 14 do Estatuto da Cidade) que disciplina a usucapião especial urbana, estabelecendo seus requisitos, os quais serão os mesmos para a concessão especial para fins de moradia, em razão do que estabelece o § 1º do mesmo artigo.

Tal modalidade de aquisição da propriedade é instituto jurídico novo, criado pela Lei Magna vigente, que não se confunde com as demais formas de prescrição aquisitiva existentes no ordenamento jurídico brasileiro, ainda que não se desfaça do padrão estabelecido na doutrina brasileira no que tange aos requisitos essenciais para que se configure a usucapião.

33. *Apud* José Jiemon Sugai, *O Direito constitucional à moradia e os instrumentos jurídicos para sua efetividade*, p. 113.

34. "Art. 4º. No caso de a ocupação acarretar risco à vida ou à saúde dos ocupantes, o Poder Público garantirá ao possuidor o exercício do direito de que tratam os arts. 1º e 2º em outro local."

35. "Art. 8º. O direito à concessão de uso especial para fins de moradia extingue-se no caso de: I – o concessionário dar ao imóvel destinação diversa para si ou para sua família, ou II – o concessionário adquirir a propriedade ou a concessão de uso de outro imóvel urbano ou rural."

Nesse sentido, Carlos Bastide Horbach:

"(...) apesar de a prescrição aquisitiva apresentar diferentes formas no ordenamento jurídico brasileiro, o tratamento doutrinário da usucapião segue um modelo uniforme, segue o padrão de análise fixada por Clóvis Beviláqua ao comentar o Código Civil. Quase todos os civilistas que se dispuseram a estudar a usucapião partiram do mesmo ponto de Clóvis, qual seja, os requisitos da usucapião em seus diversos tipos no ordenamento jurídico brasileiro, tal como fez o redator do Código Civil de 1916 ao comentar os seus arts. 550 e 551".[36]

A usucapião especial urbana assemelha-se à Concessão Especial para fins de Moradia, pois pode ser concedida na modalidade coletiva, sendo que se dá em terras privadas, haja vista o entendimento majoritário da doutrina e jurisprudência de que somente essa modalidade de propriedade pode ser objeto da usucapião.

Nesse sentido, colacionamos o seguinte julgado:

"*Direito Constitucional e Civil – Usucapião – Terras públicas – Condições da ação – Impossibilidade jurídica do pedido*. Deve ser declarada a carência de ação por parte do autor, pois trata-se de impossibilidade jurídica do pleito, na medida em que, tratando-se de terras públicas, a matéria atinente a usucapião não encontra amparo no direito material positivo" (TJDFT, 3ª Turma Cível, Ap Civ 2001 01 1 072349-2 APC – 0072349-95.2001.807.0001 (Res. 65 – CNJ)-DF, j. 18.11.2004, Rel. Des. Vasquez Cruxên, *DJU* 19.4.2005, p. 171, Seção 3).

Desse modo, não é à toa que o legislador optou por estabelecer requisitos análogos aos institutos.

Analisando a usucapião de acordo com os elementos básicos da prescrição aquisitiva estabelecidos por Clóvis Bevilácqua, quais sejam, posse, coisa hábil, justo-título e boa-fé, temos o seguinte:

– No que tange à posse, esta deve ser de cinco anos, ininterruptos e sem oposição, sendo que a finalidade da ocupação deve ser a da moradia, tanto do possuidor, como de sua família. Ainda, quanto ao termo de início da posse, discutiu-se muito sobre esse assunto, de modo que a jurisprudência se firmou no sentido de que o termo *a quo* deve se dar a partir da entrada em vigor da Constituição Federal de 1988, quando surgiu o instituto.[37]

– No que diz respeito à coisa hábil, devemo-nos valer do que prescreve o *caput* do art. 9º do Estatuto da Cidade, o qual identifica como objeto da usucapião especial "área ou edificação urbana", isto é, tanto o terreno, como a área construída. Importante relembrar que nesse caso a área ou edificação urbana devem ser de propriedade privada, haja vista a proibição constitucional de usucapir bens públicos.

– Quanto aos requisitos subjetivos, exige-se do usucapiente que este não seja proprietário de outro imóvel, urbano ou rural, deixando claro que o objetivo de tal instituto é garantir à moradia. Da mesma forma, o possuidor não pode haver adquirido anteriormente outro imóvel através da usucapião especial.

36. Carlos Bastide Horbach, "Dos instrumentos da política urbana", in Odete Medauar e Fernando Dias Menezes de Almeida (Coords.), *Estatuto da Cidade. Lei 10.257, de 10.07.2001 – Comentários*, São Paulo, Ed. RT, 2004, p. 128.

37. A propósito, trazemos o seguinte julgado: "Tem seu termo inicial de fluência na data da entrada em vigor da Constituição de 1988 (5 de outubro), o prazo de usucapião estabelecido no art. 183 da mesma Carta" (STF, 1ª Turma, RE 145004-5-MT, Rel. Min. Octavio Gallotti, j. 21.5.1996, *RTJ* 164-02/740).

Estas últimas exigências caracterizam a boa-fé do possuidor, que apesar de representar elemento subjetivo, deve ser demonstrada de forma objetiva, por meio de certidões de registros dos cartórios brasileiros.

Já a *permissão* é ato administrativo dotado de discricionariedade e precariedade, pelo qual a Administração Pública faculta ao administrado a execução de serviços de interesse coletivo ou uso especial de bens públicos, a título gratuito ou oneroso, nas condições estabelecidas pelo Poder Público.

Nos termos da lei que rege esse instituto na esfera federal, Lei 9.636/98, temos a seguinte definição:

> "Art. 22. A utilização, a título precário, de áreas de domínio da União para a realização de eventos de curta duração, de natureza recreativa, esportiva, cultural, religiosa ou educacional, poderá ser autorizada, na forma do regulamento, sob o regime de permissão de uso, em ato do Secretário do Patrimônio da União, publicado no Diário Oficial da União".

Nas palavras de Hely Lopes Meirelles, permissão de uso é:

> "ato negocial, unilateral, discricionário e precário através do qual a Administração faculta ao particular a utilização individual de determinado bem público. Como ato negocial, pode ser com ou sem condições, gratuito ou remunerado, por tempo certo ou indeterminado, conforme estabelecido no termo próprio, mas sempre modificável e revogável unilateralmente pela Administração, quando o interesse público o exigir, dados sua natureza precária e o poder discricionário do permitente para consentir e retirar o uso especial do bem público".[38]

Segundo o mesmo autor, a permissão enquanto vigente garante ao permissionário o uso especial e individual do bem público, nos termos fixados pelo Poder Público, gerando, inclusive, direito subjetivo que pode ser defendidos em via judicial.

No entanto, observamos que, sendo ato precário, a defesa em juízo da permissão fica limitada ao caso de esta ser realizada por prazo determinado e retirada antes de findo o prazo.

Importante ressaltar que a permissão, via de regra, não assegura o uso exclusivo do bem, que é característica da concessão, mas não significa que isto não possa ocorrer de forma excepcional, desde que haja cláusula expressa nesse sentido.

Ademais, qualquer bem pode ser objeto de permissão de uso especial a particular, sendo necessário que exista na utilização interesse coletivo, de modo que se não houver tal interesse, o uso não deve ser permitido, tampouco autorizado, mas simplesmente autorizado em caráter precário.

Neste esteira, infere-se que a permissão é o "meio-termo" entre a autorização e a concessão.

Por fim, é possível que a entidade competente imponha requisitos e condições a mais para a formalização e revogação da permissão, sendo que esta estará sempre sujeita às normas da Lei 8.666/93.

No que se refere à concessão de direito real de uso, esta foi instituída pelo Decreto-lei 271, de 28.2.67: e é assim definida:

> "Art. 7º. É instituída a concessão de uso de terrenos públicos ou particulares remunerada ou gratuita, por tempo certo ou indeterminado, como direito real resolúvel, para fins específicos de regularização fundiária de interesse social, urbanização, industrialização, edificação, cultivo da terra, aproveitamento sustentável das

38. Hely Lopes Meirelles, *Direito Administrativo Brasileiro*, 37ª ed., São Paulo, Malheiros Editores, 2011, pp. 571-572.

várzeas, preservação das comunidades tradicionais e seus meios de subsistência ou outras modalidades de interesse social em áreas urbanas.

"§ 1º. A concessão de uso poderá ser contratada, por instrumento público ou particular, ou por simples termo administrativo, e será inscrita e cancelada em livro especial.

"§ 2º. Desde a inscrição da concessão de uso, o concessionário fruirá plenamente do terreno para os fins estabelecidos no contrato e responderá por todos os encargos civis, administrativos e tributários que venham a incidir sobre o imóvel e suas rendas.

"§ 3º. Resolve-se a concessão antes de seu termo, desde que o concessionário dê ao imóvel destinação diversa da estabelecida no contrato ou termo, ou descumpra cláusula resolutória do ajuste, perdendo, neste caso, as benfeitorias de qualquer natureza.

"§ 4º. A concessão de uso, salvo disposição contratual em contrário, transfere-se por ato *inter vivos*, ou por sucessão legítima ou testamentária, como os demais direitos reais sobre coisas alheias, registrando-se a transferência."

A concessão de uso é contrato, de natureza real resolúvel, pelo qual a Administração transfere o uso remunerado ou gratuito de imóvel público a particulares, para que dele se utilize para as finalidades específicas aludidas.

A concessão de direito real de uso pode ser outorgada por escritura pública ou termo administrativo, cujo instrumento ficará sujeito a inscrição em livro próprio imobiliário. Ainda, sua concretização está condicionada a autorização legislativa, sendo que esta pode ser genérica ou específica (uma para cada ação de regularização fundiária) e concorrência prévia.

Ademais, concebida dessa forma, a concessão de direito real de uso substitui vantajosamente a maioria das alienações de terrenos públicos, motivo pelo qual deverá sempre ser dada a preferência a esta modalidade.

No que se refere à aplicabilidade da concessão especial de uso para fins de moradia, diante de todo o exposto, chegamos a conclusão de que esta carece de elementos para que seja de fato aplicável.

A nosso ver, a primeira dificuldade encontrada para que se obtenha a concessão por parte da Administração Pública, é a de acesso a tal informação.

Como é sabido, no Brasil, grande parte de sua população desconhece seus direitos, ainda que os mais básicos.

Por óbvio que as pessoas que habitam as favelas não querem ali ficar se tiverem a possibilidade de habitar outra área dotada de infraestrutura necessária, ou a mesma, desde que seja regulada e reformada.

No entanto, o direito de exigir do poder público reforma nas áreas públicas onde se encontram as favelas ou, se não for possível, garantir outro espaço para moradia dos "favelados", se preenchidos os requisitos, é desconhecida pela maioria dos habitantes da área, se não por sua totalidade.

Ainda que de conhecimento dos moradores o direito de concessão especial, outro empecilho encontrado é que, na prática, dificilmente se consegue provar que habitam o terreno há, pelo menos, cinco anos ininterruptos até a data estipulada em lei, haja vista que estes vivem à margem da legalidade, sem qualquer documentação.

O fato de impor ao Poder Público que resolva situações pretéritas, não planejadas e de difícil comprovação, põe por terra todo o esforço de regularizar, de fato, o espaço ocupado por favelas em imóveis públicos.

Por fim, no que tange às dificuldades de aplicação do instituto em estudo, temos a inércia da Administração Pública.

No caso de o Poder Público deixar vencer o prazo que lhe é dado para decidir acerca do pedido de concessão especial para fins de moradia, os moradores das favelas podem recorrer à Justiça, o que neste país significa adiar, e muito, o alcance do objetivo.

Além do tempo que demora um processo como esse na Justiça, o problema de acesso à Justiça também está presente. Os indivíduos que preenchem as camadas econômicas mais baixas tem menos possibilidade de perseguir seus direitos em sede contenciosa, em razão dos custos processuais e do desconhecimento de que existe uma Defensoria Pública que poderia, gratuitamente, prestar-lhes assistência jurídica.

Sobre a assistência jurídica, Daniela Campos Libório di Sarno assevera a possibilidade de haver tal assistência gratuita para os grupos de pessoas menos favorecidas como instrumento não urbanístico para a realização da atividade urbanística no município; no entanto, não se vê aludida função colocada em prática.

> "o Poder Executivo municipal, em geral, já possui um corpo técnico e jurídico próprio. Para efetivar esta medida, será necessário: a) que haja um pessoal especificamente designado para esta função, considerando que o planejamento urbano deva ser permanente; b) que este pessoal tenha acesso a todas as informações e decisões tomadas em âmbito urbanístico (leis, decretos, atos administrativos), bem como suas constantes atualizações".[39]

Desta forma, como se vê, o Estatuto da Cidade, em conjunto com a MP 2.220/2001, abarcam grande parte da regulamentação necessária para que se realize a concessão especial para fins de moradia; no entanto, algumas previsões destas normas acabam por se tornar de difícil aplicação no caso concreto.

Diante da dificuldade em se aplicar a concessão especial de uso e da importância que o direito a moradia tem, conforme já ressaltado, é preciso que se encontrem outras formas de fazer garantir referido direito.

Nesse sentido, temos a Ação Civil Pública e a própria iniciativa da Administração Pública.

Sobre a Ação Civil Pública, os arts. 53 e 54 do Estatuto da Cidade alteraram a redação da Lei da Ação Civil Pública (LACP), para incluir a defesa por esse meio processual de interesses transindividuais referentes à ordem urbanística.

Situados numa posição intermediária entre o *interesse público* e o *interesse privado*, existem os *interesses transindividuais* (também chamados de interesses coletivos, em sentido *lato*), os quais são compartilhados por grupos, classes ou categorias de pessoas (como os condôminos de um edifício, os sócios de uma empresa, os membros de uma equipe esportiva, os empregados do mesmo patrão). São interesses que excedem o âmbito estritamente individual, mas não chegam propriamente a constituir interesse público.[40]

Em sede processual, os interesses transindividuais inscrevem-se como aqueles para os quais a ordem jurídica estabelece que o acesso individual à justiça seja substituído por um processo coletivo, o que facilita uma solução mais eficaz para a lide e evita decisões controversas sobre o mesmo objeto.

39. Daniela de Campos Libório Di Sarno, *Elementos de Direito Urbanístico*, Barueri, Manole, 2004, p. 85.

40. Hugo Nigro Mazzilli, *A defesa dos interesses difusos em juízo*, São Paulo, Saraiva, 2004, p. 48.

Qualquer interesse de grupo, classe ou categoria merece tutela coletiva, além da individual.

A tutela coletiva caracteriza-se pelo seguinte:

a) controvérsia sobre interesses de grupos, classes ou categorias;

b) ocorrência frequente de conflitos entre os próprios grupos envolvidos;

c) a defesa judicial se dá por legitimação extraordinária;

d) a destinação da indenização é especial, normalmente, encaminhanda para um "fundo";

e) é necessário que a imutabilidade da decisão deva ultrapassar os limites das partes;

f) preponderância do princípio da economia processual.

A Ação Civil Pública, regulada pela Lei 7.347/85, foi um marco na ordem jurídica que permitiu a defesa de interesses transindividuais em seara processual, sendo que, posteriormente, foram editadas diversas leis e até medida provisória ampliando a abrangência dessa forma de tutela coletiva.

Haja vista a natureza difusa do direito urbanístico, temos que este pode ser pleiteado por meio de Ação Civil Pública.

Nesse diapasão, trazemos à baila o seguinte julgado:

"*Processo Civil. Ação Civil Pública com base em inconstitucionalidade de lei. Eficácia* erga omnes. *Controle de constitucionalidade* incidenter tantum. *Legitimidade ativa do Ministério Público.*

"1. O novel art. 129, III, da Constituição Federal habilitou o Ministério Público à promoção de qualquer espécie de ação na defesa do patrimônio público social não se limitando à ação de reparação de danos.

"2. Em consequência, legitima-se o Ministério Público a toda e qualquer demanda que vise à defesa do patrimônio público (neste inserido o histórico, cultural, urbanístico, ambiental, etc.), sob o ângulo material (perdas e danos) ou imaterial (lesão à moralidade).

"3. O Ministério Público tem legitimidade para propor ação civil pública, fundamentada em inconstitucionalidade de lei, na qual opera-se apenas o controle difuso ou *incidenter tantum* de constitucionalidade. Precedente do STF.

"4. A declaração incidental de constitucionalidade não tem eficácia *erga omnes*, porquanto é premissa do pedido (art. 469, III, do CPC).

"5. Pretensão do Parquet que objetiva que o Distrito Federal se abstenha de conceder termo de ocupação, alvarás de construção e de funcionamento, deixe de aprovar os projetos de arquitetura e/ou engenharia a quaisquer pessoas físicas ou jurídicas, que ocupem ou venham a ocupar áreas públicas de uso comum do povo localizadas na 705 Norte.

"6. Recurso especial provido" (STJ, 1ª Turma, REsp 489.225-DF, Rel. Min. Luiz Fux, j. 24.6.2003, *DJU* 25.8.2003, p. 266).

O ajuizamento da ACP deve ser realizado pelas entidades legitimadas para tanto, por exemplo, o Ministério Público, conforme se reconheceu pela jurisprudência abaixo elencada:

"*Processo Civil e Administrativo – Ação Civil Pública – Legitimidade do Ministério Público – Leis n. 8.625/93 e n. 7.347/83 – Dano ambiental – Ceramistas – Extração de barro – Alvará – Licenciamento – Projeto de recuperação homologado no IBAMA – Interesse do MP no prosseguimento da Ação Civil Pública que discute dano ambiental e sua extensão – Possibilidade.* 1 – É o Ministério Público parte legítima para propor ação civil pública na defesa do patrimônio público, aí entendido os patrimônios histórico, paisagístico, cultural, urbanístico, ambiental etc., conceito amplo de interesse social que legitima a atuação do Parquet. 2 – A referida legitimidade do Ministério Público para ajuizar tais ações é prevista *in satus assertionis*, ou seja, conforme a narrativa feita pelo demandante na inicial ('teoria da asserção'). 3 – Ainda que exista acordo realizado no âmbito administrativo (IBAMA) com as empresas demandadas, resta o interesse de agir do Ministério Público na busca da comprovação da exata extensão dos danos e na reparação. Instâncias administrativa e judicial que não se confundem, de modo a não gerar obstáculo algum para o exercício da jurisdição. 4 – Não viola o art. 535 do CPC, acórdão que adota fundamentação suficiente para dirimir a controvérsia, ainda que conclua contrariamente ao interesse do recorrente. Recurso especial provido em parte, para reconhecer a legitimidade do Ministério Público do Estado de Minas Gerais e o interesse de agir na ação civil pública. Determino a devolução dos autos ao Tribunal de Justiça do Estado de Minas Gerais para que prossiga no julgamento, enfrentando o mérito da questão como entender de direito" (STJ, 2ª Turma, REsp 265.300-MG, Rel. Min. Humberto Martins, j. 21.9.2006, *RSTJ* 204/192).

Assim, não restam dúvidas de que a ACP é meio processual de persecução dos direitos inerentes ao ordenamento urbanístico.

Além do mais, importante anotar a observação feita por Lúcia Valle Figueiredo[41] de que se houver violação à ordem urbanística, existe a possibilidade de os administrados recorrerem a medidas judiciais mais eficazes, como o mandado de segurança ou a ação popular.

De outro lado, a iniciativa da própria Administração Pública pode ser uma forma de garantir o acesso ao direito à moradia pelos habitantes de favelas. Exemplo disso é o programa "Minha Casa, Minha Vida", um projeto de iniciativa da União para que se realize a regularização fundiária no País, através da utilização dos instrumentos urbanísticos previstos no Estatuto da Cidade, e também facilite, com aportes oriundos de tributação, a aquisição de imóveis pelos brasileiros de baixa renda.

Nos termos do art. 46, da Lei 11.977/2009, a regularização fundiária é o conjunto de medidas jurídicas, urbanísticas, ambientais e sociais que visam à regularização de assentamentos irregulares e à titulação de seus ocupantes, de modo a garantir o direito à moradia, o pleno desenvolvimento da função social da propriedade e o direito ao meio ambiente ecologicamente equilibrado.

A regularização fundiária obedece aos seguintes princípios: ampliação do acesso à terra urbanizada pela população de baixa renda; participação dos interessados em todas as etapas do processo de regularização; articulação com políticas setoriais de habitação, de meio ambiente, de saneamento básico e de mobilidade urbana, nos diferentes níveis de governo e com as iniciativas públicas e privadas, voltadas à integração social e à geração de emprego e renda; estímulo à resolução extrajudicial de conflitos; e concessão do título preferencialmente à mulher.[42]

Ademais, segundo esta lei, a regularização fundiária poderá ser realizada por qualquer ente federativo, bem como, pelos seus beneficiários, de forma individual ou coletiva, e pelas cooperativas habitacionais, associações de moradores, fundações, organizações sociais, organizações da sociedade civil de interesse

41. Lúcia Valle Figueiredo, *Disciplina urbanística da propriedade*, São Paulo, Malheiros Editores, 2005, p. 175.

42. Art. 48, incisos I a V, da Lei 11.977/2009.

público ou outras associações civis que tenham por finalidade atividades nas áreas de desenvolvimento urbano ou regularização fundiária.[43]

O público alvo do programa constitui-se de famílias com renda de até 3 salários mínimos, sendo que para estas o subsídio é integral com isenção do seguro; famílias com renda de 3 a 6 salários mínimos, sendo que para estas há aumento do subsídio parcial em financiamentos com redução dos custos do seguro e acesso ao Fundo Garantidor; e, por fim, famílias com renda de 6 a 10 salários mínimos, que se dará com estímulos à compra com redução do custo do seguro e acesso ao Fundo Garantidor.

O Poder Público, primeiramente, será competente para implementar a infraestrutura básica, demarcar áreas ocupadas e conceder título de legitimação de posse aos ocupantes e empreender a regularização fundiária junto com associações de moradores e beneficiários.

A Administração Pública, através dos Ministérios das Cidades e da Fazenda, será competente para regulamentar e gerir os Planos Nacionais de Habitação Urbano e Rural, no âmbito de suas respectivas competências.

Além do mais, fica a União autorizada a participar dos Fundos previstos na Lei 11.977/2009, que se destinam às transferências de recurso a municípios de pequeno porte; garantia de pagamento aos agentes financeiros de prestação mensal de financiamento habitacional, no âmbito do Sistema Financeiro de Habitação, devida por mutuário final em caso de desemprego ou redução temporária da capacidade de pagamento; e assunção de dívida do financiamento imobiliário e as despesas de recuperação relativas a danos físicos aos imóveis, em caso de morte ou invalidez permanente do mutuário.

Por fim, são competentes os Estados e Municípios para realizar o cadastramento da demanda, que após triagem, deverão indicar as famílias selecionadas para participar do projeto.

O Programa de governo "Minha casa, Minha vida" tem a meta ambiciosa de construir um milhão de casas para garantir a moradia digna de muitas famílias brasileiras que vivem à margem da sociedade.[44]

É importante ressaltar que, além de ser iniciativa do Poder Público, a participação da Administração Pública para consecução do programa é intensa. Esta tem competência para atuar desde o cadastro da demanda de famílias, até participar do Fundo Garantidor para casos fortuitos que ocorram com o mutuário.

Ademais, igualmente relevantes são os princípios trazidos pela Lei 11.977/2009, os quais acentuam a importância de uma moradia dotada não somente de um teto e paredes, mas de uma infraestrutura básica sem a qual não faria sentido que se montasse um programa de governo, haja vista que teto e parede, as moradias das pessoas de baixa renda, muitas vezes, já os têm.

V. Considerações finais

No que tange ao direito à moradia, temos que este está garantido no ordena-

43. Art. 50, da Lei 11.977/2009.

44. Este artigo é baseado em trabalho monográfico de conclusão do curso de Direito da PUC/SP, realizado em 2009, quando o programa "Minha Casa, Minha Vida" estava só começando. Hoje, é um dos trabalhos mais conhecidos feitos pela Administração Pública Federal como forma de garantir a aquisição de bem imóvel para famílias de baixa renda através de "feirões" de unidades habitacionais construídas em conjunto entre a iniciativa privada e pública.

mento jurídico brasileiro desde a entrada em vigor da Constituição Federal de 1988, uma vez que, com o advento desta Lei Magna, o Estado passou a buscar o bem estar social de seus cidadãos, de modo que, como garantia da dignidade humana, um teto para morar é requisito básico.

Neste estudo, também aclaramos a questão acerca do que engloba a moradia. O lar não pode ser apenas uma construção, com teto e paredes, que protejam a família ou o indivíduo de temporais e catástrofes ambientais.

Vimos que a moradia, pela importância que tem no convívio familiar, no momento de lazer e descanso de pais e crianças, deve ser dotada de infraestrutura básica, pelo menos, como saneamento básico, rede de esgoto, energia elétrica, água encanada, mínimo de conforto etc.

É nesse momento que nos deparamos com o primeiro problema enfrentado pelo morador da favela.

Deixando de lado, por um momento, toda a problemática de natureza jurídica que envolve os "favelados", temos uma dificuldade muito maior a enfrentar, isto é, não basta que haja a regularização da documentação dos imóveis públicos,[45] mas também verdadeira reforma dos espaços ocupados para que garantam o mínimo vital aos habitantes.

No que se refere à função social da propriedade, temos que tal princípio decorre de um fenômeno que pode ser denominado "funcionalização do direito".

Referido fenômeno é parte da busca do direito em garantir aos cidadãos, de maneira geral, direitos previamente traduzidos ao ordenamento jurídico como de poder absoluto do indivíduo, tais como, a propriedade, o poder de contratar etc.

Sendo assim, a função social da propriedade, princípio ordenador do direito, é limitação às faculdades inerentes ao proprietário, quais sejam, usar, gozar e fruir, e não intrínseco à propriedade.

Desse modo, não se pode dizer que a propriedade descumpridora de sua função social é desprovida de proteção jurídica; muito pelo contrário, tanto o é que, caso ocorra necessidade de se desapropriar um bem privado em razão do interesse público, o proprietário terá direito a ser devidamente indenizado.

Ademais, ainda no que diz respeito à função social da propriedade, temos que são todas as propriedades sujeitas ao seu cumprimento, sejam elas públicas ou privadas; localizadas em municípios que obrigatoriamente tem como instrumento de política pública um plano diretor ou não.

No que tange à concessão especial de uso para fins de moradia, primeiramente, é preciso enfatizar o avanço que se teve no ordenamento jurídico, a edição da Medida Provisória 2.220/2001, garantindo instrumentos para o Poder Público regularizar áreas de favelas situadas em imóveis públicos.

Tem-se a concessão especial em estudo como alternativa à usucapião urbana especial para regularizar a moradia em imóveis públicos, sendo que ambos os institutos estão previstos no mesmo artigo da Constituição Federal, qual seja, art. 183.

O instituto da concessão especial é, via de regra, contrato feito entre a Administração e o requerente desta,[46] com o objeto

45. Diz-se imóveis públicos, pois o tema deste trabalho refere-se à regularização fundiária em imóveis pertencentes ao Poder Público ocupados por assentamentos de favelas.

46. No caso de demora da Administração, ou recusa desta, a concessão pode ser dar por meio de sentença judicial.

de conceder o uso de determinado imóvel público para moradia de um indivíduo ou sua família, sendo que estes devem se enquadrar como de baixa renda.

Para tanto, o requerente deve preencher determinados requisitos, tais como, ocupar área não superior a duzentos e cinquenta metros quadrados, com a finalidade de moradia e ocupação por cinco anos ininterruptos do imóvel até 30.6.2001.

Conforme pudemos observar, ainda que de louvável finalidade o instituto, este dificilmente consegue ser aplicado na prática, pois, no caso concreto, diversos empecilhos obstam a perseguição da concessão.

A exemplo disso, temos a dificuldade que é encontrada pelo morador que vive às margens do direito em demonstrar sua posse mansa e pacífica por cinco anos ininterruptos até a data estabelecida em lei.

Ao mesmo tempo, é notório o desconhecimento pelo cidadão de institutos como a concessão especial de uso para fins de moradia. E, importante se faz ressaltar que, ainda que tenham conhecimento de normas como esta, o "favelado" dificilmente tem acesso ao Judiciário, até mesmo por não saber da existência de uma Defensoria Pública, órgão apto a assisti-lo em situações análogas.

Não se pode tirar todo o mérito da concessão especial para fins de moradia em razão da sua difícil aplicação.

Como já ressaltamos, em um país como um Brasil, onde tantos vivem abaixo da linha de pobreza, longe do mínimo de dignidade humana, o fato de se ter instrumentos legais "aptos" a buscar uma melhora na vida destes cidadãos já é um notável avanço.

Ademais, como demonstramos neste trabalho, a Administração Pública não está inerte ao problema da moradia no país.

O Poder Público elaborou programas habitacionais para facilitar o sonho da casa própria, como é exemplo o "Minha Casa, Minha Vida", projeto de iniciativa da União, pelo qual se facilita a compra de imóveis pelos cidadãos de baixa renda.

A Administração Pública, neste programa, tem uma interessante função: inicialmente deve promover um cadastramento dos cidadãos interessados.

Tal atitude seria de grande ajuda para a aplicação da concessão especial, não fosse a limitação temporal existente na norma. O cadastramento teria responsabilidade dupla de identificar os moradores do local a ser regularizado e, também, serviria de marco para contagem do tempo.

O Poder Público, com o objetivo de demonstrar a seriedade com que leva suas funções, deveria facilitar o caminho do cidadão "favelado" à obtenção da concessão de uso especial, tornando pública a sua existência, da mesma forma que divulga seus programas políticos.

Por fim, concluímos que, a partir deste estudo, vimos o grande passo que o Poder Público tomou com a edição do Estatuto da Cidade e a Medida Provisória 2.220/2001, que apesar da pouca aplicabilidade, mostrou comprometimento do Estado em fazer valer o direito constitucional à moradia, a função social da propriedade como princípio norteador do ordenamento e, principalmente, na base de tudo, a dignidade humana daqueles que vivem há tempos sem resquícios desta: os habitantes das favelas.

Bibliografia

ALESSI, Renato. *Principi di Diritto Amministrativo*. Milão: Giuffrè, 1966.

ANDRADE, Letícia Queiroz de. *Desapropriação de bens públicos (à luz do princípio federativo)*. São Paulo: Malheiros Editores, 2006.

BANDEIRA DE MELLO, Celso Antônio. "Novos aspectos da função social da propriedade no Direito Público". *Revista de Direito Público* 84/39-45.

BEZNOS, Clóvis. *Aspectos Jurídicos da indenização na desapropriação*. Belo Horizonte: Fórum, 2006.

CAMMAROSANO, Márcio. "Fundamentos constitucionais do Estatuto da Cidade". In MEDAUAR, Odete; ALMEIDA, Fernando Dias de (Coords.). *Estatuto da Cidade*. São Paulo: Ed RT, 2004.

CARVALHO FILHO, José dos Santos. "O princípio da efetividade e os direitos sociais urbanísticos". In GARCIA, Emerson (Coord.). *A efetividade dos direitos sociais*. Rio de Janeiro: Lumen Juris, 2004.

COSTA, Nelson Nery. *Curso de Direito Municipal Brasileiro*. Rio de Janeiro: Forense, 1991.

DALLARI, Adilson Abreu, e FERRAZ, Sérgio. *Estatuto da Cidade: Comentários à Lei Federal n. 10.257/2001*. São Paulo: Malheiros Editores, 2006.

DI PIETRO, Maria Sylvia Zanella. "Função social da propriedade pública". In *Direito Público – Estudos em Homenagem ao Professor Adilson Abreu Dallari*. Belo Horizonte: Editora Del Rey, 2004, pp. 561-572.

DI SARNO, Daniela Campos Libório. *Elementos de Direito Urbanístico*. Barueri: Manole, 2004.

FERNANDES, Edésio. *A regularização de favelas no Brasil: problemas de perspectivas*. In SAULE JÚNIOR, Nelson (Coord.). *Direito à Cidade*. São Paulo: Max Limonad, 1999.

FERRAZ, Sérgio, e DALLARI, Adilson Abreu. *Estatuto da Cidade: Comentários à Lei Federal n. 10.257/2001*. São Paulo: Malheiros Editores, 2006.

FIGUEIREDO, Lúcia Valle. *Disciplina urbanística da propriedade*. São Paulo: Malheiros Editores, 2005.

FRANÇA, Vladimir da Rocha. "Perfil constitucional da função social da propriedade". *Revista Trimestral de Direito Público* 36/124-136.

GASPARINI, Diogenes. *O Estatuto da Cidade*. São Paulo: Editora NDJ, 2002.

GIORDANI, José Acir Lessa. "Propriedade imóvel: seu conceito, sua garantia e sua função social na nova ordem constitucional". *Revista dos Tribunais* 669/47-56, julho de 1991.

GORDILLO, Agustín. *Princípios Gerais de Direito Público*. Trad. Marco Aurélio Greco. São Paulo: Ed. RT, 1977.

HORBACH, Carlos Bastide. "Dos instrumentos de política urbana". In MEDAUAR, Odete e ALMEIDA, Fernando Dias de (Coords.). *Estatuto da Cidade*. São Paulo: Ed. RT, 2004.

LOUREIRO, Francisco Eduardo. *A propriedade como relação jurídica complexa*. Dissertação (Mestrado). PUC/SP, 2001.

MATTOS, Liana Portilho; AFFONSIN, Betânia de Moraes, *et al*. *Estatuto da Cidade comentado*. Belo Horizonte: Mandamentos, 2002.

MAZZILLI, Hugo Nigro. *A defesa dos interesses difusos em juízo*. São Paulo: Saraiva, 2004.

MEIRELLES, Hely Lopes. *Direito Administrativo Brasileiro*. 37ª ed. São Paulo: Malheiros Editores, 2011.

MONTEIRO, Yara Darci Police. *A função social da propriedade e os instrumentos de intervenção urbanística*. Dissertação (Mestrado). PUC/SP, 2000.

OLIVEIRA, Aluísio Pires de; CARVALHO, Paulo Cesar Pires. *Estatuto da Cidade: Anotações à Lei 10.257, de 10.7.2001*. Curitiba: Juruá, 2002.

OLIVEIRA, José Roberto Pimenta. *Os princípios da razoabilidade e da proporcionalidade no Direito Administrativo brasileiro*. São Paulo: Malheiros Editores, 2006.

ROCHA, Carmem Lúcia Antunes. "O princípio constitucional da função social da propriedade". In *Estudos em memória ao Professor Manoel de Oliveira Franco Sobrinho*. Belo Horizonte: Fórum, 2004, pp. 55-104.

ROCHA, Sílvio Luís Ferreira da. *Função social da propriedade pública*. São Paulo: Malheiros Editores, 2005.

RUSSO JÚNIOR, Rômolo. *Direito à moradia: um direito social*. Dissertação (Doutorado). PUC/SP, 2006.

SILVA, José Afonso da. *Curso de Direito Constitucional Positivo*. 34ª ed. São Paulo: Malheiros Editores, 2011.

______. *Direito Urbanístico Brasileiro*. 6ª ed. São Paulo: Malheiros Editores, 2010.

SUGAI, José Jiemon. *O Direito Constitucional à moradia e os instrumentos jurídicos para sua efetividade*. Dissertação (Mestrado). PUC/SP, 2003.

ZOCKUN, Carolina Zancaner. *Da Intervenção do Estado no domínio social*. São Paulo: Malheiros Editores, 2009.

Referências Eletrônicas

Projeto "Minha Casa, Minha Vida" (site do governo). Disponível em <www.minhacasaminhavida.gov.br>, acesso em 15.9.2009.

Presidência da República (site do governo). Disponível em <www.planalto.gov.br>, acesso em 10.8.2009; 12.8.2009; 15.9.2009; 20.9.2009; 30.9.2009.

Supremo Tribunal Federal. Disponível em <www.stf.jus.br>, acesso em 10.8.2009; 11.8.2009 e 12.8.2009.

Justiça Federal. Disponível em <www.jf.jus.br>, acesso em 10.8.2009; 11.8.2009 e 12.8.2009.

Tribunal de Justiça do Distrito Federal. Disponível em <www.tjdf.gov.br>, acesso em 10.8.2009; 11.8.2009 e 12.8.2009.

Caixa Econômica Federal – Projeto "Minha Casa, Minha Vida". Disponível em <www.downloads.caixa.gov.br/_arquivos/habita/cartilhas/minha_casa_minha_vida.pdf>, acesso em 15.9.2009.

IMPOSSIBILIDADE DE A ADVOCACIA PÚBLICA SER EXERCIDA POR OCUPANTES DE CARGOS DE PROVIMENTO COMISSIONADO: O CASO DOS MUNICÍPIOS.

Comentários ao Acórdão do Supremo Tribunal Federal na ADI 4.261

Maurício Zockun

Professor de Direito Administrativo na PUC/SP.
Doutor em Direito Administrativo pela PUC/SP. Mestre em Direito Tributário pela PUC/SP.
Diretor do Instituto de Direito Administrativo Paulista-IDAP.
Advogado

I. O tema objeto de discussão na ADI 4.261

1. A Associação Nacional dos Procuradores do Estado-ANAPE ajuizou no Supremo Tribunal Federal a ADI 4.261, por meio da qual pugnou pela inconstitucionalidade de dispositivos da Lei Complementar 500/2009, do Estado de Rondônia. Segundo os preceitos contestados, outorgou-se aos ocupantes de cargos de provimento comissionado competência para o desempenho das atividades de consultoria e assessoria jurídica em parcela da Administração direta daquele ente federativo.

2. Na sessão de julgamento realizada no dia 2.8.2010, no Tribunal Pleno do Supremo Tribunal Federal, o Ministro Carlos Britto, relator da ação, julgou procedente o feito, no que foi acompanhado pela unanimidade dos ministros presentes.

Segundo o voto condutor do Min. Carlos Britto, lançado no acórdão publicado no *DJ-e* do dia 19.8.2010, a questão foi equacionada tomando como parâmetros os arts. 131 e 132 da Constituição da República. Segundo o magistério daquele professor, "(...) no âmbito do Poder Executivo, as atividades de consultoria e assessoramento jurídico são exclusivamente confiadas pela Constituição Federal aos procuradores de

Estado, com organização em carreira e ingresso por concurso de provas e títulos, exigida ainda a participação da Ordem dos Advogados do Brasil em todas as suas fases. Isso como condição de qualificação técnica e independência funcional. Independência e qualificação que hão de presidir a atuação de quem desenvolve as atividades de orientação e representação jurídica, tão necessárias ao regular funcionamento do Poder Executivo. Tudo sob critérios de absoluta tecnicalidade, portanto, até porque tais atividades são constitucionalmente categorizadas como 'funções essenciais à Justiça' (Capítulo IV do Título IV da CF). 15. Essa exclusividade dos procuradores de Estado para atividade de consultoria e representação jurídica, entendidas aqui como assessoramento e procuratório judicial, é incompatível com a natureza dos cargos em comissão, que se definem como da estrita confiança da autoridade nomeante (...)".

Muito embora o julgamento tenha restringido o exame da matéria à advocacia pública federal e estadual, eis que se invocou a incidência dos arts. 131 e 132 da Constituição da República à hipótese, entendemos que fundamentos adicionais exigem que essa mesma conclusão seja estendida à advocacia pública municipal.

II. Na administração pública, direta ou indireta, a representação judicial e a consultoria jurídica são atribuições privativas de servidores públicos concursados

3. O art. 25 da Constituição da República prescreve que as Constituições estaduais devem ser elaboradas em conformidade com os princípios estruturantes sob os quais repousam nossa República Federativa. Além disto, como os Municípios integram o pacto federativo,[1] o art. 29 da Constituição da República proclama, à semelhança do que fez em seu art. 25, que os princípios informadores da Constituição da República e da Constituição do Estado sejam ser observados pelas leis orgânicas municipais.

Reproduzindo esse preceito, o art. 144 da Constituição Paulista[2] assinala que a autonomia legislativa e administrativa dos Municípios deve ser exercida com obediência aos princípios norteadores da Carta Republicana e da Lei Maior do Estado de São Paulo.

Apesar de essa ideia ter sido empiricamente comprovada à luz da Constituição do Estado de São Paulo – que é aqui adotada de forma exemplificativa –, o mesmo se dá (ou melhor, deveria se operar[3]) em relação aos demais diplomas maiores dos Estados da Federação. E isso por expressa e literal determinação veiculada na Constituição da República.

1. A *uma* porque o art. 1º da Carta Republicana afirma que nossa Nação decorre da união indissolúvel entre Estados, Municípios e Distrito Federal. A *duas* porque o art. 18 da Carta Magna assinala que os Municípios, Estados, União e Distrito Federal compõem a estrutura político-administrativa da Nação, havendo entre eles autonomia (razão por que Geraldo Ataliba, em seu festejado *República e Constituição* [São Paulo, Malheiros Editores, 3ª ed., 2011] assinalou com irretocável acerto que, ao menos entre nós, dizer República é dizer Federação; a Federação brasileira é, pois, a projeção republicana da igualdade nas relações intersubjetivas, aí também se compreendendo as pessoas jurídica de direito público com capacidade política, ou, simplesmente, pessoas políticas).

2. "Art. 144. Os Municípios, com autonomia política, legislativa, administrativa e financeira se auto-organizarão por lei orgânica, atendidos os princípios estabelecidos na Constituição Federal e nesta Constituição."

3. Pois, afinal, o Direito está no plano do *dever-ser*.

4. Vê-se, sem maiores embaraços, que os arts. 25 e 29 da Constituição da República pretendem garantir a homogeneidade principiológica entre as Cartas Políticas dos entes federados, preservando, com isso, a coerência e a harmonia[4] na ordem jurídica.[5]

Emerge daí questão cardeal em relação ao tema: qualifica-se como comando normativo estrutural do Estado brasileiro a exigência segundo a qual o exercício da advocacia pública deve ser levada a efeito *apenas* por pessoas aprovadas em concurso público? Pensamos que sim!

5. O art. 37, II, da Carta Maior assinala que os cargos e empregos públicos devem ser preenchidos por aqueles aprovados em prévio processo seletivo. Ao assim entoar, a Carta Republicana assinala que as funções estatais, *como regra*, devem ser exercidas por aqueles que se revelem tecnicamente mais capazes de satisfazer o interesse público. Dá-se, com isso, aplicabilidade ao princípio republicano no preenchimento dessas competências públicas.

Este postulado, contudo, não recebeu tratamento jurídico linear ou uniforme em vista de outros postulados igualmente prestigiados pela República.

Basta relembramos que funções estatais de índole política são, *como regra*, exercidas por aqueles eleitos por meio de sufrágio. A elegibilidade é condição para que o brasileiro seja, total ou parcialmente, habilitado à investidura em um cargo político. As credenciais técnicas ou científicas do postulante ao cargo político não são objetivamente relevantes para habilitá-lo ao desempenho de uma função política; para este fim é relevante o pleno exercício dos direitos decorrentes da cidadania.[6]

Além disto, a nomeação para certos cargos e empregos públicos prescinde de prévia aprovação em concurso público, ainda que, em tese, seu postulante tenha que ostentar certos predicados que revelem sua capacidade para bem desempenhar a função estatal na qual se pretende investi-lo.[7]

6. Afora as exceções acima listadas (dentre outras tantas), perfila-se o cargo de provimento comissionado que, segundo a Constituição da República, são qualificáveis como núcleos de competências públicas que conferem aos seus ocupantes o legítimo desempenho das atividades de direção, chefia e assessoramento.

Em obra invulgar, merecedora de nova edição há tempos, Márcio Cammarosano registrou com sua peculiar argúcia que "(...) a Constituição, ao admitir que o legislador ordinário crie cargos em comis-

4. A harmonia fundeou a formação da nova ordem jurídica inaugurada em 1988, como assinala o Preâmbulo da Constituição da República. Assim, visando à vida harmônica o constituinte alçou a segurança jurídica como princípio cardeal do direito, de forma que no mundo empírico fosse garantida a tão almejada harmonia.

5. Segundo José Afonso da Silva (*Comentário Contextual à Constituição*, São Paulo, Malheiros Editores, 7ª ed., 2011, p. 289), duas são as classes de princípios fundantes da República: (i) sensíveis e (ii) estabelecidos.

6. Tal como preconiza o art. 14, § 3º, da Constituição da República.

7. É o que se processa, por exemplo, com os Ministros dos Tribunais Superiores, Ministros e Conselheiros dos Tribunais de Contas, um quinto dos membros dos Tribunais, oriundos da advocacia privada e pública (categoria na qual, penso, também se inserem os membros do Ministério Público). O mesmo se pode dizer em relação à contratação dos dirigentes das empresas estatais exploradoras de atividade econômica, eis que a direção dessas empresas deve ser confiada a pessoa capaz e habilitada, de forma a satisfazer o interesse público.

são, de livre nomeação e exoneração, o faz com a finalidade de propiciar ao chefe de governo o seu real controle mediante o concurso, para o exercício de certas funções, de pessoas da sua absoluta confiança, afinadas com as diretrizes políticas que devem pautar a atividade governamental".[8] Aprofundou sua consideração para concluir com irrebatível acerto que "Não é, portanto, qualquer plexo unitário de competências que reclama seja confiado o seu exercício a esta ou aquela pessoa, a dedo escolhida, merecedora da absoluta confiança da autoridade superior, mas apenas aqueles que, dada a natureza das atribuições a serem exercidos pelos seus titulares, justificam exigir-se deles não apenas o dever elementar de lealdade às instituições constitucionais e administrativas a que servirem (...) como também um comprometimento político, uma fidelidade às diretrizes estabelecidas pelos agentes políticos, uma lealdade pessoal à autoridade superior".[9]

7. Vê-se, pois, que as funções estatais de índole política podem ser exercidas por pessoas sem a necessidade de sua prévia aprovação em concurso.

De outra banda, há um rol de atividades públicas de índole eminentemente técnica, razão por que se exige do seu ocupante a demonstração das habilidades necessárias à boa satisfação do interesse público, o que, em uma República, se afere por meio de concurso.

Há, no entanto, certas atividades públicas que, por determinação constitucional, exigem do nomeado comprometimento político, lealdade e afinidade à autoridade nomeante e às diretrizes políticas por ela estabelecidas. Estas atividades estão alocadas nos cargos de provimento comissionado e nas funções de confiança.

8. Logo, estando em pauta o exercício de uma atividade de índole técnica, a Constituição alija a possibilidade de o seu exercício ser levado a efeito por um ocupante de cargo de provimento comissionado. Isso porque, nestas atividades (de índole técnica), "(...) nada mais se pode exigir senão o escorreito exercício de suas atribuições, em caráter estritamente profissional, técnico, livres de quaisquer preocupações ou considerações de outra natureza".[10]

Nas atividades técnicas e profissionais, o desempenho da função pública é estritamente objetivo. Por isso mesmo, o vínculo de lealdade à autoridade superior, o comprometimento político-partidário e a submissão a um projeto de governo, não devem (e não podem) interferir no exercício dessas atividades, sob pena de amesquinhamento do interesse público.

No desempenho de atividades técnicas o que prevalece é o interesse público, não o interesse do governante! Daí porque, nestes cargos, não há margem para atuação em caráter comissionado, mas apenas em caráter efetivo e profissional.

O mesmo não se pode dizer em relação aos cargos do provimento comissionado. Isso porque, nestes casos, exige-se da pessoa neles investida a nota característica de exercício da função serviente aos interesses do governante.

Daí porque, se a função de assessoramento também é exercitável por ocupante

8. *Provimento de cargos públicos no direito brasileiro*, São Paulo, Ed. RT, 1984, p. 95.

9. Idem, ibidem.

10. Márcio Cammarosano, *Provimento de cargos públicos no direito brasileiro*, cit., p. 96. No mesmo sentido: Cármen Lúcia Antunes Rocha, *Princípios constitucionais dos servidores públicos*, São Paulo, Saraiva, 1999, p. 177.

de cargos de provimento comissionado, não se pode conceber que esse agente esteja legitimado a desempenhar uma atividade técnica. *Primeiro* porque isso contrariaria o preceito constitucional exigente de concurso para o preenchimento de cargos e empregos volvidos à satisfação do interesse público por meio de atividades de índole técnica. *Segundo* porque, se isso fosse possível, admitir-se-ia que o exercício de uma função técnica está umbilicalmente associado (e serviente) ao alinhamento ideológico e político do ocupante às diretrizes (políticas) do nomeante. E isso romperia com o postulado da igualdade, da impessoalidade, da probidade e da eficiência no trato da coisa pública.

Assim, extrai-se do art. 37 da Constituição da República a ideia segundo a qual, tratando-se de atividade técnica, o cargo ou emprego público volvido a essa finalidade deve ser provido por quem obtiver aprovação em concurso; quem, portanto, revelar mais destreza para o desempenho dessa atividade pública.

Tratando-se de atribuições que exigem do nomeado comprometimento político, lealdade e afinidade com a autoridade nomeante e com as diretrizes políticas por ela estabelecidas, estar-se-á defronte a atribuições de direção, chefia e assessoramento, passíveis de satisfação por ocupante de cargos de provimento comissionado. Atribuições, pois, antagônicas àquelas de índole técnica (necessariamente exercitáveis por ocupantes de cargos efetivos, vitalícios e empregos públicos).

9. Estes preceitos não são aplicáveis apenas à União, pois, nesta parte não se trata de Constituição Federal (volvida apenas à União – ou União Federal, como assinalam alguns), mas sim de Constituição da República (volvida, pois, à Nação).

Primeiro porque a obrigatoriedade de concurso público para preenchimento de cargos e empregos públicos é um postulado decorrente da República, eis que por meio dele assegura-se a igualdade de oportunidades para que os nacionais e estrangeiros possam ingressar nos quadros da Administração. *Segundo* porque, sendo o Brasil uma República organizada em um modelo Federal, as ordens jurídicas parciais devem servil obediência a esse postulado qualificado como cláusula pétrea.

Assim, qualifica-se como princípio estruturante da República o postulando segundo o qual, tratando-se de atividade técnica, o cargo ou emprego volvido a essa finalidade deve ser provido por quem obtiver aprovação em concurso.[11]

10. Em vista disto, como, tipologicamente, se qualifica a atividade desenvolvida por advogado público, na sua militância litigiosa ou na elaboração de opiniões jurídicas capazes de direcionar, de modo opinativo ou vinculante, o agir da Administração? Apressamo-nos em responder: como atividade eminentemente técnica, que exige do seu ocupante conhecimento científico, constante aprimoramento em razão da evolução legislativa, doutrinária e jurisprudencial.

Subserviência política e alinhamento ideológico às diretrizes do governante não se coadunam com o efetivo e concreto desempenho da advocacia pública consultiva e/ou litigiosa. São institutos antagônicos!

11. Isso significa dizer que a *representação judicial* e a *consultoria jurídica* dos municípios brasileiros não podem ser atribuídas a servidores ocupantes de cargos de provimento comissionado.

E isso por uma lógica simples: a defesa dos interesses jurídicos do Estado

11. Esse, aliás, é o mesmo pensamento de José Afonso da Silva (*Comentário Contextual à Constituição*, cit., pp. 342 e ss.), ainda que não tenha abordado o caso em pauta na referida obra.

não é subordinada aos interesses políticos dos governantes. Por força do princípio republicano, os interesses políticos são transitórios, mas – em razão do mesmo primado – a defesa dos interesses jurídicos do Estado é permanente e invariável em razão das mudanças de Governo.

Assim, o princípio republicano proíbe a ingerência, interferência ou intromissão de interesses políticos (curados por agentes políticos) na gestão do interesse jurídico das pessoas políticas.

E para que esse republicano propósito seja atingido, o art. 132 da Constituição da República fixa uma regra objetivamente pedagógica:[12] aqueles que atuam na defesa jurídica das pessoas políticas – por meio de sua representação judicial e consultoria jurídica – exercem função técnica, sendo-lhes assegurada independência e autonomia funcional, o que só deve ser levada a bom termos por servidores ocupantes de cargos ou empregos públicos, cuja investidura exige a prévia aprovação em concurso.

Logo, não se pode conceber que as sobreditas atividades sejam exercidas por ocupantes de cargos comissionados, como vem ocorrendo diuturnamente nos municípios brasileiros. Mas não é só.

12. Não se nega que mesmo nas atividades jurídicas realizadas pelo Poder Público há necessidade de postos de comando; atribuições, portanto, de direção, chefia ou assessoramento (assessoramento, insista-se, apenas às funções de direção ou chefia).

No entanto, não raras vezes opera-se uma situação verdadeiramente *kafkiana*. Isso porque, o número de servidores ocupantes destes cargos (de direção, chefia ou assessoramento) supera, em muito, o numero de servidores ocupantes dos cargos eminentemente técnicos. E nesta hipótese observar-se-ia a máxima segundo a qual "há muito cacique para pouco índio", o que romperia as balizas da razoabilidade e da proporcionalidade.

Logo, é um disparate atribuir aos ocupantes de cargos de provimento comissionado a legitimidade para o exercício da advocacia pública consultiva e/ou litigiosa dos municípios. Tratar-se-ia de atribuição de competência pública a agente ilegítimo para esse mister, o que revela a prática de grosseira inconstitucionalidade à luz do art. 37, II, da Constituição da República.

Já é hora de as entidades defensoras da ordem democrática e da advocacia suscitarem ao STF a elaboração de Súmula Vinculante, de forma que se possa romper o pacto de mediocridade que há décadas contamina pequenos e grandes municípios na matéria em pauta.

12. E aqui se diz pedagógica, pois seu conteúdo – que restringe o exercício da advocacia pública federal, judicial e extrajudicial, seja no campo contencioso e/ou consultivo, aos ocupantes de cargos aprovados em concurso – é extraível diretamente da claríssima dicção do art. 37, II, da Constituição da República.

AÇÃO DIRETA DE INCONSTITUCIONALIDADE 4.261-RO

Relator Min. Ayres Britto

EMENTA: *Constitucional. Ação Direta de Inconstitucionalidade. Anexo II da Lei Complementar 500 de 10 de março de 2009, do Estado de Rondônia. Erro material na formulação do pedido. Preliminar de não-conhecimento parcial rejeitada. Mérito. Criação de cargos de provimento em comissão de assessoramento jurídico no âmbito da Administração direta. Inconstitucionalidade.*

1. Conhece-se integralmente da ação direta de inconstitucionalidade se, da leitura do inteiro teor da petição inicial, se infere que o pedido contém manifesto erro material quanto à indicação da norma impugnada.

2. A atividade de assessoramento jurídico do Poder Executivo dos Estados é de ser exercida por procuradores organizados em carreira, cujo ingresso depende de concurso público de provas e títulos, com a participação da Ordem dos Advogados do Brasil em todas as suas fases, nos termos do art. 132 da Constituição Federal. Preceito que se destina à configuração da necessária qualificação técnica e independência funcional desses especiais agentes públicos.

3. É inconstitucional norma estadual que autoriza a ocupante de cargo em comissão o desempenho das atribuições de assessoramento jurídico, no âmbito do Poder Executivo. Precedentes.

4. Ação que se julga procedente.

ACÓRDÃO

Vistos, relatados e discutidos estes autos, acordam os Ministros do Supremo Tribunal Federal em julgar procedente a ação direta, o que fazem nos termos do voto do relator e por unanimidade de votos, em sessão presidida pelo Ministro Cezar Peluso, na conformidade da ata do julgamento e das notas taquigráficas. Votou o Presidente.

Brasília, 2 de agosto 2010.

Ayres Britto – Relator

RELATÓRIO

O Senhor Ministro Ayres Britto (Relator) – Cuida-se de ação direta de inconstitucionalidade ajuizada pela Associação Nacional dos Procuradores de Estado (ANAPE) contra o "*art. 3º, II, b, 1ª parte, e Anexo Único da Lei Complementar n. 500, de 10 de março de 2009, do Estado de Rondônia, em tudo que se refira à instituição do cargo de Assessoria Jurídica na Secretaria de Estado de Assuntos Estratégicos, ou seja, na Administração Direta*" *(sic)*.

2. Embora redigido o pedido dessa maneira, em verdade toda a argumentação contida na inicial dirige-se contra a criação dos cargos em comissão de Assessor Jurídico I e Assessor Jurídico II, constantes do Anexo II da Lei Complementar 500, de 10 de março de 2009, do Estado de Rondônia. Trata-se, pois, de evidente erro material.

3. Pois bem, alega a autora que as normas impugnadas afrontam o disposto no art. 132 da Constituição da República, na medida em que instituem, no âmbito da Administração Direta rondoniense, cargos cujas funções de assessoramento jurídico são exclusivas dos procuradores de Estado; ou seja, procuradores efetivos, nomeados por concurso público de provas e títulos, além de estruturados em carreira, nos exatos termos desse emblemático art. 132 da Magna Carta de 1988.

4. Prossigo para anotar que adotei o rito do art. 12 da Lei 9.868/99, tendo sido as informações prestadas pelo Governador e pela Assembleia Legislativa do Estado. Sustentou o chefe do Poder Executivo que aos assessores jurídicos, cujos cargos foram criados pela lei impugnada, estão reservadas "*questões diárias, muitas vezes já com posicionamento consolidada pela Procuradoria" (sic)*, ao passo que esta "*é sempre instada a se manifestar nas questões que envolvem maior complexidade jurídica*".

5. A seu turno, a Advocacia-Geral da União – AGU se manifestou pelo conhecimento parcial da ação e, no mérito, pela sua procedência também parcial, por entender que, reconhecido o erro formal na redação do pedido, a ação se dirige contra a integralidade do

Anexo II da Lei Complementar 500, do Estado de Rondônia, apesar de não ser impugnado pontualmente todo o seu conteúdo, limitando-se a autora a demonstrar a inconstitucionalidade tão-somente da criação dos cargos de Assessor Jurídico I e Assessor Jurídico II.

6. Já a Procuradoria-Geral da República opinou pela procedência do pedido.

É o relatório.

VOTO

O Senhor Ministro Ayres Britto (Relator) – De saída, reconheço a legitimidade ativa ad *causam* da autora, entidade de classe de âmbito nacional nos termos do inciso IX do art. 103, 2ª parte, da Constituição Federal. Por igual, reconheço pertinência temática entre o objeto da ação e as finalidades estatutárias da mencionada associação, voltadas para a defesa das competências funcionais de seus associados (ADI 159, relator ministro Octavio Gallotti).

9. Afirmei no relatório que, de logo, reconheci o erro material na redação do pedido, entendendo-o, na realidade, dirigido à declaração de inconstitucionalidade do Anexo II da Lei Complementar 500/09, do Estado de Rondônia, no ponto em que criou os cargos de Assessor Jurídico I e Assessor Jurídico II na estrutura da Superintendência Estadual de Compras e Licitações – Supel. Para melhor compreensão, reproduzo o art. 1º e o Anexo II da referida lei, no ponto que interessa à causa:

> *Art. 1º. O quadro do Anexo II, da Lei Complementar n. 224, de 4 de janeiro de 2000, que dispõe sobre os Cargos de Direção Superior da Secretaria de Estado da Agricultura, Pecuária e Regularização Fundiária – SEAGRI e da Superintendência Estadual de Compras e Licitações – SUPEI, passa a vigorar nos termos dos Anexos I e II a esta Lei Complementar, respectivamente. (...)*

Anexo II

CARGOS DE DIREÇÃO SUPERIOR DA SUPERINTENDÊNCIA ESTADUAL DE COMPRAS E LICITAÇÕES – SUPEL

CARGO	*QUANT.*	*SÍMBOLO*
(...)		
Assessor Jurídico I	*01*	*DS-17*
Assessor Jurídico II	*02*	*CDS-16*
(...).		

10. Observo que não existe o "Anexo Único" na lei em exame, tal como referido no pedido constante da inicial. Tampouco há incisos no art. 3º da referida lei, pois esse dispositivo se limita a regular a vigência do diploma legal em causa. Vale dizer, onde se lê, na inicial, pedido de declaração de inconstitucionalidade *"do art. 3º, II, b, 1ª parte, e Anexo Único"*, é de ser lido como requerimento de declaração de inconstitucionalidade do Anexo IX da Lei Complementar 500, de 10 de março de 2009, do Estado de Rond6nia, no ponto em que se refere à criação de um cargo de Assessor Jurídico I e dois cargos de Assessor Jurídico II, no âmbito da Superintendência Estadual de Compras e Licitações – Supel.

11. Nessa contextura, considerada a ação em seus devidos termos, apesar do evidenciado erro material, tenho que não procede a preliminar de conhecimento parcial, arguida pela AGU. É que, como visto, do cotejo entre o pedido e a causa de pedir constantes da inicial, a ação não há de ser entendida como direcionada à totalidade do Anexo II da referida lei, mas tão-somente à criação dos cargos em comissão de Assessor Jurídico I e Assessor Jurídico II, comando, este, contido no aludido Anexo II. Esta a razão pela qual rejeito a preliminar.

12. No mérito, assim como fiz no julgamento da ADI 1.557, parto da leitura do art. 131 da Constituição para, à sua luz, interpretar o art. 132. Dispõe a cabeça do art. 131:

Art. 131. A Advocacia-Geral da União é a instituição que, diretamente ou através de órgão vinculado, representa a Unido, judicial e extrajudicialmente, cabendo-lhe, nos termos da lei complementar que dispuser sobre sua organização e funcionamento, as atividades de consultaria e assessoramento jurídico do Poder Executivo.

13. Já o art. 132, invocado como parâmetro normativo, tem sua atual redação conferida pela Emenda Constitucional 19, de 1998:

Art. 132. Os Procuradores dos Estados e do Distrito Federal, organizados em carreira, na qual o ingresso dependerá de concurso público de provas e títulos, com a participação da Ordem dos Advogados do Brasil em todas as suas fases, exercerão a representação judicial e a consultoria jurídica das respectivas unidades federadas.

Parágrafo único. Aos procuradores referidos neste artigo é assegurada estabilidade após três anos de efetivo exercício, mediante avaliação de desempenho perante os órgãos próprios, após relatório circunstanciado das corregedorias.

14. A simples comparação entre os mencionados dispositivos revela que, no âmbito do Poder Executivo, as atividades de consultoria e assessoramento jurídico são exclusivamente confiadas pela Constituição Federal aos procuradores de Estado, com organização em carreira e ingresso por concurso de provas e títulos, exigida ainda a participação da Ordem dos Advogados do Brasil em todas as suas fases. Isso como condição de qualificação técnica e independência funcional. Independência e qualificação que hão de presidir a atuação de quem desenvolve as atividades de orientação e representação jurídica, tão necessárias ao regular funcionamento do Poder Executivo. Tudo sob critérios de absoluta tecnicalidade, portanto, até porque tais atividades são constitucionalmente categorizadas como "funções essenciais Justiça" (Capítulo IV do Título IV da CF).

15. Essa exclusividade dos procuradores de Estado para a atividade de consultoria e representação jurídica, entendidas aqui como assessoramento e procuratório judicial, é incompatível com a natureza dos cargos em comissão, que se definem como da estrita confiança da autoridade nomeante, matéria já devidamente examinada pelo Supremo Tribunal Federal nas ADIS 1.557, da relatoria da ministra Ellen Gracie; 881-MC, da relatoria do ministro Celso de Mello; e 1.679, da relatoria do ministro Gilmar Mendes.

16. Por essas razões, e sem mais delongas, julgo procedente a ação e o faço para declarar a inconstitucionalidade do Anexo II da Lei Complementar 500, de 10 de março de 2009, do Estado de Rondônia, no ponto em que criou os cargos de provimento em comissão de Assessor Jurídico I e Assessor Jurídico II na estrutura da Superintendência Estadual de Compras e Licitações – Supel.

17. É como voto.

EXTRATO DA ATA

Decisão: O Tribunal, por unanimidade e nos termos do voto do Relator, julgou procedente a ação direta. Votou o Presidente, Ministro Cezar Peluso. Ausente, licenciado, o Senhor Ministro Joaquim Barbosa. Plenário, 2.8.2010.

Presidência do Senhor Ministro Cezar Peluso. Presentes à sessão os Senhores Ministros Celso de Mello, Marco Aurélio, Ellen Gracie, Gilmar Mendes, Ayres Britto, Ricardo Lewandowski, Cármen Lúcia e Dias Toffoli.

Procurador-Geral da República, Dr. Roberto Monteiro Gurgel Santos.

GRÁFICA PAYM
Tel. (011) 4392-3344
paym@terra.com.br